国家出版基金项目
NATIONAL PUBLICATION FOUNDATION
上海市“十三五”重点图书出版规划项目
近代中国经济转型历史与思想研究文库
上海财经大学创新团队支持计划资助

中国近代化转型中的农村地权关系：经济思想变迁与制度构建

王　昉◎著

上海财经大学出版社
SHANGHAI UNIVERSITY OF FINANCE & ECONOMICS PRESS

国家社科基金青年项目(07CJL020)最终成果
本书由上海新闻出版专项基金资助出版

图书在版编目(CIP)数据

中国近代化转型中的农村地权关系:经济思想变迁与制度构建/王昉著.—上海:上海财经大学出版社,2019.8
(近代中国经济转型历史与思想研究文库)
ISBN 978-7-5642-3289-4/F·3289

Ⅰ.①中… Ⅱ.①王… Ⅲ.①农村-土地所有权-研究-中国-近代
Ⅳ.①F321.1

中国版本图书馆CIP数据核字(2019)第114305号

□策　　划　袁　敏
　　　　　　黄　磊
□责任编辑　黄　荟
□封面设计　张启帆
　　　　　　贺加贝
□封面篆刻　林　健

中国近代化转型中的农村地权关系:
经济思想变迁与制度构建
王　昉　著

上海财经大学出版社出版发行
(上海市中山北一路369号　邮编200083)
网　　址:http://www.sufep.com
电子邮箱:webmaster@sufep.com
全国新华书店经销
上海华业装璜印刷厂印刷装订
2019年8月第1版　2019年8月第1次印刷

787mm×1092mm　1/16　25.25印张(插页:2)　426千字
定价:90.00元

近代中国经济转型历史与思想研究文库

主　编

程霖

副主编

王昉

燕红忠

总　序

近代中国面临“千年未有之大变局”，中国经济也在外部冲击和内部调整之中发生了空前的转型变迁。本文库聚焦近代中国经济转型历史与思想研究，力图全方位、多视角地解析近代中国经济的转型路径与发展脉络。对近代中国经济转型的历史进程、思想演变及其内在逻辑规律的揭示，对于当下正处在新的转型之中的中国经济的涅槃和更生，无疑具有强烈的启示意义与现实价值！

本文库以经济史与经济思想史作为主要研究基质，以问题导向性作为划分体例，分别以独立专著形式展开研究，选题内容广博丰富，聚焦于近代中国财政、金融、保险、城乡关系、农村地权、民族资本主义、家族企业变迁等各个方面，在详尽搜集各领域相关经济思想和经济史料的基础上，深入研究了近代中国经济相关领域制度变迁和转型升级的经验及教训，有助于揭橥中国道路的近代历史渊源。

同时，正如习近平总书记在 2016 年 7 月 8 日主持召开的经济形势座谈会上所指出的：“坚持和发展中国特色社会主义政治经济学，要以马克思主义政治经济学为指导，总结和提炼我国改革开放和社会主义现代化建设的伟大实践经验，同时借鉴西方经济学的有益成分。”观察近代中国经济转型同样也有一个不可忽视的重要理论背景，就是西方经济学说在近代中国传播与本土化，为此本文库也纳入了这方面的专著。

本文库是上海财经大学“创新团队建设项目”成果之一，不仅较为全面、深刻地展示了近代中国经济转型历史与思想的重要研究成果，为新时代构建中国特色社会主义政治经济学理论体系、学科体系和话语体系提供了可靠立足点，同时基于对近代中国经济转型发展经验教训的总结和提炼,有助于与现当代中国经济转型实践的逻辑连接,也有助于指导并预测中国经济转型的未来方向,从而为世界经济发展尤其是后发国家的转型发展提供具有可借鉴性和可推广性的中国智慧。

丛书主编　程　霖

前　言

本书是在作者承担的国家社科基金项目“中国近代化转型中的农村地权关系:经济思想的变迁与制度的构建”的基础上修改完成的。

对于中国这样一个以农业为主体的社会,土地制度对于经济增长和社会发展具有至关重要的作用,土地制度思想是贯穿于中国经济思想演进和中国社会经济发展及演变的一条重要线索。对土地制度的研究兴趣缘起于博士论文,基于制度思想的角度聚焦考察了中国古代农村土地所有权与使用权关系的演进。赵晓雷先生评价:“无论是在现代经济学理论的运用上、在制度思想研究的尝试上,还是在古代经济思想史领域的拓展上,(这一研究)都有独到的学术价值。”博士论文受到前辈专家的肯定和鼓励,也激发我将研究的历史下限后移,思考地权关系在中国近代社会从封闭走向开放、从农业社会走向工业社会这样一个重大的转型阶段发生了怎样的变化。从更长的时间序列观察中国土地制度及其相关因素的演变,试图构建起一个更为完整的长时期研究体系,以更为清晰地认知土地制度在中国社会的演变、更迭及转型过程中所起的作用。对中国近代农村的土地权利关系的考察,以及对土地制度与中国社会近代化转型之间的联系的思考,不仅有助于对中国农村地权关系思想的历史发展进行全景式的观察,在土地权利的分配和归属问题上开辟一种新的视角和思路,同时,在中国目前改革进一步深化的历史进程中,对于历史的回顾将有助于获得可供借鉴的经验和启示,这是更为重要的现实意义所在。

在研究的过程中,本人曾试图在传统中国经济思想史研究的框架下做一些尝试和突破,结果虽然不尽善尽美,但基本上完成了如下一些工作,形成了本书的研究特色:(1)在对近代地权关系及制度思想发展变化进行系统梳理的基础上,对现行制度和历史之间的承继作出了解释。(2)将中国近代土地制度纳入近代工业化和城市化的分析框架中,并且分析了中国近代工业化、城市化的特殊路径与土地制度变革的相互作用机制。(3)以"制度"标准作为取舍的依据,并运用现代经济学理论对不同社会目标下不同制度设计的效率进行了解释和评价。(4)讨论了稀缺关系和技术水平、意识形态的变迁状况及其与相应的制度变迁的具体联系以及其对制度需求的影响,从要素比例变化、技术及其承载力的角度解释了近代地权关系转型的演化机制。(5)将近代中国的土地制度置于比较宏观的视野进行考察,选取英国这一从传统经济向近代经济成功转变的典范作为参照对象,讨论分析了中国无法自发地完成近代化转型过程的原因。(6)进行了两个案例分析:一是从土地征收制度的演变观察国家和私人之间关系的近代化演变;二是以租佃制度为视角考察了土地所有权与使用权在近代中国的演变。(7)在核心内容研究的基础上,进一步从理论上讨论了中国近代化转型时期经济思想的变迁与经济制度之间的关系。

作为非"通史"性的专题性研究,本书试图在体例的设计和安排上有所创新,使经济思想史的研究体现出学科框架的要求。在具体的研究方法上,综合运用现代经济学契约理论、博弈论、制度—结构以及"历史的制度分析"的方法对近代中国地权关系及其制度思想进行分析,特别是将博弈论和激励机制的方法用于对不同土地制度和土地政策的比较分析。

课题的立项是在 10 年前,其间由于一些客观原因导致研究推进十分缓慢,前后花费了 6 年多时间才完成,后又听取了诸多专家的意见,陆陆续续进行了近 2 年的修改,并参考借鉴了一些最新的研究成果。修改接近完成时,突遇电脑故障,原文中的注释以及部分文字错位,后经各种技术修复,总算得以恢复原稿,后又耗时再次进行了校对。历经各种考验,倍感学术研究道路从来就没有坦途,目前呈现给读者的成稿仍有诸多不足和需要填补的空间,关于中国历史上的土地制度问题是一个宏大而精深的问题,需要更多的学人一起探究。

最后,要衷心感谢在本书写作过程中给予我诸多指导的师长们以及课题研究中一起合作的团队成员们,还要感谢上海财经大学出版社在本书编辑过程中付出的诸多努力,是你们激励我在中国经济思想史研究这一充满了挑战和惊喜的领域继续深耕,以获得更多智慧的启迪。

王 昉

2019 年 6 月于上海财经大学

目　录

第一章 导 论

第一节 研究背景、对象、意义及概念界定

一、研究背景和出发点

对于中国这样一个以农业为主体的社会，无论是古代、近代还是现代，土地制度对于经济的增长和社会的发展都具有至关重要的作用，土地制度思想则是贯穿于中国经济思想演进和中国社会经济发展的一条重要线索。本书旨在对中国近代农村土地制度及土地产权思想的演变进行研究，是基于以下考虑：第一，中国近代的土地问题具有其重要性和特殊性，从某种角度来说，整个中国近代发展史就是一部探索如何建立适合中国实际情况的农村土地制度的历史；第二，近代中国在社会性质和社会结构上都存在与传统中国社会截然不同的特征，社会的不稳定状态以及从农业社会向工业社会的大转型都对地权关系和农地制度产生重大的影响，因此，近代中国的地权关系以及土地产权思想都具有与传统社会不同的特征；第三，土地所有权与使用权的关系是土地制度安排中最为重要的权利关系，不同的所有权与使用权关系的构架会对效率产生极大的影响，由此导致不同的制度绩效；第四，笔者曾对中国古代农村土地所有权与使用权关系及其思想的演变进行过较为系统的考察，如果能在既有研究积淀的基础上将研究的历史期间延展到近代，无疑将有助于从一个更长的时间序列来观察中国土地制度及其相关因素的演变，从而构建起一个更为完整的长时序研究

体系,以便更为清晰地认知土地制度在中国社会的演变、更迭、转型过程中所起的作用。

二、研究对象及选题的意义

土地制度思想是贯穿于中国经济思想演进和中国社会经济发展及演变的一条重要线索,本书从经济思想史的角度来研究农村土地制度以及土地产权思想在近代中国的演变。对农村土地产权关系研究最主要的内容是所有权制度本身的演变以及所有权与使用权关系的发展变化,正如陈翰笙在 20 世纪 30 年代就指出的:"土地所有与土地使用间的矛盾,正是现代中国土地问题的核心。"[1]传统中国社会土地产权结构的总体特征是国家始终掌握土地的终极所有权,整个中国古代土地所有权与使用权关系的演变都是在这一前提的约束下进行的,即便是在宋代以后土地使用权越来越趋向于独立,但始终没有摆脱国家所有的最终控制权。这种情况在中国近代发生了重要的变化,与传统中国社会基本处于封闭的稳定状态显著不同的是,近代的中国是一个不断走向开放的社会,整个社会的动荡以及社会性质的重大变化对土地制度造成的冲击是中央政府对于全国土地不再存有强有力的控制,土地所有权的私有在正式制度上取代了国家所有。传统中国社会土地产权结构的框架前提发生了改变,这是中国近代土地产权关系研究的逻辑起点。因此,对近代地权关系以及制度演变的研究将从对土地所有权本身变动的研究展开。就土地所有权与使用权的关系而言,近代土地产权制度的构建仍然服从于如何解决"人地关系高度紧张"这一矛盾,但和古代不同的是,近代中国的土地制度安排还面临着人口膨胀而资源短缺的农业国家追求工业化发展的问题。此外,不稳定的政治环境形成不同政治理念和社会目标下土地政策的不同设计,由此表现出同一时期不同制度安排的同时存在。同时,近代中国的理论界对于土地问题也表现出了高度的关注,对于如何构建起适应中国当时条件和发展要求的土地制度也成为近代学者和政策制定者所重点研究的课题,这也是本书的重要研究内容。综合以上各方面,如果将不同的政策思想分开研究的话,难以清晰地勾勒出思想演进的线索,为了解决这一难点问题,本书将紧紧围绕土地产权关系在时间序列上的客观发展来展开研究。在研究过程中,将以"制度"标准作为取舍的依据,并且按照效率

---

〔1〕 陈翰笙:《现代中国的土地问题》,见中国社会科学院科研局:《陈翰笙集》,中国社会科学出版社 2002 年版,第 59 页。

的标准对不同的制度作出经济学意义上的比较和评价。从这一考虑出发，本书的具体内容包括以下方面：(1)土地产权制度安排和产权结构在近代的变化；(2)土地产权思想以及政策思想的演变和比较；(3)不同经济组织或土地产权制度的效率评价；(4)稀缺关系、技术水平、意识形态的变迁状况及其与相应的制度变迁的具体联系以及其对制度需求的影响；(5)对现行制度和历史之间的承继作出解释；(6)近代化转型时期经济制度和经济思想之间的关系。

本书试图对中国近代农村的土地权利关系进行较为系统的考察，在梳理土地所有权与使用权关系以及相关制度思想的历史演变的基础上，以这一脉络为观察的视角，寻求可供当前土地制度改革借鉴的历史经验，同时契合了现代经济理论和经济思想史研究的要求。本项研究将和作者业已完成的对中国古代农村土地所有权与使用权关系的制度思想的研究一同构建起一个完整的理论框架，其理论意义不仅在于有助于对中国农村地权关系思想的历史发展进行全景式的观察，同时也在土地权利的分配和归属问题上开辟一种新的视角和思路。

三、概念的界定

（一）近代化转型

社会转型是一个整体的概念，总体上来讲是指历史发展的过程从一种状态向另一种状态的过渡。西方较早使用“社会转型”一词的社会学家是 D. 哈利生(David Harrison)，其在 *The Sociology of Modernization and Development* 一书中多次使用“social transformation”这一概念。卡尔·波兰尼(Karl Polanyi)在 20 世纪 40 年代用“大转型”(great transformation)的概念描述西方社会从前工业世界到工业化时代的转变。中国台湾学者蔡明哲在《社会发展理论：人性与乡村发展取向》一书中把“social transformation”直接译为“社会转型”，并认为“发展就是由传统社会向现代化社会的一种社会转型与成长过程”。[1] 学界对于社会转型的认识，主要有以下几方面的理解：一是认为社会转型是指体制上的转型。二是认为社会转型是指社会结构的变动，“社会转型的主体是社会结构，它是指一种整体的和全面的结构状态过渡，而不仅仅是某些单项发展指标的实现。社会转型的具体内容是结构转换、机制转轨、利益调整和观念转变。

---

〔1〕 蔡明哲：《社会发展理论：人性与乡村发展取向》，中国台湾巨流图书公司 1987 年版，第 66 页。

在社会转型时期,人们的行为方式、生活方式、价值体系都会发生明显的变化”。[1] 三是认为社会转型是指一种社会形态的质变,即社会生活的各个领域、各个层面发生整体性的变革,包括社会的政治结构、经济结构和文化的变迁,其实质是传统体制适应现代功能,从一种稳定状态过渡到另一种稳定状态。例如,有学者认为中国的近代化转型表现为五种发展趋势:中央政府权威削弱及其衰败化;在西方列强侵略下国家地位的边缘化;传统政治体系向近代体系演化的民主化;社会经济演变的市场化;国家与社会结构的二元化。五种趋势构成中国近代化的阻力与推力,使近代中国既表现为从传统农业国向近代工业国的转型,但又无法完成这一转型。[2]

基于对社会转型内涵理解不同,对中国近代社会转型起始和完成时间的认识在学术界也有不同的看法。总体来看,有三种观点:第一种观点认为,“清前期的中国社会在事实上已经形成了从传统向近代转型的态势”。[3] 第二种观点认为,近代中国社会转型始于鸦片战争。[4] 第三种观点认为,近代中国社会转型是从洋务运动开始的。[5] 关于中国的社会转型是否完成,大多数学者持否定的态度。[6] 也有学者认为,至 1949 年在中国社会经济结构呈现“非新非旧、新旧混合型”的社会转变时,“资本主义近代工业虽未能与传统农业和家庭手工业平分天下,但它已成为整个经济结构中异质的对立因素和不可忽略的子系统。这种二元化、混合型经济结构的成型,标志着中国近代社会转型的完成”。[7] 国外学者对中国的近代化转型也有研究,吉尔伯特·罗兹曼(Gilbert Rozman)在《中国的现代化》一书中采用布莱克关于现代化的历史架构——前现代化时期、转变时期和高度现代化时期的三阶段划分法,把 18—19 世纪的中

---

[1] 吴桃生:《社会结构转型对我国农村医疗保障制度的影响》,《知识经济》,2010 年第 3 期。

[2] 刘伟:《近代中国社会转型的发展趋势及其特征》,《华中师范大学学报》(哲学社会科学版),1997 年第 1 期。

[3] 高翔:《论清前期中国社会的近代化趋势》,《中国社会科学》,2000 年第 4 期。

[4] 郑杭生:《中国社会大转型》,《中国软科学》,1994 年第 1 期;马敏:《有关中国近代社会转型的几点思考》,《天津社会科学》,1997 年第 4 期;刘莹:《中国近代社会转型之我见》,《人文杂志》,1999 年第 3 期。

[5] 陈国庆:《中国近代社会转型刍议》,《华夏文化》,2001 年第 2 期。

[6] 马敏:《有关中国近代社会转型的几点思考》,《天津社会科学》,1997 年第 4 期;刘莹:《中国近代社会转型之我见》,《人文杂志》,1999 年第 3 期;葛金芳、顾蓉:《试论百年中国历史的外显形态与内在主题》,《湖北大学成人教育学院学报》,2001 年第 4 期。

[7] 陈曼娜、陈伯超:《论近代中国社会结构的转型》,《河南大学学报》(社会科学版),1996 年第 4 期。

国历史划作第一阶段即前现代化时期,把 20 世纪的前 80 年划为第二阶段即转变时期。

本项研究视角下的中国近代化转型是指中国社会从传统社会向现代社会、从农业社会向工业社会、从封闭性社会向开放性社会的社会变迁和发展过程,研究的起点为 19 世纪中期,研究下限为 1949 年中华人民共和国成立。

(二)土地产权关系

从法学的角度来看,地权关系包括所有权和他物权,民法典中,他物权包括用益物权和担保物权。用益物权则包括地上权、地役权和永佃权,担保物权包括抵押权和质权,此外还有典权。地权关系以所有权为中心,包括所有权和他物权的权利体系中各项权利之间的关系,这一体系中,所有权占绝对和支配地位,所有权和使用权之间的关系是最为重要的地权关系。

财产权利关系的概念已经从法学领域扩展到了其他领域,作为农业社会重要财产权利的土地所有权及其制度成为经济学研究的重要对象。本书所讨论的地权关系,着重于土地所有权以及土地所有权与土地使用权的关系。对于土地所有权和土地使用权关系的理解,必须是在清晰的所有权概念的条件下才能实现,这是在同一框架下讨论问题的必要条件。所有权是一项涉及人们财产关系的权利,它着重说明由财产所引起的人与物的关系,是对财产归属问题的权利规定,它借助于约定俗成的习惯力量,或借助于法律,即国家的超经济力量而成为人们遵守的,从而具有现实有效性的占有权力。因此,在“财产权世界中,所有权作为一种物(对象)背后的最高占有权与支配权,它并不是虚构的,而是实实在在的财产权。……由于财产所有者权力,决定使用财产的其他非所有者的权力或负权力,决定其他各种派生财产的性质和状况”。[1] 使用权尽管是作为所有权的一项派生权利而产生和存在的,然而,对于土地这种特殊的资源来说,较之其他派生权利,使用权具有更为重要的意义。需要特别指出的是,本书在所有权的概念界定上综合采用了格鲁斯曼—哈特—摩尔的体系(Grossman-Hart-Moore)和马克思的观点,将所有权定义于最终控制权的空间上,从而将其他权利(如收益权)作为派生的结果。因此,本书中所指的土地所有权和土地使用权都是终极权利,即终极所有权和终极使用权。

与所有权密切相关的一系列概念包括产权和所有制。西方现代产权理论

---

〔1〕 刘诗白:《产权新论》,西南财经大学出版社 1993 年版,第 38 页。

对于产权有不同的定义,包括从所有权出发的定义、从法律层面的定义、从社会关系的定义和从功能出发的定义。综合来看,无论从哪一角度出发的定义都指出产权作为关于财产的一组权利束而存在,其中最重要的部分是关于财产的排他性使用、可让渡性和获取收益的权利。不论这些定义侧重于哪一方面,均可以归结为产权是一种特殊的契约,这种契约规定了不同权利在不同主体之间的界定和分配。[1] 契约是规定各行为主体在不同的情况下的权利和义务关系,因为它界定了不同的主体在不同条件下可以获得的收益和必须付出的成本。这种契约的功能是提供将外部性尽可能内在化的激励。本书对于土地所有权和使用权关系的研究也是基于产权契约论的观点,即将土地所有者(土地所有权)和土地使用者(土地使用权)之间的关系视为既定条件下的契约关系。产权的界定和保护通常情况下是在法律体制下实现的,所以国家产权和法律规定也是产权契约结构的重要组成部分。总体而言,对产权研究有两方面重要内容:一是关于产权研究的出发点在于,"它是用来界定人们在经济活动中如何受益、如何受损,以及他们之间如何进行补偿的规则"[2];二是其研究目的是为了优化产权的内部机制,形成长久且有效的分配制度和激励机制,达到制度经济学派所追求的经济增长。基于以上的界定,本书对于土地产权关系的研究也将围绕上述两方面内容展开:一是廓清在特定历史阶段土地产权的分配状况及所有权和使用权之间的关系;二是研究什么样的所有权和使用权关系有助于经济增长。

(三)土地制度思想

土地权利的界定以及各权利人之间的关系构成土地制度的基础。所有权是受限制的权利,限制所有权的是制度结构,包括正式制度和非正式制度。就正式制度而言,所有权受法律、政策规则、政治制度等限制;就非正式制度而言,所有权受道德、传统、文化、组织、团体等限制。比如,有些土地所有者在使用其土地时,不仅受到政府土地规划的限制,还受到私人约法的限制。物品或资产的权利组合如果没有约束,他人的权利就不能被界定。拥有使用资源的权利包括一个人的身体和大脑,这些权利往往是通过禁止某种行为来确定的(阿尔钦、德姆塞茨,2003)。因此,土地制度思想的研究包括三个层次的内容:一是土地

---

〔1〕 王洪:《作为不完全契约的产权:一个注释》,《改革》,2000年第5期。

〔2〕 R. 科斯、A. 阿尔钦、D. 诺斯等:《财产权利与制度变迁》,上海三联书店、上海人民出版社2000年版,第6页。

所有权的既定状况、变化情况以及引起变化的原因；二是土地所有权和使用权在经济上存在的客观状况，包括权利的归属和分配状况、实现方式、在经济效率上的意义，以及对客观现象的经济学解释等；三是意识形态上对土地所有权与使用权关系的认识，这既包括国家以正式制度表现出来的意识，也包括对于这一问题在理论认识上的探索，同时还包括以习惯、风俗等非正式制度为反映的思想观念。

四、史料的范围和来源

本书中参考和使用的史料主要包括以下一些：

1. 近代国内外学者关于土地问题的相关研究，包括著作和论文，详细可见附录以及第二章相关内容。

2. 档案资料和文献汇编。土地政策方面的文献集中体现在一些档案文献中。农业政策作为中国共产党民主革命时期的重要政策之一，其相关文献十分丰富。主要包括：(1)中共中央文件。如中央档案馆编的《中共中央文件选集》、中共中央党校出版社出版的《第二次国内革命战争时期土地革命文献选编》、中央档案馆编的《解放战争时期土地改革文件选编(1945－1949 年)》等文件。(2)革命根据地史料。如《第一次国内革命战争时期的农民运动资料》,《湖南农民运动资料选编》,中国革命博物馆、湖南省博物馆、江西省档案馆选编的《湘赣革命根据地史料选编》(上、下),江西省档案馆、中共江西省委党校党史教研室选编的《中央革命根据地史料选编》(上、中、下),《陕甘宁革命根据地史料选辑》,中国社会科学院经济研究所中国现代经济史组编的《第一、二次国内革命战争时期土地斗争史料选编》,陕西省档案馆、陕西省社会科学院合编的《陕甘宁边区政府文件选编》,魏宏运主编的《晋察冀边区财政经济史资料选编》,《华中抗日根据地财政经济史料选编》等。此外，解放前出版的关于革命根据地的文献如《土改文献》、《土地改革重要文献》、《土地改革参考资料》、《平分土地文献》、《减租减息特集》等也是本书主要的文献参考资料。关于国民党土地政策的文献汇编主要包括中国第二历史档案馆编的《中华民国史档案资料汇编》(1911－1949 年)、荣孟源主编的《中国国民党历次代表大会及中央全会资料》(上、下)、中共中央党校中共党史教研室编的《中国国民党史文献选编》、彭明主编的《中国现代史资料选辑》等。

3. 1949 年之前的相关资料：著作的来源主要是国家图书馆、上海图书馆、上海社科院图书馆、复旦大学图书馆的馆藏文献以及谈敏主编的《中国经济学图书目录(1900—1949年)》(中国财政经济出版社1995年版)；论文主要来源于大成老旧数据库。

第二节　研究方法及创新之处

一、研究方法和技术路线

(一)关于研究方法的说明

关于经济史学研究的方法，研究者有不同的观点。一种观点认为经济史学重在"史"，在研究中应该注重史料的挖掘、考证、梳理和总结；另一种观点偏重经济学的方法和理论，通过运用经济学的方法提炼理论要素，解释和分析历史。与此相应地，在研究的框架体例的厘定上，也有不同的处理办法。一种观点是"述而不作"，认为应该还原历史本来的面貌即可；另一种观点认为，历史研究从未有述而不作的，每本著作都有显含或隐含的理论框架，这些框架对历史上各现象或变数之间的关系结构作一些假定，而记载历史不可能不采用一个组织史料的框架。

本书将主要采用经济学与历史学相结合的研究，是基于以下考虑：本书的研究对象是中国近代地权关系及土地制度思想，研究的重点并不是对地权关系本身的情况进行描述，而是试图分析地权关系及相应的制度思想在近代中国发展变化的动因及演进机制。有鉴于此，本项研究并不侧重于对思想本身进行描述，研究的重点将放在制度思想变化的轨迹、发展脉络以及制度思想产生的原因及其对经济发展的影响上。基于这样的研究特点，本书将所研究的对象置于一个较为广阔的环境中，在以经济学方法为主的前提下，试图吸取历史学以及其他学科的研究方法。同时，鉴于本研究是一项经济史与经济思想史相结合的研究，因此，将综合运用历史分析与逻辑分析、经济史与经济思想史、经济思想与政策思想相结合的方法，同时将更加注重实证分析和经验分析的方法。作为非"通史"性的专题性研究，本书在体例的设计和安排上，将在经济思想发展流程框架内对一些发展节点及重要内容作提炼和分析，使思想史的研究有一种学科框架的勾勒，同时也有聚焦于专题问题的讨论。

本书将主要采用的具体研究方法有：(1)契约理论，包括产权经济学、激励理论等的研究方法。产权经济学从产权结构或产权制度的角度研究资源配置率,研究如何通过界定、变更产权安排,创造或维持一个交易费用较低从而效率较高的产权制度,这是本项研究的基础理论。激励机制通过一套理性化的制度来反映激励主体与激励客体相互作用的方式,其相关研究方法将用于对土地制度的评价和分析。(2)博弈论以及相关分析方法。经济学中的博弈论是指将博弈论知识用于经济问题的分析之中,如针对经济问题的种类、结构,构建出相应的数学博弈模型来描述、反映经济问题参与人的策略选择动机,以便寻找到己方的问题最优解(其实也是其他利益主体的最优解)。在本书第六章比较分析的部分,具体运用了先后进入的博弈和同时博弈两种博弈方法分析不同的土地政策。(3)制度—结构的分析方法。制度—结构分析主张对经济社会的分析除了应用经济制度的分析方法之外,还包括权力分析、利益集团分析、规范分析以及社会政治分析。(4)历史的制度分析理论所倡导的分析方法。"历史的制度分析"强调综合运用多种方法,尤其是运用历史主义的经验归纳方法,同时重视政治、经济、文化和社会因素的综合作用,并注重研究"历史的路径依赖"。

(二)技术路线

本书将从近代中国农村地权关系的变化出发,围绕土地所有权制度以及所有权与使用权关系的演变来展开研究。在研究内容上,以"制度"标准作为取舍的依据,并且按照效率的标准对不同的制度作出经济学意义上的评价。在对近代土地所有权与使用权关系发展变化进行系统梳理的基础上,对现行制度和历史之间的承继作出解释。

本书研究将遵循以下技术路线:中国近代的制度环境—土地所有权的变化—土地所有权与使用权关系的状况—土地政策思想和学术思想—政策思想和学术思想对土地制度安排的影响—不同土地制度的构建—不同土地政策与土地制度的绩效评价—转型时期经济思想与经济制度的宏观讨论—中国近代地权关系及制度思想的现代启示。

二、创新之处

1. 本书试图从经济思想史的视角,即从经济思想变迁与制度构建的互动联系的角度,探讨中国近代化转型中的农村地权关系及土地产权思想的演变。基于这一视角的考察,既是对以往从经济史的角度讨论中国近代土地问题的丰富和拓展,同时也有助于探讨农村地权关系在近代化转型这一特殊时期的思想渊源和发展流程,更有助于从理论上探讨中国近代农村地权关系的本质内涵和演化规律。

2. 就研究内容而言,本书将近代农村地权关系置于中国从传统社会向近代社会转型的大背景下进行考察,并在理清土地产权制度和思想政策在近代发展变化的基础上,尝试在以下几方面有进一步更为深入的思考:一是试图对不同土地产权制度选择的原因进行理论上的解释;二是试图对不同土地产权制度的效率进行比较和评价;三是试图讨论要素禀赋、生产技术、制度因素对意识形态变迁的影响;四是试图对中国土地制度在从古代向近代、近代向现代更迭中所体现出的继承性和变异性进行解释。

3. 在具体的研究方法上,本项研究也试图做一些探索性的工作。一是将经济史研究和思想史研究进行有机结合,使得经济制度的历史演进和经济思想的理论价值能够在同一平面得到充分的阐释;二是尝试性地运用了现代经济学的分析工具,对经济关系背后蕴含的理论要素以及经济制度的效率进行了解释和分析;三是将近代土地制度置于开放的环境中,从比较视野对中西方转型时期的土地制度进行了观察与讨论。

第三节　文献回顾

中国近代的土地问题具有其重要性和特殊性,从某种角度来说,整个中国近代发展史就是一部探索如何建立适合中国实际情况的农村土地产权关系的历史。20 世纪初,即有一批中外学者致力于从经济学、社会学、政治学等各个角度深入研究近代的农村土地问题,土地产权关系构成其中重要的研究内容。土地问题一直是经济、政治、法律研究领域的重要内容,各种资料可谓卷帙浩繁、汗牛充栋,在有限的篇幅内对所有涉及土地问题的文献进行整理显然是不切实际的。为与本书的研究角度相契合,在对文献作梳理和取舍时,重点考虑两方面的内容:一是有关中国近代土地制度的历史沿革的研究成果,这些文献为本研究提供了充实的研究资料;二是围绕农村土地各项权利及制度结构进行的研究,这些研究大多数是针对现行农地制度展开的,或仅囿于对新中国成立以来的制度演变的历史进行分析和总结。这些文献为本研究提供了理论基础和分析工具。

一、地权关系和土地制度相关研究

(一)解放前的相关研究

根据作者对国家图书馆、上海图书馆、上海社科院图书馆、复旦大学图书馆、超星电子图书馆馆藏目录以及大成老旧数据库的检索,解放前关于土地问题的研究有大量的著作和论文成果。根据检索,20 世纪 20－40 年代关于近代土地的著作超过 210 部,大成老旧数据库中以“土地”为关键词的近代文献超过 7 600 篇(详见附录)。从文献内容来看,涉及土地问题的各个方面,包括土地政策、土地史、土地税、地租等。特别值得提及的是,近代有一些学术期刊大量登载了关于农村经济及土地问题的文章,如中国经济学社编辑的《经济学季刊》、中国经济研究会编辑的《中国经济》、国民党地政部编辑的《地政通讯》和《乡村建设》等。从已有文献来看,基本上可以分为如下几类:

1. 总论性的研究

主要是对近代土地问题和土地制度的考察和反思,以及与土地紧密联系的一些问题。内容涉及土地经济学、土地与人口、农民与土地、土地统计等。总论性的研究成果多以“中国土地问题”、“中国农村经济”、“中国农村问题”等为题。代表性的著作成果包括:章渊若《中国土地问题》(泰东图书局,1930);曹慎修《中国土地问题之研究》(上海华通书局,1930);章植《土地经济学》(上海黎明书局,1930);陈登之编著《中国土地制度》(上海商务印书馆,1932);翟克《中国农村问题之研究》(广州培英印务公司,1933);王效文、陈传钢《中国土地问题》(上海商务印书馆,1937);李景汉《中国农村问题》(上海商务印书馆,1937);卜凯《中国土地利用》(金陵大学农业经济系评述,1937);冯和法编《中国农村经济资料》(黎明书店,1935);国民政府主计处统计局编《中国土地问题之统计分析》(华世出版社,1942);吴文晖《中国土地问题及其对策》(上海商务印书馆,1947);朱剑农《土地经济学原理》(成都西部印务局,1947);土地问题研究会编《论农民土地问题》(太岳新华书店,1947)。代表性的论文包括:陶直夫(钱俊瑞)《中国现阶段土地问题》(《中山文化教育馆季刊》,1 卷 2 期,1934 年 11 月);陈翰笙《现代中国之土地问题》(《中国经济》,1 卷 4、5 期,1933 年 7－8 月);陈翰笙《中国的土地改革》(《世界与中国》,1 期,1948 年 6 月);华冈《现中国土地问题的特征》(《群众周刊》,13:6,1946 年 11 月);郭先彦《中国土地问题及其解决方法》(《农业论坛》,1 卷 5 期,1948 年 5 月);等等。

2. 就某一特定时期或某一方面的专题研究

主要的研究内容有:

(1)土地所有权与土地所有制,特别是平均地权学说的相关讨论。如李健人《平均地权之理论与实施》(上海泰东书局,1927);严仲达《耕者要有其田》(民智书局,1928);中国地政学会编《土地村有问题——各方对土地村有问题意见汇编》(中国地政学会,1935);张继、萧铮《平均地权与土地改革》(商务印书馆,1943);平凡《土地所有权之变迁》(《现代中国》,1928 年 5 月);萧铮《土地所有权之研究与平均地权》(《新生命》,1929 年 7 月);曾杏村《土地所有权的演变》(《三民半月刊》,1929 年 11 月);周谷城《中国土地制及总理土地公有学说》(《新生命》,1 卷 12 期,1928 年 1 月);万国鼎《土地国有与平均地权》(《中央日报》,1944 年 6 月 11 日)和《土地公有与耕者有其田》(《中央日报》,1944 年 6 月 11 日);陈式《中国土地私有制的特质及其前途》(《大中国周报》,3 卷 7 期,1933 年 8 月);等等。这些著作和论文都对此问题进行了研究。

(2)土地改革与土地政策。如潘楚基《中国土地政策》(上海黎明书局,1930);萧明新《土地政策述要》(长沙商务印书馆,1938);黄通《民生主义的土地政策》(独立出版社,1939);万国鼎《中国土地政策》(重庆独立出版社,1939);中国地政学会编《中国土地政策》(重庆独立出版社,1939);钟承宗《中国土地问题与土地政策》(《广东省银行季刊》,2 卷 1、2 期,1942 年 6 月);宋同钢《中国国民党土地政策》(《中央日报》,1942 年 11 月 15、22 日);吴文晖《现代中国土地改革思想与土地政策》(《中国青年》,12 卷 5 期,1945 年 5 月);朱子爽《中国国民党土地政策》(国民图书出版社,1943);萧明新《土地政策述要》(商务印书馆,1939);杨登元《中国土地政策研究》(《成都杂说月刊》,1943)。关于共产党的土地政策也有大量的研究成果。如《中共中央关于抗日根据地土地政策》(盐阜报社出版,1942);《中国共产党的土地政策》(冀鲁豫出版社,1944);毛泽东等著《中共土地政策研究》(鲁南新华书店编辑出版,1946)。

(3)租佃问题。租佃问题是中国近代土地问题的重要组成部分,学者对此进行了深入的讨论,关于租佃的相关文献可参见第五章的内容。

(4)土地税。土地税在中国长期以来被称为“田赋”,因此有一些成果以“田赋”为名称。这方面研究的代表性著作有:蒋谦《土地增价税之研究》(中德书局,1920);王先强《中国地价税问题》(上海神州国光社,1931);冯节《中国田赋研究》(上海民智书局,1929);孙佐齐《中国田赋问题》(新生命书局,1933);蒋贻彀《中国土地税之研究》(杭州嘉泰印刷所,1936);郭垣、崔永楫编纂《地税理论》(重庆正中书局,1943);郭垣《战时田赋整理问题》(重庆中国文化服务社,1943);关吉玉、刘国明《国民政府田赋实况》(重庆正中书局,1944);郭垣《中国国民党地税政策》(重庆国民图书出版社,1944);关吉玉等编纂《田赋会要》(重庆财政部,1943—1944)以及一些区域性的地税概况研究。

(5)土地制度史。近代学者对于中国古代及国外的土地制度史进行了考察。如聂国青《中国土地问题之史的发展》(上海华通书局,1930);姚素昉《中国古代土地制度研究》(建华书局,1933);谢无量《中国古田制考》(商务印书馆,1932);张霄鸣《中国历代耕地问题》(新生命书局,1933);万国鼎《中国田制史》(正中书局,1934);陈伯瀛《中国田制丛考》(商务印书馆,1935);曾资生和吴云端《中国历代土地问题述评》(建国出版社,1948);徐士圭《中国田制史略》(上海商务印书馆,1935);李又曦《两宋农村经济状况与土地政策》(《文化建设》,2卷2期,1935年11月);李文治《南宋的土地问题》(《大公报史地周刊》,1936年10月9日)以及《南宋平均地权的几种理论》(《大公报史地周刊》,1936年12月11日);王恒《汉代土地制度》(正中书局,1946);等等。也有学者对国外特别是欧洲的土地制度史进行了比较详细的考察,如郭汉鸣《十八九世纪欧洲土地制度史纲》(正中书局,1935)。

3. 译著

译著中既有国外学者对于土地及其一般相关问题的研究,也有国外学者对中国土地问题的研究。从作者国别来看,主要是日本、俄国、德国等国家的学者。代表性成果包括:长野朗《中国土地制度的研究》(神州国光社,1932);高富素之《地租思想史》(神州出版社,1931);考茨基《土地问题(上、下)》(商务印书馆,1936、1937);等等。

(二)解放后的研究

新中国成立以后,国内对中国近代农村地权关系的研究主要集中在以下几个方面:

1. 总论性的考察

一些研究对中国近代农村土地问题进行了整体性的考察。其中,代表性的著作包括:金德群《民国时期农村土地问题》(红旗出版社,1994);成汉昌著《中国土地制度与土地改革——20世纪前半期》(中国档案出版社,1994);郭德宏著《中国近代农民土地问题研究》(青岛出版社,1993);顾焕章《中国农业现代化研究》(中国农业科技出版社,1998);等等。上述研究较全面地勾勒出土地制度在近代中国的演变过程,并且对近代农村土地所面临的突出问题进行了总结和分析。特别值得一提的是,钟祥财所著《中国土地思想史稿》(上海社会科学院出版社,1995)是中国经济思想史领域贯通古今研究土地思想的专门性著作。

2. 近代地权分配状况的实证研究

对近代地权分配状况及土地占有情况的实证研究是近代土地问题研究的重要内容,解放前即有大量的成果,包括政府和学界都进行了大量的调研。1918 年,北京政府农商部对全国的土地情况进行过粗略统计;1927 年,国民党土地委员会对全国土地占有情况进行了估计。学界比较著名的研究包括 1934 年吴文晖的估计、1934 年陶直夫的估计、1935 年薛暮桥的调查研究。一些研究的资料基础来源于日本满铁调查。对近代土地问题作总体研究的著作成果基本上都会将土地分配状况纳入其研究体系,大多数认为地权的集中是近代土地分配最为突出的特点。侯建新在其《二十世纪二三十年代中国农村经济调查与研究评述》(《史学月刊》,2000 年第 4 期)一文中,对近代农村经济调查活动进行了梳理和总结。此外,章有义《本世纪二三十年代我国地权分配的再估计》(《中国社会经济史研究》,1988 年第 2 期)、朱玉湘《试论近代中国的土地占有关系及其特点》(《文史哲》,1997 年第 2 期)等对于土地分配状况都进行了分析和判断。

3. 租佃制度在近代的变化和发展

李德英《民国时期成都平原租佃制度新探》(中国社会科学出版社,2006)对民国时期成都平原的地租及租佃问题进行了翔实的考察。论文包括:陈廷煊《近代中国地主土地所有制下的租佃关系》(《中国经济史研究》,1991 年第 4 期);李三谋、李震《民国前中期土地租佃关系的变化》(《农业考古》,2000 年第 1 期);莫宏伟《近代中国农村的永佃权述析》(《学术论坛》,2005 年第 7 期);温锐《清末民初赣闽边地区土地租佃制度与农村社会经济》(《中国经济史研究》,2002 年第 4 期);龙登高、彭波《近世佃农的经营性质与收益比较》(《经济研究》,2010 年第 1 期);赵亮、龙登高《土地租佃与经济效率》(《中国经济问题》,2012 年第 2 期)。

4. 地权关系的转移及土地的流转

如李三谋《民国前中期土地贸易之特征》(《中国农史》,1998 年第 2 期);史建云《近代华北土地买卖的几个问题》(王先明、郭卫民主编《乡村社会文化与权力结构的变迁》,人民出版社,2002);龙登高《地权关系与生产要素组合:1650—

1950》(《经济研究》,2009 年第 2 期);龙登高、林展、彭波《典与清代地权交易体系》(《中国社会科学》,2013 年第 5 期);龙登高、温方方、邱永志《典田的性质与权益——基于清代与宋代的比较研究》(《历史研究》,2016 年第 5 期)。

5. 对近代土地制度变革和土地政策的总结

如金德群主编《中国国民党土地政策(1905－1949)》(海洋出版社,1991);莫宏伟、张成浩《新区农村的土地改革》(江苏大学出版社,2009)的第一章对新中国成立以前民主革命中的土地运动进行了梳理和总结;孙健《中国经济通史》中卷中对抗战时期国民党土地政策进行了系统梳理。论文包括:郭绪印《第三次国内革命战争时期的土地改革》(《历史教学》,1979 年第 9 期);郭德宏《第二次国内革命战争时期党的土地政策演变》(《中国社会科学》,1980 年第 1 期);赵效民、诸班师、赵增延《关于第二次国内革命战争时期党的土地政策若干问题的初步研究》(《中国社会科学院经济研究所集刊》,第 2 卷,1981 年);杨美琳《从"土地国有"到"土地发展私有"》(《历史教学问题》,1982 年第 4 期);姜爱林《民国时期国民党土地政策述要》(《历史档案》,2001 年第 4 期)和《略论解放战争时期我党的土地政策》[《北华大学学报》(社会科学版),2001 年第 3 期];姚顺东《抗战前国民政府农村土地政策评析——以湖北省为中心的考察》(《民国档案》,2012 年第 2 期);彭波、龙登高《新民主主义革命时期土地制度变革中的资本问题——以中共农村调查为中心》(《中共党史研究》,2012 年第 8 期);等等。祁冰的博士论文《20 世纪上半期中国共产党土地政策的演变》(辽宁大学,2010)运用新制度经济学的最新理论成果,将中国共产党土地政策的演变理解为学习过程,对中国共产党土地制度变迁过程及其结果进行实证分析;在政策的结果分析中,通过建立土地政策激励模型说明政策机理。

6. 某一特定区域地权关系的变化和特征

如侯建新《近代冀中土地经营及地权转移趋势》(《中国经济史研究》,2001 年第 4 期);张佩国《近代山东农村的土地经营方式:惯行述描与制度分析》(《东方论坛》,2000 年第 2 期)和《近代山东农村土地占有权分配的历史演变》(《齐鲁学刊》,2000 年第 2 期);武力《20 世纪 30—40 年代保定农村土地分散趋势及其原因》(《古今农业》,2004 年第 3 期);史志宏《二十世纪三、四十年代华北平原农村的土地分配及其变化》(《中国经济史研究》,2002 年第 3 期);李金铮《相对分散与较为集中:从冀中定县看近代华北平原乡村土地分配关系的本相》(《中国经济史研究》,2012 年第 3 期);胡英泽《近代华北乡村地权分配再研究——基于晋冀鲁三省的分析》(《历史研究》,2013年第4期);等等。

7. 国外土地制度研究

关于国外的土地制度研究特别是国外社会转型时期的土地制度研究构成了本文重要的参考文献,这方面的代表性成果有:沈汉《英国土地制度史》(学林出版社,2005)从生产关系和土地法的角度入手,围绕土地制度这一核心内容,对英国农业经济历史发展道路作了新的探讨;左学德、吴玲等著《日本社会历史转型时期的土地问题研究》(黑龙江人民出版社,2005)探讨了日本历史上几次重大的社会转型期的土地问题以及与之密切相关的农民、农业、农村问题,从土地制度这一经济角度来审视古代日本社会转型的内在原因。

二、土地法律制度相关研究

解放前即有大量研究涉及土地法律制度,既包括对土地法令的解释,也包括土地立法问题相关的思考性研究。如万国鼎《土地改良法》(商务印书馆,1929);王效文《土地法论》(法学编译社,1933);吴尚鹰《土地问题与土地法》(商务印书馆,1935);熊漱冰《土地问题与土地法》(江西地方政治讲习院,1936);黄振钺《土地政策与土地法》(中国土地经济学社,1949);等等。

解放以后关于中国近代土地法律制度的代表性研究包括:梁治平《清代习惯法:社会与国家》(中国政法大学出版社,1996)是一部法律社会史著作,作者从清代习惯法的渊源、背景、流变到习惯法的性质、形态、功用,以及习惯法与国家的关系、习惯法在社会理论上的意义等方面,都作了探讨;黄宗智《法典、民俗与司法实践:清代与民国的比较》(上海书店出版社,2007)对清代与国民党民事法律制度进行了比较和分析,其中在第二章和第六章讨论了与土地相关的典权和田面权;苗鸣宇《民事习惯与民法典的互动——近代民事习惯调查研究》(中国人民公安大学出版社,2008)对近代法制化的进程中民事立法与民事习惯之间的互动磨合进行了分析;赵晓力《中国近代农村土地交易中的契约、习惯与国家法》(《北大法律评论》,第1卷第2辑,法律出版社,1999)对近代中国农地种种交易习惯以及国家法与习惯的关系进行了深入研究。此外,还有夏扬《由民间规则到国家制定法——析中国土地制度与地政管理的近代转型》(《暨南学报》,2006年第1期)和赵晓耕、何莉萍《试述民国初年的土地政策与立法》(《政治与法律》,2006年第1期)等论文对于近代土地法律制度的构建和发展进行了讨论。

三、国外学者对中国近代土地问题的研究

（一）“分配理论”和“折衷理论”

中国近代土地问题同样也是国外学者感兴趣的研究内容。从土地占有形式的角度解释中国近代农业落后和农民贫困的原因，主要有两种代表性的理论：一是分配理论；二是折衷理论。分配理论认为，大部分收入以地租、高利贷利息、赋税和不等价交换形式从农民手中夺走，以致农民手中几乎没有能够用于改善或加强农业生产、提高生活水平的剩余。地主、商人、小业主、高利贷者和官吏构成了富有的、有力量用法律保护自己并用各种各样的方法剥削农民的社会阶级。这些阶级越是富有，他们就越是运用他们的财富积聚更多的土地，由此获得农民生产成果的更大份额。地权越是不均，农业剩余中落在大地主手中的份额就比落在农民手中的更大。随着人口的增长和地主、商人、官吏阶级霸权的增加，落在地主、商人和官吏阶级手中的农业剩余用于农业生产的份额就越少。农业技术和耕作方法停留在传统水平上，农民日益贫困。折衷理论认为，农民的贫困不仅由于他们的大部分收入被税收、高利贷等剥削关系吸收掉，首要的还是由于生产的衰退。在中国陷入中日战争状态以后，情况就更糟。战争状态下的中国农业经济落后，其原因是农业组织不合理、运输条件恶劣、政府支持不够和用于提高产量的基本投入不足等。[1]

土地分配理论的代表人物是俄国经济学家 L. 马札尔(L. Madiar)。他通过与学者们的讨论、对国民政府农业统计资料的分析以及对农村经济调查报告的研究，写成了一部研究中国农业的著作——《中国农业经济论》。他认为，中国土地之所以不可能生产出更多的产品，主要有三个原因[2]：第一，对河水的控制已经被破坏，农村灌溉系统衰退。第二，经济作物种植面积日益扩大，耕地需要更多的肥力。但生产这种投入相当少，因为农民必须交纳更多的田赋、利息和地租。此外，来自手工业的收入也在下降。第三，无论原因何在，家禽和家畜的供给从来没发展到土壤能从更多的动物性肥料和更好的平整土地中获益的程度。马札尔认为，社会阶级关系决定了土地所有权及其如何使用。同时，农村经济人口过剩、农民的极端贫困和严格建立在古代技术基础上的农业制度成为农村经济的特征。建立由贫农和佃农组成的、有权没收地主土地并废除土地

---

〔1〕 马若孟：《中国农民经济》，江苏人民出版社 1999 年版，第 15 页。

〔2〕 L. 马札尔：《中国农业经济论》，井山照丸译，东京改造社 1935 年版，第 2 章。

私有制的苏维埃,可能是最好的解决农村土地问题的方法。

折衷理论的代表人物是卜凯(John Lossing Buck)、理查德·亨利·托尼(Richard Henry Tony)和德国的威廉·瓦格纳(Wihelm Wagner)等。卜凯在20世纪30年代出版了《中国农家经济》以及《中国土地利用》,在1947年出版了《中国农业的几个基本问题》。卜凯认为,中国近代农业问题主要是经济问题,解决的方案是广义的技术进步。中国农业的基本问题之一是怎样增加收入和农业产出,而这两者都依赖土地、劳动、资本和技术的适当结合以及一个有效的生产组织。这一思路形成了后来被瑞斯金(Carl Riskin)所称的"技术学派",并且成为国民党制定农业政策的理论基石。卜凯认为,土改的办法解决土地问题不一定能奏效,土地再分配也不会改变人、地比例,而是会使农场面积下降,减少它们的经济收益,降低生活水平。[1]

在满铁资料的基础上,美国学者马若孟(Ramon H. Myers)在1970年出版了他的经典性著作《中国农民经济》,其中对华北地区地权分配的变化进行了讨论。马若孟认为,华北农村的地权不平均,但它没有变得更不平均。满铁的资料显示:自1890年以来,华北的大土地所有者逐渐消失,而佃农和雇农的比例也有所下降。这两个变化说明中小地主和自耕农的增多,地权分配实际上可能变得相对平均。这些变化与商业化的发展和农村中的分家有关。商业化使种植经济作物和从事手工业的贫困农民有机会增加收入和购买土地,而农户在儿子们中间的分家则使土地所有权分散化。此外,华北的租佃关系变化比较有利于佃户而不是地主。1880—1930年,华北的租佃关系逐渐从实物分成地租转向实物定额地租。而在这一时期,华北农产品价格上升,在1913—1938年间上升了40%。在实物定额租下,佃农一方是农产品价格上升的主要受益者。而在灾害年成时,佃农又经常回到实物分成租,以使地主也承担部分由歉收所带来的损失。因此,华北的租佃关系并没有变得不能容忍。因此,马若孟便通过对竞争性市场的考察,证明地主的超经济强制性剥削在市场上并不存在,他认为发展中国农业经济的关键在于广义的技术进步。

(二)对"高度均衡陷阱"与"土地分配不均"的解释

伊懋可(Nark Elvin)在1973年出版的《中国历史的范型》一书中提出,中国农业经济在近代以前就达到了所谓"高度均衡陷阱",即农业的传统技术已发展

---

〔1〕 卜凯:《中国农家经济》,商务印书馆1936年版;《中国土地利用》,金陵大学农学院农业经济系,1941年。

到了顶点，资源的使用也发展到了顶点，人口的增长也达到了农业耕作所能支撑的顶点，从而使得农村的生活只能维持在生存线水平，经不起自然灾害或战争等人为破坏。跳出这个陷阱需依靠工业革命，但中国却恰恰缺乏工业革命一项最起码的条件：资本。由于人口压力和农业停滞所造成的粮食和其他物价的上涨，中国无法积累起剩余的资本而使自己跳出高度均衡陷阱。他进而指出，平均分配土地在土地日益稀少的条件下没有意义，因为土地已经稀少，并且越来越难以支撑日益增长的农村人口，因此，从平均分配土地这一思路来认识和解决中国农村的经济问题不见得正确。黄宗智对伊懋可的观点持反对意见，他强调了土地分配不平等对中国近代农村产生的影响；同时，与马若孟认为租佃是一种合理的经济关系的观点不同，黄宗智认为土地分配不均是引致中国近代革命的重要因素。此外，租佃制度具有剥削性。黄宗智认为，如果近代中国农业经济是像马若孟所论证的那样为一片机会平等的土地，那么，穷人之所以穷则岂不是要埋怨他们懒惰和在农业生产上不够聪明能干吗？黄宗智以河北沙井村为例，论证了土地分配不均是穷人所期望的改变和中国革命的社会经济原因。俄国经济学家 L. 马札尔在 1937 年出版的《中国农业经济论》一书中指出，社会阶级关系决定了土地所有权及其如何使用，大多数几乎没有土地的农户在农民中的比重明显越来越大。同时，农村经济人口过剩、农民的极端贫困和严格建立在古代技术基础上的农业制度成为农村经济的特征。减轻佃农的地租、延长租期和佃农有权购买他们租种的土地等国民党提出的土地改革法令不足以解决中国近代的土地问题，因为这些法令总是太深地根植于土地租佃制这样的旧社会经济制度中。周锡瑞(Joseph Eshrick)在 1981 年写了一篇题为《数字游戏》的文章，对各方所使用以及他能搜集到的中国近代土地数据资料作了各种对比，对参加辩论的学者作了批评。他指出，取决于每个学者的立场和每人研究的区域，中国近代土地数据资料在做出修正值后，几乎可以游戏般地让每个学者做出对自己有利的解释。这些数据资料没有告诉我们任何有关于中国近代土地分配的真实状况，虽然他本人倾向于认为 19 世纪 30 年代中国有很多地主，这些地主占有大量的土地，不能简单地将中国视为一个小自耕农充斥的国家。

(三)“内卷化”理论及其讨论

黄宗智于 1985 年和 1990 年分别出版了两本经典性著作——《华北的小农经济与社会变迁》和《长江三角洲的小农家庭与乡村发展》，提出了近代中国农村人口增长超过农业生产总量的增长,对土地造成了压力,从而形成了有增长、无发展的"内卷化"(过密化)的特征。在《华北的小农经济与社会变迁》一书中,黄宗智的核心概念是"没有发展的增长",并由此而派生出"社会分化",不再以土地分配和租佃关系来解释中国的农业经济和革命。他认为,明清以降,华北的农业生产有了增长,却没有赶上人口的增长,因此只是一种没有发展的增长。或者说,农业生产的总量增长了,但人口增长更快,对土地造成了压力,使得人均生产率和人均收入递减。在《长江三角洲的小农家庭与乡村发展》一书中,黄宗智发展了自己的理论,提出了"内卷化"或称"过密化"的核心概念。他反对亚当·斯密和马克思依据西方经验所表述的西方经济学的主流看法,认为商业化并不一定会导致斯密和马克思所相信的近代资本主义和工业化的发展。黄宗智指出,从明清开始,江南出现了高度的商业化,但商业化导致的并不是西方主流经济学理论所预期的小农经济的瓦解,反而是它的巩固和增强。

对于黄宗智的观点,也有一些学者提出了不同的看法。布兰特(Loren Brandt)在其《商业化与农业发展》一书中指出,在他所研究的中国东部与中部5省中,农民的人均收入在1870—1937年间有了增长,其原因是商业化导致的市场专业化发展。罗斯基(Thomas Rawski)和柯大卫 (David Faure)出版的《战前中国经济的增长》和《解放前中国的农村经济》都各自指出了中国近代农业生产增长的速度超过了人口增长的速度,商业化和国际贸易给中国农业带来了发展,人均收入没有递减。当然,这些讨论指向的是中国近代农业经济发展的整体,而不是单纯的土地问题。

(四)其他研究

除了上述几方面之外,希拉里·J. 比阿蒂(Hilary J. Beatti)研究了明清时期安徽桐城县地主家族的土地占有情况。[1] 周锡瑞研究了中国大革命前夕的土地分配问题。兰道尔·斯特罗斯(Randall Stross,1985)研究了中国土地租金问题。[2] 林达·艾瑞格(Linda Arrigo)对20世纪30年代卜凯的调查资料进行重新考察,重点研究了当时中国的土地所有权集中问题;她还从农业社会中的非均衡经济学的角度系统研究了中国20世纪30年代的土地所有权、人口增

---

[1] Hilary J. Beatti. *Land and Lineage in China: A Study of T'ung-ch'eng Country, Anhwei, in the Ming and Ch'ing Dynasties*. Cambridge University Press, 1979.

[2] Randall Stross. *The Stubborn Earth: American Agriculturalists on Chinese Soil, 1898—1937*. University of California Press, 1985.

长与地租问题。[1]

四、关于中国近代社会转型问题

国内学者对于近代中国社会的转型问题也进行了深入研究,内容涉及社会转型的概念、起始时间、动因、阻力以及社会转型特征和实质等。张丽《非平衡化与不平衡:从无锡近代农村经济发展看中国近代农村经济的转型(1840—1949)》(中华书局,2010)从微观的角度,在对无锡农户家庭经济进行考察分析的基础上,探讨了中国近代农村经济的发展问题。汪校驷《江南乡村社会的近代转型》(安徽师范大学出版社,2010)以社会转型的学术视角,从经济与地权、社会结构、物质与精神生活等层面探讨江南这一近代化先锋地区乡村社会的变迁,并介绍了民国时期对于解决江南乡村危机的路径探索。此外,代表性的论文包括:陈曼娜《论近代中国社会结构的转型》(《河南大学学报》,1996 年第 4 期);马敏《有关中国近代社会转型的几点思考》(《天津社会科学》,1997 年第 4 期);高翔《论清前期中国社会的近代化趋势》(《中国社会科学》,2000 年第 4 期);栾爽《震荡与冲突:近代中国社会结构转型探析》(《西安交通大学学报》,2003 年第 4 期);程霖、毕艳峰《近代中国传统农业转型问题的探索》(《财经研究》,2009 年第 8 期);沈世培《晚清小农经济结构的变化及其对近代社会转型的影响》(《农业考古》,2010 年第 1 期);王先民、李金铮、马俊亚、翁有为《"近代乡村变迁与社会转型——20 世纪中国社会转型问题"笔谈》(《史学月刊》,2013 年第 11 期);董馨《近代以来中国社会转型进程中的文化传承与变迁》(《理论与改革》,2016 年第 2 期);等等。

限于篇幅,以上的文献回顾并不能穷尽既有的相关研究成果,而只是列举了一些代表性的文献。既有的研究既反映出对近代土地问题的研究已经达到的深度,同时也为本文的讨论提供了一定的空间。首先,现有的研究集中于经济史的角度,大多数进行了"是什么"的实证分析,局限于对客观经济现象的描述,从经济思想发展和演变着手的讨论相对缺乏;其次,现有的近代土地经济思想的研究大多数是对土地制度或有关土地问题的言论进行梳理和总结,运用现代经济理论对土地制度以及制度思想进行分析的环节比较薄弱,尽管已有研究

[1] Linda Gail Arrigo. *The Economics of Inequality in an Agrarian Society: Land Ownership, Land Tenure, Population Processes and the Rate of Rent in 1930's China*. State University of New York at Binghamton, 1996.

对于土地政策在近代的变化进行了非常细致的描述,但缺乏对其背后动因的揭示;再次,现有的研究欠缺从经济思想和经济制度互动关系方面的探究,特别是在历史转型时期两者关系的研讨方面,是目前经济思想史研究中的空白点;最后,现有的研究在比较方面也相对缺乏,既缺乏同一时期的横向比较,也缺乏不同时期的纵向比较。上述局限与不足为本项研究提供了努力的方向,同时也反映出本项研究的必要性和可行性。

第二章 中国近代农村经济状况及地权关系变化

第一节 近代化的含义及中国社会近代化转型的动因

一、近代化的含义

学术界所认为的“近代化”一般指16世纪以来在西方出现的一系列社会变革,从而促使在制度和性质上演变为与传统社会完全不同的社会的过程,其表现包括启蒙思想、市场理论的出现、近代科学的兴起与传播等。对于近代化的含义理论界有不同角度的解读,有学者提出,近代化的内容应至少包含三个方面:以服务市场和自由雇工为主要特征的资本主义生产方式的兴起与发展;传统人身依附关系的逐渐解体、个人自由的扩大,以及政府对社会管理的制度化和规范化;与上述变化相适应的带近代意义的社会观念的出现与传播。在具体历史研究中,关于近代化问题最主要的切入点有两个:一是从生产方式的角度,其基本点是生产力的发展水平;二是从上层建筑的角度,其中心内容是政治制度和意识形态问题。前者是基础的,它能揭示出某种社会形态形成与发展的根本动因;后者是至关重要的,它能从社会控制、价值观念的角度,从思想流变的角度,回答社会发展速度问题,回答变革方式与变革道路问题。[1] 有学者认

〔1〕 高翔:《论清前期中国社会的近代化趋势》,《中国社会科学》,2000年第4期。

为,近代化的核心是工业化。从落后的封建社会进入工业化,是与资本主义分不开的。中国封建经济相当发达,走向资本主义、实现近代化是历史发展的一种趋势。[1] 还有学者认为,始于晚清的中国近代化,也称作“现代化”,意思一样。近代化并不仅仅是一个经济问题,它从来就是一个经济、政治、思想、文化等各种因素综合作用的产物。从19世纪后期到20世纪初期的中国,近代化或现代化就是资本主义化,这无疑是对的。但资本主义化绝不是仅指资本主义经济的发展。经济的发展常常要政治等多种手段为其开辟道路。[2]

由上述观点可以看出,学术界普遍认为,中国的近代化,亦称中国早期现代化或现代化,是指近代中国社会资本主义化的历史进程。在中国近代史研究领域,无论是使用“近代化”或“现代化”还是“早期现代化”的概念,其所揭示的内涵基本上是一致的。不少学者正是用了“近代化”或“现代化”等术语来探讨中国近代由传统农业社会向资本主义工业社会的转型这一近代化的过程,以至于有的学者在同一篇或不同篇的文章中交替使用“近代化”或“现代化”的概念。[3]

尽管对于中国在何时开始近代化的过程以及中国社会的转型至今是否完成等问题,学界仍有一定的争议,但是中国经历了近代化的转型过程并且发生过整个社会的革命性变迁,对于这一点,理论界的看法较为一致。近代化转型的核心要义是,完成从传统农业社会向近代化的工业社会转变的过程。土地是一个以农业为基础的社会最为根本的生产资料,如果以西欧的近代化为标准参照的话,近代化转型在土地制度及农业生产关系上的表现是:土地所有权发生变化,完全归私人所有;农民和土地相分离,成为商品需求者;农业生产中雇佣关系的建立等。因此,考察农村土地产权关系的变迁无疑是认识中国近代社会发展过程的重要视角。因此,本研究将从地权关系这一生产关系的重要内容出发,对作为上层建筑的土地经济制度在近代的构建及演变过程进行认识,试图揭示中国近代转型过程的重要基本动因。

---

〔1〕 刘大年:《当前近代史研究中的几个理论问题》,《人民日报》,1997年1月11日。
〔2〕 李文海:《对中国近代化历史进程的一点看法》,《清史研究》,1997年第1期。
〔3〕 孙占元:《中国近代化问题研究述评》,《史学理论研究》,2000年第4期。

二、对近代中国转型动因的讨论——“冲击—反应”模式与“中国中心观”

(一)“冲击—反应”模式[1]

关于近代中国社会发生转型的根本动因，是长期在学术界争论的一个问题。认识的根本差别在于，如果没有1840年开始的外在冲击，中国是否会自发完成从传统的农业社会向近代化的工业社会的转变。费正清和邓嗣禹提出的“冲击—反应”说认为，中国近代的社会转型源于“外发的压力”。“冲击—反应”说实际上与汤因比的文化形态学说一脉相承。汤因比认为，文明的诞生是环境对于人类的挑战刺激人类奋起应战的结果，文明产生和进步的动力正是由于挑战与应战的相互作用。面对每一种挑战，人们都会做出不同的应战。如果对于一种或几种挑战取得了胜利，那么文明就诞生了，否则文明就趋于夭折。然而，这种挑战与应战并不是无条件的。一种挑战要激起成功的应战，就必须“适度”。费正清中国史观的核心是“文明冲突论”，他认为中、西两种文明是水火不相容的，是相互对立的两大体系。中华文明是一种有别于开放性海洋文明的内向型大陆文明，是一种有别于扩张性商业—工业—军事型的、充满调和与折衷精神的、停滞的农业—官僚政治文明。中国传统文明的迟滞与稳固、资源与文化的自给自足使近代中国对西方文明表现出顽强的抵触与排斥，更做不出相应的反应。[2] 由于中国社会的超稳定结构，中华文明缺乏内在动力去突破传统框架，它只能在巨大的冲击下，被迫对西方做出反应。“冲击—反应”模式假设西方社会是一个动态的近代社会，而中国社会则是一个长期处于停滞状态的传统社会，其缺乏自身发展的内在动力，只有经过西方的冲击，中国传统社会才有可能摆脱困境、获得发展。[3]中国的一些学者对这一观点进行了批判性的思考，大致有几方面意见：(1)“冲击—反应”模式的思想基础是西方中心论；(2)东方社会现代化是整个世界现代化过程的组成部分，“冲击—反应”模式把东方社会的现代化看成被动过程是错误的；(3)诸文明的碰撞是相互的，“冲击—反应”

---

[1] 与费正清同时代的列文森还提出了“传统—近代”模式，认为中国传统与西方的近代化是根本对立的，中国要从传统进入近代社会，就只有接受西方的文明改造，虽然在表述上与“冲击—反应”说有所不同，但基本观点都是西方中心论。

[2] 费正清等：《东亚文明：传统与变革》，天津人民出版社1992年版，第132页。

[3] “冲击—反应”模式在美国现代中国学界一直占有统治地位，成为一种“学术规范”。直到20世纪60年代后期，费正清部分地纠正了自己对中国历史的观点，承认中国的近代化主要是基于中国自身的内在生命和动力，西方的影响是有限的。

模式是一种西方单向作用论；(4)“冲击—反应”模式忽视了中华文明独立发展的内在规律和自发秩序。

（二）“中国中心观”

美国学者孔飞力(Philipa Kuhn)在其1970年出版的*Rebellion and Its Enemies in Late Imperial China*一书中[1]，对“冲击—反应”说提出了质疑，他认为中国近代史的开端应该以旧秩序的衰落——传统国家制度的毁灭与地方军事化——为着眼点，在西方大规模冲击中国前，中国社会内部已经出现危机，新的力量已经在开始削弱中国传统社会，如人口增长的过剧、通货膨胀、铸币发行大量增加以及农村社会日益剧烈的竞争等。费正清的学生柯文(Paul A. Cohen)在20世纪70年代后期对战后美国近代中国史研究中的三种模式即“冲击—反应”、“传统—近代”与“帝国主义”(这三种模式都认为近代中国变革的动力来源于西方)进行了深入的剖析，提出以“中国中心观”为主导范式来研究中国历史。他强调从中国社会内部来考察，把中国社会进行或纵或横的分解：先按“横向”分解为区域、省、州、县与城市，以展开区域性与地方性的研究；再按“纵向”分解为若干不同阶层，推动较下层社会历史的撰写，同时借用社会科学方法来研究中国历史。柯文认为，“中国本土社会并不是一个惰性十足的物体，只接受转变乾坤的西方冲击，而是自身不断变化的实体，具有自己的运动能力和强有力的内在方向感”，进而反对在研究中国近代历史时陷入“西方中心”窠臼，他认为工业化的西方近代社会是中国社会发展的终极目标，而忽略了近代中国社会自身演变发展的脉络。[2]“内部取向”是柯文“中国中心观”的核心，它的主要内容便是在研究中国近代史时，应把注意力集中在中国社会内部因素上，而不是放在外来因素上。“中国中心观”注重历史的连续性，立足于发掘中国本身的历史，即不是用西方的价值观，而是通过中国社会的特点和个性来发现其自身的历史。值得指出的是，柯文认为：“近代西方随着时间的推移不断发生巨大的变化。鸦片战争时所遇到的西方，和20世纪二三十年代对中国思想、政治生活发生重大影响的西方，同样都是‘近代西方’，但是两者之间却存在着巨大的差别。”[3]这一点对于我们研究中国近代历史极具启示。

---

[1] Cambridge: Harvard University Press. 该书中译本为《中华帝国晚期的叛乱及其敌人》，谢亮生等译，中国社会科学出版社1990年版。

[2] 柯文：《在中国发现历史——中国中心观在美国的兴起》，中华书局2007年版，第88页。

[3] 柯文：《在中国发现历史——中国中心观在美国的兴起》，中华书局2007年版，第4页。

（三）两种观点的对比与讨论

“冲击—反应”理论和“中国中心观”都有其解释力，但同时也都具有各自的局限。“冲击—反应”理论没有考虑社会发展的时间维度，忽视了中国社会内部的动力。两种异质文明之间的碰撞往往表现为弱势文化对强势文化的让步，吸纳强势文化并最终被置换，这是一个循序渐进的过程。[1] 而“中国中心观”突出强调中国历史的主体性，忽视现代世界发展的客观趋势和中国近代社会的具体历史发展实际。此外，柯文反对宏大叙事，提倡精细化研究，倡导把研究对象限定在小的范围、时段内，从而使得如何把区域的、局部的、短期的研究结果，组织综合成一个可以把握的、具有一定说服力的、较大范围且较长时段的理论，能描述、统领、涵盖或分析全局性的问题，成为难点。因此，综合的观点是：社会转型发生的主因来自传统社会内部结构的冲突和近世国家文明冲击形成的合力，这种合力决定了中国社会转型的方向。历史的复杂性要求研究者把近代以来的中国历史看作各种内外因素互动和“合力”所推动的、从单向度研究改为多向度研究的综合研究。作为一个后发外生型国家，中国从 19 世纪开始进入由农业文明向现代工业文明转型的现代化过程。西方世界的霸权威胁与文明示范是不可或缺的关键性启动要素。然而也应看到，现代化的变迁不仅仅是一个简单的“冲击—反应”过程。对于中国来说，它既是古老的历史在新世纪的骤然断裂，又是这一历史在以往的传统中静悄悄的绵延。只是到了 19—20 世纪，当西方的示范展示另一种迥然不同的发展道路时，中国才对自身历史的内部挑战产生了一种或多或少是变化了的回应方式。这样，中国历史的内部要素与西方文明的示范效应叠加在一起，共同制约着中国现代化的反应类型与历史走向。[2] 近代化转型在本研究中的历史语境中将选择综合的观点，即这一过程既是中国在传统社会发展到一定程度所面临的内生性的需求，同时也由西方外生性的冲击触发和推动而形成。因此，在研究这一转型过程中经济制度和经济思想的变化或变革时，本书所强调的一个观点是，对变化或变革的认识既要看到外来的影响所起到的重大作用，但也不能忽视传统制度和思想的延续、继承。

---

〔1〕 马敏：《有关中国近代社会转型的几点思考》，《天津社会科学》，1997 年第 4 期。

〔2〕 许纪霖、陈达凯：《中国现代化史（第 1 卷）（1800—1949）》，上海三联书店 1995 年版；杨杭军：《中国社会由传统向近代转型的思考》，《黄河科技大学学报》，2001 年第 3 期；陈君静：《大洋彼岸的回声：美国中国史研究历史考察》，中国社会科学出版社 2003 年版。

第二节 传统中国社会农村地权关系总体特征
——近代农村地权关系变化的起点

一、"王有"思想与传统中国社会土地国有观念

土地属于以国君为具象代表的国家所有,这是贯穿整个中国古代社会土地制度思想的总体特征。对于中国历史上土地所有权和使用权关系的演变的讨论,实际上是研究国家和农民之间的契约关系的发展变化,而土地的国家所有,是这一契约关系存在的前提条件。国家所有权始终处于主导地位,是传统中国社会农村土地所有权和使用权关系的总体特征。土地国家所有的最初表现便是"天下王土"的土地"王有"思想。

"溥天之下,莫非王土"的观念自产生以后,不断得到加强和发展,成为传统中国社会占主导地位的土地观念。因此,尽管中国在先秦时期即确立了土地的私人所有,自秦以来也开始允许土地买卖,此后土地所有权私有的观念也在不断的发展之中,宋代以后土地的私人所有已成为不可阻挡的历史潮流,但是大量私人占有土地并没有改变土地王有的观念在思想领域中的支配地位,从国家的角度讲,它从来没有放弃"六合之内,皇帝之土"的准则。晚唐以前,土地理论以国家掌握土地所有权、限制私人土地占有为核心思想。此后实行的占田制以及均田制的前提都是国家掌握全国土地,然后再按照一定的原则进行分配,私人所使用的土地是国家授予的份地。存在由国家制定的全国性的田制,并且能够基本上得到无障碍的推行本身也说明土地国有观念的主导地位。即便是宋以后,当国家已经放弃了和私人争夺对土地所有权的控制,而转向扶持私人土地所有权的发展时,支持土地国家所有的呼声仍然不绝于耳。无论是宋代的李觏、张载,还是元代的郑介夫、赵天麟,都将恢复王有制下以井田为模式的土地使用制度作为理想的制度。直到明清时期商业资本有了相当的发展以后,才出现了少数的否定土地国有的观点。

二、传统中国社会地权关系及结构的演变

"王有"土地思想主导下传统中国社会形成了这样的土地产权结构:国君拥有法权规定的最高土地所有权。为了调节统治阶层内部的利益关系,国君将土

地向下分封,从而出现了对各级贵族(公、侯、伯、子、男)按照等级和军功授予土地,即"封邑"。这样,从表面上看起来,国君拥有的是所有权,或者称之为终极支配权,受封的贵族官吏拥有的是占有权,从事农业生产的农民拥有使用权。尽管王有的思想主张全国疆域内的土地都是属于统治者的,但是由于国土幅员的广阔,统治者亲自经营从实践操作上来看显然是不可能的,因此,从一开始的时候,就出现了土地所有权和使用权在某种程度上的分离,至少在形式上看起来是这样,这和观念上的土地王有并不矛盾。进入封建社会,土地产权结构关系更为复杂化并出现了进一步的分离。封建地主土地私有制确立之后,土地产权这一权利束纳入的权利主体既包括国家和贵族地主,又包括庶族地主和农民(皇帝既是国家这个抽象概念的具体代表,又是最大的地主)。地主们大量地兼并占有土地,然后让农民耕种,他们之间既有雇佣关系,也存在着人身依附关系。为了将农民附着在土地上,以便稳固地获取租金,国家将国有土地授予无地、少地的农民长期占有和使用,这样还产生了农民实际上的小土地占有。因此,中国封建地产中体现的产权关系包括国家、地主、农民三级主体:国家拥有法律上的土地所有权(最终支配权),地主拥有经济上的土地所有权(实际所有权),农民拥有部分的使用权和收益权。[1] 三级主体之间形成了国家和地主、地主和农民、国家和农民三对关系,以上产权关系存在的基本前提都是土地国有,或者更确切地说是土地名义上的国有。在国有这一前提下,才能谈论或设想各种具体形式的土地分配方式。

传统中国社会土地所有权与使用权是一种国家主导型的契约关系,国家和农民处于不对等的位置,由此形成了传统中国社会土地产权残缺、私人财产保护机制的缺乏以及由国家提供制度安排的传统。

三、传统中国社会土地产权关系的总体特征

(一)产权残缺

产权的作用就是通过对财产各项权利的边界进行清楚的界定,从而使得人们在交易活动中根据这些权利规则来决定采取的合约形式。在影响所有者的行为决策的因素中,对财产所享有的产权完整程度是最为重要的。所谓完整的产权,是指"资产拥有者对它享有排他的使用权、收益的独享权,以及自由的转

---

[1] 如果考虑到自耕农,则情况更为复杂。自耕农既拥有土地经济上的所有权,又拥有土地使用权和收益权,但是并不稳定,会遭到来自国家和地主两方面的侵蚀。

让权”。[1]“产权残缺”的概念最早是由H. 德姆塞茨(Harold Demsetz)在他的论文集《所有制、控制与企业》的导言中指出的。他提出,人们对于管制的研究实际上是由这些方面导致的产权残缺,“所有权的残缺,可以被理解为是对那些用来确定‘完整的’所有制的权利束中的一些私有权的删除”。因此,“与完整的产权相对应,如果资产的拥有者对其中一种权利或者是全部权利的享有受到限制或侵蚀,我们就称之为‘产权残缺’。产权的残缺或者表现为对资产使用的选择权利受到限制;或者表现为利用资产生产的成果受到侵蚀;或者是对资产的转让权受到禁止或削弱;有时甚至表现为这几方面的总和”。[2]产权的完整对于经济的运行至关重要,但真正意义上完整的产权在现实中是很少见到的。造成产权残缺的重要原因之一便是由于国家(这个理性的统治者)为了自己的利益所致。[3]德姆塞茨的解释也是如此,产权残缺的原因在于“控制废除私有权利束的职位已被安排给了国家,或已由国家来承担”。[4]因此,所有权残缺是由于国家侵权所造成的一种结果。

对于传统中国农村土地产权结构的分析,首先面对的就是对于国家在整个制度的形成和演变的过程中所处的地位以及发生的作用。在“王有”思想的影响下,不仅形成了国家和农民之间不对等的契约关系,而且导致了在相当长的一段时期内,土地“王有”思想作为传统中国社会土地制度的认识背景而存在。西方学者对于中国政府权力的制度背景也有洞识:“君临一切的中国政府,具有强大的力量去影响那些直接牵涉到生产和分配的各种组织。政府可以重新分配财产权利,决定赋税负担的数量和规则……并履行许多其他的服务职能。很多朝代的经济记载充分证明了国家对于这些领域的积极关注。”[5]中国自秦代建立起来的政治体制,是一个官民二重结构的形态,国家的政治权力可以直达社会基层。有学者认为[6],封建领主时期,由于贵族地位的世袭性,贵族和平民之间具有较长期的利益预期;虽然双方之间的契约关系不像西欧那样牢固,

---

〔1〕 刘守英:《中国农地制度的合约结构与产权残缺》,《中国农村经济》,1993年第2期。

〔2〕 刘守英:《中国农地制度的合约结构与产权残缺》,《中国农村经济》,1993年第2期。

〔3〕 道格拉斯·诺斯:《经济史中的结构与变迁》,第三章,“新古典国家理论”,上海三联书店1994年版。

〔4〕 H. 德姆塞茨:《所有权、控制与企业》,经济科学出版社2000年版,第23页。

〔5〕 [美]吉尔伯特·罗兹曼:《中国的现代化》,上海人民出版社1989年版,第142页。

〔6〕 张杰:《二重结构与制度演进——对中国经济史的一种新的尝试性解释》,《社会科学战线》,1998年第6期。

但是国家不能直接支配平民,而是要通过受封贵族这一层。在中央集权的格局下,官吏实际上作为国家的代理人而存在,他们是国家意志的直接代表。但官吏是不能世袭的,具有很强的流动性,稳定的预期因而也相应丧失,官吏与平民之间也就根本不存在保护关系。由此,产生了国家动辄利用其暴力潜能变更或侵入私人的所有权边界以及面对土地的周期性兼并和掠夺而束手无策的情况。从中国制度变迁的长期过程观察,历代"限田"、"均田"的改革,农民起义"均贫富"的口号,以及每个新王朝建立之初对土地大规模的重新分配背后掩藏的是残缺的产权与产权保护机制。因此,仅仅产权明晰是不够的,各权利主体的产权完整是更为重要的,因为"一组完整的产权才是一个完整的有机体,才可能有其稳定的性质和特定的功能,而一组残缺的产权却没有稳定的性质和固定的功能"。[1]中国的土地产权结构首先表现为产权界定的不清晰、不完整。产权作为包括所有权、使用权、收益权和处分权在内的一组权利束的集合,是以所有权为核心的,它有着一个从各种权利合一向分离的渐进的发展过程。中国从一开始产权就不是合一的,有着某种程度的分离。"封邑"的存在只是部分表明了土地所有权的界定,经营权和使用权仍然是非常模糊的。如果说分封贵族只享有使用权,而所有权完全归国君所有,那么,为什么贵族和官吏还能将领受的"封邑"层层下封呢?这无疑是和所有权的排他性原则相矛盾的。实际上的产权关系是贵族和官吏拥有实际的占有权,而国君拥有的是最终支配权。在向分封土地收取"赋税"的场合,国君则对土地保留有部分的所有权,因此,土地的国有从一开始就不是完全的。从私人的土地所有权的角度来看,不论是地主还是农民,对土地的所有权和使用权都会遭到国家不同程度的侵害,并且这种侵害被认为是理所当然的事情。数千年来农民常常为了"均田免粮"而进行抗争,却从未有过明确的要求土地所有权的意识和呼声。正如温铁军所言:"体现中国均平理念的农地初始产权的配置是政治制度变迁的结果,要么通过战争,要么通过政府'改良';由于其'路径依赖'、根源上并非市场交易形成,所以历来并不存在完整的'私有'产权。这也就是'溥天之下,莫非王土;率土之滨,莫非王臣'的封建国家公有制经济和中央集权政治的基础。"[2]

(二)私人财产保护机制的缺乏

希腊、罗马等西方国家古代文明的起源,是在家族公社解体以后,由父权家

---

[1] 肖耿:《产权与中国的经济改革》,中国社会科学出版社 1997 年版,第 7 页。

[2] 温铁军:《"三农"问题的世纪反思》,中评要目网。

族直接发展为个体农民后逐渐形成的。其土地兼具公有与私有二重性,个体农民之间的社会分工不太发达,而个体农民乡村社会之外的商品经济比较发达。因此,在古代法制文明起源和发展过程中,财产私有观念及以罗马法为代表的西方古代法律体系,从一开始就有公法与私法的明确区分,旨在保护私有权的私法非常发达。中国的封建社会并不具有内在的契约关系和产权保护因素,而是从嫡庶制到宗法制再到封建制演进而来的。费正清(J. K. Fairbank)和赖肖尔(E. Reischauer)认为,西周的封建主义与"西方的封建主义确实有某些相似之处,但实际内涵可能相差甚远,它主要依靠血缘和非血缘的亲属关系纽带来进行有效的控制,其次才依靠封建的法律准则"[1],与欧洲的封建主义相比,西周的封建主义具有浓厚的"亲亲"色彩。皇帝握有全国最高的权力,由此有"口含天宪"的说法,法律制度的形成不是全社会协商的结果,而是法自君出、权尊于法。汉武帝时,廷尉杜周在答复"不循三尺法,专以人主意指为狱"的指责时说:"三尺安在哉? 前主所是著为律,后主所是疏为令。当时为是,何古之法乎。"[2]可以说,在中国历史上,从来没有过完整的私有经济:封建王朝可以随时把天下的土地关系打乱重来,因而私有财产不可侵犯的观念从来没有纳入中国的社会结构和民族心理之中,中国的所有制或保护私有财产的原则从来没有上升到族权、官僚贵族与忠孝仁义的道德原则。在中国历史上,族权或血缘关系一直具有极大的势力,由于一系列历史机缘和条件所致,血缘关系一直未受到大的冲击,反而由于"亲亲尊尊"的观念得到了强化。同族分封根据血缘关系自不必说,秦汉以后废诸侯、行郡县对血缘关系虽有所冲击,但并未从根本上触动它的根基,族权在社会深层仍具有极大的权力,财产继承受到族权的干涉是常有的事,相比之下,个体的财产权远不是那么神圣。中国传统的道德也抑制个体的权利意识的发展,特别是所有权观念的发展,个人既然只是血缘关系和传统秩序中的一分子,离开了这些关系与秩序,就无所谓自我存在的价值。传统观念上,忠君孝父是最高的价值、最高的道。在此前提下,没有独立的个人财产所有权,也就不可能有神圣不可侵犯的地位。这种封建主义的存在完全取决于封建君主的权威与控制能力,因此,它缺乏内在的制衡机制而具有极不稳定的性质。当封建君主的控制能力趋于下降时,封建结构便随之松弛。西欧国家是封建主义瓦解的产物,国家的出现能够提供更具有规模经济的产权保护,而

---

〔1〕 费正清、赖肖尔:《中国:传统与变革》,江苏人民出版社 1995 年版,第 35 页。
〔2〕 《汉书·杜周传》。

在中国国家从一开始就介入封建主义,国家是封建制度的提供者和创设者。较早地进入国家社会,虽然可以在短时期内动员和集中大量的社会经济资源,创造出空前的文明,但另一方面,国家很难保证统治者总是能够单方面主动地推行适宜的社会经济政策,当国家为了满足自身偏好而追求某种低效乃至无效的资源配置方式时,由于缺乏相应的约束和制衡机制,就会导致资源的巨大浪费和社会经济发展的停滞乃至倒退。因此,尽管中国较早地出现了财产私有和市场交换,却缺乏制衡机制和产权保护装置,在这样的情况下,过早地出现私有反而是一件不利的事情。例如,公元前 594 年鲁国实行的"初税亩"以及公元前 350 年秦国实行的"使黔首自实田"允许民间买卖土地是土地产权制度的重大变革,"尽管这种社会转型使平民获得了经济自由并因此产生巨大的劳动激励从而有助于提高假设的农业产出,但是新的自由又迫使农民完全负责他们自己的需要,而得不到封建主原来提供的保护"。[1] 国家作为更高一级的主体不仅界定了初始权利,而且可以随意地对私人产权进行干预、限制甚至侵害。结果是,新的产权形式诞生了,却没有与之相配套的产权保护机制,在这种情况下,制度改进的全部绩效也就不能得到完全的释放。在以人身的纽带而不是物的纽带维系的封建共同体中,实际上只存在作为等级权力的家长权、宗主权与统治权等特权,而没有作为个人权利的所有权。

从理论上讲,国家是不会自动提供产权保护的,只有当社会与国家在对话、协商和交易的过程中形成一种均势,才可能使国家租金最大化与保护有效产权创新之间达成一致。经济长期增长的关键,既不是独立的国家,也不是孤立的产权形式,而是产权与国家之间"先是随机进行,而后被制度化了"的彼此妥协。[2] 与国家相比,中国农民始终是谈判能力较弱的一方,国家对私人所有权的承认使农民得到的只是孤立的产权,而不是一个作为谈判与协商结果的全新的产权结构。

(三)形成了国家提供制度安排的传统

有关于制度形成的问题,现代经济学大致有三种理论。新制度经济学将古典经济学所忽视的制度纳入分析框架中,强调制度以及制度变迁在经济发展中的作用,制度变迁是指制度的替代、转换与交易过程。新制度经济学是在"需

---

〔1〕 布迪(D. Bodde)、莫里斯(Morris):《中华帝国的法律》,江苏人民出版社 1993 年版,第 42 页。

〔2〕 周其仁:《中国农村改革:国家和所有权关系的变化——一个经济制度变迁史的回顾》,《中国社会科学季刊》,1995 年第 6 期。

求—供给”框架下对制度变迁进行研究的,认为只要制度变迁的预期收入超过预期成本,就会发生制度变迁。诺斯从对西方经济史的研究出发,用产权理论和国家理论说明了经济增长和经济衰退的根源。有效率的产权是经济增长的关键,一个社会的所有权体系如果能够明确规定个人的财产权利,并对之提供有效的保护,就能减少经济活动的成本和费用,使个人收益接近于社会收益。作为具有公共产品属性的产权,其建立必须有国家的参与。国家具有合法暴力和自然垄断的性质,处于确立和保护产权的优势地位。诺斯还认为国家本身也是追求利益最大化的经济人,因此经常会损害个人的产权,从而国家也是经济衰退的原因。诺斯的解释对于制度变迁的理论含义在于,合理的产权制度是国家设计的结果,经济的发展也可以从国家的行为观察中得出。这是一种建构主义的制度变迁观,即国家意志导致的制度变迁。与诺斯不同的是哈耶克的演进主义制度变迁观和奥尔森的利益集团理论。哈耶克从“有限理性”出发,反对认为制度是人为设计的观点。如果硬要由人类自己来设计制度,那么这种制度要么是极不合理,要么就演变为极权主义的制度,只有自然演进的制度,才能形成好的制度。奥尔森以集体行动的内在矛盾和固有逻辑为基础,以分析利益集团的影响及其作用机理为主线,认为制度变迁的根源取决于利益集团的形成和发展。奥尔森综合了诺斯的建构主义和哈耶克的演进主义的方法论。他既不认为制度完全是理性设计的产物,因为不同利益集团的博弈,才是决定一个制度优劣的根本原因;也不认为制度完全是自然演进的,因为利益集团显然是一个对制度变迁具有决定作用的并且具有明确利益目标的主体。上述三种理论虽然在方法论和基本的哲学理念上都有所不同,但是对于国家与制度的关系以及国家在制度变迁中的作用都给予了足够的关注。

自战国时期允许私人占有土地到宋代“不立田制”为止,中国历史上出现了限田制、王田制、占田制、均田制等主要全国性的土地制度。这些土地制度尽管实施的年代不同、历史背景有所差别,具体的条目规则也有所区别,但是就制度的产生以及制度的实施而言,却都是由国家来制定和安排的。尽管在朝代末年会出现农民以暴力革命的方式来要求土地权利,从而导致旧王朝颠覆、新王朝建立,但是,政权体制的变革之后,土地制度的变迁仍然还会表现为一种自上而下的安排,并且将会基本无障碍地在全国范围内顺利推行。因此,如果采用林毅夫的划分标准的话,中国封建社会的土地制度变迁大多是一种强制性的制度变迁。国家提供的土地制度之所以能够被普遍接受,一方面是因为这些制度在客观上有利于农民获得一定的土地耕种权，另一方面是因为国家的权威使然。既然全国的土地都是属于国家（皇帝）的，那么，如何分配土地、如何界定土地的权利并以此形成的制度性安排也必须是无条件接受的。由此，中国形成了由国家来提供制度安排的传统，任何制度的创新和变革都难以离开国家的强有力的支持，哪怕是默许。

四、关于传统土地产权结构与中国近代社会发展关系的讨论

20 世纪 20—30 年代，一些学者在讨论中国封建社会“长期停滞”的原因时就研究了中国古代土地产权问题。有一种代表性的观点是，传统中国社会的土地产权结构对于中国实现从传统社会向近代社会的转变与发展起着制约作用。刘兴唐认为，中国封建社会之所以漫长迟滞，是因为中国古代“农村公社之破坏与再建循环”以及“土地私有制之缺乏性”。[1] 蒙达坦认为，中国封建社会之所以发展迟缓，或者说中国封建社会之所以迟迟不能走上应用资本主义生产方法的资本主义社会道路，从妨碍或破坏资本原始积累方面看，原因有三，即特殊的土地所有权关系、农民战争、共有财产。[2] 华岗认为，中国社会发展阻滞的“基因”即内在原因：一是以农业与手工业直接结合的农村公社遗制；二是中国特殊的土地所有权关系。[3] 罗克汀认为，中国社会由于特殊的土地所有权关系和自给自足经济即农村公社的残存、手工业与农业的直接结合等中国封建社会的特点所造成的地租、商业资本、高利贷资本三者的强固结合，残酷的剥削使农民必要的物质生活资料不能维持，生产缺乏刺激，只能以父子相传的同一生产方法去进行简单再生产，因而造成了生产力发展的“龟步式”爬行。[4] 公盾认为，“土地资本与商业资本及高利贷资本的结合”是封建社会长期停滞的基本原因。[5]

---

〔1〕 刘兴唐：《中国社会史上诸问题之清算》，《文化批判》，1934 年第 1 卷第 2 期。

〔2〕 蒙达坦：《与李达先生论中国社会发生迟滞的原因》，《文化杂志》，1942 年第 2 卷第 1 号。

〔3〕 华岗：《中国历史的翻案》，第三章，“论中国社会历史发展阻滞的基因”，作家书屋出版社 1946 年版，第 115 页。

〔4〕 罗克汀：《论中国社会发展阻滞的原因》，《群众》，1943 年第 8 卷第 1－2 期。

〔5〕 公盾：《中国封建社会停滞性的研究》，《新中华》，1947 年第 5 卷第 3、4 期。

第三节 近代农村地权关系变化的经济社会背景

一、对近代中国农村经济状况的不同认识和判断

对于中国近代农村经济的基本情况,中外理论界都有不同的看法和判断。中国的部分学者自 20 世纪 20 年代到 80 年代对中国近代农村经济的发展状况基本持否定态度,大多认为 19 世纪中期到 20 世纪上半叶中国农村经济呈衰退趋势。主要表现为地权分配不平等、大量失地农民、传统家庭手工业分解、农业资源流向城市、农民生活水平下降等。20 世纪 20 年代到 40 年代,中国所面临的农村危机也是当时学者讨论的热点问题之一。1949 年之前,中国知识分子对近代中国农村经济状况的主流观点是"农业衰退论"。20 世纪 80 年代以后,史学界开始重新审视和评价中国近代农村经济的发展情况,一些学者开始试图从人口、资源和技术上寻找原因。有学者认为,中国近代农村经济的主要特征是"非平衡化"与"不平衡","如果把鸦片战争前的中国农村经济当作一个旧平衡,这种平衡已被宏观经济条件的巨变所打破……然而中国农村经济在经历了'非平衡化'的过程后并没有达到一个'新的平衡',一直到 1949 年中华人民共和国的建立,中国农村经济始终处于一种'不平衡'的状态中"。[1] 也有学者提出 20 世纪初到 30 年代,中国农村经济处于"由传统农业向现代农业转型初期的非均衡发展"阶段的判断。

20 世纪 80 年代以后,"衰退论"受到西方学者的质疑。"乐观主义"派如马若孟、罗斯基等人认为,中国农村经济至少在 1937 年以前一直比较繁荣。清朝晚期,中国农民通过专业化和更有效的劳动分工对市场扩大作出了积极的反应。对国际市场的进入、新技术的引进,特别是工业组织和金融的创新带来了 20 世纪前 40 年里的真正经济增长。主要表现为农业工人工资稳定增长、农村非农业人口迅速增加、农业产量增长速度高于人口增长、农民生活水平得到改善。[2] 万志英(Richard von Glahn)指出,"乐观派"的分析存在两大缺陷:首

---

〔1〕 张丽:《关于中国近代农村经济的探讨》,《中国农史》,1999 年第 2 期。

〔2〕 Loren Brandt. *Commercialization and Agricultural Development in East-Central China, 1870—1937*. Cambridge University Press, 1989; Ramon H. Myers. How did the Modern Chinese Economy Develop? A Review Article. *The Journal of Asian Studies*, 1991, 50, 3: 604—628; Thomas Rawski. *Economic Growth in Prewar China*. University of California Press, 1989.

先,马若孟等人混淆了斯密型增长和库兹涅茨所提出的现代型增长;其次,罗斯基关于20世纪早期中国经历了真正经济增长的观点是建立在其不严谨的对宏观经济趋势的估计上。也有一些学者指出,罗斯基和布兰特的论证在数据基础及估算方法上都存在一些问题。尽管他们认为19世纪末到1936年抗日战争前夕中国农业生产力显著提高了,历史资料中的一些直接农业生产数据却显示这一期间内粮食单位亩产量鲜有提高。[1] 吴承明和章有义的研究都表明,从19世纪40年代到20世纪20年代,粮食单位亩产量不但没有上升,反而有所下降;而从20世纪20年代到1936年,亩产量则略有增加。[2] "悲观主义"派如黄宗智、赵岗等认为,中国近代农业并没有发生质的变化,近代中国农民家庭陷在"内卷化"的恶性循环中,其间商业化不仅没有带来经济增长,反而造成了劳动生产率的下降,并且恶化了资本投资的环境。[3] 他们强调高密度的人口压力和有限的自然资源是驱动中国农业从14世纪末到20世纪中期(甚至到80年代)发展的主要力量。中国的农业虽然在20世纪初经历了商品化、专业化和小幅度的农业产量的增长,但在技术和制度上并没有突破性的发展。国际贸易、工业化和城市化在带来了一些农业部门发达的同时,也导致了另一些部门的衰落,传统农业并没有得到真正的改造和实现向现代化农业的转变。[4]

二、19世纪末20世纪初中国农村的经济状况

(一)传统经济结构和生产方式的变化

19世纪中叶,中国仍然是一个典型的农业社会,自然经济占绝对优势。商品经济活动只限于少量的手工业品和农副产品的简单交换,几乎不存在以大机械为动力的制造业与加工业。国家不具有对经济活动进行宏观调控的能力,也缺乏外贸观念,无法承担起经济发展所必需的资源分配以及建立与外部世界经济联系的责任。18世纪中国的总体经济实力还超过欧洲各国,但到1860年中

---

〔1〕张丽:《非平衡化与不平衡——从无锡近代农村经济发展看中国近代农村经济的转型(1840—1949)》,中华书局2010年版,第21页。

〔2〕许涤新、吴承明:《中国资本主义发展史》,人民出版社1985年版,第192页;章有义:《中国近代农业史资料》,卷3,北京三联书店1957年版,第907页。

〔3〕盛邦跃:《卜凯视野中的中国近代农业》,社会科学文献出版社2008年版,第62页。

〔4〕Dwight Perkins. *Agricultural Development in China, 1368—1968*. Chicago: Aldine, 1969; Philip Huang. *The Peasant Family and Rural Development in the Yangzi Delta, 1350—1988*. Stanford University Press, 1990.

国占世界制造业总产出的比例下降到19.7%,到1900年仅为6.2%。大约在1860年英国超过了中国;1880年美国超过了中国;1900年德国、俄国和法国相继超过了中国。一般认为,大约到19世纪70年代,随着近代工业由官办到民办,以农业和手工业为基础的传统的自然经济开始分解,中国传统经济结构和生产方式开始发生变化。随着工业化的发展,近代中国的城市化得到了推进,1843—1893年,中国城镇人口由2 027万增加到2 351万,城市人口比重由5.1%提高至6%。[1] 根据王玉茹对1887—1936年中国经济的考察[2],从国民经济的整体发展来看,这一时段中国的经济处于由传统经济向近代经济转变的过程中。

表2—1　　中国近代产业结构的变动(1887—1936年)

	国民收入		就业人口	
	1887年	1936年	1887年	1936年
农业(%)	69.62	64.50	80.00	75.52
工业和服务业(%)	30.38	35.50	20.00	24.48

资料来源:王玉茹:《中国近代的经济增长和中长周期波动》,《经济学》(季刊),2005年第1期。

(二)农业经济状况

中国在清代发生了"人口奇迹",到19世纪中期已超过4亿。如果按照《清实录》记载的人口数量,中国1850年的人口数占世界总人口的比重为35%。1887—1912年间,中国的人口增加了21.03%,耕地增加了11.84%。人地关系的紧张是近代社会基本的禀赋条件。从这一基本条件出发,学者们提出中国农业在近代出现两个特征:一是"内卷化",即劳力集约化的程度远超边际报酬递减;二是"高水平均衡陷阱",即由于高人地比例使得新的投资与技术意味着单位土地可容纳劳动力的数量减少,而传统社会其他生产部门也无法吸纳更多农村剩余人口,从而进入"高农业水平、高人口增长和低工业水平"的高水平陷阱之中(Elvin,1973)。

19世纪80年代农业占中国国民生产总值的66.79%,非农业(采矿、制造、建筑、运输、贸易等)则占33.21%。1840年以后,农村中经济作物如棉花、桑

〔1〕《中国人口手册》,经济科学出版社1987年版,第796页。
〔2〕王玉茹:《中国近代的经济增长和中长周期波动》,《经济学》(季刊),2005年第1期。

蚕、茶叶、烟草、甘蔗、大豆、花生等所占的比例大幅度上升。罂粟种植面积也逐渐扩大。棉花、油料、烟草等经济作物在粮食作物与经济作物合计产值中的比重从1840年的7.2%上升到1920年的16.5%。主要原因：一是由于农产品输出市场不断发展，农产品出口逐年上升，从而提供了新的农作物种植机会。二是晚清时期，近代工业、交通运输业的兴起及外国在华的资本经营也促进农民种植经济作物。由此反映出不仅农业作物类型在改变，同时农村的商品化程度也在逐步提升。三是国内市场的日益扩大。根据施坚雅的估计，中国在明清之际全国性、地区性的市场网络初具规模，大批新兴市镇涌现，农村基层市场蓬勃发育，并形成了具有规模的城乡市场网络。19世纪外力的冲击并非创建了一个新的市场体系，不过是利用和部分地改造了中国原有的市场体系来为之服务。[1]

表2—2　　1840—1936年经济作物的比重变化　　单位：千元

年份	粮食	棉花	油料	烟叶	合计	经济作物比重(%)
1840	6 159 288	274 455	138 606	65 280	6 637 629	7.2
1894	6 697 933	284 459	519 154	81 600	7 583 146	11.7
1911	6 836 014	224 837	581 427	105 876	7 748 154	11.8
1920	5 340 350	192 350	733 281	130 152	6 396 133	16.5
1933	7 754 050	337 041	1 407 855	216 665	9 715 611	20.2
1936	7 880 934	494 675	1 283 861	218 705	9 878 175	20.2

资料来源：黄日达：《1840—1949年中国的农业增加值》，《财经问题研究》，2000年第1期。

三、大萧条与近代中国的农村经济危机

1929年爆发了后来被称为“大萧条”的全球性经济危机，华尔街的崩溃引发金融危机，美国贷款政策失灵，通货紧缩的蔓延使得很多国家购买力随之下降，国际贸易低迷，美国和其他工业国家采取保护主义，对发展中地区初级产品生产国压力增加。收支平衡的恶化引发拉美、中欧和德国的债务拖欠，这种情况给诸如美国、英国等债权国带来损害，也令世界经济陷入日益深刻的危机之

〔1〕许檀：《明清时期城乡市场网络体系的形成及意义》，《中国社会科学》，2000年第3期。

中。〔1〕世界性经济危机的输入性影响,加之中国内战频仍、自然灾害不断,中国农村经济陷入危机之中,主要表现为“土地高度集中,农产品价格低落、输出减少,农民购买力锐减,地价下跌,耕地荒芜,生产力下降,农产萎缩,农村金融枯竭,农民绝对贫困化,大量流民流离和死亡”。〔2〕当时的学者用“恐慌”一词描述中国在20世纪30年代的经济状况,“一切殖民地和半殖民地的恐慌一样,是以国内农村经济万分的衰弊为基础,而以横扫万里的资本主义世界的总恐慌为其主要的动力。中国目前的经济恐慌,正因为世界的恐慌不能有正常的好转,国内农业经济的破产也无从挽救,因而正在一天天加深。而这种情形使中国的农业恐慌更加尖锐……造成目前中国农村普遍的不安”。〔3〕日本学者城山智子认为,大萧条是现代中国形成的分水岭,应该从新的视角去理解现代中国历史以及大萧条对中国及世界经济的影响。世界性的经济危机加上中国不稳定的政治环境以及内部的条件,使得中国在20世纪20年代末到30年代发生了严重的农村经济危机。农村经济的衰败动摇了整个国家的经济基础,影响了社会的稳定。〔4〕

(一)农业生产力水平

农业生产力水平下降究竟是经济危机的原因还是结果,在学术界仍有争议。从现有的统计资料来看,1931年后农业劳动力人均产量比1931年之前显著下降(见表2—3)。农产品产量下降的趋势在20世纪30年代十分明显(见表2—4)。

表2—3　　20世纪上半期农业劳动力人均产量

项目 \ 时期	1924—1929	1931—1937	1938—1947
农业劳动力人均粮食产量(斤)	2 046	1 668	1 456

资料来源:许道夫:《中国近代农业生产及贸易统计资料》,上海人民出版社1983年版,第311页。

---

〔1〕[日]城山智子:《大萧条时期的中国——市场、国家与世界经济(1929—1937)》,江苏人民出版社2010年版,第2页。

〔2〕郑大华:《民国乡村建设运动》,社会科学文献出版社2000年版,第1章。

〔3〕朱契:《农村经济没落原因之分析及救济农民生计之对策》,《东方杂志》,1935年第32卷第1号。

〔4〕[日]城山智子:《大萧条时期的中国——市场、国家与世界经济(1929—1937)》,江苏人民出版社2010年版,第2—3页。

表 2—4 **1914—1937 年主要粮食作物产量** 单位:千市担

时期	稻	麦	杂粮					谷物合计
			玉米	高粱	谷子	其他谷类	杂粮合计	
1914—1918	988 094	82 881	73 188	155 347	180 000	181 525	590 060	1 661 035
1924—1929	1 196 304	492 863	172 082	270 268	246 084	171 873	860 307	2 549 474
1931—1937	984 302	444 642	167 407	212 306	183 488	203 341	766 542	2 195 486

资料来源:章有义:《中国近代农业史资料》(第三辑),三联书店 1957 年版,第 874 页。

(二)农产品价格

世界性的经济危机对中国农村经济造成的最大影响是农产品价格大幅下跌并且购买力下降。由于中国农户已经相当程度地卷入市场,农产品价格变化对农户造成了极大的影响,国际市场萎缩和通货紧缩限制了中国农产品的输出,增加了外国剩余农产品的输入,排挤了中国农业出口的市场空间,从而使得 20 世纪 30 年代前期中国农产品价格总体下跌。如果以 1926 年为基期年,则 1931—1936 年上海农产品趸售物价指数分别平均下降 19%。如果以 1930 年为基期年,则 1931—1934 年上海五谷类趸售物价指数分别平均下降 34.03%;纺织原料类同期指数分别平均下降 18.7%,豆及籽仁类同期指数分别平均下降 16.2%,茶叶类同期指数分别平均下降 4.75%。[1] 据海关统计,“1931 年输出茶叶总值 51 080 000 元,1932 年减至 39 087 000 元;约减少四分之一。因此,茶叶价格也在迅速降落。据税则委员会调查,祁门红茶价格,1933 年比 1932 年减少 41%,比 1931 年减少 57%”。[2]

(三)工农业产品价格剪刀差

1929—1933 年期间,中国农民不仅要遭受农产品跌价的损失,而且还要蒙受因工农业产品价格剪刀差扩大带来的损失。根据珀金斯的计算,1930—1936 年中国进出口物价指数差分别为 4.4、19.2、28、35.5、27.8、18.1 和 10。[3] 在物价波动过程中,制造品价格的变动快于原材料的价格变动,所以在工农业产品交换中,农产品处于不利地位。关于这一点,物物交换率更能说明问题。据统计,1927—1935 年中外工农业产品物物交换率分别为 99、102、98、85、72、64、

[1] 章有义:《中国近代农业史资料》(第三辑),三联书店 1957 年版,第 615 页。

[2] 章有义:《中国近代农业史资料》(第三辑),三联书店 1957 年版,第 628 页。

[3] [美]德怀特·希·珀金斯:《中国农业的发展(1368—1968)》,宋海文等译,上海译文出版社 1984 年版,第 497—498 页。

62、54、60。这一资料显示,1927—1929年中外工农业产品物物交换率大致平衡,但自1930年起逐年递减,到1934年达到最低。1934年输入物价指数较1929年增加23%,输出物价指数较1929年减少32%,物物交换率减少44%,即1934年以同一数量农产品交换而得的输入品比1929年减少44%,也就是说,中国必须出口更多的农产品才能换回所需要的工业品。[1]

(四)农民的租税负担和生活水平

总体而言,近代中国农村地租率处于较高的水平。根据国民政府主计处1934年的统计,地租占农业产量的百分比大致在44%—52%。近代中国土地兼并不断加剧,各种剥削日益严重,导致无地农户增多。以1905—1924年江苏昆山为例,1905年自耕农(包括地主和富农)占各类农户的比例为26%,1924年则下降为8.3%;佃农则由1905年的57.4%,上升为1924年的77.6%。[2] 20世纪30年代中央农业实验所对全国22省850县所做的调查表明,借钱户占全体农民数的56%,借粮户占48%。[3] 许多农民不得不离开家乡外出谋生。据1933年21省有报告资料的县份统计,离村农户均占该县农户总数的4.8%,高者达12.2%。[4] 据张培刚的研究,中国农民家庭在20世纪20—30年代,平均年收入多在200—300元之间,而且农民的收入还有进一步减少的趋势。[5] 王玉茹、李进霞通过对农民收入和支出情况的分析,认为"20世纪20、30年代农民负担约占农民收入的41.44%,而生活费支出一般占到农家收入的80%,仅此两项加在一起,已经超过了农民的总收入,更不用考虑包括生产投资在内的其他支出了",因此可以判断"近代中国农民收入微薄,并且经常入不敷出,生活水平极为低下"。[6]

四、关于中国近代农村社会性质的论战

(一)论战的背景及土地问题的提出

20世纪20年代后期到30年代初期,形势的发展要求对当时中国社会性质

---

[1] 《上海物价年刊》(1934年),第10页;《上海物价年刊》(1935年),第11页。

[2] 严中平等:《中国近代经济史统计资料选辑》,科学出版社1955年版,第276页。

[3] 张培刚:《民国二十三年的中国农业经济》,《东方杂志》,1935年第32卷第13期。

[4] 赵德馨:《中国近代国民经济史教程》,高等教育出版社1988年版,第267页。

[5] 张培刚:《我国农民生活程度的低落》,《张培刚经济论文选集》上卷,湖南出版社1992年版,第90—91页。

[6] 王玉茹、李进霞:《近代中国农民生活水平分析》,《南开经济研究》,2008年第1期。

有较为透彻的了解和认识，以解决中国革命的若干理论和实践问题。中国学术界、思想界关于中国古代社会和当代社会的社会性质问题进行了多次讨论，前后历时六七年之久，到1933年结束。这一系列讨论也被称作中国社会史论战。1934年中国共产党领导下的工农红军在革命根据地坚持斗争，国民党则推行"攘外必先安内"的政策，国民党统治区农村经济面临危机，同时国际上受托洛茨基派思想的影响和斯大林在中国革命问题上与托洛茨基派发生斗争，在这样的国内、国际背景下，学术界又展开了对中国农村社会性质的论战，这场论战实际上是中国社会性质论战的延续。1934年中国共产党领导的《中国农村》杂志在上海出版，宣传土地革命是解决中国农民问题、发展中国农村经济的唯一出路的主张。《中国农村》与邓飞黄主编的《中国经济》成为论战双方发表观点的主要载体。

（二）论战的内容及对土地问题的认识

论战的前奏是1933年《新中华》杂志发表的一系列文章。《新中华》1933年7月第1卷第14期上发表了刘梦飞的《中国农村经济的现阶段——任曙、严灵峰先生的理论批评》一文。刘梦飞从中国农村中资本主义发展的程度和土地问题与租佃关系两个方面的分析，驳斥了任、严二人认为资本主义已在农村中取得支配地位的观点。文章的结论认为，"目前中国农村经济的特质是：资本主义的生产方法一时尚不能发展，而固有的、旧的生产方法又在崩溃的过程中，其所表现的具体形态，即是由封建经济过渡到资本主义的半封建经济"。严灵峰与任曙在《新中华》第18期上又分别发表了《中国农村经济现阶段的商讨》和《论中国农村现阶段的性质》两篇文章，对刘梦飞的文章进行了回应。刘梦飞在第23期上又发表了《中国农村经济现阶段性质之商榷》的文章，对任、严的某些观点进行了再次回应。《新中华》第23期上还登载了钱俊瑞（用陶直夫笔名）的一篇重要文章——《中国农村经济现阶段性质之研究》，该文对中国各个不同地区的农业经济特征和农村经济成分作了一些具体的分析。作者没有拘泥于驳斥严、任等人提出的一些枝节观点，他建议"我们对于中国农村经济性质的讨论进于更具体的、更深刻的阶段"，要在运用正确方法的前提下，"广泛地掀起一种实际研究的运动"。

论战主要是在以陈翰笙、薛暮桥、钱俊瑞、孙冶方、余霖、周彬、赵梅僧为代表的"中国农村派"和以王宜昌、王景波、张志澄、韩德章等为代表的"中国经济派"之间展开，产生了广泛而深远的影响。这次论战从农村经济研究的方法和对象开始,归结到中国农村社会的性质。1934 年 9 月,王宜昌在《中国经济》上发表了《中国农村经济研究方法》一文,接着,他又在该杂志上发表了《从农民上看中国农村经济》、《从土地来看中国农村经济》和《从农业来看中国农村经济》三篇文章,阐述了他对中国农村社会性质的基本看法。1935 年 3 月,《中国农村》第 1 卷第 6 期发表了钱俊瑞的《现阶段中国农村经济研究的任务》一文,批驳了王宜昌的观点,薛暮桥也写了《答复王宜昌先生》一文。论战主要集中于讨论三个问题:第一,中国农村经济研究的方法和对象问题。农村经济研究的是生产力还是生产关系。第二,中国农村社会性质问题。是资本主义还是半封建,问题的核心是资本问题还是土地问题。第三,中国农业改造的道路问题。"中国经济派"认为,"指示某社会历史的性质的标帜,不能不是生产力"。他们认为生产力决定生产关系,所以农村经济研究的对象是技术。王宜昌说,他看到"中国农村生产工具的资本主义的变革,和其相应的生产关系的转移,资本主义的生产形式与其规模大小的分划,使我不能再以土地问题为农村经济问题的中心,而以资本问题为中心"。他们根据极少数示范性的现代农业技术的应用,断定中国农村已经资本主义化。王宜昌说:"农业机械和人造肥料的应用,不唯表示资本制的农业生产力的进步,同时更表示资本主义在国内市场的扩大、资本主义在农业上的增大和农业上的资本主义生产关系。"他又说:"我从帝国主义商品的推销和原料的吸取上,从中国都市的民族资本主义金融的支配原料的吸取和商品的推销上,从中国农业资本主义生产方法的形成上,来论证农村经济的资本主义实况和性质。"由此他作出结论:"中国农村是资本主义占优势,农业是资本主义占优势","土地问题变成了资本问题的支配物以后,对于一切农村经济问题,我们便不再着重土地分配、土地所有等形态,而要先着重农村资本主义关系的分析"。"中国经济派"始终认为,帝国主义的侵入和控制中国经济便是农村社会已经资本主义性质的证据。他们说,"一九二五到一九二七年的大革命中,土地问题已由改良政策而达到某种程度的解决",所以,"以土地问题为农村经济研究的核心的时代已经过去了,而现在应该以资本问题为农村经济研究的核心"。[1] 这样,土地革命就成为无的放矢,以农村包围城市的革命战略方针就是错误的了。

"中国农村派"持不同的观点。第一,农村经济学的研究对象"应当是农业

---

〔1〕 中国农村经济研究会:《中国农村社会性质论战》,新知书店(上海)1935 年版。

生产过程中人与人的关系(农业生产中的社会生产关系),而不是人与自然界(人与土地、机械、肥料等)的关系”。[1] 第二,对于生产力和生产关系的问题,他们认为“中国经济派”只看到生产关系的被动性,而没有看到它的能动性,即生产关系对于生产力的制约作用,因此也就不能理解生产关系同生产力的矛盾和冲突。关于帝国主义对于中国农村社会的作用问题,薛暮桥说,“就整个国民经济而论,中国底(的)农业生产一般已经隶属于整个资本主义体系(自然后者又是隶属于整个国际帝国主义体系)而受其支配;如就农村内部而论,并就农业生产方式本身而论,资本主义的生产方式虽已相当发展,可是半封建的零细经营还占优势”,以研究土地问题为中心是因为“研究土地问题,主要的任务是在阐明在这土地所有形态之下所隐藏着的人与人之间的社会关系”。“中国底(的)土地关系(包括租佃关系)之中无疑地显示着十足的过渡性质:一方面有资本主义的萌芽存在,另一方面封建残余还占相当的优势”,所以不是资本主义,而是半封建的生产关系。“中国农村中真正支配者是帝国主义,但帝国主义为了要对中国农村劳动大众永久维持其超额利润的榨取,它和农村中半封建势力勾结起来,使农民受到帝国主义和半封建势力的两重压迫。”[2]第三,他们认为土地问题是农村的核心问题,因为土地是农业生产最主要的生产手段,而中国耕地的70%集中在占农村人口10%的地主和富农手中。另外,农村商业资本的高利贷资本一般也是以地权为基础的。土地问题也就主要是指土地的分配。钱俊瑞认为,土地问题是中国农村生产关系的核心问题,要研究土地问题必须从四个方面着手:(1)中国现存各种土地所有形态与性质;(2)中国现存各个地权在各阶层之间的分配;(3)农业经营方式;(4)租佃关系。钱俊瑞说:“在生产力与生产关系间的辩证关系之中,生产力是决定的、主导的因素。可是在辨认某一社会经济结构的性质的时候,我们决不能单纯地、直接地用生产力来决定;而要从生产关系本身……的分析来决定。”同时,农村资金的运动也是以土地买卖、所有权转移为契机的,农村中苛捐杂税、高利贷资本的剥削等使农民失去土地。此外,农民流亡、农村劳动力荒废,也是由于农民失去了土地。所以,“土地问题主要的是土地分配问题,我们应从土地问题、租佃关系问题、农业经营问题、农产物商品化和农村市场的问题等,来分析中国农村生产关系,阐明农村社

---

〔1〕 孙冶方:《农村经济学底(的)对象》,《中国农村》,1935年第10期。

〔2〕 薛暮桥:《研究中国农村经济的方法问题——答覆王宜昌王毓铨张志澄诸先生》,《中国农村》,1935年第11期。

会性质”。[1] 第四，帝国主义的侵略并未使中国农村资本主义化，而“只是使中国的殖民地性和半封建性格外尖锐罢了”。[2] 第五，中国农村的现状是受帝国主义和封建主义双重压迫，中国农村社会性质是“半殖民地半封建”，需要改进的不只是生产力，更应该是生产关系。

五、对于近代中国农村经济危机和解决途径的讨论

（一）对农村经济危机紧迫性的认识

20世纪30年代中国的学者也认识到了世界性的经济危机对于中国农村经济的影响，从出口市场萎缩、农产品价格下跌和购买力下降、农村金融枯竭等方面作了深入的研究。如张嘉璈从农村经济与整个国家经济发展关系角度，强调解决农村经济问题的重要性。他指出，20世纪30年代前期的中国经济呈现出严重的病态，而造成这种状况的主要原因之一就是“农村经济之破坏”及其所导致的“生产资金枯竭”。因此，治疗中国经济病态的前提，即是解决农村问题。[3] 一些著名的实业家从农、工、商三大产业互动关系，阐述了解决农村经济危机的必要性。如张謇认为，“凡有国家者，立国之本不在商也，在乎工与农，而农为尤要。盖农不生则工无所作，工不作则商无鬻”。[4] 刘鸿生指出，只有使广大乡村摆脱金融枯竭、生产凋敝的困境，才能使全国范围内“人民购买力，逐步增进，金融状况，渐入常规，则工商业之复兴，可以逆睹”。[5] 漆琪生则从发展农村、建设农业、解决数千百万过剩人口的失业问题、使贫苦农民获得苏生机会、增进中国农产品输出贸易、调整入超的关系、促进工商各业发展兴隆、维护社会稳定八个方面列举了解决农村经济危机的必要性和紧迫性。[6]

（二）解决农村经济危机的不同设想

关于改造农村经济、解决农村经济危机，20世纪30年代的学术界进行了深入的探讨，提出了多种解决方案，概括起来主要有四种：以陈翰笙、薛暮桥等为首的马克思主义中国农村派，主张推翻封建土地制度，赶走帝国主义在华势力；以梁漱溟、晏阳初为代表的乡村建设派，主张重建农村基层社会组织，提高农民

---

〔1〕 钱俊瑞：《现阶段中国农村经济研究的任务》，《中国农村》，1935年第6期。
〔2〕 陶直夫：《中国农村社会性质与农业改造问题》，《中国农村》，1935年第11期。
〔3〕 张嘉璈：《中国经济目前之病态及今后之治疗》，《中行月刊》，1932年第3期。
〔4〕 《张謇全集》，第二卷，江苏古籍出版社1994年版，第13页。
〔5〕 刘鸿生：《一年来的国产煤业》，《中国国货年鉴》，国货事业出版社1935年版，第70页。
〔6〕 漆琪生：《不复兴农村中国也可以工业化吗?》，《独立评论》，1935年第137号。

教育水平；以薛仙舟、寿勉成等为首的农村合作派，主张建立现代农业金融体系，促进农业生产运销；以卜凯为首的农业生产技术改革派，主张改善农业经营方式，提高农业生产技术水平。这四种方案提出了关于中国农村经济改造的不同模式与发展路径，形成了不同的理论取向和激烈争论，并在实践中产生了重要的影响。

中国农村派的方案是20世纪30年代中期在关于中国农村社会性质的论战中提出的。在这次论战中，论战的另一方中国经济派认为生产技术是生产力的主要代表，生产力使生产关系进步，土地分配问题在1927年大革命以后就不是主要问题了，中国现阶段农村经济的核心问题是资本问题，现在中国农村社会的性质"已是商品经济，而且资本主义已占优势"，所以核心问题"并不再是土地所有形态、地权、租佃关系等，而是资本制的农业生产过程分析"。[1] 中国农村派对此观点进行了反驳。同时，陈翰笙、钱俊瑞等人也批评了农村经济研究对象及农村经济危机产生原因的其他几种有代表性的观点：一是批评把自然条件当作主要研究对象。如把"人口过剩"和"耕地不足"作为中国农村破产的根本原因。钱俊瑞认为这是马尔萨斯的人口论，"人口过剩"实际上是由于"大批劳力和大批土地因受现存生产关系阻碍无法配合起来"。二是批评把生产技术当作主要研究对象。如卜凯通过中美农业人工成本的比较，认为中国农业生产技术落后和缺乏竞争力是中国农村破产的主要原因。钱俊瑞批评道："他们仅仅看到人类与自然之间的技术关系，根本忽视了人同人之间的社会关系；殊不知技术底(的)进步，只有在社会关系容许的限度以内才有可能；过此以上，除非根本改革社会关系，生产技术决难继续前进。"三是批评把封建剥削当作主要研究对象。如乔元良先生认为"高度地租"、"买卖不公"和"高利借贷"是中国农民贫困的三个主要动因。钱俊瑞批评说，在中国，地主、商人、高利贷者剥削农民，已有二千多年悠久的历史，但现阶段的农村破产绝然不同，绝非"自古已然于今为甚"，因为封建剥削已成为帝国主义经济侵略的工具之一。[2]

乡村建设派主张通过改良的方式实施乡村建设运动，从而解决包括农村经济危机在内的整个农村问题，并进而解决整个中国问题。因此，他们把乡村建设运动提高到"民族复兴"、"民族再造"的高度。梁漱溟提出了一套以"文化复

〔1〕 王宜昌：《论现阶段的中国农村经济研究——答覆并批评薛暮桥钱俊瑞两先生》，《中国农村社会性质论战》，新知书店1936年版，第100页。

〔2〕 薛暮桥：《怎样研究中国农村经济》，《中国农村》，1934年第1期。

兴”为中心的“文化复兴—乡村学校化”的乡村建设模式。他指出，中国农村日益破败的原因在于“中西文化的冲突”导致中国人“抛弃自家根本固有精神”，丧失“伦理本位，职业分途”的社会固有礼俗秩序与组织构造。为了“救活旧农村”，中国人应当“认取自家精神，寻取自家的路走”，在中国文化的“老根”上培育“新芽”，即“创造新文化”、“建设一个新的社会组织构造”。这是解决乡村问题的唯一途径。为此，他提出建立“乡农学校”，使之成为集政、教、养、卫于一体的农村基层“新的社会组织构造”，由此推动经济、政治与社会的全面进步。晏阳初认为，导致中国农村崩溃、阻碍中国文明进步的根本原因是中国90%以上的平民，尤其是农民，有愚、穷、弱、私四大缺点，因此应该推广平民教育。[1]

农村合作派则认为，农业金融制度能解决“中国农村派”与“农业生产技术改革派”所重视的土地与技术问题，是改善农业经济的唯一有效方法。建立现代农业金融体系之所以能够解决农村经济危机，主要有两方面原因：第一，农业金融制度是救助农业、实现农业现代化的重要途径。农业金融能通过解决土地问题、改良技术，发展农业生产。[2] 农业金融是促进农产运销的重要手段。[3] 农业金融是解除高利贷的治本之道。[4] 第二，农业金融职能的发挥必须有通盘筹划的制度。因为：(1)农业金融制度能迅速筹集大量的农业资金，支持农业生产。[5] (2)农业金融制度能使各农业金融机关步调一致、合理支配农业资金。[6] (3)农业金融制度能使乡村金融与城市金融连成一片，使整个社会金融形成统一体系。[7] (4)旧有农业金融制度极不发达，根本无法救济残破的近代农业，必须构建新型农业金融制度。[8]

农业生产技术改革派认为，中国近代农业经济的主要问题是广义技术上的“落后”，除此以外没有其他特别严重的问题。因此，解决近代中国农业问题的办法实际上很简单，即改善农业经营方式，提高农业生产技术水平。卜凯认为，中国农地系世袭不动产所有权，土地的家庭私有制在当时占绝对统治地位。根

---

〔1〕 梁漱溟：《中国民族自救运动的最后觉悟》，《村治》，1930年第1卷第3期。

〔2〕 侯哲葊：《论今后我国农业金融制度的改进》，《财政评论》，1942年第4期。

〔3〕 陆国香：《农村金融与沟通内地信用》，《农行月刊》，1937年第2期。

〔4〕 王文钧：《中国农村金融之一般形态》，《银行周报》，1935年第31期。

〔5〕 赵棣华：《金融政策与农业》，《农行月刊》，1937年第2期。

〔6〕 王世颖：《我国农业金融之新猷》，《财政评论》，1940年第5期；郑莹：《现阶段农村投资的重要性》，《农行月刊》，1937年第3期。

〔7〕 陆国香：《调整战时农村金融及其积极设施》，《银行周报》，1937年第45期。

〔8〕 陈振骅：《农业信用》，商务印书馆1937年版，第366—367页。

据土地的租佃关系和农民耕种土地的产权不同，卜凯把农村各阶层划分为四个层次：地主、自耕农、半自耕农和佃农。卜凯四个阶层的分类，目的是要对不同阶层的农场进行生产经营方面的调查研究，寻找提高农场生产经营效率的方法与途径，通过改良以促进农村经济的发展。卜凯从纯技术的角度进行分析，认为佃农由于生存的压力，较自耕农具有更强烈的责任意识和竞争意识，他们更善于或更勤力于农业生产经营。在小农经济条件下，佃农的生产效率是最高的。在他看来，提高农业生产率的关键在于生产技术、农产品贸易和土地利用等问题。卜凯的观点曾受到陈翰笙、钱俊瑞等学者的批判，认为他的研究没有把中国农村的问题看成是一个社会问题，他没有使用地主、富农、贫农等这样一些概念去调查，因此无视中国土地的分配不均，没有看到中国的租佃剥削关系。[1]

（三）一个案例：近代中国农村土地金融思想的发展及其实践[2]

20 世纪 20－30 年代的农村经济危机在金融领域也得到了充分的反映，有学者用“枯竭”一词来形容 20 世纪 20－30 年代中国农村金融状况，表现为农村资金大量外流、农村现金匮乏以及高利贷的盛行。[3] 传统的农村金融机构如典当行、合会等不能满足解决农村经济危机的需要。同时，西方金融制度包括农村土地金融制度传入中国，为现代农村金融制度在中国的兴起和发展奠定了基础。特别是在 20 世纪 30 年代，学者翻译了大量关于外国土地金融制度的文献，并在此基础上对土地金融制度的构建进行了探讨。另一方面，大城市资金过度供给，农村却严重缺乏资金。在这种情况下，近代学者希望将实施土地金融视作解决农村经济危机和实现平均地权的有效手段。

1. 20 世纪 30－40 年代中国关于构建农村土地金融制度的讨论

1949 年之前的中国知识分子对近代中国农村经济状况的主流观点是“衰退”论，救济破产的农村是解决当时中国经济的唯一出路，因此提出要将集中于城市的资金安稳地流到农村去。梁启超虽然并没有提倡金融的引进，但他却是在 1910 年较早使用“金融”一词的学者，他对近代中国金融机关不完备对经济造成的危害谈了自己的认识，“盖金融机关不备，则虽广输入外资，而此资固无

---

〔1〕 陈意新：《美国学者对中国近代农业经济的研究》，《中国经济史研究》，2001 年第 1 期。

〔2〕 王昉、缪德刚：《近代化转型时期农村土地金融供给：制度设计与实施效果——20 世纪 30、40 年代中国农村土地金融制度思想与借鉴》，《财经研究》，2013 年第 1 期。

〔3〕 付红：《民国时期现代农村金融制度变迁研究——以国民政府时期为中心》，中国物资出版社 2009 年版，第 35 页。

道以入企业家之手以资其利用,则徒以供少数人之消费,而直接间接以酿成一国奢侈之风”。[1] 到了20世纪30年代,当时的学者对于农村土地金融制度的必要性及意义有了更为深入的认识。

首先,农村土地金融的实施有利于健全金融系统。在1935年南京国民政府垄断全国金融制度之前,中国农村存在大量缺少法律约束的私人高利贷,如在1934年长江中下游的江苏、浙江、安徽、江西、湖南、湖北省份的农民借贷来源中,来自私人借贷部分的比重最低的浙江为53.5%,比重最高的湖南达77%。[2] 提供农村贷款的银行则集中于短期资金的供给,不能满足以长时间投资为特征的土地生产的需要。故有学者认为,农村“正当”金融机构的缺乏和长期资金供给的不足,使得“农村经济益濒于崩溃”。[3] 其次,农村土地金融的实施有助于改善原有的土地分配格局,实现平均地权与扶植自耕农。孙中山提出的“平均地权”是试图解决中国近代土地问题的一种探索。黄通认为,“平均地权”的第一步是实现耕者有其田,使无地或少地的农民获得土地,使其向自耕农转化。扶植自耕农的方式有两种:一是政府将所持有的土地出售给无地或少地的农民;二是土地金融机构向农民贷款,由农民向地主直接购买土地。[4] 通过这两种方式将地主对佃耕地的所有权转移到无地或少地的农民手中,缓解土地分配不均引致的地主和农民之间的矛盾。“业佃间对立意识,渐趋深刻,急宜消减于无形。租佃问题之最有效的解决,莫过于自耕农之创设与维持;而自耕农之创设与维持,亦有赖于不动产金融之协助,这是毋待赘的。”[5]最后,农村土地金融的实施能够促进农业生产率的提高。农村土地金融用于开垦土地、整理土地、改善灌溉制度、改良耕种方法、修缮农业用建筑物及植林事业等方面。[6] 在西方国家农业机械化过程中,土地金融机构发挥了很大的作用。近代中国的农业技术设备距离西方国家的机械化水平有很大的差距,且“已成三不管之现象,政府缺乏财力,谋农业之改进,地主多属都市寓公,不谙农事,不问

---

[1] 梁启超:《敬告国中之谈实业者》,《饮冰室合集》,中华书局1989年版,《饮冰室文集之二十一》,第121页。

[2] 李金铮:《民国乡村借贷关系研究》,人民出版社2003年版,第49页。

[3] 章午云:《今日我国应采之土地金融政策》,《经济学季刊》,1936年第7卷第1期。

[4] 黄通:《扶植自耕农与土地金融》,《文摘》,1937年第1卷第5期。

[5] 黄通:《土地金融之概念及其体系》,《地政月刊》,1934年第2卷第1—6期。

[6] 张剑萍:《农业不动产金融》,《农村合作》,1937年第2卷第6期。

农事，农民大抵贫苦无告，知识不足，有心无力”。[1] 已有的金融机构因考虑农业生产利微、期长的特点而不办理相应的扶助农业生产的业务，因此，相当多的学者认为组织像欧美国家那样的土地金融机构来提高农业生产水平很有必要。

1915 年北洋政府农商部决定在通县进行农工银行的试验，可称为中国现代农业金融机构产生的标志，此后 30 余年中国逐步形成现代农业金融的网络体系。但是，农工银行存在一些局限：一方面，该银行是一个兼营性而非专门性的金融机构；另一方面，农工银行所经营的业务职能都是短期放款，且这些银行履行的业务都是普通银行所具备的。因此，可以说，在 1941 年以前中国未建立起全国性的、以“平均地权”为宗旨的农村土地金融机构。[2]

20 世纪 30—40 年代学者们对于设置土地金融机构进行了充分的讨论，从土地金融机构与实现耕者有其田、平均地权与节制资本的实现、土地利用与分配、金融机构在近代经济组织中所起的作用、城市面临的金融恐慌以及农村资金的缺乏等多种角度强调了设立土地金融机构的必要性与重要意义。[3] 关于农村土地金融机构的运行机制，近代学者较为认可美国和德国农村土地金融机构的运行机制。[4] 鉴于国外的农村土地金融机构有的是专营、有的是兼营，所以在中国上层的农村土地金融机构应该是专营还是兼营这个问题上，引起了学者们的注意，且有相当多的学者认为，中国的上层土地金融机构应该专营。周鸿文认为，“若单由农业金融之立场观察，固以专于农业不动产抵当贷款之金融机关为理想”。[5] 针对有人提出的农村土地金融机构与其他农业金融机构合营以节省人事与经费的说法，陈鸿根援引西方农村土地金融机构的实践指出，农村土地金融具有其特殊性，与一般的农地性质不同，又必须具备特殊专门技术，所以不能与一般的农业金融机构合营。[6] 关于土地金融资金的来源方面，

---

〔1〕 洪瑞坚：《土地改革与土地金融》，《中农月刊》，1941 年第 2 卷第 9—10 期。

〔2〕 1941 年之前，部分银行开展过包括以田地抵押在内的不动产抵押放款业务，甚至这些新型借贷对农村地权结构的确也造成了一些影响，但是这与本文所界定的以改变全国地权结构为宗旨的农村土地金融机构不同。

〔3〕 章午云：《今日我国应采之土地金融政策》，《经济学季刊》，1936 年第 7 卷第 1 期；杨予英：《土地金融制度建立之商榷》，《人与地》，1941 年第 1 卷第 1—24 期；黄通：《土地金融问题》，商务印书馆 1942 年版，第 25 页。

〔4〕 罗远才：《创设土地金融机关之建议》，《训练月刊》，1942 年第 2 卷第 1 期；陈鸿根：《我国农田土地金融机构设立之原则》，《新经济》，1941 年第 6 卷第 3 期。

〔5〕 周鸿文：《农业不动产金融机关之理论与理想》，《农行月刊》，1937 年第 4 卷第 2 期。

〔6〕 陈鸿根：《我国农田土地金融机构设立之原则》，《新经济》，1941 年第 6 卷第 3 期。

近代学者的观点归纳起来有两点:一为借入公共资金;二为发行土地债券。发行债券被有些学者称为农村土地金融机构募集资金的最适当的方式。[1] 黄通对于发行土地债券的必要性做了概括。第一,由于我国耕地不足、地权分配不均、佃农众多、佃耕地广大,如果全国普遍实施地权的专一来培植自耕农,那么补偿地价所需要的资金将达到极大的数额,绝非土地金融机关自有资金所能应付的。第二,从国外的经验来看,其土地金融机关资金的来源都是以发行土地债券为主,资本不过是债券信用的保证工具而已。黄通认为,在土地债券的用途上可分为地价债券与抵押债券两种:前者为直接交付地主,用来补偿地价;后者则按照金融市场与资金需要情形,随时发行,兑取现金,以供放款之用。两者均可以土地的抵押权作为担保。[2] 此外,学者们还对债券发行的具体操作层面提出了建议。[3] 张剑萍认为,土地债券可由政府直接售出或交给金融机构售出。在利率的决定方面,张剑萍指出,西方国家对土地债券利率的决定有三种方式:一是以命令制定利率并强制执行;二是在保留政府最终解释权的前提下由交易者自行裁定;三是债券的流动利率加固定附加率。中国应采取第一种方式。[4] 罗远才认为,债券发行伊始,可能会因为利率低、期限长方面的原因致使其销路受阻。他提出的解决对策是,政府责令银行系统认购。债券的流量额不得超过已缴资本及法定公积金总和的 10 倍,并不能超过放款的总额。债券的担保品为全部资本、法定公积金及其所承受之抵押权。不过,发行土地债券首先要有地权的界定,但是对土地所有权的认定在近代有争议。卢伯鸥认为,在西方思想文化影响进入中国之前,中国的土地所有权是分割所有权的制度,包括有用益权的下级所有权与有管理权的上级所有权。民国时期采用了罗马法下的单一所有权制度。[5] 政府以土地债券的方式转移地权首先是承认了地主的土地所有权,很多学者认为这是不公平也是不合理的。在农业合作社的资金来源方面,罗远才认为,可由社员入社的缴纳金、经营收益中提取的公积金、向金融机关的借款,以及地方政府、团体或个人的补助金构成。[6]

1941 年 3 月,国民政府财政部商订《中国农民银行兼办土地金融业务大纲》

---

〔1〕 杨予英:《土地金融制度建立之商榷》,《人与地》,1941 年第 1 卷第 1—24 期。
〔2〕 黄通:《土地金融问题》,商务印书馆 1942 年版,第 25—33 页。
〔3〕 黄通:《土地金融问题》,商务印书馆 1942 年版,第 25—33 页。
〔4〕 张剑萍:《农业不动产金融》,《农村合作》,1937 年第 2 卷第 6 期。
〔5〕 卢伯鸥:《土地所有权法制演变的检讨》,《新中华》,1944 年第 2 卷第 7 期。
〔6〕 罗远才:《创设土地金融机关之建议》,《训练月刊》,1942 年第 2 卷第 1 期。

以后，中国农民银行于4月1日设立土地金融处专营土地金融业务。1941年9月5日，国民政府公布《中国农民银行兼办土地金融业务条例》。条例规定的业务范围为：第一，照价收买土地放款；第二，土地征收放款；第三，土地重划放款；第四，土地改良放款；第五，扶植自耕农放款。1943年，又根据实际操作的情况增加了地籍整理以及乡镇造产两种放款业务。一些学者对于业务范围进行了深入的分析，并在此基础上结合放款实际作了进一步讨论。黄通认为，照价收买土地放款是为了协助政府规定地价，以实行照价征税、涨价归公。土地征收放款是为了协助政府兴办公共事业、征收土地。土地重划及土地改良放款是为了协助政府促进土地利用、增加土地生产。扶植自耕农放款是为了解放农民、调整土地分配，来协助政府实施耕者有其田。这五种放款，其业务性质虽然各有不同，而其一贯精神，则都是辅助政府，实施土地政策为依据。[1] 黄通强调了整个土地政策范畴之内攸关土地改革且最切实际的农民政策就是土地金融业务的重点。熊鼎盛认为，土地金融业务属于特种金融，它是协助政府执行特定政策，有很明显特定的任务，不是仅仅以求土地资金化而达到活泼农村金融的目的，更不是为大地主和土地投机者运用土地攫取资金而设置的工具。所以构成其业务内容的五种放款，应以实现平均地权为最终目的。[2]

2. 中国近代农村土地金融制度实施的绩效

中国近代的转型问题有赖于运用恰当的经济理论，提出适合中国实际情况的制度设想，并且在试错和完善的过程中通过学术研究、政策引导等形成新的经济思想。关于构建近代农村土地金融制度的各种构想虽然描绘出美好的“蓝图”，但是否能转化为具有现实张力的制度还需要实践的检验。1940年4月，蒋介石手令财政部：“土地银行实为平均地权过程中重要业务，应从速着手计划筹备，或即以农民银行为基础，兼办土地银行之业务。但其资金及规章，应另加规定。”同年7月，萧铮等提议，“拟请设立中国土地银行，以促进土地改革，实现平均地权，活泼农村金融，改善土地利用案”，并附具《筹设中国土地银行办法纲要》十一条。1941年3月，国民政府财政部召集专家制定《中国农民银行兼办土地金融业务大纲》。1941年4月1日成立中国农民银行土地金融处，同年9月5日《中国农民银行兼办土地金融业务大纲》修正为《中国农民银行兼办土地金融业务条例》并公布执行。1942年1月，该处正式办理土地金融业务。在机构设

[1] 黄通：《土地金融与地力动员》，《中国农民》，1942年第1卷第6期。

[2] 熊鼎盛：《我国新兴的土地金融业务述要》，《西南实业通讯》，1942年第6卷第3期。

置上,中国农民银行土地金融处为办理土地金融业务的总枢纽,实际业务由分布于各省的分支行处执行。中国农民银行开办农村土地金融业务以后,单是从土地金融放款的绝对数量上来看,1942 年 6 月为 20 000 元,1947 年 12 月为 57 655 122 000 元。[1] 农民从银行或合作社所取得借款的比重明显上升,私人借贷关系在农村借贷关系中的比重明显下降。仅从 1934 年和 1947 年长江中下游地区的江苏、浙江、安徽、江西、湖南、湖北的两组统计数字来看,该地区私人借贷的比重由 1934 年的 65.5%下降为 1947 年的 36.3%;而同比从银行所取得借款的比重由 1934 年的 2.8%上升为 1947 年的 27.5%,合作社的借款比重则由 1934 年的 4.7%上升为 1947 年的 13.2%。[2] 由于 1943 年银行实行专业化之后农贷业务归中国农民银行办理,因此这两组数字可以表明,农村土地金融业务的开办,在为中国近代农村提供必要的资金方面起到了重要的作用。

中国近代农村土地金融制度在制度设计以及实施的过程中也存在一些不足和局限。

首先,从制度的设计上来看,金融机构缺乏独立性。一方面表现为政府和金融机构之间的活动边界界定不清。在农村土地金融建立过程中,国民政府及各部门不但未能在宏观上提供有效的保障措施,而且直接参与其中的情况非常普遍,难以防范道德风险。尽管在思想界设立独立的土地银行是主流的观点,然而,在操作的过程中,经国民政府财政部、四联总处及各大银行商议之后的结果为"所有土地银行业务,与其另行新设,不如照中正本年四月初手令责成农民银行暂行兼办"。[3] 另一方面,金融机构的职能也没有明显的界线。西方农村土地金融制度之所以能在经济运行中发挥应有的效用,其中一个很重要的原因就是在制度形成的过程中,政府、各种金融机构之间较为清晰地界定了各自的活动边界,减少了经济组织之间的寻租行为。中国农民银行的商业职能和政策性职能未能完全分开,致使资金被挤占挪用,降低了制度应该产生的实际绩效。因此,也就不能承担起挽救中国农村经济危机的重任。

---

〔1〕"中国农民银行档案",转引自中国人民银行金融研究所:《中国农民银行》,中国财政经济出版社 1980 年版,第 370—371 页。

〔2〕李金铮:《民国乡村借贷关系研究》,人民出版社 2003 年版,第 49—50 页。

〔3〕姚公振:《中国农业金融史》,转引自中国人民银行金融研究所:《中国农民银行》,中国财政经济出版社 1980 年版,第 165 页。在已有蒋介石手令责成中国农民银行办理土地金融业务的情况下,萧铮等人仍然提出设立独立的土地银行,可以推知蒋介石的指令并不符合以萧氏为首的中国地政学会的意愿。

其次，中国近代土地金融制度未能形成有效的土地金融风险分担和补偿机制，金融机构的可持续发展得不到保证。与西方国家所面临的社会环境不同，国民政府时期开办土地金融业务之时面临着日本的侵略和法币改革之后混乱的经济局势。虽然规定了开办土地金融业务所发行的土地债券"以中国农民银行兼办土地金融处之全部资产及其放款取得之土地抵押为担保"[1]，但中国农民银行已经成为国民政府掠夺性财政政策的工具，其主要资金来源的金融工具即土地债券缺乏到期之后正常兑现的预期，风险的分担和补偿无法真正实现，直接导致了后来发行的土地债券销路无门。[2]

最后，农村土地金融贷款的实际操作层面也存在一系列问题。由于缺少放款法律上的依据和具体的实施途径，在进行放款的过程中，农民银行工作人员往往求助于原有的地主势力，致使"农民银行农贷的受益者，说到底，是农村中地主豪绅、保甲长这类人。……他们贷到的款子比一般社员要多。贷款收回后他们不马上交银行，转手一两次，搞投机倒把。……因此，银行农贷实际上是地主、豪绅驾驭劳动人民的工具"。[3] 政府部门插手放款的情况也屡见不鲜[4]，致使放款中存在直接放款和间接放款两种并存的方式。此外，还存在着贷款利率严重高于国外同时偿还期限却短于国外的状况。[5]

近代土地金融制度的构建更多的是向西方学习，但是仅依靠引进西方经济思想并不能顺利实现中国经济思想和经济制度转型，国情差异导致西方的制度并不一定能解决中国的现实问题。近代土地金融制度更多的是一种移植，实践效果并不十分理想。从中国农民银行开展土地金融业务尤其是基层放贷的实践来看，其运作方式更多的是以美国的农业金融制度为蓝本。由于银行出于安全考虑只对生产需求的资金提供放款，非生产用途的资金仍然缺乏供给的渠道。这是地主豪绅从农民银行获取资金转贷的动机所在，更进一步解释了即使在新式金融机构对农村放贷之后，传统借贷方式仍然占有较高比重的现象。鸦

---

[1] 《中国农民银行1942年土地债券发行办法》，1942年，上海市档案馆馆藏，中国农民银行档案Q322—1—6—87。

[2] 按照麦金农的"金融抑制"论，政府发行的土地债券作为广义货币M2的一种，其收益率等于名义利率与预期通货膨胀率之差即$d-p$，如果两者之差太低，则人们会放弃持有该(广义)货币。参见：[美]罗纳德·I. 麦金农：《经济发展中的货币与资本》，卢骢译，上海三联书店1988年版，42—46页。

[3] "1977年9月赵兴民的谈话记录"，转引自中国人民银行金融研究所：《中国农民银行》，中国财政经济出版社1980年版，第173页。

[4] 洪瑞坚：《土地金融业务的检讨》，《中农月刊》，1944年第5卷第11期。

[5] 黄通：《土地金融问题》，商务印书馆1942年版，第49—50页。

片战争后 80 余年,中国农村几乎仍是传统金融一统天下。新式金融机构在 1918 年开始涉足农村金融,1934 年传统金融(即除银行和合作社外)在华北农村地区仍占压倒性优势地位。在这种情况下,近代中国选择通过政府政策性介入来促进人们的行动转换,以实现新式金融和传统金融的兼容。但政府在设定制度目标时,没有考虑到与制度环境相兼容。一方面,从内部环境看,中国近代社会处在一个不稳定状态,而新式金融需要一个长期稳定的环境才能发展;另一方面,农村土地金融制度的制定者也忽视了波动的国际货币体系这一重要的外生环境。因此,以消解农村经济危机和实现“平均地权”为目标的制度设计就无法取得良好的实践效果。

第四节 近代中国农村地权分配状况及地权关系的变化

一、地权分配的基本情况

(一)20 世纪 20—30 年代关于农村经济及土地状况的实地调查

20 世纪 20 年代,中国传统的乡村面临社会转型的挑战,农村和农民问题日益严峻。20 世纪 20—30 年代,中国掀起了农村社会调查研究的热潮,地权的分配状况构成调查的主要内容。从调查的主体来看,既有学者、学术机构和高等学校,也有政府机构和社会团体。其中代表性的有毛泽东等中国共产党人进行的农村调查,以晏阳初、梁漱溟为代表的农村改良派的调查,以卜凯、费孝通为代表的学院派的调查,以陈翰笙为代表的研究机构进行的调查,以农村复兴委员会为代表的政府机构进行的调查,以及“满铁”对中国进行的调查。

1929 年,国民党政府立法院统计处创办全国性农村调查。由于当时条件尚未成熟,后交给南京金陵大学接办,此后又于 1933 年 9 月由国民党政府实业部所属中央农业实验所主办。他们按照规范、稳定的指标,对农村情况进行调查,并纳入国家统计工作中。1933 年,国民党政府行政院设立农村复兴委员会,目的是为行政院提供制定农村政策依据的参考。农村复兴委员会的调查侧重于农村社会经济问题,包括土地所有制和土地占有关系的情况。农村复兴委员会先后对浙江、江苏、陕西、河南、广西、云南等地进行了专题调查。调查由孙晓村主持,陈翰笙参与了总体设计,王寅生、张锡昌等人参与了调查工作。陈翰笙等人使用了阶级分析的方法,得出的结论是中国农村最主要的问题是土地分配不均,因此解决的方案是重新分配土地和财产。这一思路形成了被瑞斯金所称的“分配学派”。以卜凯为代表的“技术学派”的观点曾成为国民党政府制定农业政策的基础,而“分配学派”的观点则成为中国共产党社会革命的理论基石。

1927 年 1 月,毛泽东为了驳斥党内外对农民运动的指责,亲自到湖南农村各地,用了 32 天的时间进行考察,写成了《湖南农民运动考察报告》。此后,他又在 20 世纪 30 年代上半期,对赣南闽西的兴国、寻乌、才溪等农村进行了深入的调查。毛泽东强调农民是中国民主革命的基本力量,他认为,“没有贫农阶级,绝不能造成现时乡村的革命状态,绝不能打倒土豪劣绅,完成民主革命”,“没有贫农,便没有革命。若否认他们,便是否认革命。若打击他们,便是打击革命”。[1] 由于农民问题是首要的革命问题,而农村、农民的根本问题是土地问题,因此,农民问题的核心是不合理的地权关系。只有实行“耕者有其田”和“平均地权”,才能解决农民的土地问题。毛泽东对于土地问题的观点,实际上构成了中国共产党对于中国如何完成民主革命的指导思想,即进行土地制度的变革,废除封建土地所有制。

1929 年初,陈翰笙受蔡元培委托,担任中央研究院社会科学研究所社会学组的组长并主持该所工作,领导并组织进行了一系列的农村调查。以北方的保定农村、长江流域的无锡农村和珠江流域的广东农村作为调查的重点。这一系列调查的背景是 20 世纪 20—30 年代,对于中国农村社会性质以及中国社会性质问题的论战,需要从“理论和实践的结合上弄清中国农村社会性质,排除中共党内左倾路线对农村土地革命的干扰,揭露国民党挽救农村经济破产措施的反动性和欺骗性,批驳托派文人对中国农村社会性质的歪曲,支持以毛泽东为代表的党的土地革命路线,这是进行农村社会调查的基本出发点”。[2]

费孝通于 1936 年开始先在广西大瑶山进行民族调查,以后在他的家乡江苏吴县写成了《江村经济》这一观察中国近代农村的重要著作。费孝通认为,只实行土地革命,减租减息,平均地权,不可能解决中国的土地问题。因为改变了旧的土地所有权,并不可能阻止新的土地所有权的产生。因为土地所有者的变迁是经常进行的,旧的土地所有者被消灭后取而代之的是新的土地所有者。因而他得出结论:“耕者有其田”不可能解决中国的土地问题。

---

〔1〕《毛泽东选集》,第 1 卷,人民出版社 1991 年版,第 21 页。

〔2〕杜松:《土地革命战争时期中国农村经济调查团活动始末》,《中共党史资料》(第四十五辑),中共党史出版社 1993 年版,第 112 页。

卜凯是研究中国近代农村问题的重要学者,他不仅划时代地建立起了中国近代农业经济的一套最完善的调查资料,而且他对中国农业经济的看法对后来学者也有很大的影响。卜凯于1922年第一次在安徽芜湖对102家农户经济做了调查,然后在1922—1924年对中国7省17个地区2 866家农户经济做了调查,最后在1929—1933年研究中国土地利用时调查了22省168个地区近16 786家农户。这些调查使卜凯对中国的农户结构与土地得出的结论为:华北80%以上是自耕农,长江流域自耕农为60%左右,在四川和广东自耕农为50%左右,并且中国自耕农平均拥有3.1亩地。卜凯认为,中国农村是一个以小自耕农为主的社会,土地分配并没有特别不均。此外,在租佃关系上,佃农非中国特有之问题,西方的佃农比例比中国要高得多:中国农民中有23%为完全佃农(不包括半佃农),美国的完全佃农占农民总数的38%,英国的完全佃农占农民总数的89%,但英、美都实现了农业现代化。因此,认为佃农率高了便会导致剥削和农业生产停滞的观点并没有其必然性的依据。20世纪30年代陈翰笙、钱俊瑞等曾在《中国农村》杂志上撰文批评卜凯对中国农业的调查方法和结论。他们认为卜凯没有使用地主、富农、贫农等这样一些概念去调查,因此无视中国土地的分配不均,没有看到中国的租佃剥削关系。卜凯向国民党政府进言108条建议中曾提出要对租佃率进行公平的调整,但卜凯显然不认为租佃率等问题是建设中国农业现代化的主要障碍。卜凯通过对6省641个农场的调查显示,中国的地租率处于较高的水平,但他认为减少佃农或降低地租额,只能起到减轻佃农负担、提高佃农生活水平的作用,而不能因此提高农业生产效率和农作物产量。此外,正如卜凯在《中国土地利用》一书的第一页所说明的:他不准备"从农民和其他社会阶级之间的政治、经济和社会关系来考虑所谓的土地情况"。[1]

1934年10月起,国民党中央执委会的土地委员会进行了一次较详细的全国农村调查,费时6个月调查了22省180万家农户。调查发现,中国农村经济中存在以下四个方面的问题:一是农村土地分配极为不均。地主和富农只占农户总数的5%,却占有土地总数的34%,他们一般每户拥有土地50亩以上,生活较优裕。小自耕农和半自耕农占农户的68%,他们生活上仅能自给;佃农和雇农占农户的25%,生活极为困难。这些农户占农户总数的94%以上,却只占

---

〔1〕 John Lossing Buck. *Land Utilization in China*. Nanking: University of Nanking, 1937, Vol. 1, p. 1.

有66%的土地。二是大多数农户经营的土地面积狭小且地块分散，拥有土地不足5亩的农户占35%，5－15亩的占37%，15－50亩的占22%，50亩以上者只占5%。平均每户有土地15亩，而人均只有2亩多。三是农村借贷中以田产和不动产作抵押的比例较高，一般占48%，且利率较高，通常在20%－30%，甚至有达50%的。但期限较短，平均只有4年。四是地税负担过重，由于田赋征收制度不良，大地主多逃避田赋，且各种田赋附加和摊派层出不穷，"附加之多超过正税数倍"。〔1〕

1905年日俄战争结束后，日本获得了对中国东北铁路沿线地区的主权并设置了南满铁路公司。为了调查中国的国情作为制定对华政策的依据，1907年满铁设立了专门的调查部作为对中国国情的综合研究机构。调查首先在"满洲"地区展开，涉及经济、政治、军事、社会、民俗、文化等各个领域，土地制度是其中重要的调查内容。"中国农村惯行调查"是满铁最具代表性的研究。这项调查是东亚研究所受兴亚院的委托于1940年11月－1942年11月实施的。实地调查由"满铁中国北部经济调查所惯行班"承担，以华北地区的6个村落(河北省4个村落、山东省2个村落)为对象，共分7次进行。调查项目包括家庭、村落、土地所有、佃耕、水利、公租、金融交易等农村社会生活的主要规范。满铁调查的资料构成了研究中国近代华北农村社会和农村土地重要的基础资料。

（二）地权分配的不同估计

对于中国近代农村地权情况的研究在学术界一直长盛不衰，"地权分配是土地问题的核心，决定着农村生产关系、利益关系以及社会关系的基本面貌"〔2〕，可以说，研究近代地权分配的真实情况是讨论中国近代转型的重要环节和基础性内容。针对这一问题，许多学者给出了自己的估计。辛亥革命以后开始出现了对农村土地占有状况的一些统计，分类标准是对各个不同阶级所占有的土地数量进行统计；20世纪30年代初期开始又出现了许多具体的调查分析材料，大部分的判断是中国近代地权分配处于不均衡状况。

根据1927年国民党中央执行委员会农民部土地委员会的调查，当时占人口总数14.4%的地主、富农占有土地总数的81%，而占人口85.6%的中农、贫

〔1〕祝平：《民元来我国之土地问题》，《银行周报三十周年纪念刊》(银行学会编印)，第364－365页。

〔2〕章有义：《本世纪二三十年代我国地权分配的再估计》，《中国社会经济史研究》，1988年第2期。

农、雇农等只占有土地总数的19%。

表2—5　国民党中央执行委员会农民部土地委员会对土地占有情况的调查估计

成　分	占有亩数	人数百分比(%)	土地百分比(%)
佃农、雇农、游民	—	55	—
贫农	1—10	19.8	6
中农	10—30	10.8	13
富农	30—50	8.1	19
中小地主	50—100	4.05	19
大地主	100以上	2.25	43

资料来源：人民出版社编辑部：《第一次国内革命战争时期的农民运动资料》，人民出版社1983年版，第4页。

1930年毛泽东通过对江西农村的调查指出："我在兴国调查中，知道地主占有土地达40%，富农占有土地达30%，地主、富农所共有的公堂土地为10%，总计地主与富农占有土地80%，中农、贫农只占有20%。"[1]这一结论成为后来中国共产党农地政策的主要依据，包括指导根据地土地改革的《中国土地法大纲》和后来指导全国性土地改革的《关于土地问题的报告》都采用了这组数据。陈翰笙领导的调查证明地主阶层掌握了大多数的可耕地，然后再由佃农代耕，从中抽取高额地租。由于农民大部分的收入被地主剥削，农业生产无法再投资，因此中国农村长期处于落后和半封建状态。这些论据和结论不仅构成了土地革命的理论来源，同时也成为新中国成立初期土地改革的理论基础。

从20世纪20年代至50年代，许多学者也各自从自己的调查材料出发，对中国近代农村地权分配情况进行统计估计。总体上基本的判断是：占总户数或总人口10%左右的地主、富农占有50%—65%的土地，当然这并不排除在有的地区高达80%以上而在有的地区只有25%—30%；同时约占总户数或总人口90%的贫农、雇农、中农及其他劳动者占有的土地，虽然在有的地区只有20%，在有的地区高达70%，但一般情况下在35%—50%。

---

〔1〕《毛泽东农村调查文集》，人民出版社1982年版，第26页。

表 2—6　　对地权分配情况的不同估计

时间	分析者	地主、富农			中农、贫农、雇农等		
		户数%	人口%	土地%	户数%	人口%	土地%
1927 年	布哈林	26		61	72.5		37
1930 年	吴黎平			60 以上			不到 20
20 世纪 30 年代	吴文晖	10		53	90		47
1934 年	陶直夫	10		68	90		32
1935 年	薛暮桥	9.9		63.8	90.1		35.7
抗战时期	何干之		10	70		90	30
1946 年	陈翰笙	10		53	90		47
1950 年	邓拓		10	60 以上		90	不到 40
1950 年	国家统计局	6.87	9.41	51.92	93.13	90.59	48.08
1950 年	华东军政委土改会	8.39	10.5	53	91.61	89.5	47（包括公用）
1950 年	中南军政委土改会	6—9	8—10	25—65	91—94	90—92	35—70
1950 年	张根生		8—9	30—65		91—92	20—60
1950 年	杰克・贝尔登		10 左右	55—65		90 左右	35—45

资料来源：郭德宏：《中国近代农民土地问题研究》，青岛出版社 1993 年版，第 9—10 页。

近代中国农村土地所有权的形式是大规模的地主、富农土地所有和少量的自耕农土地所有并存。[1] 地主占有大量土地，由于战争频繁的原因，出现了军阀地主。同时，商人、高利贷者积聚大量货币后，也将货币转化为田产。据 1922 年调查，安徽芜湖 36 户地主的职业，商人 23 户，占 64%，占全部地主土地的 75%，平均每户占地 1 300 亩。[2] 1929 年调查广东新会 191 户地主，商人兼地主 138 户，占 72%，占全部地主土地的 70%。1930 年，江苏民政厅对该省占地 1 000 亩到 6 万亩的 374 家大地主的调查情况更充分反映了地主与军阀官僚、商人、高利贷者四位一体，对投资实业并不感兴趣。

[1] 李金铮、邹晓昇：《二十年来中国近代乡村经济史的新探索》，《历史研究》，2003 年第 4 期。
[2] 章有义：《中国近代农业史资料》，第 3 辑，三联书店 1957 年版，第 324 页。

表 2—7　　1930 年江苏 374 家大地主的主要职业

项　别		军政官吏	放高利贷者	商人	经营事业者
江苏南部	家数	44	69	36	12
	%	27.3	42.9	22.4	7.4
江苏北部	家数	122	60	31	
	%	57.3	28.2	14.5	
合　计	家数	166	129	67	12
	%	44.4	34.5	17.9	3.2

资料来源:陈翰笙等:《解放前的中国农村》(二),展望出版社 1987 年版,第 88 页。

注:大地主是指占有土地千亩以上的地主。

自耕农的比例呈逐年下降趋势。一般来说,总农户中自耕农、半自耕农的比重,在华北、西北地区要比在华中、华南地区大些。各地自耕农下降的速度也不平衡,有的地方非常剧烈,如江苏丹阳,1931－1936 年,总农户中自耕农由 45%下降为 30%,半自耕农由 40%下降为 35%,佃农则由 15%剧升为 35%。[1]

表 2—8　　22 省农民无地化的趋势　　单位:%

年份＼项目	合　计	自耕农	半自耕农	佃　农
1912	100	49	23	28
1931	100	46	23	31
1936	100	46	24	30
1947	100	42	25	33

资料来源:严中平等:《中国近代经济史统计资料选辑》,科学出版社 1955 年版,第 276 页。

解放以后相当长的一段时间内,土地集中说仍然是主流的观点。20 世纪 80 年代开始,一些学者对于近代地权的分配情况进行了重新估计和认识。有学者提出,从近代较长时间段来看,土地并不是越来越集中。章有义对抗战以前地权分配情况的判断是:无地户占 50%－60%;地主、富农占有 50%－60%的

〔1〕 章有义:《中国近代农业史资料》,第 3 辑,北京三联书店 1957 年版,第 733 页。

土地,中贫农占 40%－50%。[1] 章有义提出,地权流动在任何时期、任何地区都经常发生,既有分散又有集中,于是在长期上、整体上形成地权阶级分配的某种常态,即地主与农民占地比率大体稳定。“人们所想象的地权不断集中的长期趋势,实际上是不存在的,或者说是不可能存在的。”[2]郭德宏认为,地主、富农约占总户数的 9.43%,占总人口的 11.55%,占土地总数的 50.64%;中农、贫农、雇农及其他劳动人民约占总户数的 90.66%,占总人口的 88.41%,占土地总数的 48.03%。[3] 郭德宏认为,1949 年前几十年间,各地区地权变化的情况虽然复杂,但总的来说,地权是越来越分散,而非越来越集中,地主、富农占有的土地有所下降,农民占有的土地有所上升。张佩国对 1900－1945 年山东农村的考察也认为,土地占有的分散化趋势自清末至民国初年愈益明显,这一进程在抗战期间进一步加快了。[4] 就对近代江南地区的地权分配的估计而言,学界基本上认可地权分配呈现非集中态势。曹幸穗认为,“苏南近代社会的土地占有关系呈现一个‘分散(自耕农)—集中(大地主)—分散(中小地主)’的历史演变过程”。[5] 国外学者也有不同的判断,白洛伦(Loren Brandt)和姗柏拉(Barbara Sands)的计量研究显示,民国时期土地分配并没有变得比 19 世纪更为不均,或者说,土地的分配不均在长期未变的状况下并不构成农家负债上升的直接原因。[6] 最新的研究认为,从华北平原的情况来看,土地分配的趋势处于分散或稳定状态,由于存在地权分散的推动力,地权的分配并没有形成所谓的恶性集中的局面。[7] 当然也有一些学者持集中说的观点,或者认为近代中

---

[1] 章有义:《本世纪二三十年代我国地权分配的再估计》,《中国社会经济史研究》,1988 年第 2 期。

[2] 章有义:《本世纪二三十年代我国地权分配的再估计》,《中国社会经济史研究》,1988 年第 2 期。

[3] 郭德宏:《旧中国土地占有状况及发展趋势》,《中国社会科学》,1989 年第 4 期。

[4] 张佩国:《地权分配·农家经济·村落社区——1900－1945 年的山东农村》,齐鲁书社 2000 年版,第 57－70 页。

[5] 曹幸穗:《旧中国苏南农家经济研究》,中央编译出版社 1996 年版,第 226 页。

[6] Loren Brandt, and Barbara Sands. Beyond Malthus and Ricardo: Economic Growth, Land Concentration, and Income Distribution in Early Twentieth-Century Rural China. *The Journal of Economic History*, Vol. 50, No. 4 (Dec., 1990), pp. 807－ 827.

[7] 李金铮:《相对分散与较为集中:从冀中定县看近代华北平原乡村土地分配关系的本相》,《中国经济史研究》,2012 年第 3 期。

国地权分配从长期看大体属于“常态”。[1] 有学者认为，一方面，拥有大量土地的地主阶级(包括半地主式富农)很少大规模地雇工经营去发展资本主义农业；另一方面，租佃经营者主要是贫苦农民，资金短缺，也不可能从地主手里租入大块土地，创设雇工经营的农场。地权集中、使用分散，这就是民国时期占统治地位的封建土地占有和小农租佃经营相结合的经济结构。[2]

(三)如何认识近代中国的地权分配

关于近代地权分配估计的研究仍在继续，学界迄今未有一致性的意见。地权的分配及其变化情况是一个复杂的问题，因地区不同、人口密度不同、土地肥沃程度不同而使各地区的地权分配不均程度会有差异。以往的研究之所以会出现不同的估计和判断，在于这些研究大多是基于某一时段、某一地域的史料或调查作出，进而扩展为一般性的结论。就不同区域而言，在土地肥沃、农产丰富、人口稠密的地区，如四川盆地和华中、华南地区尤其明显，一些靠近大城镇的地区土地所有权更为集中，地主、富农所有的土地一般占土地总数的 60%－70%，土地租佃率也较高，很少有较大规模的地主自营，甚至富农也出租一部分土地。而在较偏远地区和土地较贫瘠干旱地区，地权分配不均的情况稍缓和一些，如山东、河北、河南、陕西等省。在这些区域，自耕小农占主要成分，一般也存在一些使用雇工的较大的经营性地主。总体来看，土地不但从数量上集中在地主、富农手里，而且从不同质量土地分配情况来看，地主和富农掌握的土地大多数是质量比较好的土地。

另一方面，多数地权分配的估计中并未考虑土地所有权和使用权分离的情况。地主占有的土地比例最高，但本身却很少亲自经营土地，而是把土地租给没有土地或者缺少土地的佃农和贫农。这种土地所有权与使用权的分离导致两个后果：一是地主作为土地所有者为了方便出租，人为地把土地分割成许多份，使得土地过分细碎化，难以形成生产规模，降低了土地的使用效率；二是土地长期投入的缺乏。贫农和佃农由于只有土地使用权，而且租佃期限呈现出越来越短的趋势，因此并不关心也没有能力考虑长期投入对土地的影响。而地主

---

〔1〕 刘克祥等：《中国近代经济史简编》，浙江人民出版社 1999 年版，第 541 页；刘克祥：《20 世纪 30 年代地权集中趋势及其特点——30 年代土地问题研究之二》，《中国经济史研究》，2001 年第 3 期；徐畅：《农家负债与地权异动——以 20 世纪 30 年代前期长江中下游地区农村为中心》，《近代史研究》，2005 年第 2 期。

〔2〕 白寿彝：《中国通史》，第十二卷，上海人民出版社 1999 年版，第 549 页。

虽有土地所有权，但由于存在大量失业的佃农，雇用佃农的成本非常低，对地主来说，购买更多的土地比对已有的土地增加投资更为有利。有学者强调，许多土地调查并没有考虑到地权分离的因素，如果考虑到土地所有权多重结构的存在，地主阶级占有的土地远远不足30%。[1] 总之，对于近代地权分配的判断要十分慎重，只有在对尽可能多的区域进行细致的研究，并且综合地考虑地权结构和社会结构之后，才能做出较为客观的判断。

二、土地使用权的分散化

近代以来，随着中国产业结构的变化以及逐渐融入世界市场，中国农业土地使用权也呈现出分散化的趋势，与越来越集中的所有权相对应，土地使用权越来越分散。民国学者黄通在《中国现阶段的土地问题》一文中认为："地权分配不均，发生土地兼并的现象，富者田连阡陌，贫者欲耕无地，大地主侵取不当利得，而在大都市中消费，所谓不在地主，于地力之保持与改进上，毫无贡献，这无疑是一种莫大的罪恶，地权既被一部分人兼并，自生农业上过大经营与耕地散碎之弊，尤其是我国，耕地散碎奇零，为世界所仅见。"[2]武力对保定农村调查材料的研究表明：1930年开始在保定出现的经营分散与租佃减少的趋势反映了农民所受剥削已达到的这种地步，即农业利润已经非常低，农民牺牲部分必要劳动仍然难以实现地租。农民经营面积的不断缩小，不能使农民负担能力相应减弱，至此，地租无论是在地主经营中还是在农民经营中都难以实现，从而导致土地所有权的法律形式和经济内容（地租）相分离。[3]

土地经营规模的变化反映出土地使用权分散化的趋势。目前所能查到的最早的统计和调查材料是1918年北京政府农商部的统计。

表2—9　　1918年全国农户土地经营规模情况统计

类别	10亩未满	10—30亩	30—50亩	50—100亩	100亩以上	合计
户数	20 352 285	12 611 998	7 651 575	4 625 096	2 967 648	48 208 602
百分比(%)	42.7	26.4	16.0	9.7	6.2	100.0

资料来源：农商部总务厅统计科：《中华民国七年第七次农商统计表》，中华书局1922年版。

---

〔1〕曹树基：《两种"田面田"与浙江的"二五减租"》，《历史研究》，2007年第2期。

〔2〕黄通：《中国现阶段的土地问题》，《东南日报》，1936年4月。

〔3〕武力：《20世纪30—40年代保定农村土地分散趋势及其原因》，《古今农业》，2004年第4期。

以广西为例,经营面积在1—10亩规模的占农户总数的70.3%,10—30亩中等经营规模的占26.1%,只有3.6%的农户经营规模在30亩以上。[1] 据满铁对苏南6县11村的调查,在苏南地区户均经营面积在3—10亩之间,人均仅为1—2亩。[2] 根据陈翰笙领导的第一次(1929—1930年)无锡保定农村调查和孙冶方、薛暮桥领导的第二次(1958年)无锡保定农村调查的资料,1930年、1936年、1946年的土地使用面积和结构见表2—10。

表2—10　　1930年、1936年、1946年土地使用面积和结构　　单位:亩

1930年	占有土地数	典入土地数	典出土地数	租入耕地面积	租出耕地面积
样本数	759	36	30	56	18
平均值	22.36	5.34	5.82	6.98	9.77
标准差	37.24	3.89	5.56	8.87	9.00
1936年	占有土地数	典入土地数	典出土地数	租入耕地面积	租出耕地面积
样本数	1 514	73	60	55	16
平均值	20.03	4.77	4.44	7.23	13.11
标准差	35.62	3.80	3.27	8.25	11.67
1946年	占有土地数	典入土地数	典出土地数	租入耕地面积	租出耕地面积
样本数	1 643	2	0	59	21
平均值	17.55	3.95	—	5.49	14.14
标准差	17.14	4.74	—	3.32	14.00

资料来源:武力:《20世纪30—40年代保定农村土地分散趋势及其原因》,《古今农业》,2004年第4期。

表2—11　　各类农户经营规模变化趋势　　单位:亩

年份	地主	富农	中农	贫农
1930	89.43	60.81	25.27	9.10
1936	78.66	54.06	23.21	8.65
1946	54.39	43.52	20.12	9.17

资料来源:武力:《20世纪30—40年代保定农村土地分散趋势及其原因》,《古今农业》,2004年第4期。

---

〔1〕 薛雨林、刘端生:《广西农村经济调查》,《中国农村》,1934年第1卷第1期。
〔2〕 曹幸穗:《旧中国苏南农家经济研究》,中央编译出版社1996年版,第26页。

根据1937年《全国土地调查报告纲要》，对江苏、浙江、安徽、江西等16个省的统计中：所有地不足5亩的农户，超过总户数的33%；不足20亩的，超过总户数的80%；百亩以上的，仅占总户数的1%。人均占有耕地面积为2.759亩，低于人均面积的人口比例达到调查总人口的64.19%。

表2—12　　每户所有土地面积大小、各组户数及总面积之百分比

组别	业户		人口		所有总面积		平均每人所有亩数
	户数	%	人数	%	亩数	%	
5亩以下	461 128	35.61	2 039 291	28.64	1 216 792.705	6.21	0.597
5—9.9亩	310 626	23.99	1 571 302	22.06	2 244 605.692	11.42	1.429
10—14.9亩	170 604	13.17	960 970	13.49	2 089 742.768	10.63	2.175
15—19.9亩	103 468	7.99	636 378	8.94	1 802 062.836	9.17	2.832
20—29.9亩	106 399	8.22	716 090	10.05	2 589 018.364	13.17	3.615
30—49.9亩	80 333	6.20	617 191	8.67	3 053 077.956	15.54	4.947
50—69.9亩	28 094	2.17	243 292	3.42	1 646 172.868	8.38	6.766
70—99.9亩	17 029	1.31	159 465	2.24	1 406 770.576	7.16	8.822
100—149.9亩	9 349	0.72	93 107	1.31	1 123 858.701	5.71	12.071
150—199.9亩	3 146	0.24	33 714	0.47	541 019.550	2.76	16.047
200—299.9亩	2 587	0.20	26 520	0.37	623 341.887	3.17	23.505
300—499.9亩	1 368	0.11	14 468	0.20	517 644.109	2.63	35.779
500—999.9亩	674	0.05	7 523	0.11	452 839.923	2.30	60.194
1 000亩以上	196	0.02	2 316	0.03	343 510.353	1.75	148.321
总计	1 295 001	100.00	7 121 627	100.00	19 650 458.288	100.00	2.759

资料来源：土地委员会：《全国土地调查报告纲要》，1937年1月版，第32页。

表2—13　　1937—1946年清苑11村土地买卖情况　　单位：元

	买入				卖出			
	户数	数量(亩)	价值	每亩价格	户数	数量(亩)	价值	每亩价格
合计	383	3 935	60 402	15.35	362	2 296	73 679	32.09
地主	1	2	200	100	30	860	24 046	27.96
富农	25	166	4 963	29.9	39	328	11 414	34.80
中农	201	902	30 688	34	135	739	25 532	34.55

续表

	买 入				卖 出			
	户数	数量(亩)	价值	每亩价格	户数	数量(亩)	价值	每亩价格
贫农	115	2 779	21 899	7.88	153	329	10 669	32.43
雇农	29	78	2 399	30.76	3	14	847	60.45
其他	3	7	225	32.14	2	27	1 218	45.12

资料来源:中国科学院经济研究所、国家统计局无锡保定调查研究小组、当代中国农业合作化编辑室:《中国农业合作史资料》,1986 年版。

上述资料反映出家庭经营耕地面积呈缩小和分散的趋势。家庭自有土地规模缩小、租入土地不断减少,租地也趋于分散状态。其中,富农减少租地速度最快并且出租土地数量趋向增加,由租入比例较大转化为租出多于租入部分,土地经营的分散过程与地权分散趋势结合在了一起。上层农户的土地面积在逐渐萎缩,中农的土地略有增加。贫雇农尤其是贫农土地的增加最为明显,贫农在这一时期购进土地是卖出土地的 8.5 倍。促成地权分散化和平均化的因素极大遏制了农村上层的土地欲望,并使农村土地大户的地位逐渐发生动摇,占有土地较多的富户为了逃避负担和斗争,纷纷出让土地,由此进一步影响了已连年下跌的地价。

三、土地价格在近代的变化

1840—1930 年,中国土地价格的总体态势是不断上涨,但是在 20 世纪 30 年代初出现了全国性的土地价格下降。巫宝三在 1934 年指出,“华北几省地价跌落的程度,比东中部更为剧烈”,“山西、河北、山东三省合计,去年旱地平均较二十年(1931 年)降落 27%”。[1] 如以 1931 年为基期,南北 22 省(缺东北 3 省)1931—1936 年各类土地价格平均指数见表 2—14。从 1932 年起,水田、平地、坡地的价格逐年下跌,1934 年达到谷底,次年基本趋稳止跌,1936 年回升,但仍比 1931 年低 14—17 个百分点。如分省考察,22 省中,只有陕西的水田、平地和甘肃的平地价格超过 1931 年的水平。但是,陕西因 1928—1930 年的大灾乱,1931 年的地价已处于大跌后的低位,水田和平原旱地的价位只分别相当于 1912 年的 84.0%。1936 年的价格虽然超过 1931 年,但也只有 1912 年的

〔1〕 巫宝三:《民国二十二年的中国农业经济》,《东方杂志》,1934 年第 31 期,第 6 页。

90.8%和95.0%。[1] 根据实业部全国农业调查局农业经济科作物研究院报告,1933年15个省的耕地价格都低于1931年。在15个土地价格下跌的省份中,水田的平均价格指数1932年为90、1933年为81(以1931年为基准年)。[2] 关于武进的数据也表明了1930年之后土地价格的急剧下降,20世纪20年代土地价格涨幅甚至高于农产品价格。1930年土地价格比1920年高2.5倍,但是1931年跌了8%,1932年跌了12%,1933年跌了34%。[3] 章有义对全国平均地价水平的变化作了估计,发现地价在20世纪20年代末30年代初基本达到高位,之后不断下降,见表2—15。

表2—14 南北22省地价变动趋势指数统计

(1931—1936年 平均数;1931=100)

年份 / 土地类别	1931	1932	1933	1934	1935	1936
水田	100	95	89	82	81	84
平原旱地	100	93	87	83	83	86
山坡旱地	100	94	88	82	82	83

资料来源:《农情报告》,1939年第7卷第4期,第47页。

表2—15 全国平均地价水平

(1912年、1931—1936年;1931=100)

年份	1912	1931	1932	1933	1934	1935	1936
平均地价指数(水田)	74	100	95	89	82	81	84
平均地价指数(旱地)	73	100	93	87	83	83	86

资料来源:章有义:《中国近代农业史资料》,第三辑,三联书店1957年版,第708页。

四、土地所有权与使用权关系的变化

近代中国土地所有权与使用权关系变化最为显著的特征是土地所有权和使用权的进一步分离,表现为土地使用权趋于商品化。土地使用权主要以四种

---

[1] 《农情报告》,1939年第7卷第4期,第47页。

[2] 实业部银物价讨论委员会:《中国银价物价问题》,第63—64页。

[3] [日]城山智子:《大萧条时期的中国——市场、国家与世界经济(1929—1937)》,江苏人民出版社2010年版,第112页。

形式进入市场:一是押租制;二是佃农的佃权可以出卖或出典;三是田面权(包括经营权和部分所有权)的出卖;四是加押减租(主要发生在湖北、四川),实际上是分期付款式的卖地。[1] 清代时,永佃制已流行于江南等地。永佃权下,地主的土地所有权发生分解,分割为田底(骨)权和田面(皮)权。使用权进一步发展,分解为占有权与使用权,并各自以独立的姿态进入市场。由于佃农投入工本垦辟、改良土地,或出资购买,地主遂用田面权形式,将土地的使用权和部分土地所有权授予或转让给佃农。佃农完全取得对土地使用权的独立支配,而且田主对土地经营没有干涉与支配权力,土地所有者出卖土地时,亦无权出卖使用权。而佃农对于使用权的独立支配,表现为可以单独出卖使用权,也可以将使用权出租,并获取收益。在江西宁都,"佃农承凭主田,不自耕,借与他人耕种者,谓之借耕。借耕之人,既交田主骨租,又交佃人皮租"。福建汀州一带,"田主收租而纳粮者,谓之田骨,田主之外又有收租而无纳粮者,谓之田皮。是以民、官田亩,类皆一田二主。如系近水腴田,则皮田价反贵于田骨,争相让渡佃种,可享无赋之租"。甚至族田轮值权也可以交易。族田所有权归宗族,而宗族成员拥有轮值年的使用权。也就是说,在轮值年份里,成员拥有族田使用权及其收益。此时,有的成员将自己的轮值年使用权抵财富。轮值年一过,则无权经营,也无权抵押。这种轮值年使用权出当的形成,成为地权市场组成部分。总之,土地产权进入市场,土地使用权一经商品化,必然会使土地市场的土地交易量成倍地增长,从而构成了土地市场发育到高级阶段的重要特征。

财产包含着一个无限期的权利束(an open-ended bundle of rights),这些权利是由需求和人的创造性来创立和划分的。在古典所有权中,财产的各项权利集中于同一财产主体,并具有排他性和封闭性。然而随着经济的发展,同一主体所具有的财产所有权的各项权能发生分解。分立的个人和群体对同一财产不同权利的客观需求,使财产的各项要素得到有效利用。对完全土地所有权中占有权、使用权、收益权和处分权的分解,促进了土地所有权和使用权关系的多样化。产权的可分割性保证了社会分工以及经济合作性生产组织的形成,有利于产生专业化比较优势以及规模经济。罗马法学家曾将使用权表述为"为了任何不违法的目的使用物的权利"。[2] 按照罗马法,"对于土地享有单纯使用权

---

[1] 叶茂:《中国历史上的要素市场与土地买卖——"中国历史上的商品经济"系列研讨会第四次会议纪要》,《中国经济史研究》,2001 年第 1 期。

[2] 《外国民法资料选编》,法律出版社 1983 年版,第 228 页。

的人视为仅有权采取其每日所需的蔬菜、果实、花卉、饲草、稻草和木材”。[1]这反映了在罗马法中，所有权和使用权相分离的观念是存在的。使用权是直接在所有物之上行使的权利，因而使用权的存在首先以占有物为前提条件。当物与所有人分离以后，所有人的使用权亦与所有权发生分离。然而，对物的使用的事实本身不能形成使用权，更不能形成所有权。在国家和法产生以前，被习惯承认的对物的占有是以对该物的长期使用为前提的；在国家和法产生以后，物的使用权甚至所有权的取得都必须依据法律的规定。土地所有权和使用权的进一步分离，反映出产权中的各项权利从集中走向分离的制度意义。

〔1〕［罗马］查士丁尼：《法学总论》，商务印书馆1989年版，第62页。

第三章 中国近代土地产权思想的演变

——以所有权制度思想为中心

第一节 土地所有权相关理论

一、马克思的土地所有权理论

土地产权理论是马克思产权理论的重要组成部分,马克思说:"地产是私有财产的第一个形式。"[1]所有权制度始于土地、房屋等不动产。土地所有权理论与制度构成早期所有权制度的核心。罗马最早的土地是部落共有的,随着公有土地被分配给个人,个人成为家族财产的独立主体。希腊城邦制度中,土地等不动产是维系社会的纽带。财产所有权是财产所有人在法律规定的范围内对其所属的财产享有占有、使用、收益、处分的权利。所有权是绝对权利,是排他性的权利,是一种完整、充分的物权。马克思认为,土地所有制决定土地所有权。土地所有制是指土地所有者独占一定量土地的经济关系,土地所有权则是指土地所有制借以表现的法律形式或法律权力。马克思指出,财产权利是由所有制所决定的,不能离开所有制来孤立地、抽象地考察财产权利。"土地所有权的前提是,一些人垄断一定量的土地,把它作为排斥其他一切人的、只服从自己个人意志的领域。"[2]"要想把所有权作为一种独立的关系、一种特殊的范畴、

[1] 马克思:《1844年经济学哲学手稿》,人民出版社2000年版,第76页。

[2] 《资本论》,第3卷,人民出版社1975年版,第695页。

一种抽象的和永恒的观念来下定义,这只能是形而上学或法学的幻想。”[1]在对财产权利有了清晰认识的基础上,马克思对土地产权的含义进行了明确的界定。土地产权是指由终极所有权及所有权衍生出来的占有权、使用权、处分权、收益权、转让权、抵押权、出租权等权能组成的权利束。当全部土地产权权能集中由一个产权主体行使时,马克思称之为完全的土地所有权;当除土地终极所有权以外的其他产权权能从土地产权内分离出来,由另一个产权主体行使时,马克思称之为经济意义上的土地所有权或事实上的土地所有权。

马克思批判地继承了罗马法中关于所有权含义的论述以及所有权主权性质的思想,将土地所有权定义在最终控制权的空间上。“土地产权权能的核心是终极所有权,其最大的特点是排他性”,这是马克思土地产权理论的核心内容。马克思从所有权与实际占有权、经济上的财产所有权与法律上的财产占有权、实际占有权与终极占有权等权利的区别和联系上,对东方专制政府的土地财产权进行了分析。他指出,某些情况下实际占有者或长期世袭占有者、私人占有者,并不是所有者。在此基础上,对基本生产单位的实际占有权和更高层的所有权也进行了区别。由于东方专制国家的存在和对基层的共同体或公社的统治,这种亚细亚土地公社中,“凌驾于所有这一切小的共同体之上的总合的统一体表现为更高的所有者或唯一的所有者,实际的公社却只不过表现为世袭的占有者。因为这种统一体是实际的所有者,并且是公共财产的真正前提”。[2] 公社财产最终归属于公社之上的专制国家,“公社的一部分剩余劳动属于最终作为个人而存在的更高的共同体,而这种剩余劳动既表现在贡赋等等的形式上……”在这里实际上指出了更高的、唯一的,即终极所有权概念,并将其和实际占有权相区分。

有效的产权制度并不意味着所有的权利束都集中于同一主体,而是恰恰相反,成功的制度安排往往表现为权利的适当分解。古典所有权将各项权能集中于同一个财产主体的所有权,具有排他性和封闭性的特征。但随着财产关系的发展,统一于一个主体的财产所有权各项权能发生了分解,不再具有封闭性的特征,客观上产生了对于同一财产的不同权利之间的关系。完全的土地所有权是指对土地完全独占性的支配权,包括对土地的占有权、使用权、收益权和处分

[1] 《马克思恩格斯全集》,第4卷,人民出版社1985年版,第180页。
[2] 《马克思恩格斯全集》,第46卷,人民出版社1985年版,第473页。

权。这些权能可以从所有权中分离出来为非所有权人所拥有，称为权能的可分解性。正是由于权能的可分解性，才形成了土地所有权和使用权关系的多样化。产权的可分割性保证了社会分工以及经济合作性生产组织的形成，从而有利于专业化比较优势以及规模经济的产生。马克思意义上的所有权的分割是指所有权由两个或两个以上的主体共同拥有。马克思关于所有权分割理论的论述中包含了这样的内容：(1)在亚细亚的土地公有制的条件下，土地所有权是可以分割的。亚细亚的土地所有权至少可以分割为更高的所有权或唯一的所有权与世袭的占有权。(2)共同体中的个人要想成为土地财产的所有者之一，是以他作为共同体的成员为前提的。

二、西方经济学家关于土地所有权与农业经济发展关系的相关研究

无论是古典经济学家还是现代经济学家，对于土地所有权理论与农业生产效率之间的关系都进行了深入的思考。亚当・斯密(Adam Smith)认为，在中世纪的欧洲，大地主土地所有权统治农村，采用奴隶式耕作制度，不利于土地的改良，阻碍农业生产的发展。长子继承法和限嗣继承法强化了大地主的土地所有权。在这种情况下，大部分已耕地和未耕地被少数大地主所吞并，而且永无再分散的可能。大地主没有激励开垦荒地，也没有激励改良耕地。“在产生这种制度的混乱时节，大地主的精力，几乎全部用来保护已有的领土，扩大自身对邻国的管辖权、支配权。他们实在没有余暇来开垦土地、改良土地。后来和平了，法制的确立，秩序的安定，虽然使他们有余暇，但他们一般没有心思耕垦土地，并且常常没有必要的财力。……他又通常感觉，与其用一年的节省来改良旧的地产，不如用来购买新的地产比较合算。”[1]美国经济学家 M. P. 托达罗(Michael P. Todro)在《经济发展与第三世界》一书中，研究了亚洲国家的农村经济发展和农民生活状况，认为是土地所有权的不平等造成了农民的贫困。托达罗说：“在大多数国家里，土地所有权不平等的结构可能是农村收入和财富分配极不平等存在的唯一最重要的决定因素。”[2]他认为，必须进行土地所有制改革，以实现发展农村经济和促进平等分配的双重目标。缪尔达尔(Karl G. Myrdal，1987)认为，大土地所有权下小农租佃制是农业落后的起因。在《亚

〔1〕 亚当・斯密：《国民财富的性质和原因的研究》(上卷)，商务印书馆 1997 年版，第 352—353 页。

〔2〕 托达罗：《经济发展与第三世界》，中国经济出版社 1992 年版，第 292 页。

洲的戏剧:对一些国家贫困问题的研究》一书中,他发现,大量土地集中在少数大土地所有者手中,农村大众以租佃方式从事小块土地经营,导致了低水平的生产率和相对较差的效益。[1] 日本经济学家早见雄次郎和美国经济学家弗农·拉坦(Yujiro Hayama & Vernon W. Ruttan,1993)研究了农村土地制度与农业生产效率的关系。他们根据对土地占有制度改革经验的评论得出的结论是:当迅速变革的技术开辟了新的生产可能性,而这种可能性又被现有的土地占有关系所制约时,土地占有形式的彻底变革将会产生最大的经济效益。因此,土地所有权与使用权统一的自耕农生产效率较高。[2] 舒尔茨(Theodore Schultz,1992)也认为,土地所有权与经营权合一的家庭农场能够推动农业的现代化。[3]

三、产权结构的效率与激励的有效性

一种产权结构是否有效率,主要视其能否为在它支配下的人们提供将外部性较大地内在化的激励。产权激励根本上就是给予个人或组织以某种形式和根据的收益权,使被授权者享有对某种行为关系或财产关系的专有收益权。在资本的财产权利关系中,收益权的核心就是对生产经营的剩余经济收益的索取权,它是进行产权激励的主要手段。产权激励的主要方式就是规定当被授权者符合一定主体资格或条件时,有权索取一定的或更多的剩余收益。诺斯认为,所有权的确立是最具激励性的,也是西方世界兴起的根本原因之一,所有权的作用就在于使私人收益率接近社会收益率。

在共有产权下,由于共同体内的每一成员都有权平均分享共同体所具有的权利,如果对使用共有权利的监察和谈判成本不为零,每一成员在最大化地追求个人价值时,由此所产生的成本就有可能有部分让共同体内的其他成员来承担。且一个共有权利的所有者也无法排斥其他人来分享他努力的果实,所有成员要达成一个最优行动的谈判成本也可能非常之高,因此,共有产权导致了很大的外部性。在国有产权下,权利是由国家所选择的代理人来行使,作为权利的使用者,由于他对资源的使用与转让以及最后成果的分配都不具有充分的权能,就使他对经济绩效和其他成员的监督的激励减低,而国家要对这些代理者

---

[1] 冈纳·缪尔达尔:《亚洲的戏剧:对一些国家贫困问题的研究》,谭力文等译,北京经济学院出版社 1992 年版。

[2] 早见雄次郎、弗农·拉坦等:《农业发展:国际前景》,吴伟东译,商务印书馆 1993 年版。

[3] 西奥多·W. 舒尔茨:《改造传统农业》,梁小民译,商务印书馆 1987 年版。

进行充分监察的费用又极其高昂,再加上行使国家权力的实体往往为了追求其政治利益而偏离利润最大化动机,因而它在选择其代理人时也具有从政治利益而非经济利益考虑的倾向,所以国有产权下的外部性也是极大的。相比之下,在私有产权下,私产所有者在作出一项行动决策时,就会考虑未来的收益和成本倾向,并选择他认为能使他的私有权利的现期价值最大化的方式来作出使用资源的安排;而且他为获取收益所产生的成本也只能由他个人来承担,因此,在共有产权和国有产权下的许多外部性就在私有产权下被内在化了,从而产生了更有效地利用资源的激励。

四、产权关系的变化及其形式

引发产权关系变化的原因有多种,主要包括所有者属性的变化、财产价格的变化、收益的占有、分配依据的改变等。[1] 所有者属性的变化是产权变动的根本形式,即剥夺所有者的财产使其变成非所有者或给予无产者财产使其成为私有者,这是产权制度变迁的革命形式。改变所有者的身份可以采用革命的手段,也可以是市场行为。对财产的占有和分配依据的安排,是产权制度的一个主要方面。财产相对价格的改变,可能是由生产交换中资源的相对稀缺关系的变化引起的,也可能是政府人为压制某些产品的价格,或人为抬高产品价格引起的。相对价格的变动,实际上能改变相关所有者在收益关系中的地位。相对价格发生变化,而且各方所有者确实能依据变化后的相对价格占有收益,那么他们的相对收益权或产权权重就发生了实际的变化。分配关系是产权关系的核心,而分配制度的根本就是对分配依据或标准的规定。可能的分配依据主要有身份、政治权力或地位、价值或生产贡献以及人的需要。历史上,重大的财产制度的变迁无不涉及对财产存量的占有制度和对财产增量的分配制度的根本调整,其中关键的就是对占有和分配依据的确定,即什么人在什么条件下如何占有和分配财产。财产权利关系的变动,不仅是财产直接当事人之间的合约关系的改变,而是财产当事人与政府、财产当事人之间的整体意志关系、行为关系或合约关系的改变。制度变迁的路径既可以是强制型的,也可以是诱致型的,不管制度变迁是通过何种方式实现的,根本上都是由各方在一定交易费用约束和效用最大化目标下的选择决定的,体现着各方的利益要求。

---

〔1〕 刘卫东:《产权的性质和原因的研究——稀缺、交易费用、价值与制度的合约性质和选择》,东北林业大学博士学位论文,2002 年,第 131 页。

第二节　传统中国社会土地制度思想在近代的演化

一、传统土地思想观念的变化

(一)对土地财富性质的认识

传统土地思想的变化首先表现在对土地特殊财富性质的认识上。[1] 中国传统观点仅把土地当作财富的来源，“有人此有土，有土此有财，有财此有用”[2]，认为土地是财富的母体。而近代之后，这一认识逐渐发生变化。康有为看到了土地的房地产价值，并指出，“夫市街宅地之抵押尤为兴起国富之要途，建筑愈多，则地价愈涨，人民坐增其富源，农工商矿亦随之而盛长，于是国富大增焉”[3]。资产阶级早期改良派人物薛福成提出了开发矿产以补农业生产不足的观点：“夫开一矿，仰食者不下数万人，或数千人。果能养数万人，是不啻得十万亩良田也；能养数千人，是不啻得一万亩良田也。当此人多田少、民穷财尽之时，安得广开诸矿，为天下多扩良田乎?”[4]除了矿地外，对荒地的开发也超出了传统观念：“香港(地区)、新加坡，五六十年前皆弃壤也。西人经营商务，每辟荒地为巨埠，而英吉利尤善能事，以英人于商务最精也……未几而学堂、教堂、医院、博物院无不毕具，又未几而电线、铁路、炮台、船坞无不毕具……”[5]

梁启超在论及土地的生产关系时分析了财富的来源，并指出：“生计家言财之所自出者有三：曰土地，曰资本，曰劳力，三者相需而货乃成。顾同一土地也，在野蛮民族之手则为石田，在文明民族之手则为奇货，其何故也？文明人能利用资本劳力以扩充之，而野蛮人不能也。”[6]这就在客观上揭示了土地作为特殊财富的性质。这些关于土地性质的论述在中国近代史上是先进的，也是不多见的。

(二)从维护、怀疑到否定封建土地制度

从鸦片战争到清王朝覆亡，近代思想家对封建土地制度的认识，经历了一

[1] 杨士泰、储永红：《中国近代土地思想发展综论》，《长白学刊》，2007年第4期。

[2] 《礼记·大学》。

[3] 《理财救国论》，《康有为政论集》(下)，中华书局1981年版，第785页。

[4] 《薛福成选集》，上海人民出版社1987年版，第430页。

[5] 《薛福成选集》，上海人民出版社1987年版，第297页。

[6] 梁启超：《新民说·论生利分利》，《饮冰室文集》(卷十三)，中华书局1989年版，第46页。

个逐步转变的过程。起初是在维护或不碰触封建土地制度的框架下讨论问题的。龚自珍提出了封建自然经济性质的农宗方案;冯桂芬则主张均赋、减赋和减租,还提出了“复宗法”的方案;胡培翚则提出吸取古代经验、恢复井田制的旧观点。[1] 而到后来,封建土地制度却成为否定的对象。历代封建统治都认为“溥天之下,莫非王土”,人民之所以能够生存“食毛践土”,应该感戴皇恩。农民起义领袖洪秀全在三篇《原道》著作中进行了充分批判,他认为天地万物都是上帝所造,在上帝主宰之下,“天父上帝人人共,天下一家自古传……何以君主私自专?”[2]洪秀全提出反对君权、提倡民权、反对阶级压迫的人人平等思想,为近代土地征收制度思想建设提供了基础。王韬则针对封建专制制度,提出了实行君民共主之制,如此就“能通上下之情,则地有余地,民有余力,闾阎自饶,盖藏库无虞匮乏矣”。[3] 梁启超主张资本主义所有制的土地制度,以发展资本主义的农业经营方式。他在《说橙》一文中描述了租地经营的资本主义农场图景,其中既有地主租入土地经营橙园的农业资本家,又有为农业资本家所雇用而领取工资的劳动者,地主则是从农业资本家处获得地租收入。梁启超在土地经营制度上主张建立近代化的大农场,实行资本主义的经营方式,实质上是对封建土地所有制的否定。孙中山反对封建土地所有制,认为地主对土地的垄断是资本主义发展的巨大障碍。他在 1905 年明确提出平均地权的纲领:“平均地权,当改良社会经济组织,核定天下地价,其现有之地价仍属原主,所有革命后社会改良进步之增价,则归于国家,为国民所共享。肇造社会的国家,俾家给人足,四海之内,无一夫不获其所。”[4]章太炎从农民的利益出发,提出改变封建土地的占有关系。他在 1902 年撰写的《定版籍》一文中,明确提出了与孙中山相似的土地见解。他特别强调均田:“田不均,虽衰定赋税,民不乐其生,终之发难,有帑廥而不足以养民也。”[5]章太炎的这一理论已不同于古代的均田制,《定版籍》的实质是要改变封建土地所有制。刘师培在 1907 年发表的《悲佃篇》对封建土地所有制的批判是深刻的。他说:“夫今之田主,均大盗也。”因此,“夺其所

---

〔1〕 梁启超:《驳某报之土地国有论》,《饮冰室合集》(之十八),中华书局 1936 年版,第 22 页。

〔2〕 洪秀全:《原道救世歌》,见中国史学会:《太平天国》(中国近代史资料丛刊)第 1 册,上海人民出版社 1957 年版。

〔3〕 王韬:《弢园文录外编》(卷七),中华书局 1959 年版,第 68 页。

〔4〕 刘键清等:《中国国民党党史》,江苏古籍出版社 1992 年版,第 50、196 页。

〔5〕 章太炎:《定版籍》,《章太炎全集》,上海人民出版社 1984 年版,第 274 页。

有，以共之于民，使人人之田均有定额，此则仁述之至大者也”。[1]

(三)财产所有权与土地私有观念的提出

财产所有权开始是一个法学概念，作为物权法“不动产”概念，最早出现于1880年出版的法国人毕利干(Anatole A. Billequin)翻译的《法国律例》一书。该书民律第544条规定，除法律规定的限制外，个人可自由处分属于自己所有的财产；第545条规定，凡不论何人，均不能勒令某人将某人之物给予于人。“然如其物实于公众之中大有裨益者亦可勒令使其给予，惟须将所给之物该值若干，存以公道之心，如数补还，以免亏累。”这反映出个人对其财产享有绝对所有权，但因“于公众之中大有裨益”时，可以强制其所有权转移，但前提条件是个人必须得到“如数”补偿。[2] 1909年，陈箓重新翻译了法国民法，对第544条用了“赔偿”一词，更加强调了个人的财产所有权，说明所有权人对于自己的物享有绝对无限制的所有权，个人利益和国家利益是对等的。此外，随着德国民法典和日本民法典也被翻译成中文，西方民法物权法中“财产权神圣不可侵犯”的观念逐渐取代了中国传统的“产权制”、“业权制”观念。

龚自珍对历史上的限田制提出不同的看法：“古岂有限田之法哉？贫富之不齐，众寡之不齐，或十伯，或千万，上古而然，……大抵视其人之德，有德此有人，有人此有土矣。天且不得而限之，王者乌得而限之？”这里初步显示了近代土地私有观念的思想。谢树阶在《约书》中强调了“富民”的思想：“治国之道，富国易，富民难；治富民易，治贫民难；……欲国富，必先令民富；欲民富，必先令民有业。然后上下相安，而无病国之事。”[3]在他看来，国家必须承担起保护富民的责任，要使民富起来，首先要让民有业，也就是有自己的田产。梁启超是一个“以维护资产阶级土地私有权为己任的有限土地国有论者”。[4] 他在反思古制并吸收西方法学理论的基础上，于1902年明确提出了土地所有权观念。他说：“土地所有权者，所有权之一种也。其性质与他之所有权无甚差异，皆以先占、劳力、节约之三者得之，而在现今之社会组织，当认为适于正义之权利者也。”[5]首先，他认为土地作为私有财产，是所有者勤劳起家的产物，也是社会

[1] 叶世昌：《近代中国经济思想史》，上海人民出版社1998年版，第277页。

[2] 王瑞庆：《学术史视野下近代中国土地征收思想的演进》，《华南农业大学学报》，2011年第4期。

[3] 钟祥财：《中国土地思想史稿》，上海社会科学院出版社1995年版，第195页。

[4] 钟祥财：《中国土地思想史稿》，上海社会科学院出版社1995年版，第269页。

[5] 梁启超：《驳某报之土地国有论》，《饮冰室合集》，中华书局1936年版。

经济发展的动力。他说,虽然“地主往往不自劳力”,但“彼其前此之所以得此土地者,未有不从劳力而来,今之所享,即其前此劳力之所储备而用之未尽者”。[1] 故地主所获得地租乃是其“勤劳所应享之报酬”,而其子孙则是享受“祖父勤劳之结果”。[2] 其次,他认为确认和保护土地私有财产权有利于推动国民经济向前发展。“盖经济之最大动机,实起于人类之利己心。……人类以有欲望之故,而种种之经济行为生焉。而所谓经济上之欲望,则使财物归于自己支配之欲望是也。……惟归于自己之支配,得自由消费之,使用之,移转之,然后对于种种经济行为,得以安固而无危险,非惟我据此权与人交涉而于我有利也,……故今日一切经济行为,殆无不以所有权为基础,而活动于其上,人人以欲获得所有权,或扩张所有权。故循经济法则以行……而不识不知之间,国民全体之富,固已增殖,此利己心之作用,而私人经济所以息息影响于国民经济也。”[3]所以,他认为私人财产制度十分重要,而土地私有权则是“财产所有权最重要的部分”,国家应当确认和保护私人土地产权。

(四)倡导西方土地经营制度和耕作技术

在近代倡导学习西方生产方式和科学技术的潮流中,冯桂芬最早提出了“机器垦殖论”。“前阅西人书,有火轮机开垦之法,用力少而成功多,荡平之后务求而得之,更佐以龙尾车等器,而后荒田无不垦,熟田无不耕。”[4]资产阶级改良派更是大力提倡机器耕作方式。王韬认为:“土地虽饶,尤赖人力。……其地旷人稀者,则借资于西国机器,以补人工之不逮。农业女红既勤且敏,则野无不足矣。”[5]薛福成通过对中外人地比例进行对照分析,对中国的人口过剩理论提出了异议。他提出机器生产的方式对于土地产出效率提高的作用,“盖西人于艺植之法,畜牧之方,农田水利之益,讲求至精,厥产已颇胜于膏腴之地”。[6] 陈炽更是对西方生产方式在土地开发利用方面的优势进行了透彻的阐述。他指出,西方诸国自“明季以后,畸人辈出,因旧迹,创新器,得新理,立新法,著新书,及水火二器之用成,而轮舟、轮车、火器、电报及各种机器之制出,由

〔1〕 梁启超:《新民说·论生利分利》,《饮冰室文集》(卷十三),中华书局1989年版。
〔2〕 梁启超:《驳某报之土地国有论》,《饮冰室合集》,中华书局1936年版。
〔3〕 梁启超:《驳某报之土地国有论》,《饮冰室合集》,中华书局1936年版。
〔4〕 《校邠庐抗议》,卷下《垦荒议》。
〔5〕 王韬:《弢园文录外编》(卷七),中华书局1959年版,第191—192页。
〔6〕 《薛福成选集》,上海人民出版社1987年版,第367页。

是推之于农，推之于矿，推之于工，推之于商，而民用丰饶，国亦大富”。[1] 在《续富国策》中，陈炽更为具体地介绍了资本主义农业土地经营方式，着重分析了英国的大农场制和法国的小农场制两种模式。陈炽没有触及资本主义土地的所有权问题，但已将资本主义农业土地经营的优越性揭示得相当完整了，诸如机械化生产、集约化经营等。[2] 郑观应对西方的农业生产方式也十分推崇，称赞其“讲农学，利水道，化瘠土为良田，使地尽其利”。[3]

二、对传统土地制度的思辨性认知

（一）对传统土地制度的回顾

近代有不少学者对于中国古代的土地制度进行了回顾、思考和分析。清末的一些知识分子在阐述自身的土地思想时，往往先对以往的田制或土地政策进行回顾。根据笔者的检索，20 世纪 20—40 年代关于土地制度史的研究著作超过 30 部，其中代表性的包括陈登元《中国土地制度》（上海商务印书馆，1932）、谢无量《中国古田制考》（商务印书馆，1933）、万国鼎《中国田制史》（商务印书馆，1934）、张霄鸣《中国历代耕地问题》（新生命书局，1932）、陈伯瀛《中国田制业考》（商务印书馆，1936）、曾资生和吴云端《中国历代土地问题述评》（建国出版社，1948）等，此外还有大量相关论文。

龚自珍在提出农宗论时，就对土地占有关系的历史起源进行了追溯。章太炎十分推崇均田制，并认为“均田一事，合于社会主义”，因其能使“贫富不甚悬殊”。他提出根据不同的土地质量确定税率的必要性，在此基础上，章太炎设计了一套均田的方案：“凡土，民有者无得旷。其非岁月所能就者，程以三年，岁输其税什二，视其物色而衰征之”；“凡露田，不亲耕者使鬻之，不雠者鬻诸有司。诸园圃，有薪木而受之祖父者，虽不亲邕，得有其园圃薪木，无得更买。池沼，如露田法。凡寡妻女子当户者，能耕，耕也；不能耕，即鬻，露田无得佣人”；“凡草莱，初辟而为露田园池者，多连阡陌，虽不躬耕，得特专利五十年，期尽而鬻之，程以十年”。[4] 刘师培在 1907 年写作了《悲佃篇》，通过对中国历代的土地制度进行评析，明确提出了否定封建土地所有制的观点。他详细考察了中国古代

---

[1] 《续富国策·自叙》。

[2] 钟祥财：《中国土地思想史稿》，上海社会科学院出版社 1995 年版，第 234 页。

[3] 《郑观应集》，上册，上海人民出版社 1982 年版，第 234 页。

[4] 《章太炎全集》，第 3 卷，上海人民出版社 1984 年版，第 275 页。

佃耕制度的源流,认为土地兼并加剧了佃农的贫困,地主和农民两个阶级正是在土地占有的变动中形成的。刘师培认为,减免地租或者推行限田都无法从根本上解决土地分配不公的现象,应该彻底推翻封建土地所有制。“土地者,一国之所共有也,一国之地当散之一国之民,今同为一国之民,乃所得之田,有多寡之殊,兼有无田有田之别,是为地权之失平。”“处今之世,非复行井田即足郅治也,必尽破贵贱之级,没豪富之田,以土地为国民所共有,斯能真合于至公。”〔1〕万国鼎在《中国田制史》上卷中分四章介绍了从上古时期到元代的田制和田赋史,他对是否存在过井田制提出了怀疑。从万国鼎的论述中可以看出,其只是将井田制作为一种土地管理方式,而不认为是一种土地制度。〔2〕陈登元《中国土地制度》、姚素昉《中国古代土地制度研究》都对中国古代土地制度的沿革进行了详细考察。〔3〕长野朗在《中国土地制度研究》中介绍了土地制度的沿革,此外,该书还对土地分配及所有权问题、土地整理、土地课税及佃农制度四个方面进行了研究。〔4〕张霄鸣结合中国历史上的农民战争讨论了中国历代的耕地问题。〔5〕谢无量对周代的土地问题发表了自己的研究见解。〔6〕林希谦研究了历史上土地所有权变迁的原因,他认为土地所有权的变迁随着人口和劳力的增加而变动,随大多数人的认可而确定,且朝着耗费最小、收益最大的方向进行。〔7〕石桦认为夏、商、周属于土地国有时代,汉代到晋代是土地私有时代,北魏到唐代是土地国有复兴时代,唐末之后属于土地私有确定的时代。〔8〕黄通将宋、金、元、明、清划分为土地私有确立的时代,并介绍了职田、公廨田、屯田的含义及用途。〔9〕坚如研究了从夏、商、周到民国各个时期的土地问题。〔10〕万国鼎特别讨论了土地私有制的起源,他说:“封建变,社会组织变,采地制不能独存,于是土地私有制应运而生,此自然之势也。”〔11〕万国鼎对均田制进行了仔细

---

〔1〕刘师培:《悲佃篇》,《民报》第15号。

〔2〕万国鼎:《中国田制史》,正中书局1934年版。

〔3〕陈登元:《中国土地制度》,上海商务印书馆1932年版;姚素昉:《中国古代土地制度研究》,上海建华书局1933年版。

〔4〕长野朗:《中国土地制度研究》,新生命书局1933年版。

〔5〕张霄鸣:《中国历代耕地问题》,新生命书局1932年版。

〔6〕谢无量:《中国古田制考》,商务印书馆1933年版。

〔7〕林希谦:《土地所有权发生的研究》,《大夏》,1934年第1卷第4期。

〔8〕石桦:《中国土地制度的观察》,《农学杂志》,1929年第5—6期。

〔9〕黄通:《中国土地制度的沿革(续)》,《学生杂志》,1930年第17卷第4期。

〔10〕坚如:《土地问题史之研究》,《精诚半月刊》,1931年第1卷第1期。

〔11〕万国鼎:《中国田制史》,上册,正中书局1934年版,第60页。

考察后认为："均田制度之设，考其动机，未可厚非，虽不能即达平等，亦可聊为之节，稍得其平。……至若虽有制度而未能尽行，或行之未久而失其效力，则亦人心贪鄙，时会所趋，势有必然，不能尽如立法者之愿耳。总之，在此时期，虽有均田制度，真能实行之时盖寡，其制亦不尽善，要亦差强人意，有法终愈于无法也。"[1]由此，均田制的失败就不可避免。

马克思主义学者们也非常注重土地制度史的研究。李大钊从平均地权的角度回顾了中国土地制度发展的历史："在中国历史上，自古迄今，不断发生平均地权的运动。关于井田制度，虽尚有人抱是否曾经实行的怀疑，然自周秦以来，为谈政者一种理想的土地制度，则确为事实；而原始经济的状态，有一个土地共有的阶段，亦确是人类生活的普遍现象。井田制的根本宗旨，乃在收天下土地为公有，而均分之于各家，使他们收益使用，是一种比较完满的土地国有、平均授与农民耕种使用的制度。中国古代，似乎经过此阶段，直至春秋战国时，土地私有制才渐次确定。"[2]对于王莽的王田制、太平天国的天朝田亩制度等，李大钊肯定了其公有的性质。马寅初对于中国历代的土地制度都进行了详细的梳理，分析了土地制度演变与社会政治、经济的内在关系。马寅初认为，土地制度问题是国家社会经济中的关键环节，在分析了历代土地制度的基础上，将该问题着眼于土地问题的解决。马寅初将孙中山提出的"平均地权"的主张引申为平均所有权和平均使用权一致的论断。他主张在维护既有土地所有权的基础上，依靠征收地价税来实现土地所有权和耕作权的平均化。这些主张与孙中山的"平均地权"的阐述是一致的，从该立场出发，马寅初认为中国共产党所实行的土地革命主张过激。[3]

（二）对井田制的讨论

近代学者们在讨论中特别关注井田制度。井田制在历史上是否存在过，长期以来有不同的看法。晚清时期的胡培翚写了《井田论》一文，从养民、教民、卫民、厚民俗的角度分析了井田制的好处，他认为井田制是治理国家的有效制度。但胡培翚并不主张全盘恢复井田制，他认为客观历史条件已发生了变化，建议遵循井田制的精神，对土地进行适当调整。

刘师培从阶级的角度分析了井田制，"若井田之制，萌于黄帝之朝，行于洪

---

〔1〕万国鼎：《中国田制史》，上册，正中书局 1934 年版，第 216 页。

〔2〕《李大钊文集》（下），《土地与农民》，人民出版社 1984 年版，第 822—824 页。

〔3〕马寅初：《中国经济改造》，商务印书馆 1935 年版。

水既平之后,贡助之法,虽于彻法稍殊,然私田而外,兼有公田,则为夏、殷、周所同。……世之论者,均以井田之法为至公,夫徒就井田之法察之,经界则正,井地则均,田有定分,税有常额,推行及民,固无彼此之差矣;然就当时之阶级言之,则有君子、野人之别,以君子治野人,即以野人养君子"。[1] 胡适在 1919 年就井田制问题和胡汉民、廖仲恺进行商榷。廖仲恺认为,井田制度"我假设它是上古民族由游牧迁移到田园、由公有移到私有当中一个过渡制度。以社会进化的程序来看,……这种井田制度不只是可能的,而且是会自然发生的"。[2] 胡适则认为,井田的均产制是战国时代的乌托邦,"井田论"是《孟子》虚造出来的,是不可能存在的。蔡和森认为,井田制是原始的共产经济,他说"所谓三代以上的'井田制'及以后模仿或梦想井田制而发生的'授田''均田''班田''限田'等制度与学说莫不为远古集产制度之遗影"。[3] 马寅初作为中国近代最为著名的经济学家之一,对土地问题进行了深入研究,撰写了多篇相关论文。他认为,近代土地制度和政策的正确设计,对土地制度史的研究非常有必要。马寅初认为井田制的可行性并不高,"吾人须知井田者,不过只是一种田制的典型而已"。[4] 万国鼎也对井田制是否存在过进行了考证,通过对井田制和采邑制的比较,他认为井田制只是古人所描绘的一种土地制度的模式,不可能真正存在过。谢无量认为,在土地私有制未确立之前,必有土地制度的存在,通过考证各种古籍史料,他认为井田制度是存在过的,但随着社会经济的发展而消亡。黎世衡认为,中国古代土地公有制类似于国家社会主义者所主张的理论,而比国家社会主义却早千百年。[5]《井田制度有无之研究》一书则集合了对井田制存在与否两大派别的观点。[6]

近代的学者之所以对中国古代土地制度的演变进行系统和深入的考察,是因为他们意识到土地问题的解决在近代中国的重要性,而只有对中国以往的土地制度进行正确的认识,才能对构建适合当时中国国情的土地制度提供可借鉴的经验。正如谢无量在《中国古田制考》一书中对于为什么要研究土地制度史

---

〔1〕 刘师培:《悲佃篇》,《民报》第 15 号。

〔2〕《答胡适论井田书》,《廖仲恺集》,中华书局 1983 年版,第 78—79 页。

〔3〕《蔡和森文集》(下),湖南人民出版社 1979 年版,第 58 页。

〔4〕 马寅初:《中国经济改造》,商务印书馆 1935 年版,第 592 页。

〔5〕 黎世衡:《中国古代公产制度考》,上海世界书局 1922 年版。

〔6〕 朱执信、胡汉民、廖仲恺、吕思勉、胡适、季融五:《井田制度有无之研究》,上海华通书局 1930 年版。

进行的如下论述,他说:“现在党治时代,平均地权的信仰,颇为普遍。……这土地问题,似乎顿形重要。我们自应考索来自土地制度发展转变的历史。”[1]万国鼎在《中国田制史》一书中也谈到考察土地制度史的重要性,“土地问题影响于国计民生至巨。……然其关系复杂,不容轻易试验,失之毫厘,则差以千里,而遗毒且及数世。故改革之先,必须明了现状,察其所以然,证以前人经验,然后慎思远虑,妥为规划,庶几弊少而利多”,“先民经验,尤不可忽。而欲明现状之造因,亦必追溯已往”。[2] 同时,对传统土地制度的思辨也从另一个角度反映出传统土地思想在近代发生的变化。

三、土地契约思想的发展

英国法学家亨利·詹姆斯·萨姆纳·梅因(Henry James Sumner Maine)曾经指出:“同以前的各个时代相比,我们的全部进步就在于从身份到契约(from status to contract),从过去流传下来的状态进到自由契约所规定的状态。”[3]传统中国社会中,契约关系在土地交易流转中普遍存在。宋代以后,契约在土地流转中的作用突飞猛进,法律中就已有相当的内容涉及相关土地权利,史称“官中条令,惟交易一事最为详尽”。[4] 尽管国家法中并没有对此作出清晰的说明,但作为习惯法重要组成部分的契约受到来自私人和国家两方面的促进,这不能不说是一种进步。明清时期,诸如土地买卖或者租佃等涉及产权变化的行为当事人一般都会去官府登记,并缴纳契税,以获得合法的承认和保护,以契约作为交易凭证的观念已经深入人心。传统中国社会中土地契约关系最突出的特点是缺乏契约自由的理念,契约行为要受到宗法家族、国家、乡邻等的限制。[5] 契约行为的主体往往不是个人,而是由家长代表的家庭。例如,《宋刑统·户婚律》中规定,“典卖指当论竞物业”;条准引《杂令》及“臣等参详”规定,“诸家长在,而子孙弟侄等不得辄以奴婢、六畜、田宅及余财物,私自质举及卖田宅”。从西周开始,国家就对民间契约行为进行管理,一个典型的反映就是文牒一类的许可证管理制度。唐代通过文牒限制土地交易。《田令》规定:

---

[1] 谢无量:《中国古田制考》,商务印书馆1933年版,第1页。

[2] 万国鼎:《中国田制史》,上册,正中书局1934年版,第1页。

[3] 恩格斯:《家庭、私有制和国家的起源》,《马克思恩格斯选集》,第4卷,人民出版社1972年版,第56页。

[4] 《袁氏世范》,卷三,《田产宜早印契割产》。

[5] 李倩:《民国时期契约制度研究》,北京大学出版社2006年版,第30、38页。

"诸卖买田,皆须经所部官司申牒,年终彼此除附。若无文牒辄卖买,财没不追,地还本主。"[1]宋代对土地交易的限制有所放松,却加强了对土地买卖的管理,例如红契制、严格典卖制等。此外,传统中国社会土地交易中普遍存在的亲邻先买权限制了契约主体选择契约相对人的自由,对契约自由原则是一种限制。杨国桢认为,中国封建社会的土地所有权不是完全的、自由的土地所有权,"直到1840年中英鸦片战争之前,中国封建土地所有权实现向完全的、自由的土地所有权转变,还有一段很长的距离"。[2]

近代随着工业化、城市化、商品经济的发展以及西学的不断引进,传统的契约观念和契约制度发生了很大的变化,最显著的特征是对于私人所有权的尊重。所有权的"至高无上"是商品经济发展的必然要求,它伴随着资产阶级启蒙思想中的"天赋人权"理论而产生。启蒙思想家认为,人类在进入文明社会之前处于一种自然状态,人人享有生命、自由、平等、财产等自然权利,但由于自然状态下人的权利没有保障,因此人类的理性促使人们联合起来,通过转让一部分自然权利的方式订立社会契约,从而过渡到文明社会。国家应该保障人的自然权利,否则人民有权重建政府。《人权宣言》和《独立宣言》都以"天赋人权"作为革命号角。"天赋人权"的观念在资产阶级革命胜利后,被资产阶级以法典的形式确定下来。而"所有权神圣原则"也由此成为近代民法的根本原则,被赋予特别的法律地位。"所有权神圣原则"是近代契约制度得以建立的前提。只有私人所有权受到法律的保护时,交易才会大量进行,才会进一步推动契约制度的发展。[3]《大清民律草案》对于私有权的神圣原则进行了初步肯定,第三编"物权"第983条规定:"所有人于法令限制之内,自由使用、收益、处分其所有物。"第980条规定:"所有人于其所有物,得排除他人之干涉。"南京临时政府成立后,私有权神圣原则被写入《临时约法》,更有一系列政府法令予以维护。《临时约法》第6条规定:"人民有保有财产及营业之自由。"1912年颁布的《内务部通饬保护人民财产令》规定:"凡人民财产房屋,除经正式裁判宣告充公者外,勿得擅自查封。"土地交易中实行契约自由原则,国家的作用在于致力于提供保护并规范行为,致力于保护所有人的契约自由,只有在契约违反了法律和公共秩序

---

〔1〕《唐令拾遗·田令》开元二十五年令,引自仁井田升:《唐令拾遗》,长春出版社1989年版,第561页。

〔2〕杨国桢:《明清土地契约文书研究》,人民出版社1988年版,第17页。

〔3〕李倩:《民国时期契约制度研究》,北京大学出版社2005年版,第11页。

时，国家才对契约进行干预。

第三节 近代学术界对土地问题的研究和讨论

作为一个转型社会，土地问题在近代中国具有特殊的重要意义。无论是晚清还是民国时期的学术界和理论界，都对土地问题展开了大量的研究和讨论，内容涉及土地制度、土地政策、土地史等。这些研究中，既有对中国这样一个长时期处于传统社会的国家中土地问题重要性的强调，也有对中国在近代变革时期存在的土地问题的审视，还有从更为宽广的视角将国外土地制度纳入学习和借鉴的范畴。

一、土地问题在近代中国的重要性

关于土地问题在近代中国的严峻性与重要性，民国时期的许多学者进行了讨论，分别从不同的角度提出了自己的见解。作为"中国与国际"丛书中的一种，《中国土地问题纲要》的作者黄灿在书中首先分析了中国土地制度的变迁史，然后从土地分配、土地所有权、地主和佃农的关系、土地集中等方面对土地问题进行了考察。[1] 章渊若的《中国土地问题》将土地利用与土地分配并重，分"土地与人生"、"土地生产"、"土地分配"三编进行了论述。其中，开篇即对土地问题的重要意义进行了阐述，第三编第十四节专门论述了土地分配与近代中国的社会问题。[2] 向乃祺在考察了中国土地制度发展的历史以及各国土地制度和土地改革的基础上，对中国近代土地问题的重要性进行了论述。[3] 王效文、陈传钢认为中国的土地问题具有一定的严重性和特殊性，同时对土地问题的研究也存在一定的困难，中国土地的现状是不容乐观的，故该问题亟待解决。[4] 黄公安在《中国土地问题》一书中从农地问题和市地问题两个方面论述了中国近代土地问题的严重性。[5] 吴文晖认为，中国的土地问题包括耕地不足、土地分配不均和土地使用分散三个方面内容。[6] 黄通认为，"中国正在产

---

〔1〕 黄灿：《中国土地问题纲要》，上海青年协会书局1934年版。
〔2〕 章渊若：《中国土地问题》，上海泰东书局1930年版。
〔3〕 向乃祺：《土地问题》，北平：宣内槐抱椿树庵1931年版。
〔4〕 王效文、陈传钢：《中国土地问题》，商务印书馆1937年版。
〔5〕 黄公安：《中国土地问题》，民族文化出版社1941年版。
〔6〕 吴文晖：《现代中国土地问题之探究》，《新社会科学》，1935年第4期。

业革命过程之中,经济基础,犹建筑在农业之上;社会结构,亦尚以农村为最大支柱。农业衰落和农村崩溃,真正是治乱存亡的关键”,“农村复兴,其道多端,就中以土地问题,尤为紧要。……土地既为农业基础,所以要整理农业的组织,首宜改善土地制度”。可见,许多学者认识到,在中国从传统向现代转型的时期,土地问题具有特殊的重要意义。

二、土地问题的解决方案

(一)解决土地问题的不同视角

关于如何解决中国的土地问题,民国学者提出了各种解决方案,包括从地权分配、耕作技术、土地经营制度、税收制度等各种角度的探索。向乃祺在《土地问题》一书中提出“均田”的主张。[1] 杨开道认为,解决中国土地问题的对策可以从减少农民数量、扩张耕地面积等方面入手。[2] 邹枋认为,中国土地经济存在六个特性,即分配的贫弱性、帝国主义的压抑性、依靠外国支持的仰给性、土地经济租税的剥削性、演进的家族性、土地经济利用的粗糙性。此外,他还论述了土地经济的开展和改造等问题。[3] 姜凤文则认为,限田、收买、没收、开垦是解决土地问题的方法。[4] 曾济宽认为,土地收益如果是增进生产而获得的,则为私有,不劳而获的则为公有。此为解决土地问题的基础。[5] 阎伯伦在系统分析了中国近代的粮食进出口问题、农民生活水平、农民谋生方式的基础上,指出了农村经济衰败的原因,提出了包括整理土地、改良农业经营方法、使用机械、提高农民教育等在内发展土地生产力方面的主张。[6] 吴尚鹰则主张解决土地问题、实现平均地权要依赖土地法。[7] 还有学者认为,土地问题解决的标准是,耕而无田的能买到土地,有田而不耕者能卖出土地。[8] 曹慎修认为,土地问题与经济、人口问题都有莫大的关系,也关系到社会的稳定。古代中国存在过公有和私有两种土地制度,时至近代土地问题造成了社会的凋敝。针对土

---

〔1〕 向乃祺:《土地问题》,北平:宣内槐抱椿树庵1931年版。
〔2〕 杨开道:《中国农业土地问题对策(上)》,《地政通讯》,1948年第3卷第9期,第5—8页。
〔3〕 邹枋:《土地经济学》,黎明书局1930年版。
〔4〕 姜凤文:《中国土地问题研究》,《国立劳动大学月刊》,1930年第1卷第4期。
〔5〕 曾济宽:《中国土地问题及其解决方法》,《地政月刊》,1933年第1卷第1—6期。
〔6〕 阎伯伦:《民生主义中之土地问题(中):发展土地之生产力——地尽其力》,《三民半月刊》,1930年第5卷第1—2期。
〔7〕 吴尚鹰:《土地问题与土地法(续)》,《中国法学杂志》,1930年第1卷第3期。
〔8〕 董云峰:《土地公有与私有》,《新陕西》,1931年第1卷第6期。

地问题，历史上各个学派都提出过自己的意见，各个国家也有过各种对策，而对于近代中国，解决土地问题的办法是实现耕者有其田。[1] 蒋杰主张土地问题的解决要：数量上开垦荒地，收复被列强占有的失地；质量上改良土壤；提高利用程度，且政府、农民、学者一起努力。[2] 也有观点认为，鉴于中国土地问题的严重性和复杂性，只有通过土地革命才能得到解决。如邓演达认为，土地问题是一个非常严重的问题，解决土地问题要用革命的手段。[3] 中国的土地问题有不同于国外的特性，因此中国的农民运动要适宜地采取符合中国国情的策略，在平均地权、土地社会化、耕者有其田的不同时期进行不同的农民运动。[4] 鲍罗庭认为解决土地问题要建立农民政权，实现地方自治；达哈诺夫建议实行耕者有其田；陈独秀则认为首先要实现农村自治，其次要制定土地改良法案。[5]

总体而言，近代的学者和思想家十分重视土地问题在中国近代化转型过程中的重要性，对地权分配和土地制度进行了认真的审视，并且从多种视角提出了解决土地问题的方案和设想。需要肯定的是，许多近代学者并未将土地问题看成是孤立的，而是认为土地问题是与中国当时的发展阶段、所处的国际环境以及不稳定的政治状态联系在一起的系统性问题的一个环节，土地问题与政治、经济、人口问题密不可分。部分学者进一步认识到，土地问题的解决要适应中国国情，通过农民运动建立农民政权，进而实现土地革命。这一思想的提出，既与传统中国农民拥有土地的愿望以及对土地的“均”、“平”要求具有继承关系，同时也受到孙中山“平均地权”思想的影响。孙中山试图通过和平手段和渐进程序将地主土地收买为国有，但是由于“其所主张的实现其激进土地纲领的方法却是改良主义的，因而也使其土地纲领很难实现”。[6]

（二）“平均地权”的实现思路和具体设想

对于孙中山提出的“平均地权”的方案，民国时期的许多学者持赞同意见，在学理上进行了肯定的论证，并且认为土地私有会导致社会阶级分化、生产力

[1] 曹慎修：《中国土地问题之研究》，上海华通书局1932年版。

[2] 蒋杰：《中国农业问题及其解决方法》，《农林汇刊》，1934年第4期。

[3] 邓演达：《土地问题的各个方面》，《中国农民》，1927年第2卷第1期。

[4] 阎伯伦：《民生主义中之土地问题(下)：土地问题与农民运动》，《三民半月刊》，1930年第5卷第1—2期。

[5] 陈独秀、鲍罗庭等：《怎样解决土地问题》，《中国农民》，1927年第2卷第1期。

[6] 王稼祥：《关于三民主义与共产主义》，《解放》，1939年第86期。

阻碍等一系列弊端。孙中山"平均地权"思想的支持者们认识到"平均地权"的施行需要相应的条件和制度配合,包括土地产权的明晰,因此他们提出了一些具体的设想和办法。

阎伯伦在分析了中国土地问题现状的基础上,认为实现平均地权的方法有地价税法、土地征收法、限田法三种。[1] 黄通在《土地问题》中认为,土地问题至少可以分为土地生产和分配两个问题,在研究了欧洲和中国土地制度变迁的基础上,他指出平均地权是实现民生主义的关键,并结合孙中山的一些言论提出了平均地权的具体办法。[2] 黄通认为,当时中国"土地关系的改善,并非单纯的地租之分配;而在于为产生地租之基础的地权之平均"。[3] 曾济宽将中国的土地问题归咎于社会制度问题,而解决土地问题的方法是采取平均地权的方法。[4] 亚光在研究了国民党解决土地问题的方案之后,指出国民党解决土地问题的方案是平均地权,平均地权方案在准备工作上要清查户口、登记测量土地,政策上包括收买过限土地、垦荒、扶持自耕农,最终的目的要达到耕者有其田和地主阶级的消灭。[5] 刘壮武、李安陆、童耀庭认为,近代中国面临的最严重的土地问题是土地集中,他们提出的解决方法同样是平均地权。[6] 蓝名诂则列举了耕者有其田的优点和平均地权的原则。[7] 彭莲棠认为实施平均地权的原则是:要有大规模的照价收买计划,切实帮助佃农转化为自耕农,规定以后农业经营方式的合作化。[8]

马寅初作为民国时期中国最为著名的经济学家之一,对于土地问题给予了高度关注,相继发表了《平均地权》、《浙江之两税制》、《〈浙江省田赋一览表〉缘起》、《中国租佃制度之研究》、《中国田赋制度之现状》、《农村经济与家庭观念之关系》、《中国家族观念影响于农村经济有根本救济之计划否》、《田赋改革之必

---

[1] 阎伯伦:《民生主义中之土地问题(上):平均地权之所有权——平均地权》,《三民半月刊》,1930 年第 5 卷第 1—2 期。

[2] 黄通:《土地问题》,中华书局 1930 年版。

[3] 黄通:《目前中国土地问题的重心》,《地政月刊》,1934 年第 2 卷第 1 期。

[4] 曾济宽:《中国土地问题及其解决方法》,《新声》,1930 年第 13—14 期。

[5] 亚光:《中国土地问题的研究》,《东省经济月刊》,1929 年第 5 卷第 9 期。

[6] 刘壮武:《中国现行土地制度之改造》,《存诚月刊》,1934 年第 1 卷第 2 期;李安陆:《由中国土地私有制的弊害谈到平均地权的实行》,《农村合作》,1935 年第 1 卷第 3 期;童耀庭:《中国土地问题之解决》,《农村经济》,1936 年第 3 卷第 12 期。

[7] 蓝名诂:《中国土地问题的演变及其解决》,《国闻周报》,1936 年第 13 卷第 28 期。

[8] 彭莲棠:《现代各种土地政策及学说与平均地权》,《人与地》,1943 年第 3 卷第 11—12 期。

要》、《怎样去平均地权》、《浙江之田赋》等多篇涉及土地问题各方面的论文。马寅初认为，要解决土地问题，就应该平均地权。他以孙中山的“平均地权”为立论基础，而且将“平均地权”之含义说得更明确：“平均地权，为中山先生之主张，即平均土地所有权之义。”为什么要平均地权呢？他说：“地与他物性质不同，他物皆可以人为，如绸缎、布匹等，为劳力之所出，纺织染色之后，便可制衣，而地则不然，地为天赋之物，非人力所能为。”[1]他又说：“土地既为田赋之物，人皆得而享受。”[2]在马寅初看来，平均地权一方面能消除大地主不劳而获的危害，另一方面则有利于促进农业生产力的发展。在平均地权的方法上，马寅初认为：“平均地权，仅可采和平之法，不如用中山先生之遗产税法及所得税法较为合宜。”马寅初的主要思路是，在认可既有土地财产权的前提下，对所有权及其承担的田赋进行合法登记、确认，在产权及责任明晰之后，再进一步实施现代市场体制中的土地流转，这一思路实际上为后来《土地法》进行了前期的探索。因此，他提出通过全国统一之新《土地法》的出台与实施，按《土地登记法》、《土地征收法》、《土地税法》、《土地使用法》重新整理土地，实现“平均地权”、“耕者有其田”的目标。在土地尚未厘清的情况下，可先进行田赋整理。马寅初精心设计了《整理田赋办法大纲》，共十二则：换发互联式省印之粮户户折；各县新户折分别编列字号；换折限六个月完成；填明姓名、位址、村庄、地点、亩分等项；提供关于产权之一切证据；不收取丝毫手续费；得新户折即吊销旧户折；新户折得到法律保护；存根由各县政府有关部门保存；新粮户册即于此产生；征粮造册，即以新粮册为依据；所需费用以催追旧欠田赋充之。[3] 马寅初主张征收土地增价税，他认为：“倘是地价之增涨率甚速，价目相距太高，先是值一万二千七百八十三元的，不到五年，竟涨到三万元。那么这里面必定不是全由人工、资本经营而得的，其中必有大部分是完全由于社会的进化所致。地主不劳而获的，非正当的，甚或有炒地皮的，课以重税，使一部分增益归公，是应当的。”[4]这一时期的讨论，实际上为国民党自 20 世纪 30 年代开始的一系列土地立法奠定了先期的准备。

---

〔1〕 马寅初：《平均地权》，《马寅初讲演集》，第四集，商务印书馆 1928 年版，第 224 页。
〔2〕 马寅初：《平均地权》，《马寅初讲演集》，第四集，商务印书馆 1928 年版，第 224 页。
〔3〕 马寅初：《浙江之田赋》，《马寅初全集》，第 6 卷，浙江人民出版社 1999 年版，第 329－330 页。
〔4〕 马寅初：《土地增价税》，《商业杂志》，1930 年第 5 卷第 1 期。

三、对国外土地制度的介绍和评析

近代学者对于西方的土地制度进行了系统深入的考察,并通过论文、著作等形式向国内进行了介绍,有的学者还进行了较为深入的分析。

资产阶级改良派思想家陈炽介绍了西方的土地经营制度,着重分析了英国的大农场制度和法国的小农场制度,介绍了西方土地经营和农业生产的先进之处,认为中国在土地经营上应该采用先进的技术和机器,同时使大地主转化为农业资本家。康有为也曾介绍西方的土地经营制度和耕作之法,提出要学习西方进行土地开发的观点。他认为,传统的小农自然经济已经不适应近代社会经济发展的需要,应采用大机器耕作的方法。章锡琛翻译了日本《新日本杂志》中的《英国今日之土地问题》一文。该文开宗明义地指出,在英国诸多问题逐一解决的情况下,由人地比率低、农业衰退、地权纠纷导致的土地问题难以解决显得尤其突出,也是英国政界波澜的中心点。[1] 李达对西欧封建土地制度进行了比较系统的论述,特别介绍了西欧封建社会的土地所有制。他指出:“土地所有,是封建领主和地主——农民的剥削者——的支配之基础。”[2]在分析了西欧封建社会土地占有和农民生活状况的基础上,李达认为,西欧“政治权力的等级制度,同土地所有权的等级制度是相适应的”。封建土地所有制的本质特征是,“农民被当作土地附属物而被拘束于土地,这是封建剥削的源泉;而分配土地于农民,这是地主取得劳动力的手段”。[3] 李达还认为,中国社会落后的四大根源中,土地因素居于第二位。“中国封建的土地关系,与欧洲封建土地关系不同。中国在周代之时,土地归大小领主所分领,这与欧洲的封建时代相仿佛。但入秦以后,土地可由人民自由买卖,出现了民间地主。在民间地主之上,更有大领主的国王。这在欧洲,只有在封建制度解体之时,土地所有权才由领主移归民间,而领主就随着没落,这是与中国的封建土地关系不同之点。”[4]邹枋在《欧洲土地均权的新趋势》一文中指出,欧洲土地均权的趋势有三种,即以捷克斯洛伐克为代表的直接土地均权、以丹麦为代表的适中维持土地的均权、以德国为代表的间接维持土地的均权,我国土地改革应借鉴的是捷克斯洛伐克、丹

---

〔1〕 章锡琛:《英国今日之土地问题》,《东方杂志》,1914 年第 10 卷第 10 期,第 13—20 页。

〔2〕 李达:《社会进化史 · 西欧的封建社会》,《李达文集》,第 1 卷,人民出版社 1980 年版,第 670 页。

〔3〕 李达:《经济学大纲》,《李达文集》,第 1 卷,人民出版社 1980 年版,第 672 页。

〔4〕 李达:《中国社会发展迟滞的原因》,《李达文集》,第 1 卷,人民出版社 1980 年版,第 706 页。

麦、德国的优点，以压制大地主、维持自耕农、开垦荒地为目的。[1] 黄通在考察了西欧各国的土地国有运动的基础上，指出土地私有制度是经过历史演变而来的，具体到土地私有制度，有优点，也有缺点。解决土地私有缺点的主张之一就是土地国有，但是，土地国有应与社会主义加以区分。英国的土地兼并最为严重，故土地国有运动在英国最为激烈。英国的土地国有论以斯密、奥利弗等人为代表，但是他们思想中空想的成分太多，真正称得上土地改革运动先驱的是约翰·穆勒，李嘉图则将该运动上升为理论，真正提出彻底土地改革的是华莱士，而乔治·亨利在李嘉图的地租理论之上提出，社会之所以贫困是因为土地私有，解决社会问题，只能实行土地国有，反对土地私有。欧战以后，土地国有论重新抬头，却成为拥护土地既得权的理论。德国的土地国有论以废止土地私有和地租私有为目的，土地运动的主要目标专注于都市土地，改革的要点在于课税政策。新西兰的土地国有较私有多，故新西兰的土地国有政策倾向于土地国有的维持和扩张。[2] 张觉人对第一次世界大战之后苏俄、罗马尼亚、德国、奥国、捷克实行的不同土地政策进行了介绍。[3] 曾济宽在《土地制度之一般的考察》中，介绍了中国历代的土地制度变迁、外国经济学者对土地制度问题的看法、德国和保加利亚改革土地制度的实例。[4] 万国鼎在考察了中外土地制度沿革的基础上，认为虽然中外土地制度演变的历史各不相同，但是土地都趋向于集中，而改革的目标都是使土地分配平均。[5]

四、对土地政策的评析

对于当时中国土地政策的制定原则及已有土地政策的评价是 20 世纪 30—40 年代关注的重点之一。在不同的时期都有大量的著作和论文讨论土地政策。朱子爽《中国国民党的土地政策》、黄通《民生主义的土地政策》、萧铮《平均地权与土地改革》、萧明新《土地政策述要》、潘楚基《中国土地政策》等都是代表性的著作。

严仲达《耕者有其田》一书分中国现代土地制度之危机、土地制度之沿革、

---

〔1〕 邹枋：《欧洲土地均权的新趋势》，《商学期刊》，1929 年第 6 期，第 53—64 页。
〔2〕 黄通：《土地国有运动概观》，《地政月刊》，1933 年第 1 卷第 7—12 期。
〔3〕 张觉人：《土地问题的理论与实践研究（续一）》，《中国经济》，1934 年第 1 卷第 7 期。
〔4〕 曾济宽：《土地制度之一般的考察》，《新声》，1930 年第 6 期。
〔5〕 万国鼎：《中外土地制度沿革鸟瞰》，《大陆》，1932 年第 1 卷第 5 期。

土地制度在中国历史上之经过、耕者要有其田共四章对当时的土地政策做了介绍。[1] 殷震夏《中国土地新方案》在上编中介绍了各国土地现状、我国土地沿革、土地私有的弊病,下编详述了中国土地改革方案、赋税的整理、农村经济的补救、移民屯垦等,并在卷末附录附有国民政府土地法等条例。[2] 潘楚基《中国土地政策》概述了中国的土地问题,介绍各国的土地政策,包括我国历史上和现行的土地政策。[3] 解树民提出,只有实行民生主义的土地政策才能使土地问题得以解决。[4] 李庆麟认为,在制定土地政策之前,要有民生统计和土地统计资料作为根据。[5] 庞威远对于国民党、共产党、社会民主党、中国青年党不同的土地政策都进行了评价。[6] 有学者将中国国民党的土地政策分为三个阶段:孙中山的"平均地权、耕者有其田"是其政策理想;"二五减租"是打了折扣的理论;对共产党占领地区的土地整理则是与"平均地权、耕者有其田"相矛盾。[7] 黄通认为,国民党土地政策的理想是民生主义。[8]

对于抗战时期中国应该实行怎样的土地政策,学者们也提出了一些原则和建议。薛暮桥认为,战时土地政策的内容应包括奖励农民开垦荒地、没收汉奸和贪污的土地分给农民、实行土地法令规定的减租政策、耕者有其田的已定政策要实行。[9] 张迟认为,战时的土地政策要有利于团结农民。曹茂良对战时农村和城市应实行的土地政策做了介绍。[10] 漆琪生认为,战时土地政策的目的是适应抗战需要、注重农民利益、改善农村机构、稳定农村秩序、增加农业生产、执行"耕者有其田"的政策、建立计划经济和集体经济的机制,并分别介绍了后方和战区的不同土地政策原则。[11] 朱剑农认为,沦陷区、大后方、收复区面临着不同的土地问题,故要实行有区别的土地政策。[12]

抗日战争结束后,学者们不仅对战后土地政策的制定进行了讨论和构想,

---

[1] 严仲达:《耕者有其田》,上海民智书局 1928 年版。
[2] 殷震夏:《中国土地新方案》,正中书局 1934 年版。
[3] 潘楚基:《中国土地政策》,上海黎明书局 1930 年版。
[4] 解树民:《论中国土地问题与土地政策》,《社会科学》,1945 年第 1 卷第 2—3 期。
[5] 李庆麟:《中国目前之土地政策》,《地政月刊》,1935 年第 19 卷第 38 期。
[6] 庞威远:《中国各党派土地政策之评述》,《众志月刊》,1934 年第 1 卷第 4 期。
[7] 李树青:《中国国民党的土地理论与现行土地政策》,《民族》,1937 年第 5 卷第 1—6 期。
[8] 黄通:《民生史观与土地政策》,《地政月刊》,1936 年第 4 卷第 4—6 期。
[9] 薛暮桥:《抗战时期的土地政策》,《时事类编》,1938 年第 15 期。
[10] 曹茂良:《战时土地问题及其对策》,《黄埔》,1939 年第 3 卷第 11 期。
[11] 漆琪生:《中国战时农业土地政策的基本原则》,《时代精神》,1939 年第 1 卷第 5 期。
[12] 朱剑农:《论战时土地问题》,《中国农民》,1942 年第 1 卷第 2—3 期。

同时还对以往的土地政策进行了回顾与反思，对国共两党不同的土地政策及其效果进行了评价。为了给战后土地政策提供借鉴，翟克总结了分别在不同时期颁布的《战时土地政策纲要》、《土地政策纲领》、《农民政策纲领》中体现的土地政策。[1] 陶因认为，如果战后采取土地国有政策则土地的分割与兼并可以消除，采用合作农场政策则可以较快赶上农业先进国，采用和平渐进的土地政策则可以缓和地主的反抗。[2] 葛罗物对比了共产党和国民党的土地政策，他认为国民党的土地政策是温和的、适合中国国情的，但是国民党没有改革土地制度的切实计划和步骤，故对于解决中国近代的土地问题是无效的。[3] 学者们都认识到，土地政策的制定和土地政策的实施存在脱节的情况，土地政策的积极实施才是解决土地问题的根本。[4] 华钢认为解放区土地政策的效果是：减轻了农民的负担，提高了农业生产力，减少了贫民，增加了生产的积极性。[5] 孙剑锋认为，国民党在 1930 年公布的土地法并未真正实行过，共产党的分田办法因缺少土地测量和登记，所以谈不上公平、平均，为了恢复生产力，应实行土地"长子继承制"。[6] 对于中国共产党主要的土地政策文件《中国土地法大纲》，镜微认为其颁布标志着中国共产党结束了土地革命时期的"二五减租"政策，重新定位以社会主义为目标的土地政策。[7] 许涤新认为，中共的土地政策经历了土地革命时期没收地主土地、抗战时期减租减息，日本投降以后则从清算退租到平分土地，而新时期的《中国土地法大纲》则是实现孙中山"耕者有其田"的最有效纲领。[8]

第四节　土地所有权与土地所有制思想

一、革命派和改良派关于土地所有制的论战

1905—1907 年，以孙中山为代表的资产阶级革命派和以康有为、梁启超为

---

[1] 翟克：《中国土地政策问题》，《中国建设》，1946 年第 2 卷第 5 期。
[2] 陶因：《战后我国土地政策之商榷》，《中国农民》，1944 年第 4 卷第 4 期。
[3] 葛罗物：《评国共两党的土地政策》，《中坚》，1946 年第 2 卷第 2 期。
[4] 汤惠荪：《土地政策与农民问题》，《地政通讯》，1947 年第 16 期。
[5] 华钢：《现阶段中国土地问题的特征与解放区土地改革的经验》，《群众》，1946 年第 13 卷第 6 期。
[6] 孙剑锋：《论长子土地继承制与我国农业改进》，《农业推广简讯》，1946 年第 8 卷第 9 期。
[7] 镜微：《评中共对土地政策的转变》，《新声》，1948 年第 2 卷第 12 期。
[8] 许涤新：《中共土地政策之史的发展》，《理论与现实丛刊》，1948 年第 2 期。

代表的资产阶级改良派在思想理论战线上展开了一场革命与改良的大辩论。论战的一项主要内容是要不要改变封建土地制度,实行“平均地权”。以康有为为代表的资产阶级改良派反对“平均地权”,理由是中国的封建经济制度与欧洲不同,既无贵族压制,土地又极为平均,而且“赋税极轻”,即使将来工业发展了,也不会造成欧美那样“贫富相悬”的社会现象,因此进行“社会革命”是完全不必要的。同时又说地主占有大量土地,都是由“劳动”或“节约”而来;社会经济的发展,“实起于人类之利已心”,私有财产制度的存在,在历史上有其必然性,不能蔑弃,是现社会一切文明之源泉;实行“平均地权”、“土地国有”,就是“掠夺人民勤劳之结果”,打击人们从事生产的积极性,“推翻现社会之根柢”。王韬从政治制度上思考中国土地问题,针对过去之专制制度,提出了实行君民共主之制,如此就“能通上下之情,则地有余地,民有余力,闾阎自饶,盖藏库无虞匮乏矣”。〔1〕康有为在《大同书》中表达了土地公有的主张,“农不行大同则不能均产而有饥民”。他认为,中国传统的小农自然经济模式已不适应近代社会发展的需要,他对传统的田制理论进行了批判,认为以往田制“盖许人民买卖私产,既各有私产,则贫富不齐,终无由均”。〔2〕要做到土地公有,首先要去私产,农田归公,废除婚姻制度,取消家庭与家族关系,建立社会保障体系,儿童由社会抚养和教育,丧失劳动能力的老人由养老院赡养。“欲致大同,必去人之私产而后可,凡农工商之业皆归之公,举天下之田地皆为公有,人无得私有而买卖之。”康有为还对土地公有制具体的组织形式进行了设计,“政府立农部而总天下之农田,各度界小政府皆立农曹而分掌之,数十里皆立农局,数里立农分局,皆置吏以司之”。〔3〕此外,他还指出土地私有制下存在生产失衡的弊端,只有土地公有才能从根本上避免农业生产的无政府状态及造成的财富浪费现象。康有为对土地私有制的批判达到了一定的深度,但是他设计的土地公有制度在当时农业生产力水平下是不可能实现的,具有空想的性质。

革命派对改良派的观点进行了回击,并且将解决土地问题作为发动群众的号召,他们指出,“社会革命”的原因,是社会经济组织的不完全、是“放任竞争绝对承认私有财产制”造成贫富悬隔所引起的。从中国的具体状况来看,对私有制“加之制限与为相对的承认”是非常必要的。个别革命派指出,中国的社会经

〔1〕 王韬:《弢田文录外编》,卷3,中华书局1959年版,第68页。
〔2〕《大同书·去产界公生业·公农》。
〔3〕《大同书·去产界公生业·公农》。

济制度并非完美无缺，而是弊病百出，其主要表现是土地集中于少数人之手，由此才造成人民的极端贫困。同时认为，“土地者，一国之所共有也，一国之地当散之一国之民”，否则就必然造成“地权之失平”以及“人权之失平”，所以“必尽破贵贱之级，没豪富之田，以土地为国民所共有，斯能真合于至公”。此外，进一步指出，中国既然存在着这种不平等的制度，一旦采取大机器生产，就一定会产生西方资本主义国家那种“富者资本骤增，贫者日填沟壑”的现象。为预防这种弊病的产生，就必须在进行民族革命、政治革命的同时，实行社会革命，具体办法是消除私人对土地的占有，把土地收归国有。章太炎主张进行均田，“田不均，虽衰定赋税，民不乐其生，终之发难，有帑廥而不足以养民也”。[1] 他曾撰写《定版籍》一文，明确提出均田的主张和具体办法。首先，他认为应该根据不同土质确定土地税率，以此作为均田的前提和方法。其次，他还设计了一套均田方案。“凡土，民有者无得旷，其非岁月所能就者，程以三年，岁输其税什二，视其物色而衰征之”；“凡露田，不亲耕者使鬻之，不雠者鬻诸有司。诸园圃，有薪木而受之祖父者，虽不亲邕，得有其园圃薪木，无得更买。池沼，如露田法。凡寡妻女子当户者，能耕，耕也；不能耕，即鬻，露田无得佣人”；“凡草莱，初辟而为露田园池者，多连阡陌，虽不躬耕，得特专利五十年，期尽而鬻之，程以十年”；“凡诸坑冶，非躬能开浚硩采者，其多寡阔狭，得恣有之，不以露田园池为比”。[2] 这一理论已不同于古时之均田制，他的《定版籍》的实质是要改变封建土地占有关系，建立既保护私权又能“均田”的土地制度。秦力山主张“不问男女，年过有公民权者，皆可得一有制限之地，以为耕牧或营制造业”。在陶成章起草的《龙华会章程》中明确提出，“要把田地改作大家公有财产，也不准富豪们霸占；使得我们四万万同胞，并四万万同胞的子孙，不生出贫富的阶级，大家安安稳稳享福有饭吃”。龚春台发布《中华革命军起义檄文》称，“社会问题，尤当研究新法，使地权与民平均，不至富者愈富，成不平等之社会”。冯自由在《民生主义与中国政治革命之前途》中表明，民生主义和土地国有是建设新政府唯一的行政方针。刘师培的《悲佃篇》说，“土地者，一国之所共有也，一国之地当散之一国之民”，然而现在土地分布却“有多寡之殊，兼有无田有田之别，是为地权

---

〔1〕 章太炎：《訄书·定版籍第四十二》，《章太炎全集》，第3卷，上海人民出版社1984年版，第274页。

〔2〕 章太炎：《訄书·定版籍第四十二》，《章太炎全集》，第3卷，上海人民出版社1984年版，第275页。

之失平……非复行井田即足郅治也，必尽破贵贱之级，没豪富之田，以土地为国民所共有，斯能真合于至公。……以共之于民，使人人之田均有定额，此则仁术之至大者也”。[1] 革命派纷纷表达了地权不均的土地改革要求，并提出了各自的解决方案。

事实上，革命派发表的许多文章是在孙中山的指导下写成的，其基本思想是对孙中山思想的继承，对于平均地权的讨论中都谈到农民土地问题的解决，可以说是“耕者有其田”思想的早期体现。

二、民国时期对土地所有权及所有权制度的认识和讨论

（一）对于土地所有权形态的总结

为了对土地所有权制度的选择进行论证，民国时期的学者们对中国历史上及国外的土地所有权形态进行了梳理和总结。钱俊瑞在题为《土地所有的形态》一文中分别介绍了氏族共有、封建的土地所有、资本主义国家所有的不同土地所有形式。[2] 梁以安认为，近代中国土地存在三种所有制形态，即私有土地、公有土地、国有土地。[3] 潘楚基介绍了国外学者对于土地所有权的认识[4]，从西方的发展道路来看，土地问题的解决基本上是依靠了权利制度的界定，土地私有的观念被广泛接受。18 世纪法国重农主义经济学家魁奈认为，在财产所有权中，土地所有权是基础，是国家统治的自然秩序的根本条件。随着工业化之后土地问题的不断突出，出现了不同的解决办法。综合起来，在地权分配方面，主要有两派意见：一派是土地私有的改良派，他们虽然否认土地私有的合理性，但不主张推翻私有制，而是用对地租进行课税的方法解决问题；另一派是土地公有的改革派，他们认为土地私有为一切罪恶的源泉，应废除土地私有制，此派又分为农业社会主义土地制度改革派和社会主义土地制度改革派。在土地利用方面，则有小农经营优越论和大农经营优越论两派意见。

（二）土地所有权私人所有的主张

梁启超主张实行土地私有制。他认为土地私有是历史的必然，是所有者辛勤节约的产物。他说：“土地私有制度，实亦历史之产物。其在太古，土地虽属

---

〔1〕 张枬等：《辛亥革命前十年间时论选集》，第 2 卷，三联书店 1963 年版。
〔2〕 钱俊瑞：《土地所有的形态》，《地政月刊》，1933 年第 2 卷第 5 号。
〔3〕 梁以安：《现代中国土地所有形态的分析》，《农村合作》，1935 年第 5 期。
〔4〕 潘楚基：《中国土地政策》，黎明书局 1930 年版，第 63－75 页。

人类公有,及经济上、社会上几许变迁,为增进社会一般幸福起见,驯致认私有制度之必要。故否认自然法之存在,实今日思想家之公言。而土地自共有制度递嬗而为私有制度,实有历史上之理由,而非可蔑弃者也。"[1]"土地所有权者,所有权之一种也。其性质与他之所有权无甚差异,皆以先占、劳力、节约之三者得之,而在现今之社会组织,当认为适于正义之权利者也。"[2]梁启超明确维护经济上的私有。他认为:"盖经济之最大动机,实起于人类之利己心。……人类以有欲望之故,而种种之经济行为生焉。而所谓经济上之欲望,则使财物归于自己支配之欲望是也。……惟归于自己之支配,得自由消费之,使用之,移转之,然后对于种种经济行为,得以安固而无危险,非惟我据此权与人交涉而于我有利也,即他人因我据此权以与我交涉,亦于彼有利。故今日一切经济行为,殆无不以所有权为基础,而活动于其上,人人以欲获得所有权,或扩张所有权。故循经济法则以行,……而不识不知之间,国民全体之富,固已增殖,此利己心之作用,而私人经济所以息息影响于国民经济也。"[3]梁启超对孙中山提出的"耕者有其田"进行了反驳。他说:"此法颇合于古者井田之意,且与社会主义之本旨不谬,吾所深许。虽然,此以施诸农民则可矣,故孙文能率一国之民而尽农乎?且一人所租地之面积有限制乎?无限制乎?其所租地之位置,由政府指定乎?由租者请愿乎?"[4]事实上,梁启超也不是完全反对土地国有论者。在他看来,首先应把土地划分为邑地和野地、自由地和有主地,邑地和自由地可以不私有,而野地和有主地则只能私有。也就是说,土地国有化必须在不侵犯土地私有权的前提下进行。他所谓国有化的范围,包括边疆大片未开垦荒地、森林、铁道沿线土地等。对于都市土地,则主张归城市所有。梁启超的观点具有自由资本主义的特点,虽然他也主张人民对土地的权利,但这种主张是以自由竞争为基础,而不考虑土地分配的公平性。

针对20世纪20年代中国农村的严峻形势,李大钊认识到重新调整土地关系的紧迫性,他明确提出,"在这种情形之下,'耕地农有'便成了广众的贫农所急切要求的口号","国民革命政府成立后,苟能按耕地农有的方针,建立一种新土地政策,使耕地尽归农民,……则耕地自敷而效率益增,历史上久久待决的农

---

[1] 梁启超:《驳某报之土地国有论》,《饮冰室合集》(之十八),中华书局1936年版,第21页。
[2] 梁启超:《驳某报之土地国有论》,《饮冰室合集》(之十八),中华书局1936年版,第22页。
[3] 梁启超:《驳某报之土地国有论》,《饮冰室合集》(之十八),中华书局1936年版,第28页。
[4] 梁启超:《杂答某报》,《新民丛报》,第86号。

民问题,当能谋一解决”。[1] 马寅初对财产私有权持肯定的态度,他认为土地高度集中弊害严重,但不主张用武力没收的方法将土地一律充公。因此,他的观点是在维护既有土地私有权的基础上,依靠征收地价税来实现土地所有权和耕作权的平均化。

梁漱溟认为,“土地问题,问题却不在土地,而在人与人之间……所以我们认为调整社会关系形成正直力量,为解决土地问题之前提”。[2] 梁漱溟拥护孙中山的“耕者有其田”的政策,并进一步提出实现“耕者有其田”的办法:(1)在社会方面,必须有足够的政治支持力量;(2)在具体操作中,应与合作利用土地并行实施。他认为,土地制度没有变更的必要性,应采取改良的办法解决农村不合理的制度。他认为在中国农村社会,地主和农民之间对立的结论并不成立,中国土地的集中垄断情况也并不明显,占有土地者还是占据了民众的大多数。所以,中国的出路在于依靠乡村自治组织实施乡村文明,乡村建设运动势在必行。梁漱溟在山东邹平创办了乡村建设研究院,开始推行他的政治主张。建立乡农学校,由当地豪绅担任校董,用村学代替村公所,用乡学代替区公所,实行政教合一。在经济上实现自立,由农民知识分子领导,设立学董会,组织并教育农民从农业中引发工业,完成社会化的新经济改造,达到大社会的自给自足。梁漱溟并不主张过快地实行土地公有,他主张在具体步骤上应根据生产力发展而逐步推进,在一定阶段内,还必须尊重农民对土地的私有要求。

晏阳初推行的平民教育运动始于 20 世纪 20 年代,主要以青壮年文盲为对象。平民教育会关于土地问题的主张也是不赞成对现行制度进行根本化的变革,认为中国农村社会的基本问题是贫困与愚弱,所以教育是改革社会、复兴农村的基本方法,具体的做法是在各省设立平教会,开办平民教育。主要采取四种教育方式加以实现,即用文艺教育治愚、用生计教育治穷、用卫生教育治弱、用公民教育治私。在美国基金和国民政府的支持下,晏阳初在河北定县创办了贫民教育实验区,在传播农作物栽培技术和改良农作物方面取得了一定的成果,但是实践的总体结果却并不尽如人意。“民国 20 年内,在定县因债务破产而为债主没收一切家产数不过 50 家左右,21 年内增至 300 家左右,22 年竟达 2 000 家之多……目下定县欠债之家数占全县总家数的 67%,约 4.6 万家。”[3]

---

[1] 李大钊:《土地与农民》,《李大钊文集》(下),人民出版社 1984 年版,第 831、833 页。
[2] 梁漱溟:《乡村建设理论》,上海人民出版社 2006 年版,第 329 页。
[3] 章有义:《中国近代农业史资料》,第 3 辑,北京三联书店 1957 年版,第 997 页。

此外,高践四还倡导了以无锡为中心的农村改进与民众教育活动,邰爽秋推行了土货运动。他们都试图从理想出发,在不变更旧有土地制度的前提下解决农村社会的地权问题,没有抓住农村土地问题的症结所在,虽然尽心竭力反复试验,最终依然逃脱不了成效甚微的命运,带有自救改良性质的乡村运动,没有从制度上根本解决农村的社会经济问题。

(三)土地所有权国有的讨论

1906年,胡汉民在《民报》上发表题为《〈民报〉之六大主义》一文,对实行土地国有的理由进行了阐述。[1] 其一为土地原属公有,即所谓"土地为生产要素,而非人为造成,同于日光空气,本不当有私有者"。其二为土地私有造成剥削弊害。胡汉民说:"由种种原因而生地主制度,其始犹或有以劳动储蓄得之,为资本以供生产之用者;其继则封殖日盛,地利为所专有,群资本劳动者皆不能不依赖之,而所得为所先取焉。盖劳动者每困于资本家,而资本家之所以能困劳动者,又以劳动者不能有土地故。"其三为土地私有导致不劳而获和经济凋敝。胡汉民认为:"土地价值,因时代而异,社会文明则其进率益大。此进率者非地主毫末之功,而独坐收其利,是又不啻驱社会之人而悉为之仆也。至论其流弊则可使地主有绝对之强权于社会,可使为吸收并吞之原因,可使农民废业,可使食艰而仰给于外,可使全国困穷,而资本富厚悉归于地主。"胡汉明主张没收地主的土地所有权,"吾人用国有主义,其为施行,政策不一,然其目的则使人民不得有土地所有权,惟得有其他权(如地上权、永小作权、地役权等)。且是诸权必得国家许可,无私佣亦无永贷,如是则地主强权将绝迹于支那大陆。国家之课于土地上者,必经国会之承认,亦必无私有营利之弊以重征而病农。地利既厚,而非躬耕无缘得授诸国,则民日趋业而无旷土。地主夙昔坐而分利,今亦与平民比而转为生利之企业,此于一国经济已著莫大之良果"。[2]

20世纪30年代,许多学者提出中国应该选择土地国有的制度。对于土地国有的主张,李达提出了辩证的观点,"土地国有,并不能消灭土地的限制性及自然的差异","土地私有的废止,不过是使资本主义的发展从桎梏中解放出来而已"。[3] 邓初民介绍了苏维埃俄国在土地国有方面的一些做法,且他认为如何实现土地国有是近代土地问题的核心。土地问题是社会问题的重要部分,

---

[1] 胡汉民:《〈民报〉之六大主义》,《民报》,1906年第3号。
[2] 胡汉民:《〈民报〉之六大主义》,《民报》,1906年第3号。
[3] 李达:《经济学大纲·地租》,《李达文集》,第3卷,人民出版社1984年版,第439页。

"土地之应归国有,也是不成问题的;如何国有法,乃是一件大问题"。[1] 中国古代曾有"井田"、"限田"、"授田"等说法,但是都没有解决土地问题,而真正能解决的只有社会主义者所提倡的土地国有说。范苑声认为,从公有制的发展历史上来看,公有制"溯自人类原始时期,……举凡物类皆无公私之区别",只有土地国有才能提高农业生产力。[2] 他将土地国有的主张分为改良主义和社会主义两种:改良主义的土地国有学说在欧美国家也有相应的学说,如以自由主义立论的哥森(H. H. Crossen)、强制收买主义者佛溜斜姆(M. Fliirscheim)等;社会主义的学说有以平等主义立论的斯宾士(T. Spence)、农业社会主义理论的奥布莱因(J. B. O'Brien)、正统社会主义者马克斯等人。他认为从上面的学说可以看出,土地国有已经成为世界演进的潮流。[3] 从范苑声的论述来看,他没有分清楚土地国有和土地公有的区别和联系,只是将两者等同起来论述。

萧铮是国民党土地政策制定者之一,在 20 世纪 30 年代领导成立了地政学会,主持进行了大规模的土地调查,在 1930 年土地法的修订中发挥了重要作用。萧铮通过对土地所有权进行深入研究,认为平均地权的最终目的是使土地所有权逐渐收归国有。他回顾了所有权的起源,他认为"所有权之渊源,为人类之劳动",其本质从静的方面讲是"保证事物所持的状态",从动的方面讲则是"事物在给予、使用方面的自由"。根据海特曼尔(Hedmann)的研究,具体分为:排他的、纯粹的私有权;所有者共有的所有权;国家所有权;基于共产主义全然否定的所有权;管理、支配归国家,使用、收益归个人的两级所有权。土地所有权的确立是在国家制度逐渐完善之后。封建国家的土地所有权属于第五种所有权形式,而土地所有权的完全私有化是随着近代人类数量的增加而发生的事。土地所有权私有化确定之后,土地才开始了资本化。所有权演变的实质是人类的贪欲,演变的前途是所有权的国家所有,即孙中山提出的"平均地权"。"'平均地权'换句话说还是主张土地所有权国有。"他反对土地私有制,"盖土地既成为自由的、绝对的、排他的私有权之客体而后,所有私有资本制之害恶,均可由土地而生。且因土地制天然的不变性之威权,其害恶较其他为更烈"。[4] 但是,萧铮不主张立即废除地主对土地的占有权。一方面,他肯定孙中山的平

---

[1] 邓初民:《土地国有问题》,《东方杂志》,1923 年第 19 号。
[2] 范苑声:《土地国有论的各派学说之总检讨》,《中国经济》,1934 年第 6 期。
[3] 范苑声:《土地国有论的各派学说之总检讨》,《中国经济》,1934 年第 6 期。
[4] 萧铮:《土地所有权之研究与平均地权》,《地政月刊》,1933 年第 1 卷第 11 期。

均地权论，列举了平均地权的种种利益；另一方面，他又不主张立时没收私人所有权为国有的办法，他认为当时中国还不具备土地国有的条件。[1] 萧铮对于土地国有的看法具有一定的合理之处，但他在论证平均地权政策的实施问题上，对国家管理支配能力过分乐观，同时回避了土地所有权的改革，由此决定了其政策主张无法在现实中施行。祝平是南京国民政府时期著名学者和政要，曾任中央土地委员会专员、地政部政务次长。他认为，“中国土地问题的核心问题，就是解决‘地租’问题”。[2] 他曾引用亨利·乔治理论来证明解决地租问题的重要性，认为土地问题本质就是分配问题。“农民问题之中心，即为佃农问题。”[3]如何解决佃农问题呢？他认为，应该由国家收买地主土地，然后分配给广大佃农耕种。至于“征收土地之地价，由政府发行土地债券补偿之”。[4] 征收之后的土地，使用收益权属于佃农，土地局作为主管部门进行监督和管理。在《中国土地改革导言》一文中，祝平提出在中国无偿没收地主土地和向地主征收地价税的做法都是行不通的，“我国大地主甚少，多数地权都分散于许多小地主”，一旦无偿没收，“社会经济，就要发生绝大恐慌与混乱”，另一方面，“用租税的方法以解决土地，在理论上既已不能成立，在事实上又毫无把握”，因此，“在中国现状之下，征收土地确是一种可能而有效的途径”。[5] 祝平通过收买来满足佃农土地需求的方案，虽然涉及土地占有关系的重新分配，但仍然未能从根本上解决土地所有制的问题。龙鼎认为，在中国解决农民问题就是要打破土地私有，收归国有或者社会共有。在农民暴动和政府收买两种方式中，龙鼎主张后者。实现孙中山的平均地权的主张，应分土地制限、土地国有、土地公有三个阶段来完成。[6] 此外，宋蕉、冯和法、漆琪生等学者也提出了土地国有的主张。

值得一提的是，还有观点虽然没有明确提出土地国有，却持否定土地私有制的观点。比较有代表性的是“利用合作”的观点。基本内容包括：第一，利用

---

〔1〕 萧铮：《中国今日应采之土地政策》，《地政月刊》，1933 年第 1 卷第 11 期。

〔2〕 祝平：《中国土地改革导言 · 中国土地问题的重心在哪里》，《地政月刊》，1934 年第 2 卷第 1 期。

〔3〕 祝平：《实施土地政策以复兴农村刍议 · 佃农经济在吾国农业经济上所占之地位》，《地政月刊》，1933 年第 1 卷第 12 期。

〔4〕 祝平：《实施土地政策以复兴农村刍议 · 土地政策目标之确定》，《地政月刊》，1933 年第 1 卷第 12 期。

〔5〕 祝平：《中国土地改革导言 · 中国实施土地改革各项途径的商榷》，《地政月刊》，1934 年第 2 卷第 1 期。

〔6〕 龙鼎：《解决土地问题的讨论》，《革命评论》，1928 年第 13 期。

合作社主张阶级调和,使业主、自耕农、佃农联合,从事农业生产和改进工作,在不废除土地私有制度的原则下,限制土地所有权的扩大,保障土地耕种权的使用和利益,而使农村生产渐渐达到合理分配,实现平均地权的民生主义。第二,利用合作社解决土地问题的方式有三个时期,先从整理入手,再到分配,经过社田社管、村田社有、村田社营三个阶段,最后达到土地国营大量生产的目的。利用合作运用最和平的经济手段,使农民对于土地先行得到耕种权的保障进而达到使用权的自由,渐渐地消灭土地私有制,而使土地民众化、社会化,以至于获得土地问题的解决。这一观点后来成为国民政府颁布的《农村土地处理条例》制度设计的重要参照。[1]

(四)土地"村有"的方案及其辩论

针对共产党的土地革命,阎锡山试图通过"农业社会主义,堵住农民奔向共产党的去路"。方法就是在山西推行"土地村公有"的方案。1935 年 9 月向南京国民政府提交的《土地村公有办法大纲》,可以说是一个比较完整的土地改革方案,内容涉及土地所有权、授田对象、赋税征收等方面。具体包括 13 条内容[2],其中:(1)由村公所发行无利公债,收买全村土地为村公有。公债由"产业保护税"、"不劳动税"、"利息所得税"、耕地收入的十分之一、非农收入者的"累进所得税"等摊还。(2)人均分配土地。全村土地"以一人能耕之量为一份,化为若干份地,分给村籍农民耕作"。凡 18－58 岁的农民均有资格获得土地。如果本村土地数量太少,不敷村民耕作,则"村公所为未得田地之人,另筹工作";如果土地有余,则"移民耕种,以调剂他村之无地耕作者"。(3)土地回收及重新分配。农民有下列情形之一者,村公所必须收回领耕的土地:年满 58 岁;死亡;改业;放弃耕作;迁移;犯罪被判决。村公所"按村中人口增加情形,土地改良状况,在适当期间将份地重新划分"。(4)土地利用方面,"耕农因耕作力之减退,或田地之精密工作,或栽植特别费工之物,应准使用雇农"。(5)领耕土地的农民不改变原来的土地负担标准,"耕农对省县地方负担,仍照旧征收田赋"。没有土地的"老者"和"少者",由村公债支付生活费。如果不敷,"由村另定抚养办法"。阎锡山先后发表《答土地村公有质疑》和《土地村有问题再答客问》等谈话,并会见蒋廷黻、吴景超两位教授,阐发自己的观点。对于当时对土地公有是否和土地国有相抵触的疑问,阎锡山进行了解释:"土地村公有,是分配使用问

[1] 冯静远:《从划一合作社名称说到利用合作》,《农村合作》,1936 年第 2 卷第 3 期。
[2] 阎锡山:《土地村公有办法大纲》,《国闻周报》,1935 年第 12 卷第 38 期。

题，不是主权问题。即以主权而论，村属于县，县属于省，省属于国，主权在村，即是在国。如从主权之间接关系而言，则主权在国，国岂能离开村而处理土地；主权在村，村亦不能抗拒国家处理土地。国内皆国土，国土皆是村土，归村有，有之事实始有着落。土地归国有，亦是分属村，分归农种，实际属于村而言国者，有之事实翻为落空。"[1]由此可见，土地村公有在其意义上就是土地国有，只不过将土地的分配和使用权交给村一级组织。

"土地村公有"的办法引起了很大的争议，引发了各派学者的辩论，并进一步形成了20世纪30年代关于土地制度的大讨论，参加这一讨论的学术论文多达40多篇。[2] 万国鼎等在《大公报》等报刊上著文反对，《中国农村》、《大众生活》等进步报刊还以专文揭露道："这个办法的实质就是维护地主阶级利益。"陈翰笙认为，在山西土地所有权已经非常集中的情况下，村公有"这个方案将在农民身上压上更重的赋税，同时又让土地所有者以可靠的地价摆脱其土地"，因此，实际上是对农民更为残酷的剥削。孙冶方对土地制度争论的各种观点进行了总结，认为"无条件赞成'土地村公有制'办法的固然很少，但公然反对土地公有原则的文字也是很少"，而能在"理论上提出正式理由的，只有唐启宇、唐庆增、萧铮、新桥、袁贤能、梦蕉、陈鸿根等几位"。[3] 在《私有？村有？国有？——"土地所有制"批评底批评》一文中，孙冶方将反对土地公有原则的理由归纳为六条，并逐一进行了反驳，提出："土地私有制足以阻碍农业生产力之发展，足以因土地购买而消耗去一笔生产资本，而且可以妨碍自由投资，使工业中的资本不能自由流入农业中去。至于土地私有制之存在，使地主可以利用土地私有权去剥削农民，以至于造成今日的严重的社会问题。"[4]对于村公有制，孙冶方认为是"一种进步的主张"，但是还很不彻底。"土地村公有制在原则上面并没有否定地主底土地所有权……在土地村公有制下面，地主底财产并没有被损害，但只是土地的形式变为金钱的形式而已。"[5]另一方面，从土地产权结

---

〔1〕 阎锡山：《土地村公有办法大纲》，《国闻周报》，1935年第12卷第38期。

〔2〕 钟祥财：《中国土地思想史稿》，上海社会科学院出版社1995年版，第369页。

〔3〕 孙冶方：《私有？村有？国有？——"土地所有制"批评底批评》，《〈中国农村〉论文选》(上)，人民出版社1983年版，第320页。

〔4〕 孙冶方：《私有？村有？国有？——"土地所有制"批评底批评》，《〈中国农村〉论文选》(上)，人民出版社1983年版，第324页。

〔5〕 孙冶方：《私有？村有？国有？——"土地所有制"批评底批评》，《〈中国农村〉论文选》(上)，人民出版社1983年版，第326页。

构的设计来看,"土地村公有制"有其一定可肯定之处:"土地公有私种,凡属农民生则自种,死则归公"的制度安排,使得土地所有权和使用权容易分离,村公有的土地,生产者可以长期使用(18岁至58岁,40年不变),反映出土地使用权的长期化和相对稳定性。[1]

(五)所有权社会化思潮与20世纪30—40年代法学界对所有权的探讨

19世纪末20世纪初,社会法理学开始流行,受私法社会化的影响,所有权社会化的思潮在中国盛行。20世纪30年代,法国法学家利昂·狄骥(Léon Duguit)的社会连带说在中国得到传播并受到推崇。狄骥认为所有权社会化的意义为:(1)个人的所有权,非个人的权利,乃社会的机能(职能);(2)所有权是供人类集团用的,若然,方受法律的保护——这是狄骥对所有权的根本思想。狄骥又演绎此根本思想,以实证其说。谓自由、权利均是人类相依相扶,图社会的共存,方受法律的保护,并非单为个人对等利益而存在的。故:(1)所有权如为供满足公共的需要,方受法律的保护;(2)所有者在其保有的财产上,无排他、独断的权利;(3)不得弃置财物不加利用;(4)财物的所有者,不得假名行使所有权,做于已无利、于人有损的行为——禁止权利滥用的原则……;(5)所有者于财物之上,积极地负一定义务……。总之,狄骥认为所有权是人类生存不可缺的要素,是谋社会繁盛与伟大的必需条件,不赞成绝对否认之说,故特创社会连带论(狄氏学说之通称),倡所有权社会化,冀有以济个人主义所有权之穷,而救其弊。[2]

20世纪30—40年代,国内有学者提出:"现在社会组织之目的在分配个人对社会之任务,所有权之规定自然趋重于社会,此进化自然之趋势。无论在共产制度之国家,与在私有制度之国家,立法者均有所不能不顺应者也。"[3]很多学者主张应对所有权予以限制,实行所有权社会化。王宠惠提出:"所有权之观念,已从个人化,进而为社会化。昔之以所有权为个人之利益与个人之需要而设者,今则以所有权为社会之利益、社会之需要而设。昔之以所有权为绝对的无限者的权利者,今则以所有权为相对有限的权利。"[4]余棨昌认为,所有权之制限,为公法上之制限者有之,为私法上之制限者亦有之。公法上之制限者,主

[1] 孙冶方:《私有?村有?国有?——"土地所有制"批评底批评》,《〈中国农村〉论文选》(上),人民出版社1983年版,第326页。

[2] 吴学义:《民事法论丛》(第一辑),法律评论社1931年版,第35—36页。

[3] 苏希洵:《所有权观念之变迁与所有权立法之趋势》,《中华法学杂志》,1930年第2期。

[4] 王宠惠:《所有权之今昔观》,《中华法学杂志》,1931年第6期。

由行政上之必要所为之限制也，如土地收用、矿产开采等。私法上之制限而为民法所规定者，仅为关于不动产之所有权本于相邻间关系之理由而设之限制也。[1] 吴芳亭提出："财产所有权根本上既系以社会利益为根据，所有权之行使既属所有人的一种社会职务，则国家机关应社会公共利益的要求，对于私人财产自得为公用征收之处分。"[2]王去非认为，所有权，为物权中之最高权。其管领力备极完全。其内容极广泛，然所有权亦权利之一，为法律所承认，亦非绝无限制者。其限制维何？即所有人于法令之界限内，始得管领其物也。[3] 柯凌汉认为："所有权既为社会公共之福利而设，则其存在与行使，自不得与社会公共之福利相抵触。故从前所有权神圣不可侵之思想，已不适用于现代。时至今日，一切法律制度，渐趋社会化，所有权自难独异。"[4]刘志敭还依据权利内部限制理论探讨了所有权限制问题。[5] 20 世纪 40 年代后半期，学界更加倡导个人与社会调和的所有权，以替代社会的所有权。如黄右昌认为："虽就所有权之对物效用，举使用收益处分三者，与对人效用之排他性并列，惟近世立法趋向，乃为调和社会及个人之利益。本条注重之点，系在所有人行使所有权之范围，即示明所有权非无限制，所有人行使权利，亦须在法令制限之范围以内。至使用收益处分三者，均为所有权之效用，但以此效用较为重要，故特举之，与排他性并列，以示应受法令之限制。"[6]曹杰认为："现代国家之立法即在努力限制个人所有权之范围，使其与社会利益不相冲突，盖所有权制度，从其变迁之事迹考之，要不外为时代之产物，于某时代奖励个人无限制之私有或可以增加生产，于某一时代限制个人之私有，集中力量于分配之公平，或可以维持社会之安定。"[7]

三、孙中山的土地所有权思想

（一）"平均地权"与"耕者有其田"

1. "平均地权"的构想及其理论来源

---

[1] 余棨昌：《民法要论·物权》，朝阳学院 1931 年版，第 21 页。
[2] 吴芳亭：《所有权观念之演变》，《中华法学杂志》，1937 年第 7 期。
[3] 吴学义：《民事法论丛》（第一辑），法律评论社 1931 年版，第 10—11 页。
[4] 柯凌汉：《中华物权法论纲》，商务印书馆 1935 年版，第 35 页。
[5] 刘志敭：《民法物权》，大东书局 1936 年版，第 121—122 页。
[6] 黄右昌：《民法诠解·物权编》（上册），商务印书馆 1947 年版，第 109 页。
[7] 曹杰：《中国民法物权论》，商务印书馆 1947 年版，第 36—37 页。

“平均地权”是孙中山为实现民生主义构想的重要途径之一。孙中山很早就关心农民土地问题，但孙中山并没有从一开始就提出解决土地问题的主张，他最早关注的还是如何使“地尽其利”。1892 年，他写了一篇题为《农功》的文章，提出应“农部有专官”，“农功有专学”，“以农为经，以商为纬”。[1] 1895 年，他在《上李鸿章书》中又进一步阐述了地尽其利的思想。关于这种思想的由来，他在 1895 年发表的《创立农学会征求同志书》中有如下详细的说明：“某也农家子弟，生于畎亩，早知稼穑之艰难。弱冠负笈外洋，洞悉西欧政教，近世新学，靡不博览研求；至于耕植一门，更为致力。诚以中华自古养民之政，首重农桑，非如边外以游牧及西欧以商贾强国可比。且国中人口甲于五洲，倘不于农务大加整顿，举行新法，必至民食日艰，哀鸿遍野，其毙可预决也。故于去春，孑身数万里，重历各国，视察治田垦地新法，以增见识，决意出己所学，以提倡斯民。”[2] 参考西方农业制度考虑中国农业问题，或许是孙中山关于土地问题最早的认识视角。

1899 年，孙中山在日本横滨与梁启超、章太炎等研讨土地问题，从中国夏、商、周三代之井田制到西汉末王莽之王田，从宋代王安石之青苗法到洪秀全的“天朝田亩制度”，无不都在他们讨论的范围之内。[3] 关于他与梁启超的谈话，有记载：“今之耕者，率贡其所获之半于租主而未有已，农之所以困也。土地国有后，必能耕者而后授以田，直纳若干之租于国，而无复有一层地主从中朘削之，则民可以大苏。”[4]“夫不稼者不得有尺寸耕土，故贡彻不设，不劳收受而田自均。”[5]1903 年，孙中山在东京进行了更明确的说明：“解决民生问题，也是我们改革的目的之一。而要解决民生问题，首先就要平均地权。”[6]1903 年秋，在为东京青山创设中国留学生军事训练班制定的誓词中，孙中山提出了“驱除鞑虏，恢复中华，创立民国，平均地权”。[7] 1903 年 12 月 17 日，在复友人函中，孙中山曾经做过阐述，设想通过“平均地权”这一“吾国今日可以切实施行之事”，

---

〔1〕《孙中山全集》，第 1 卷，中华书局 1981 年版，第 4、6 页。

〔2〕 转引自缪启愉：《平均地权在三民主义中之地位》，载张继、萧铮等：《平均地权与土地改革》，商务印书馆 1943 年版，第 74 页。

〔3〕 冯自由：《革命逸史》，第 3 集，中华书局 1981 年版。

〔4〕 陈旭麓、郝盛潮：《孙中山集外集》，上海人民出版社 1990 年版，第 126 页。

〔5〕 张枬等：《辛亥革命前十年间时论选集》，第 1 卷，中华书局 1963 年版。

〔6〕 何香凝：《回忆孙中山和廖仲恺》，中国青年出版社 1957 年版，第 6 页。

〔7〕《孙中山全集》，第 1 卷，中华书局 1981 年版，第 224 页。

实现社会主义,以避免欧美国家在工业化过程中出现的贫富悬殊现象,导致发生社会"大冲突"。[1] 1905年5月,在布鲁塞尔访问国际社会党执行局谈到土地问题时,孙中山把"平均地权"政策具体化。他认为推翻清朝统治之后,将使"土地全部或大部为公共所有,就是说很少或者没有大的地主,但是土地由公社按照一定章程租给农民",以便确保中国民众"生活在最纯正的集体主义制度之中"。[2] 早期的平均地权思想几乎成了民生主义的全部内容,孙中山认为"若能将平均地权做到,那么社会革命已成七八分了"。[3] 1905年同盟会成立时,孙中山对"平均地权"政策作了进一步阐释。"平均地权即解决社会问题之第一步方法,吾党为世界最新之革命党,应高瞻远瞩,不当专向种族、政治两大问题,必须并将来最大困难之社会问题,亦连带解决之,庶可建设一世界最良最善之富强国家。"[4]1912年孙中山到北京会见袁世凯,也谈道:"中国以农立国,倘不能于农民自身求彻底解决,则革新非易。欲求解决农民自身问题,非耕者有其田不可。"[5]

平均地权思想既有对中国传统思想的传承,同时也受到西方经济理论的影响。从孙中山对土地纲领的解释中可以看出,他接受了中国古代"均贫富"和"井田制"的思想。他说:"我们国民党的民生主义,目的就是要把社会上的财源弄到平均,所以民生主义就是社会主义,也就是共产主义,不过办法各有不同。"[6]孙中山多次认为"平均地权"等同于"井田制","中国古时最好的土地制度是井田制,井田制的道理和平均地权的用意是一样的。本党的民生主义,本是以国利民富为旨归";平均地权"即井田之遗意也",因为"井田之法,既板滞而不可复用,则惟有师其意而已"。[7] 孙中山土地思想的表现方式和具体实施办法的设想特别受到亨利·乔治的土地公有化思想的影响。亨利·乔治认为,土地私有垄断是阻碍社会进步和促使贫富分化的根本原因,要消灭人类社会的贫困状况,唯有实行土地公有化。1912年孙中山甚至将亨利·乔治和马克思并列,认为两者都主张实行社会主义,"一则土地归为公有,一则资本归为公有",

---

[1] 《孙中山全集》,第1卷,中华书局1981年版,第228页。
[2] 《孙中山全集》,第1卷,中华书局1981年版,第273页。
[3] 《孙中山全集》,第2卷,中华书局1981年版,第320页。
[4] 章开沅:《辛亥革命史》,中册,人民出版社1980年版,第20页。
[5] 风岗:《三水梁燕孙先生年谱》,1937年,第123页。
[6] 《孙中山全集》,第9卷,中华书局1981年版,第388页。
[7] 《孙中山全集》,第5卷,中华书局1981年版,第193页。

"主张虽各不同,而其为社会大多数谋幸福者一也"。[1]

孙中山认为,土地是自然物而不是人类劳动的产物,土地应为"社会所有",而不应归任何私人所有。他在对地主土地私有制的所谓合法性进行批判时指出:"原夫土地公有,实为精确不磨之论。人类发生以前,土地已自然存在;人类消灭以后,土地必长此存留。可见土地实为社会所有,人于其间又恶得而私之耶? 或谓地主之有土地,本以资本购来,然试叩其第一占有土地之人,又何自购乎?"[2]他并未科学地说明封建土地所有制的起源和它的反动实质,仅从自然法的角度来论述土地应该公有,从而否定地主阶级的封建土地所有制。孙中山认为,"(土地)倘不收为社会公有而归地主私有,则将来大地主必为大资本家,三十年后,又将酿成欧洲革命流血之惨剧"[3],"若能将平均地权做到,那么社会革命已成七八分了"。[4] 可以看出,孙中山实际上将实行土地国有主要是作为防止地主私人垄断城市和工业中心土地的一种社会革命措施。另外,孙中山主张平均地权还在于他认为这可以防止大资本家即垄断资本家的出现,因而是实现社会主义的最重要措施。他认为,中国资本主义的生产虽然暂时还不发达,地租及地价还不高,但将来随着资本主义的发达必然会发生地租及地价猛涨的情况,由此也必然会产生大垄断资本家。如果在资产阶级共和国建立后实行土地国有,全体人民都有地权,自然就达到地权平均了,那么垄断资本就无从产生,社会主义就水到渠成了。

2."耕者有其田"思想

新民主主义革命时期,孙中山对农民的土地问题和农民在民主革命中的地位与作用有了新的认识。他在《中国国民党第一次全国代表大会宣言》中,虽仍保留了原来"定地价"以实行和平赎买的办法,但同时在平均地权中增加了"农民之缺乏田地沦为佃户者,国家当给以土地,资其耕作"的内容。1924 年 8 月 17 日,孙中山在广州高等师范学校礼堂讲解三民主义的民生主义第三讲中,第一次提出"耕者要有其田"的口号,他说"农民耕田所得的粮食,据最近我们在乡下的调查,十分之六是归地主,农民自己所得到的不过十分之四,这是很不公平的","所以许多农民便不高兴去耕田,许多田地便渐成荒芜,不能生产了",因此

---

〔1〕《孙中山全集》,第 2 卷,中华书局 1981 年版,第 514、515 页。
〔2〕胡汉民:《总理全集》,第二集,上海民智书局 1930 年版,第 110 页。
〔3〕胡汉民:《总理全集》,第二集,上海民智书局 1930 年版,第 120 页。
〔4〕《孙中山全集》,第 2 卷,中华书局 1981 年版,第 320 页。

"农民问题真是完全解决,是要'耕者有其田',那才算是我们对于农民问题的最终结果"。[1] 1924年8月,孙中山在广州农民运动讲习所第一届毕业典礼上发表演说,其中大量用"耕者有其田"代替了过去"平均地权"的口号。他说"现在俄国改良农业政治之后,便推翻一般大地主,把全国的田土都分到一般农民,让耕者有其田","我们现在革命要仿效俄国的这种公平办法,也要耕者有其田,才算是彻底革命。如果耕者没有田地,每年还是要纳田租,那还是不彻底的革命"。[2] 这是孙中山平均地权理论的发展。

3."平均地权"与"耕者有其田"的关系

旧三民主义"平均地权"中是否包含"耕者有其田"的内容,在学界长期存有分歧。一种观点认为,旧三民主义中的平均地权并未解决农民土地问题;另一种观点则认为,旧三民主义和新三民主义中,"耕者有其田"都是平均地权的内容。关于"平均地权"与"耕者有其田"的关系,孙中山并未专门讨论。但他讲"耕者有其田"时是放在民生主义之中讲的,而他认为民生主义就是平均地权和节制资本,因而"耕者有其田"是平均地权学说的一部分,是平均地权要达到的目的。他提出的实现"耕者有其田"的方法,也是平均地权学说中核定地价、照价收税、照价收买的办法。就内容的本质而言,"耕者有其田"和以往的"地价归公"方针相比,更加符合农民对土地的要求。它的实施过程是在国家收买地主土地的前提下,分配给对土地有需要的农民耕种,这样一来,农民只向国家纳税,通过降低农民向地主交租的沉重负担来解决他们的贫苦。近代学者也对"平均地权"与"耕者有其田"进行了研究。有学者强调了平均地权的重要性,"中国农地问题之重心,在于利用与分配二方面,利用问题之发生,固在分配问题之未得适当解决","分配问题之合理解决,是为促进农地利用之先决条件"。[3] 至于如何解决,有人激进地认为,国民党对于土地所有权的政策,是"只注意所有权的平均,并不想使土地私有权消减"。[4] 有学者根据当时围绕是先"平均地权"还是先"耕者有其田"的讨论,指出两者间的关系为:"耕者有其田是平均地权土地政策中对于农民耕地分配问题的最高原则,是平均地权的补

---

[1] 《孙中山全集》,第9卷,中华书局1981年版,第399页。

[2] 《孙中山选集》,下卷,人民出版社1956年版,第867页。

[3] 田仲吾:《中国应采取之农地政策》,武汉大学1946年学位论文。

[4] 雪崖:《平均地权的讨论》,转引自中国国民党河北省党务指导委员会宣传部:《平均地权的讨论》,1928年。

充说明，是平均地权的最高发展。”[1]

“平均地权”与“耕者有其田”两者在思想来源与理论上有紧密联系，但是两者仍然有很大的差异。“平均地权”是针对建立国家政权以后，避免出现欧美国家贫富差距过大导致面临社会革命压力而提出的；而“耕者有其田”的重点在于农民和土地的现实问题，主张把土地所有权和使用权直接还给农民。具体而言，首先，“平均地权”是鉴于大城市地价日益上涨，要趁资本主义未发达、地价未增，以免将来妨碍公共建设而提出的；而“耕者有其田”则是基于对当时农村土地分配不合理的认识而提出的。其次，“平均地权”是吸取欧美等西方国家未能解决社会问题的教训，为防止土地的集中垄断、防止加剧贫富分化而提出的；而“耕者有其田”则是学习俄国革命后将全部土地分配给农民、实行彻底革命的方法而提出的。最后，从内容来看，“平均地权”只抽象地提出核定地价、照价收税或由国家收买、归国家所有，并没有具体讲到土地分配，更没有讲到农民土地分配问题；而“耕者有其田”则具体说明要分配土地给缺乏田地、沦为佃户的农民耕作，并扶植他们发展。[2] 孙中山把土地国有作为平均地权的重要途径，虽然仍然允许地主享有目前的地价，但是由经济提升造成的地价增值部分完全收归国有，这实际上正是最终土地国有目的的实现路径。同时，国家还可以随时照价收买土地，这即是间接否定地主所有权，所以并不需要将土地“尽归国有”依然可以实现国有的效果。

（二）孙中山对于土地所有权的认识

关于孙中山是否主张土地国有，理论界一直存在争论。在中国同盟会建立之初，就曾发生过革命派与改良派关于土地国有的大论战。同盟会的机关报《民报》，曾把土地国有作为它的六大主义之一。后来许多论者认为孙中山是主张土地国有的（周佛海，1929；李从心，1942；吴雁南，1978；张磊，1981；等等）；而台湾地区的不少学者认为孙中山并不主张土地国有（崔书琴，1984；殷章甫，1984）。事实上，孙中山自己也有不同的说法，他一方面赞成土地国有，如 1912 年 5 月 4 日，他在广州新闻界欢迎会的演讲中说：“民生主义所筹的自然平均之法，一即照价纳税，二即土地国有。二者相为因果，双方并进，不患其不能平均

---

〔1〕 梁王玲：《试论耕者有其田》（未刊稿），武汉大学 1945 年学位论文。

〔2〕 元邦健：《从“平均地权”到“耕者有其田”——孙中山晚年在农民土地问题上认识的发展》，《贵州师大学报》，1986 年第 3 期。

矣。”[1]同年 6 月 9 日，他在广东行辕对议员、记者的演讲中说：“世界学者多主张地归国有，理本正大，当可采取。”[2]但他另一方面也谈到土地不必尽归国有，不可能实行土地国有。例如，1912 年 4 月 1 日，孙中山在南京同盟会会员饯别会上的演讲中说：“求平均之法，有主张土地国有的。但由国家收买全国土地，恐无此等力量，最善者莫如完地价税一法。”[3]5 月 4 日的演讲又说：“又土地国有之法，不必尽收归国家也，若修道路，若辟市场，若所必经之田园庐墓，或所必需之地亩，即按照业户税契时之价格，国家给价而收用之。”[4]从上述讲话的意思看，孙中山确实曾把土地国有作为平均地权的一个步骤，他所说的土地国有有时确实含有征收土地的意思，并且认为土地不必尽归国有，国家也没有能力收买全国土地，仍允许地主享有现在的全部地价，好像并不主张实行土地国有。但是，他又的确是赞成土地国有的，他采取的措施也必然逐步地达到土地国有。因为按照核定地价、照价纳税、照价收买、涨价归公的方法，地主仅能占有原来的地价，由于社会发达所引起的新增的地价全归国有，即无异于全国的土地皆归国有。在提出“平均地权”的思想阶段，孙中山认为土地私有是抑制中国资本主义发展，产生中国社会、经济和政治问题的根源。他认为发展中国资本主义，除了实现民族自立、恢复中华外，必须解决引起社会问题的“土地问题”。有学者认为，正因为提出土地公有而不是把土地直接还给农民的政策，导致孙中山领导的革命没有获得农民的支持。辛亥革命的失败可能与此有关，这也可能导致 1924 年以后提出了把土地所有权直接还给农民的“耕者有其田”政策。[5]

（三）孙中山之后的“平均地权”与“耕者有其田”思想

孙中山去世后，一些学者和政治家对其“平均地权”的思想进行了继承和发展。当时理论界对“平均地权”的理解主要有以下几种观点：一是“平均地权”是以土地私有制为前提，主张采取租税政策来解决私有制存在的弊端。其主要手段是，通过征收地价税来推翻大地主的土地独占权，以达到“耕者有其田”的目标，而照价收买仅仅只是为了防止地主不如实呈报地价。二是“平均地权”纯为

---

〔1〕《孙中山全集》，第 2 卷，中华书局 1981 年版，第 355 页。

〔2〕《孙中山全集》，第 2 卷，中华书局 1981 年版，第 370 页。

〔3〕《孙中山全集》，第 2 卷，中华书局 1981 年版，第 321 页。

〔4〕《孙中山全集》，第 2 卷，中华书局 1981 年版，第 355 页。

〔5〕叶国文：《农民、国家政权与现代化——当代中国土地政策的政治学研究》，复旦大学博士论文，2005 年。

"土地国有论",只不过所采取的手段是和平的。三是主张土地"由农有到国有",先暂时实现耕地由农民所有,最终实现土地国家所有。四是"平均地权"的核心是"地尽其利",目的是使"土地未来价格,平均为众人所享有",实现的方法为"核定地价"、"征收地价税"、"涨价归公"。[1] 刘师培基本支持孙中山的主张,但是在平均地权的方法上,他与孙中山的观点不同。他认为只有"没豪富之田"、进行农民革命才能解决问题,减免地租或推行限田都不是好的办法。他说:"欲籍豪富之田,又必自农人革命始。"[2]1927 年 3 月,邓演达在许多讲话、报告和文章中继续支持农民运动,提出要实现耕者有其田,进行减租减息,没收公产及反对农民运动的大地主的地产。国民党第二届三中全会上,他提出了关于农民问题的提案。他在第二届三中全会第五次会议发言中指出,"土地问题,为农民迫切问题","总理所言,'平均地权'及'耕者有其田',势必有土地,而后始能解决"。因此,"家长族长之把持公产,皆应充分没收,归乡归村"。[3] 1929 年 10 月,邓演达在英国起草了《我们对现在中国时局的宣言》,重申"解决中国革命的关键是农民问题",并在目前的行动纲领中提出应立即解决以下的农民问题:(1)没收一切官僚、军阀、政客及参加反革命的豪绅、地主、买办等的财产充公;(2)规定每农户耕地不能过百亩,逾此百亩以上之土地,由人民会议规定办法没收,分配给农民耕种;(3)在百亩以内,因特殊关系,可以佃耕,但所收佃租不能超过收获量 20%;(4)所有一切祠产、庙产、学田及其他一切公共团体所有的土地,应由人民会议规定办法分配给农民耕种;(5)废止一切厘金杂税,由人民会议重新规定合法税律。[4] 关于解决土地问题的步骤和方法,邓演达力主土地国有,在实施手段上采取"耕者有其田"作为实现土地方案目标的过渡原则。在《中国国民党临时行为委员会政治主张》中,明确了具体的操作程序:立行宣布耕者有其田的法令,不耕作的人不能有耕地;立行宣布免纳佃租,其耕作中的佃农及雇农可暂行保有原来佃耕土地的使用权与收益权,听候详细办法解决;但地主回村并能实际耕作者,主佃两方暂时共享土地使用权与收益权,其形式以契约定之;由国民会议规定土地法,并斟酌各地方状况,分别规定农户占有耕地的最高额与最低额,以及国家收买土地定价法;在允许私人占有耕地最高

---

〔1〕 萧铮:《平均地权真诠》,《地政月刊》,1933 年第 1 卷第 1 期。
〔2〕 刘师培:《悲佃论》,《民报》,第 15 号。
〔3〕 曾宪林等:《邓演达历史资料》,华中理工大学出版社 1988 年版,第 64 页。
〔4〕 《邓演达文集》,人民出版社 1981 年版,第 134—135 页。

额以外的土地,应由国家以全国国有土地为抵押,发行50年长期土地公债,收买归为国有;在最低额以下的土地,应强迫使其相互合并或加入合作社经营之;国家以外的公共团体所有土地亦按私人土地收归国有法,由国家收买为国有;一切军阀、贪官污吏、土豪劣绅及其他反革命团体的全部财产,应没收为国有;所有一切收为国有的土地,应由土地管理机关按照土地分配原则及各地方标准,负责分配于耕作的农民;原有佃耕的佃农,以及无地的雇农与退伍的革命军人等,应有同等的机会领用土地,但只限于使用权与收益权;领用土地而不耕作,或怠工、耕作不力的农民,应剥夺其土地使用权与收益权;耕作私有土地的农民如犯以上条件,则并剥夺其占有权;不准私行买卖土地,必不得已时的土地占有权及使用权的移转,应按土地法及经土地管理机关的允许而后行之。邓演达的土地改革方案,不赞成采取无条件没收土地的武装暴动手段,期待平民国家通过立法与和平的手段解决农民土地问题。

朱执信直接继承了孙中山的"平均地权"思想,并进一步阐述和发挥了这一主张,提出社会的全部土地如耕地、宅地和矿山、森林、河湖、铁道等所占之地尽归国家所有,并提出了国有之根据,对实行土地国有的意义和必要性进行了论证。第一,他认为"自然生产要素里,土地的独占性最大,它所以帮助掠夺本领最多……。但是如果把土地的问题解决了,其余的问题都很容易解决"。[1] 所以,应取消封建的地主土地所有制,实行土地国有,不许"天然之生产力"为少数人私有用作掠夺之工具。第二,为避免贫富悬隔,对竞争、私有财产制加以"制限",进行社会革命,实行土地国有。他指出:"贫富悬隔者,社会经济组织不完全之结果也……。所谓本原者,放任竞争,绝对承认私有财产制是也。"[2]中国有贫富之分,"而决不可以谓悬隔"。[3] 第三,实行土地国有,减轻人民负担。因为人民不仅要负担地税,还受政府"其他杂捐、苛税、滥收"之苦。既完土地国有后,实行单一土地税,"而减免赋税,则人负担之轻减也"。[4] 第四,实行土地国有是都市港口顺利发展之保证。他赞成孙中山关于直隶湾等处筑港之计划,认为筑港必须首先实行所占之地国有。"假其仍循向来之覆辙,以土地委之私人之手,则今日之发起诸人,买田占地,扰攘不定,已足倾覆此计划有余"[5],故

[1] 《朱执信集(下)》,中华书局1979年版,第817页。
[2] 《朱执信集(上)》,中华书局1979年版,第57页。
[3] 《朱执信集(上)》,中华书局1979年版,第58页。
[4] 《朱执信集(上)》,中华书局1979年版,第108页。
[5] 《朱执信集(下)》,中华书局1979年版,第710页。

“先定土地国有之计划,实为尤切之图,若欲先设中等商港,徐图发展,尤非如此不可”。[1] 关于如何实现土地国有,朱执信和孙中山一样,反对无偿没收地主土地,主张由国家购买。具体办法是“公债买收”、“涨价归官”。朱执信还提出,在土地国有进行过程中,土地所有权“法定而归诸国有”,“令其人于其地上仍有同前之权利,特制限让渡之权”,“国家不废除别种之收入”。[2] 待土地国有完成后,“则可尽废诸税”[3],实行单一土地税。

萧铮认为,“中国者,乃处于二十世纪中之产业落后之国也。世界经济至今已达机器生产之最高度,已渐趋于计划统制之大工业生产;而中国本身则尚未脱离农业社会之小农生产”。在中国当时的情况下,最适宜的土地政策便是孙中山所首创的平均地权。平均地权在五个方面有利:一是能够突进土地的改良,加快土地集约化经营,“对土地只使用目的,即可求其适合于公益之利用”;二是可以公平地分配地租,“此种地租均等享受之分配方法,不但远较实物均分主义为公平,且不因人口增加而受损害。反可因人口增多,地租随涨,而公共收入愈多,每个人享受愈富也”;三是通过实行土地税,“不但可使国库有大量之增加,且可藉此一扫田赋积弊”;四是通过规定国家对私人土地照价收买,“则一切土地,均可随时依价供国家建设之用”,“同时又能于建设后收回建设所费之资本”;五是“其办法为简而易行之征税方法,且由人民自由报价,并估价之烦琐而去之。征税之费用可减至极低,而手续可变为极简,人民不感受急剧变更之苦痛,而政府可收实际改革之宏效”。[4]

蒋介石也多次强调土地问题的重要性,“土地兼并不独影响国家的财政和人民的生计,亦且影响兵役和兵制,因而影响到国防”,由此,“足见得我们中国的土地问题在各种经济问题中的地位的重要,也足见得土地政策是各种经济政策里面的根本政策了”。[5] “我以为我国今日政治、经济与社会政策,最迫切而需要解决的,莫过于土地问题。”[6]中国的土地问题不是土地的分配问题,而是

---

[1] 《朱执信集(下)》,中华书局 1979 年版,第 711 页。

[2] 《朱执信集(上)》,中华书局 1979 年版,第 109 页。

[3] 《朱执信集(上)》,中华书局 1979 年版,第 111 页。

[4] 萧铮:《中国今日应采之土地政策》,《地政月刊》,1933 年第 1 卷第 11 期。

[5] 蒋介石:《中国经济学说》,载张其昀:《先总统蒋公全集》,第一卷,(中国台北)中国文化大学出版社 1984 年版,第 187 页。

[6] 蒋介石:《本届财政会议之任务与实施土地政策之必要》,载张其昀:《先总统蒋公全集》,第二卷,(中国台北)中国文化大学出版社 1984 年版,第 2518 页。

土地的利用问题。“中正对于土地政策,认为经营及整理问题,实更急于分配问题。”[1]他对孙中山“平均地权”的思想进行了发展,土地分配政策,遵平均地权遗教,应达到耕者有其田的目的:土地分配,自应特辟和平途径,以渐进于耕者有其田。至于具体操作办法,凡是本村有耕作能力者,必令计口授佃,重在均耕,而不在于均其所有;对于所有耕地超过规定数量的业主,采取累进税率,征收所得税。主张由同村的地主、自耕农、佃农共同组织利用合作社,管理本村的土地。如果有人售卖田地,由合作社出面购买,然后平均分佃于社员,长此以往,可达到村田全为合作社所有。社员耕作合作社的土地,交租于合作社。所交之租,由合作社作为改良耕地的费用。他认为重点应放在商业资本流入土地上,“民生主义的土地政策,要从平地价着手,就是不许商业资本流向到土地方面来。亦就是要使土地买卖不复成为投资的对象。有钱的人对于土地买卖既不能或不愿投资,则不平均的地权可以平均,而已平均的地权不会再趋不平”。所以,“我们可以说土地问题,要从农工关系尤其是农商关系上着想,才能够得到真正的解决”。[2]蒋介石并不主张对土地所有制进行改变,其试图维持既有的农村土地占有关系。他关于土地分配以及土地经营与管理的观点,也成为国民政府制定土地政策的主要指导思想。

梁漱溟也拥护孙中山倡导的“耕者有其田”的土地政策。在谈及开发耕地时他曾提到:“垦务上最大束缚障碍在少数有资本的人垄断地权,而耕者不能有其田。果欲发达垦务必须耕者有其田,或在某种条件下为集团经营。”“今日所得而行者,只是耕者有其田和土地的合理利用,这两点是我们应当积极进行、不容稍缓的。”[3]对于如何实现“耕者有其田”,梁漱溟曾指出:“平均地权原是国民党的主张,至今未见实行,也是条件不够,时势不容许它。第一个条件自然是能负责解决土地问题的政治力量。有了这个,才能从法律上设为种种限制,裁抑地主,终使其土地出卖;而同时奖励自耕农,保护佃农。有了这个,才能建立完整的农业金融系统,从长期金融贷款于农民以购地。……我们只要决定我们的目标,必作到没有凭借土地所有权来行剥削的地主而后已。”[4]从上述史料

---

〔1〕《蒋委员长对于解决土地问题之意见》,《地政月刊》,1933年第1卷第11期。

〔2〕蒋介石:《中国经济学说》,载张其昀:《先总统蒋公全集》,第一卷,(中国台北)中国文化大学出版社1984年版,第195页。

〔3〕梁漱溟:《乡村建设理论》,《梁漱溟全集》,第2卷,山东人民出版社1989年版,第531页。

〔4〕梁漱溟:《乡村建设理论》,《梁漱溟全集》,第2卷,山东人民出版社1989年版,第531页。

可以看出，梁漱溟对孙中山理论的进步性进行了充分肯定，将“耕者有其田”作为实现土地公有的前提，他主张消灭土地私有制，但强调土地制度与一定社会生产力状况有关，如果一味超前实行公有制，难免欲速则不达。他同时认为，当时中国还不具备能够领导和推行土地改革的政府，反对以阶级斗争的方式实现土地革命。

四、总结

总体来看，从晚清到民国时期，如何改革封建的土地制度、如何改变原有的土地所有权形态、中国应该选择哪种土地所有制度，一直是学界、理论界、政策制定者关注、讨论、争辩的重要内容，甚至还形成了几次“论战”。土地私有、公有、国有的观点都有其支持者，特别是在民国理论界，其争论表现得尤为突出。值得肯定的是：首先，民国时期的学者强调了土地所有权问题是土地问题的核心，认识到了土地所有权是土地制度改革的基础；其次，民国学者提出的各种建议方案并非闭门造车，他们既注重梳理中国历史上土地所有权形态的变迁与传承，同时也仔细地考察了西方土地制度演变历史与现状。但是也必须指出，无论是土地私有制的方案还是土地国有的实现途径，抑或是土地“村有”的规划，许多设想不可避免地带有理想主义的色彩，没有充分考虑当时的政治经济环境。土地在近代中国并不是一个单纯的经济问题，同时也是一个政治问题，对土地制度改革的政策主张是与政治取向和目标紧密联系在一起的。

第五节　“耕者有其田”思想的继承与背离

近代中国的土地问题不仅仅是一个经济问题，同时它更是与近代中国如何摆脱外来侵略、实现民族独立目标联系在一起的政治问题。孙中山的“平均地权”、“耕者有其田”主张被提出后，无论是国民党还是共产党，抑或是其他民主党派，都认为孙中山这一主张是解决土地问题的可行选择，从而提出要遵循这一主张，实现“耕者有其田”的目标。国民党虽然依照孙中山先生的某些理论制定了《土地法》，但是“耕者有其田”的重要原则却未能体现，对当时农村中既有的土地占有关系未能触及，更没有提出如何实现“平均地权”。中国共产党在实践探索中，不断清晰了对土地所有权的认识，最终确立了农民土地所有权，真正实现了孙中山的“耕者有其田”理想。

一、国民党的土地政策思想演变

国民党内部对于土地问题在近代中国的重要性早有认识，“昔者俾士麦为镇压社会民主党，而先布社会政策的立法，今则东欧诸国，为防止布尔什维克的入侵，而断行土地改革，我政府如能速行平均地权，俾耕者得有其田，则反动者无一所窃借，农民大众不致被人煽惑，则内乱之源自绝矣”。[1] 中国国民党第二次全国代表大会通过的《农民运动决议案》指出，要清理官荒，分配于失业之贫农；《国民政府对农民运动第三次宣言》对农民承诺，国民革命成功以后，国民政府一定改善农民经济状况，当遵先总理之遗嘱，设法解决土地问题，务使农民能自由使用田土。1926 年 10 月，国民党中央及各省区党部联席会议通过的政纲决议案规定，荒地属省政府，应依定章，以分配给贫苦农民。1927 年 3 月，中国国民党第二届中央执行委员会第三次全体会议通过的《农民问题决议案》要求国民政府应该提出解决贫农土地问题之具体办法，提交下届中央执行委员会全体会议。但上述主张由于种种原因，没有得到切实的贯彻实施。

南京国民政府建立以后，制定了《土地法》。《土地法》是中国历史上第一部关于现代土地制度原则的法律，规定私人所有土地应依法登记、照价纳税，国家在必要时依法征收，基本体现了孙中山的平均地权纲领精神。《土地法》虽然制定并颁布，但何时在何地实施一直没有明确规定。20 世纪 20 年代末 30 年代初，中国农村出现前所未有的危机，面对严重的农村危机，要求国民党政府切实采取措施，以实现孙中山的“耕者有其田”主张。1934 年 1 月，在南京召开的国民党四届四中全会上，陈果夫等提出了《推行本党土地政策纲领案》，刘峙等提出了《为实行土地政策以消灭乱源巩固革命政权案》，中央民众指导委员会提出了《请迅速实施土地法并救济农民案》，会后成立了以陈果夫任主任委员的土地委员会。1935 年，在国民党第五次全国代表大会上，以立法委员萧铮为提案人，由陈立夫、陈诚、陈璧君、于学忠、叶秀峰等 24 人联署提交《积极推行本党土地改革案》，其主要内容为土地纲领五项原则。大会原则上通过这五项纲领，并根据提案设立中央地政机构和中央土地银行。1936 年，在国民党五届五中全会上，萧铮等又提出《请迅速改革租佃制度以实施耕者有其田案》。

抗日战争初期，中国国民党制定了出于战争需要的土地政策。1938 年 3

---

[1] 中国第二历史档案馆：《中华民国史档案资料汇编》，第 5 辑第 1 编，财政经济 7，江苏古籍出版社 1981 年版，第 182 页。

月,中国国民党临时全国代表大会宣言认为,中国为农业国,大多数人民是农民,所以中国经济基础在农村。会议通过的《非常时期经济方案》指出,解决农村问题的根本出路在于平均地权,使耕者有其田,但在抗战时期不宜操之过急,拟先在陕、赣两省进行试验,待有成效,再进行推广。中国国民党临时全国代表大会还通过了《战时土地政策草案》。抗日战争进入相持阶段以后,国民党开始消极抗战,其初期制定的农地政策也被搁置。1939 年 4 月召开的中国地政研究会第五届年会上,蒋介石在大会训词中说,彻底推行民生主义的土地政策之良好时机,是在抗战胜利之日。会议根据蒋介石讲话精神通过了《中国战后土地政策决议案》。抗战中期,中国国民党农地政策的倒退使本来就很严重的农地问题更加恶化。国民党不得不重新考虑战时土地政策的实施问题。1941 年 4 月,国民党五届八中全会通过了由陈果夫等人提出的《为实现本党土地政策应从速举办地价申报案》。1941 年 12 月,国民党五届九中全会通过了《土地政策战时实施纲要》,其第 3 条规定:“私有土地应由所有人申报地价,照价纳税。”第 8 条规定:“农地以归农民自耕为原则,嗣后农地所有权之移转,其承受人均以能自为耕作之人民为限,不依照前项规定移转之农地或非自耕农所有之农地,政府得收买之而转售于佃农,予以较长之年限分年偿还地价。”[1]全会要求立法机关依据纲要制定实施办法,由中央专设地政机关限期实施。1945 年 5 月,国民党第六次代表大会通过了《土地政策纲领》,要求尽速完成地籍整理、照价收买、涨价归公、发行土地债券、扶植自耕农等。可是直到抗战结束,国民党的土地陈报和地籍整理工作也没有完成,征收地价税和土地增值税也就无据可循。

抗日战争结束以后,面对日益严重的农村土地问题,中国国民党先后制定和公布了一系列农地政策。1946 年 3 月,中国国民党第六届中央执行委员会第二次全体会议宣言指出,为实现“和平建国”这一全党、全国努力的目标,在治本方面,应做到平均地权和节制资本,救济农村,抵制目前土地兼并之风,扶植自耕农。1946 年 9 月制定并颁布了《南京国民政府关于绥靖区经济设施纲要》,规定在各县设土地委员会处理有关土地问题,并规定应以 50 亩为地主所有土地的最高限额,超出限额土地由政府征购,依土地法分配。1946 年 10 月 25 日,南京国民政府行政院公布《绥靖区土地处理办法》。主要内容为:绥靖区内之农地,其所有权人为自耕农者,依原有证件或保甲四邻证明文件收回自耕;其所有

---

〔1〕 中国第二历史档案馆:《中华民国史档案资料汇编》,第 5 辑第 2 编,财政经济 8,江苏古籍出版社 1981 年版,第 184—185 页。

人为非自耕农时，准依原有证件或保甲四邻证明文件保持其所有权，并由现耕农民继续佃耕；经非法分配之土地，一律由县政府依本办法征收之；征收之土地依原佃耕人、现佃耕人、有耕种能力之退伍士兵及抗战军人家属等次序承领自耕，并应依照估定地价以农产物为本位、以土地债券分年偿付，偿付期限最多不得超过 15 年，地价未交清前以承领之土地为抵押担保；不按期缴纳或怠于工作，或将土地出佃者，政府将所领土地收回；承领土地之农民自承领土地之日起，应依法缴纳土地赋税。《绥靖区土地处理办法》是南京国民政府抗战胜利之后的主要土地法令，其实施的对象是中共曾经分配土地的所谓"绥靖区"，实施目标是承认土地原主对土地的所有权。对于不能找到原主的土地，由政府依法征收，并通过分配给有耕种能力的农民承领自耕、偿付地价、交纳土地税的办法，实行有限的"耕者有其田"。照此办法领到土地的农民，不但要正常交纳赋税，而且还要偿付地价。

二、中国共产党土地所有权思想的演变

（一）对土地问题重要性的讨论

李大钊、毛泽东等革命者在领导革命的过程中，对农民及土地问题作了大量精辟而深刻的论述。1919 年 7 月 28 日，在《民众的大联合（二）》中，号召农民联合起来，解决土地问题。在国民党二届三中全会上，毛泽东、邓演达、陈克文提交了《土地问题案》及《对农民宣言案》，这次会议通过了《对农民的宣言》和《关于农民问题决议案》。宣言强调了农民问题的重要性，农民问题主要是贫农问题，而"贫农问题的中心问题，就是一个土地问题"，现在"广东、湖南、湖北农民运动发展的地方，贫农对于土地的要求已甚迫切"，如果"不使农民得到土地，农民将不能拥护革命至于最后之成功"。[1] 1927 年 2 月，瞿秋白根据共产国际决议案精神撰写的《中国革命中之争论问题》首先提出必须"彻底解决土地"，"非此决不能保障中国革命之彻底胜利"。[2] 1927 年 2 月，毛泽东考察湖南农民运动后，在写给中央的报告中亦明确提出应立即解决土地问题。彭湃作为农民运动的理论家与实践者，提出了许多比较系统的土地改革的思想主张。他在海丰全县第一次农民代表大会的发言中指出了解决土地问题和建立农民武装力量的重要性："减租虽有利于农民，但不能解决农民痛苦。要解决农民痛苦，

[1] 《第一次国内革命战争时期的农民运动资料》，人民出版社 1983 年版，第 48 页。
[2] 瞿秋白：《中国革命中之争论问题》，《六大以前》，人民出版社 1980 年版，第 702 页。

必须解决土地问题。……政权在农民手里的地方,土劣势力不大,土地问题还容易讨论,至土劣势力甚大的地方,则农民必先要求武装。”[1]

“八七”会议后,彭湃根据自己参与的农民运动经验,撰写了《土地革命》的文章。该文强调了土地革命的重要性:“无产阶级要推翻帝国主义军阀和资产阶级的掠夺与压迫,解除全中国大多数人的痛苦,只有实行土地革命,一切土地集中少数人手上,供他们的享乐,这是最不平的事。”[2]在工农兵代表大会的演说中,他分析了土地革命和政权斗争的关系。“要明白土地是天然的,因被地主资本家霸占,所以我们连一点田也没有;他要永久地保护这土地,就组织一个政府——反动政府;他还怕政府不能尽量保护他,他又组织一种军队——军阀;而且他要保护自己的土地,还恐没有证据,又造出一种契约,于是就把土地各人瓜分起来,并划定界限……工农群众要能够解放,除非把这私有制度打破是不行的,所以领导大家起来打倒反革命政府!……这样农民才得着真正的利益。”[3]彭湃主张打破不公平的土地占有制度,利用暴力革命重新确立地权的分配制度。对于分田标准,他赞成按人数多少和照土地肥瘠分配的原则,解决了分配土地中的数量和质量的基本标准,并迅速在海陆丰地区得以实行,分配土地之后还向农民颁发了土地使用证,使其具有行政和法规的保护。彭湃领导建立的县级苏维埃政权为他实践大规模的减租斗争和土地革命提供了实施空间,他的关于农民运动和土地斗争的思想内容对以后土地革命最终的成功产生了广泛的影响。邓子恢在《从鹅钱乡斗争来研究目前的土地改革运动》一文中,曾谈到这个问题。他说:“从这一幅中国的缩影——鹅钱乡——来看,就使我们深深理解到一个真理。这个真理,就是中国新民主主义革命的基本内容,是要求解决土地问题,是要实现耕者有其田。这个基本政策,只有彻底实行土地改革,只有达到耕者有其田,使农民个个有田耕,有衣穿,有饭吃,不致人弃于地,才能使中国土地生产大大增长,农村购买力大大提高,工业市场大大扩张。”[4]此外,刘少奇、张闻天等人对于土地革命对中国新民主主义革命的重要作用也进行过深入的剖析。

(二)土地所有权:是公有还是农有?

近代中国农村的土地所有权究竟应该归谁所有,或者说土地革命后的土地

---

〔1〕 蔡洛等:《彭湃传》,人民出版社 1986 年版。
〔2〕 彭湃:《土地革命》,《红旗周刊》,1927 年第 1 期。
〔3〕 《彭湃文集》,人民出版社 1981 年版,第 281 页。
〔4〕 《中国土地改革史料选编》,国防大学出版社 1988 年版,第 293 页。

应该如何进行分配，这一问题的解决是中国近代地权关系的关键环节。

中国共产党对于土地所有权归属问题的认识经历了曲折的过程。早期的革命理论家以经典社会主义的生产资料社会公有的理论来指导土地革命时的土地所有关系，认为土地由社会共同占有。陈独秀在《社会主义批评》、《关于社会主义问题》、《中国农民问题》等文中指出，资本主义之所以出现社会上的贫困现象，不是因为人口超过了生活资料的增长，根本原因是在生产资料私有制条件下的分配不公。"一阶级人的占据有余，造成一阶级人的不足。"[1]"土地公有"这个口号，最早是由资产阶级革命家在反封建的过程中提出来的。当时的思想认识是，中国的土地制度，就是"马克思、列宁所称为'亚细亚的生产方法'制度"，是过渡到新的生产方法、发展生产力的阻碍。在这种土地制度下，占人口最大多数的贫农和小农破产失业，农村经济凋敝。过渡到新的生产方法，或者说解决问题的方法有两条道路：资本主义的与非资本主义的。中国共产党认为，"资本主义的道路对于中国，就是几千百万农民苦力之死亡，几百万女工童工在工厂中磨折惨死……"，就是人间地狱，而社会主义才是中国唯一正途，为此，必须实行"一切私有土地完全归组织成为苏维埃国家的劳动平民所共有"、"一切没收的土地之实际使用权归之于农民"[2]的办法。十月革命胜利以后，俄国便在全国实行了土地国有。根据列宁的论述和苏联的情况，共产国际也一再指示中国共产党要实行土地国有。但是，这个口号在当时是脱离中国国情的。这是因为，中国的封建土地所有制与西欧的领主制和俄国的村社制是很不相同的，中国土地使用非常分散，千百年来一直可以自由买卖，因此，在农民中形成了一种根深蒂固的土地私有观念。他们参加土地革命，并不仅仅是为了取得土地的使用权，主要还是为了取得土地的所有权。在这种情况下，实行土地国有必然与农民的土地私有观念相抵触，不利于调动他们革命和生产的积极性。1920 年 11 月由陈独秀起草的《中国共产党宣言》就提出要将生产工具包括土地"收归社会公有，社会公用"。1921 年中共一大通过的《中国共产党纲领》正式提出党的主张是"消灭资本家私有制，没收机器、土地、厂房和半成品等生产资料，归社会公有"。[3] 这是中共土地政策思想的最初体现。国共合作后，中

---

〔1〕《独秀文存》，人民出版社 1984 年版，第 295 页。

〔2〕 中国社会科学院经济研究所中国现代经济史组：《第一、二次国内革命战争时期土地斗争史料选编》，人民出版社 1981 年版，第 196—197 页。

〔3〕《中共中央文件选集(1921—1925)》，中共中央党校出版社 1983 年版，第 5—6 页。

国共产党根据国民革命的实际情况,在口号上曾有所改变,提出“没收大地主、军阀、官僚、庙宇的田地交给农民”、“耕地农有”、“谁耕种的田地归谁自己所有”、“没收军阀、官僚、寺院、大地主的田地,归耕地的农民所有”[1]等口号。1922年中国共产党发表了《中国共产党第一次对于时局的主张》,提出当前奋斗目标之一是“肃清军阀,没收军阀官僚的财产,将他们的田地分给贫苦农民”。[2] 这是中央正式文件中第一次提出给贫苦农民分地的思想。但在当时条件下,中央领导人认为农民私有观念牢固,不宜采用“社会革命”的口号和措施。1923年,陈独秀在《中国农民问题》和《中国国民革命与社会各阶级》两篇文章中指出:“农民的私有观念极其坚强,在中国,约占农民半数之自耕农,都是中小资产阶级,不用说共产的社会革命是和他们的利益根本冲突,即无地之佃农,也只是半无产阶级,他们反对地主,不能超过转移地主之私有权为他们自己的私有权的心理以上。”[3]因此,在革命实践中,基本上是以“限租、限田”为行动指导。但需要明确的是,“限租”和“限田”政策属于两个不同性质的土地政策。“限租”是由“减租减息”发展而来的,属于承认地主土地所有制的改良主义土地政策范畴。“限田”是由“限租”发展而来,但在性质上发生了变化,“限田”政策在一定范围内否认了地主土地所有制,属于没收地主土地政策范畴,只不过没收时附有一定条件,只有当地主土地超过规定的土地亩数后,才没收其超过部分。1922年,中共中央制定的《关于目前实际问题之计划》中,提出了“限田,即限制私人地权在若干亩以内,地主超过限田的部分,归耕种该地的佃农所有”、“限定租额,在农村组织佃农协会,按收成丰歉议定缴地主的租额”等具体主张。1924年,中共中央执行委员会发布《中共中央第四次对于时局的主张》,再次重申“限租、限田”的农地思想。

中国最早的农民协会发表的章程宣称,“本会与田主地主立于对抗地位”,“世界上的土地是应该归农民使用”,“土地应该归农民所组织的团体保管分配”。[4] 1925年末1926年初,李大钊在《政治生活》杂志第62—67期上发表《土地与农民》一文,回顾了中国自古代到近代历史上平均地权运动,指出:“中国今日之土地问题,实远承累代历史上农民革命运动的轨辙,近循太平、辛亥诸

---

[1] 《中国共产党告农民书》,1925年10月10日。
[2] 中共中央党校党史教研室:《中共党史参考资料(一)》,人民出版社1979年版,第340页。
[3] 《陈独秀文章选编(中)》,三联书店1984年版,第367页。
[4] 《衙前农民协会章程》,《新青年》,1921年第9卷第4号。

革命进行未已的程途。”孙中山的民生主义虽然提出了平均地权，但“惜其所拟的平均地权办法，未能及身而见其实行”。文章以比较详细的统计资料分析了土地分配的不合理状况，提出了“耕地农有”即土地所有权归农民所有的主张。对于如何实现“耕地农有”，李大钊认为，一方面，依靠贫雇农的团体力量，从政治上提高其社会地位；另一方面，李大钊要求政府实施切实的耕地农有政策，他指出，“国民革命政府成立后，苟能按耕地农有的方针，建立一种新土地政策，使耕地尽归农民，……则耕地自敷而效率益增，历史上久久待决的农民问题，当能谋一解决”。[1] 蔡和森主张民权主义，他说：“农民普遍的革命要求，如抗租抗税，土地农有，反对豪绅地主，反对军阀，反对帝国主义，要求农民政权，农民武装，统一赋税，统一中国，凡此等等都是彻底的民权主义的要求。”[2]因此，应该“没收一切地主阶级的土地，耕地归农”。[3]

“限租、限田”的改良土地政策逐渐发展成为“从地主手中获取土地”从而实现“耕地农有”的土地革命。1925 年 1 月，中国共产党第四次全国代表大会通过了《对农民运动的议决案》，认为农民已不满足于“限租、限田”的政策，产生了获取土地的强烈欲望，提出了要“结合中农、佃农、贫农、雇农以反对大地主”，“应使农民向国民党政府要求以官地分给贫农”。[4] 1925 年 10 月通过的《中国现时的政局与共产党的职任议决案》在党的历次会议中，第一次提出了“耕地农有”的口号，指出农民“最主要的要求”是从地主和政府手中获取土地，实现“耕地农有”，如果农民得不到土地，他们不能成为革命的拥护者，革命政府得不到巩固，革命就会失败。因此，我党将“没收大地主、军阀、官僚、庙宇的田地交给农民”作为土地政策的“最终目标”。1925 年 11 月，中国共产党发表《中国共产党告农民书》，具体解释了“耕地农有”土地政策的内涵，并指出“耕地农有”的土地政策是解除农民困苦的最根本的办法。《中国共产党告农民书》指出：“要解除农民的困苦，根本是要实行‘耕地农有’的办法，就是谁耕种的田地归谁自己所有，不向地主缴纳租谷。此外，废止盐税和厘金，关系农民生计也非常之大。可是要达到废止盐税厘金和实行‘耕地农有’这些目的，那就非要农民工人联合

---

〔1〕 李大钊：《土地与农民》，《李大钊文集》(下)，人民出版社 1984 年版，第 833 页。

〔2〕 蔡和森：《国民党反革命统治下的辛亥革命纪念》，《蔡和森文集》(下)，湖南人民出版社 1979 年版，第 192 页。

〔3〕 蔡和森：《国民党反革命统治下的辛亥革命纪念》，《蔡和森文集》(下)，湖南人民出版社 1979 年版，第 191 页。

〔4〕 赵效民：《中国土地改革史》，人民出版社 1990 年版，第 76 页。

起来革命打倒军阀政府不可。""因为军阀政府是断不肯把盐税和厘金废止的;至于'耕地农有',更须革命的工农等平民得了政权,才能够没收军阀、官僚、寺院、大地主的田地,归耕地的农民所有。"[1]

(三)土地所有权的国家所有及使用权的农民所有

北伐运动的推进和农民运动发展的过程中,中国共产党内部关于是否要开展土地革命产生了分歧。1923年,共产国际虽曾在关于中国问题的决议中说过"民生主义也不能解释为国家实行土地国有化","应当把土地直接分给在这块土地上耕种的劳动者"[2],但在以后则根据苏联的经验,越来越强调土地国有。1926年12月共产国际执行委员会通过的《关于中国形势问题的决议》作出规定,"中国共产党应把土地国有化的要求提为无产阶级土地纲领的基本要求",应当"立即实现"把军阀、买办、地主、土豪、寺庙与教堂的土地"收归国有"。1927年4月,陈独秀和鲍罗庭在国民党中央土地委员会的会议上原则赞成"没收小地主及革命军人以外之出租的土地给农民"。[3] 为了消除分歧,1927年4月,中共在武汉召开了第五次全国代表大会,会议通过《土地问题议决案》,分析了农民运动发展的趋势,提出"急剧变更土地所有制度,是国民革命中唯一的原则","农民运动的前途,必然是土地革命","共产党将领导农民从事于平均地权的斗争,向着土地国有、取消土地私有制度的方向,而努力进行。土地国有确系共产党对于农民问题的党纲上的基本原则"。[4] 会议认为,解决农民问题的策略应该是:(1)没收一切所谓公有的田地以及祠堂、学校、寺庙、外国教堂及农业公司的土地,交给耕种的农民;(2)无代价没收地主租与农民的土地,交给耕种的农民,小地主的土地不没收;(3)耕种被没收的土地的农民,除缴纳累进的地税给政府外,不纳任何杂税;(4)取消地主绅士所有的一切政权及权利;等等。[5] 但是中共五大以后,政治局势进一步恶化。农民运动中出现了农民与地主的剧烈冲突以及许多无组织的行为,同时湖南、湖北、江西等地出现了反共行动,1927年8月,第一次国共合作彻底破裂。大革命失败以后,中国共产党开

---

〔1〕《第一、二次国内革命战争时期土地斗争史料选编》,人民出版社1981年版,第98—99页。

〔2〕《共产国际执行委员会主席团关于中国民族解放运动和国民党问题的决议》,1923年11月28日。

〔3〕中共中央文献研究室:《毛泽东年谱(1893—1949)》(上卷),人民出版社、中央文献出版社1993年版,第196页。

〔4〕中国共产党第五次代表大会:《土地问题议决案》,1927年5月。

〔5〕中央档案馆:《中共中央文件选集》,第3册,中共中央党校出版社1989年版,第64—70页。

始深入发动农民群众，建立农村根据地，在根据地开展土地革命。

1927年的中共"八七"会议上，确定了土地革命的总方针，第一次在党内正式提出"土地国有"的口号，形成了中国共产党土地革命初期关于土地问题的基本纲领。《中国"八七"会议告全党党员书》中认为，土地革命"其中包含没收土地及土地国有"，"是中国革命新阶段的主要的社会经济之内容"。但是，"八七"会议通过的《关于最近农民斗争的议决案》并未涉及土地所有权应归谁所有的问题，认为本党在这一整个时期的行动纲领是"耕者有其田"，以后才"一直发展到土地国有及完全重新分配土地"。毛泽东在对议案进行讨论时谈道："一、应当规定大中地主的标准，建议以五十亩为限，五十亩以上的地主土地通通没收。二、小地主问题是土地问题的中心问题，困难在于《关于最近农民斗争的议决案》规定不没收小地主土地，'如此，则有许多大地主的地方，农协则要停止工作。所以要根本取消地主制，对小地主应有一定的办法'。三、对自耕农中的富农、中农的地权应用不同的规定，要确定方向。"[1]党内有人要求实行土地国有，认为"中国革命的发展现在已经到了一个全部没收土地、土地归国有的时期。现在我们必须全部没收土地，确定土地国有原则"。[2] 正是在这种思想的推动下，1927年11月，中共中央临时政治局全体会议通过的《中国共产党土地问题党纲草案》规定："一、一切地主的土地无代价地没收，一切私有土地完全归组织成苏维埃国家的劳动平民所公有。二、一切没收的土地之实际使用权归之于农民。租佃制度与押租制度完全废除，耕者有其田。"[3]1927年11月中旬，海陆丰苏维埃政府实践了把没收分配土地问题列为第一个议案的做法，通过了《没收土地案》及分田标准，规定不仅仅是大中地主的土地加以没收，小地主甚至自耕农的土地也加以没收。大会还通过了"不劳动不得田地，不革命不得田地"的分田原则。1928年5月5日中央发出的《中央通告第三十七号——关于没收土地和建立苏维埃》中规定，"一切土地于实行共有后，重新分配给农民耕种，由县苏维埃政府的名义发给土地使用证"，"土地不能买卖，并打破耕者有其原来耕地之观念，即从地主没收土地交给原佃和自耕农土地不动摇的观念"。在中央这种政策指导下，各革命根据地在这个时期大多实行土地公有、禁止买

〔1〕 中共中央文献研究室、金冲及：《毛泽东传（1893－1949）》，中央文献出版社1997年版，第139－140页。

〔2〕 彭公达：《关于湖南秋暴经过的报告》，1927年8月18日。

〔3〕 中央档案馆：《中共中央文件选集》，第3册，中共中央党校出版社1989年版，第295页。

卖等政策。1928年6月召开的中共六大上，农民土地问题是重要议题之一。大会成立了农民土地委员会，通过了《土地问题决议案》和《农民问题决议案》，会议强调了土地革命的必要性和重要性并调整了土地政策。《土地问题决议案》明确规定，“无代价地立即没收豪绅地主阶级的财产土地，没收的土地归农民代表会议（苏维埃）处理，分配给无地及少地的农民使用”，“祠堂、庙宇、教堂的地产及其他的公产官荒或无主的荒地沙田，都归农民代表会议（苏维埃）处理分配给农民使用”。[1]《土地问题决议案》实际上改变了之前只没收大中地主土地而不没收一切地主土地的做法。

1928年12月，中国共产党在苏联集体农村土地产权模式的基础上，颁布了中国共产党历史上第一部关于农村土地改革的法律文件——《井冈山土地法》，该文件规定：“没收一切土地归苏维埃政府所有，分配给农民个体耕种、集体耕种或者由苏维埃组织模范农场耕种，以农民个别耕种为主；一切土地经苏维埃政府没收分配后，禁止买卖。”[2]1929年4月，《兴国土地法》改变了没收一切土地的政策，规定“没收一切公共土地及地主阶级的土地”。1931年2月，中央政治局和共产国际远东局为全国苏维埃工农兵代表大会起草的《土地法草案》第一条规定：“所有封建主、地主、豪绅、军阀、官僚、寺院以及其他大私有主的土地，无论自己经营或出租，一概立即无任何代价地没收，被没收的土地，经过苏维埃由贫农与中农实行分配。被没收的旧土地所有者，无权取得任何份地。”[3]1931年12月1日，苏维埃第一次全国代表大会通过了《中华苏维埃共和国土地法令》，规定“所有封建地主、豪绅、军阀及其他大私有主的土地，无论自己经营或出租，一概无任何代价地实行没收，被没收的土地，经过苏维埃由贫农与中农实行分配。被没收的旧土地所有者，不得有任何分配土地的权限”。[4] 总的来说，在1930年底到1931年初以前，各革命根据地大多实行了土地公有的政策，即没收和分配的土地一律归苏维埃政权所有或公有，农民只有使用权，禁止土地的买卖、租让和典押。

（四）农民土地所有权的重新确立

土地所有权问题，也就是没收和分配地主阶级的土地之后土地归谁所有的

---

〔1〕 中央档案馆：《中共中央文件选集》，第3册，中共中央党校出版社1989年版，第352页。

〔2〕 中共中央党校党史教研室：《中共党史参考资料（三）》，人民出版社1979年版，第35－36页。

〔3〕 中共中央党校党史研究室：《土地革命纪事（1927－1937）》，求实出版社1982年版，第220页。

〔4〕 中央档案馆：《中共中央文件选集》，第7册，中共中央党校出版社1991年版，第777－778页。

问题，一直是土地革命中一个重要的问题，它的正确解决与否直接影响到广大农民群众生产的积极性。在土地“农有”原则被提出之前，最初对没收的地主阶级土地大多实行了土地公有的政策并禁止土地买卖。在新民主主义革命时期，中国传统农民私有观念仍然根深蒂固，如果不分实际情况地一味实行国有，不考虑劳动能力的差别和经济调剂方式的重要性，就会违背广大农民得到土地的迫切愿望，同时也使他们对土地革命产生了怀疑和抵触情绪。土地革命的实践过程中，苏区实行的土地公有影响了农民的生产积极性，妨碍了农业生产的发展，甚至引起了具有长久的小生产习惯和土地私有心理的广大农民对于土地革命的怀疑。毛泽东在兴国、东塘调查时也发现，由于“土地国有”的政策，土地所有权未定，三番五次地分地，农民感到土地不是自己的，不安心耕种，出现了农民很少动手耕种的消极现象。1930 年 8 月，共产国际对禁止土地买卖、租押的政策进行了批评。根据这一精神，1930 年 9 月，周恩来在六届三中全会上传达共产国际指示时进一步指出：“土地国有问题，现在是要宣传，但不是现在已经能实行土地国有，因为现在尚无全国的胜利政权可言，不能将土地归苏维埃所有即解释为国有。中国土地问题中的一个特点，就是有资本主义的买卖关系，……决不能说中国农民已经打破了私有观念，所以禁止土地买卖，目前是不需要的口号，这只是增加了农民的恐慌心理。”中共六届三中全会也指出，“在目前革命阶段中，尚未到整个取消私有制度时，不禁止土地买卖和在苏维埃法律内的租佃制度”。与此同时，全国苏维埃大会中央准备委员会会议修订的《土地暂行法》删去了原来规定的“禁止一切土地的买卖、租佃、典押”的条文，并认为土地国有目前还只是宣传口号，不能禁止土地买卖。

1931 年 2 月 8 日，苏区中央局在通告第九号《土地问题与反富农策略》中，根据三中全会的精神，明确阐述农民土地所有权的问题。通告指出，“土地国有的实现，只有在全国苏维埃胜利与全国工农专政的实现的条件下才有可能。农民是小私有生产者，保守、私有是他们的天性。在他们未认识到只有土地社会主义化，才是他们的经济出路以前，他们是无时不在盼望着不可求得的资本主义的前途。所以，他们热烈地起来参加土地革命，他们的目的，不仅要取得土地的使用权，主要的还要取得土地的所有权”，因此在当时，“土地国有只是宣传口号，尚未到实行的阶段。必须使广大农民在革命中取得了他们唯一热望的土地所有权，才能加强他们对于土地革命和争取全国苏维埃胜利的热烈情绪，才能使土地革命更加深入”。

毛泽东在1931年2月27日写给江西省苏维埃政府的信——《民权革命中的土地私有制度》——中,从理论上论述了土地归农民所有政策的正确性:“过去田归苏维埃所有,农民只有使用权的空气十分浓厚,并且四次五次分了又分,使得农民感觉田不是他自己的,自己没有权来支配。因此不安心耕种,这种情况是很不好的。省委应该通令各地各级政府,要各地各级政府命令布告催促农民耕田,在命令上要说明过去分好的田(实行抽多补少、抽肥补瘦分的)即算分定,得田的人,即他对所新分的田,这田由他私有,别人不得侵犯。以后一家的田,一家定业,生的不补,死的不退;租借买卖,由他自由;田中出产,除交土地税于政府外,均归农民所有。”[1]这封信与通告相比,除了明确农民土地所有权外,还规定了农民使用土地的权利和义务,以及党在实行农民土地所有权政策中应遵循的规范,使土地所有权归农民所有从一项论断发展成为完整的政策理论。这从根本上解决了中国民主革命时期土地所有权归属问题。1931年4月16日闽西土地委员会扩大会议案说,这种办法“使农民不敢下种下肥妨碍了耕作,减少了生产,同时使农民对土地革命怀疑,脱离了群众”。这个决议案又说,“禁止土地买卖、抵押、出租,结果不独使劳动力不足的老弱残废的及红军战士的家属,分得了田地没法耕种,很难维持生活,而且使农村经济不能很好地调剂,减少了生产的数量”。根据这种情况,中共六届三中全会以后,各根据地便陆续改变了土地国有即归苏维埃所有的政策,宣布土地分配后即归农民所有。1933年6月,中华苏维埃共和国临时中央政府土地委员会颁布了《关于实行土地登记》的布告,以法律形式肯定了农民对土地的所有权。这表明革命政权已经放弃或纠正了不切实际的“土地完全国有”,而采用“农有”的形式解决了土地革命中的土地所有权问题。这一思想的贯彻实施逐步形成了适应中国农村情况的土地革命路线,它的分配原则是在原耕地的基础上,以乡为单位,按人口平均分配土地。这次土地“农有”革命带来的地权制度改革,极大地调动了农民的生产积极性,农村的生产力得到进一步的解放,为社会经济基础的不断稳固提供了更加有利的条件。“红色区域在建立的头一、二年,农业生产往往是下降的。但是经过分配土地后确定了地权,加以我们提倡生产,农民群众的劳动热情增长了,生产便有恢复的形势了。现在有些地方不但恢复了,而且超过了革命前的生产量。”1933年在赣南、闽西区域,农业生产比较1932年增加了15%,

---

〔1〕 毛泽东:《民权革命中的土地私有制度》,1931年2月28日,载《第二次国内革命战争时期土地革命文献选编(一九二七—一九三七)》,中共中央党校出版社1987年版。

而在闽浙赣边区则增加了20%。

中共中央于1936年7月发布了《关于土地政策的指示》，对土地政策作了重要的改变：对地主阶级的土地、粮食、房屋、财产一律没收，没收之后，仍分给耕种份地及必需的生产工具和生活资料；对小业主的土地不没收；对富农的土地及多余的生产工具均不没收。[1] 抗战时期最主要的土地政策是减租减息，这一政策不仅大大降低了租息，而且引起了农村土地关系的变化。农民通过买进、赎回等方式取得了一部分土地，地主土地占有量减少，农村地权由集中转为分散。[2] 抗战开始后，为了建立统一战线，决定停止没收地主土地，实行减租减息的政策。1940年，毛泽东发表了《新民主主义论》，在谈到新民主主义经济的土地政策时指出："这个共和国将采取某种必要的方法，没收地主的土地，分配给无地和少地的农民，实行中山先生'耕者有其田'的口号，扫除农村中的封建关系，把土地变为农民的私产。"[3]从此，"耕者有其田"成为中国共产党的新民主主义经济中的土地政策的奋斗目标。1945年4月，毛泽东在党的七大上作《论联合政府》的政治报告时指出，目前我党处于资产阶级民主主义性质的革命时代，革命的对象不是一般的资产阶级，而是民族压迫和封建压迫，因而"革命的措施，不是一般地废除私有财产，而是一般地保护私有财产"，孙中山先生的"耕者有其田，是把土地从封建剥削者手里转移到农民手里，把封建地主的私有财产变为农民的私有财产，使农民从封建的土地关系中获得解放，从而造成将农业国转变为工业国的可能"。[4] 抗战结束后，国内政治局势发生剧烈变化，内战危机使得中共的土地政策进行了调整。1947年7月，朱德在全国土地会议上讲话："日本投降后，革命形势发生了巨大变化，敌人和同盟军都变了，革命的策略也必须按照客观情况改变。因此，从减租减息的政策改变为没收地主土地分配给农民的政策。"1946年5月4日，中共中央发出了刘少奇起草的《关于清算减租及土地问题的指示》，即《五四指示》，强调要坚决拥护农民一切正当的主张和正义的行动，批准农民获得和正在获得土地。《五四指示》的内容主要是中共在放手发动与领导群众来完成由"减租减息"到"耕者有其田"的土地政策转变过程中所要依据的原则和所要采取的方式、方法。

---

[1] 中央档案馆：《中共中央文件选集》，第7册，中共中央党校出版社1991年版，第57—59页。
[2] 成汉昌：《中国土地制度与土地改革：20世纪前半期》，中国档案出版社1994年版，第540页。
[3] 《毛泽东选集》，第2卷，人民出版社1991年版，第678页。
[4] 《毛泽东选集》，第3卷，人民出版社1991年版，第1074页。

1947 年 7—9 月,中共中央工作委员会召开了土地工作会议,决定改变《五四指示》的过渡政策。1947 年 9 月 6 日,毛泽东在起草对《关于彻底平分土地问题的报告》的复电时指出:"平分土地利益极多,办法简单,群众拥护,外界亦很难找出理由反对此种公平办法。中农大多数获得利益,少数分出部分土地,但同时得了其他利益(政治及一般经济利益)可以补偿。因此,土地会议应该采取彻底平分土地的方针,将农村中全部土地、山林、水利,平地以乡为单位,山地以村为单位,除少数重要反动分子本身外,不分男女老少,在数量上(抽多补少)、质量上(抽肥补瘦)平均分配。不但土地、山林、水利平均分配,而且要将地主、富农两阶级多余的粮食、耕牛、农业、房屋及其他财富拿出来,适当地分配给农民中缺乏这些东西的人们,地主、富农所得的土地财产不超过也不低于农民所得。大规模的森林及水利工程不能分配者,由政府管理。"复电指出上述土地分配原则后,还提出:"同意即由土地会议通过土地法大纲,作为向各解放区政府的建议。"[1]1947 年 10 月公布的《中国土地法大纲》确定了"废除封建性及半封建性剥削的土地制度,实行耕者有其田的土地制度"。其第 2 条明确规定"废除一切地主的土地所有权",第 6 条规定"接收乡村中一切地主的土地",第 10 条规定"地主及其家庭,分给农民同样的土地及财产"。《中国土地法大纲》颁布以后,各解放区立即进行了贯彻落实。晋冀鲁豫中央局召开了冶陶会议,制定《施行中国土地法大纲补充办法(草案)》;晋察冀边区召开了中央局扩大会议,布置了实施方案;西北中央局召开了义合会议,号召不分老区、新区彻底平分一切土地;东北解放区于 11 月 3 日至 21 日召开省委书记联席会议,中央局还发布了《告农民书》,制定了《土地法大纲补充办法》;华中工委 10 月 11 日发出了贯彻中央平分土地精神的指示。[2]

三、民主党派的土地主张

各民主党派在新民主主义革命时期也提出了不同的土地主张。中国农工民主党在 20 多年的时间里,对农民土地问题的态度发生了很大的变化。最初邓演达坚定地坚持孙中山"耕者有其田"的主张,但反对中国共产党领导的土地革命;后来逐渐赞成中国共产党土地革命以及土地改革的主张,并有不少人积极参加了新中国成立后的土地改革运动。其他民主党派基本上都支持孙中山

---

〔1〕 中共中央文献研究室:《毛泽东年谱(1893—1949)》(下卷),人民出版社 1993 年版,第 229 页。
〔2〕 郭德宏:《中国近代农民土地问题研究》,青岛出版社 1993 年版,第 410 页。

“耕者有其田”的主张。中国民主建国会1945年12月16日通过的成立宣言提出:“集中力量,用和平合理的手段解决土地问题,以解除农民痛苦,并扫除国家工业化的障碍。”其政纲也明确规定:“土地问题,必须用和平合理之政策,速求解决,以谋土地之合理使用及生产力之增加。农村土地问题之解决,应从保障佃权、限制租佃入手,进一步由国家征租或发行债券征购非自耕土地,分租与农民;同时并应因势利导,通过现代农业机具之集中运用,以渐进于土地之集中使用。”[1]中国国民党革命委员会的前身之一即三民主义同志联合会,在1945年10月28日发表的《政治主张》中则提出:其一,“私人土地,应由所有者申报地价,地价申报后,征收累进的地价税,并将土地增价全部归公”。其二,“实行平均地权,以下列方法逐渐实行之:(一)国有土地,不得出卖;(二)无主土地,收为国有;(三)发行土地公债,主要以征购方式,逐渐实现土地国有。市区土地,应尽先征购,以法律规定每户所有农地之最高面积,其超过部分,由国家征购之”。其三,“私人出卖土地,国家有先买特权,并以购地贷款供给乡村自治团体,俾得陆续收购私人出卖之土地,以充实自治财源”。其四,“凡国有及国家所征收或收购之土地,按其土宜,分别创设国有国营农场,及同有合作、国有私营农场”;“国有私营农场,按其土室及面表大小,由国家给予一定期限之使用权或永佃权,以逐渐达到耕者有其田”。[2] 1948年1月1日,中国国民党革命委员会在香港成立,在其成立宣言中强调了要继续贯彻孙中山“耕者有其田”的主张。

1948年1月19日中国民主同盟一届二中全会政治报告提出:“为了彻底推翻反动集团的统治及驱逐美帝国主义出中国,中国人民就得彻底铲除这一反动统治的经济基础,那就是彻底消灭封建性的土地制度,实行耕者有其田的口号。应当认清,实行耕者有其田,不单是消极地为了铲除反动统治的经济基础,使之无所凭借,而同样重要的也是积极地为全国工商业开拓发展的前途,为真正的民主政治奠定必要的社会基础。”[3]台湾民主自治同盟1947年11月通过的

---

〔1〕 中共中央党校中共党史教研室:《中国民主党派史文献选编》(新民主主义革命时期),内部发行,1985年,第232、239页。

〔2〕 中共中央党校中共党史教研室:《中国民主党派史文献选编》(新民主主义革命时期),内部发行,1985年,第7页。

〔3〕 中共中央党校中共党史教研室:《中国民主党派史文献选编》(新民主主义革命时期),内部发行,1985年,第207页。

《纲领草案》也提出:"'耕者有其田'为土地改革之基本原则。"[1]

四、小结:"耕者有其田"的实现路径及思考

"耕者有其田"是中国传统地权思想的结晶,可以从两条历史线索追溯其脉络,即农民起义的口号和政府土地改革设想。一是从唐代"均贫富"、明末"均田免粮"到太平天国"凡天下田,天下人同耕"不断强化的、自下而上的土地再分配动机;二是井田制、限田制、王田制、占田制、均田制等代表的自上而下的土地再分配机制。孙中山将"耕者有其田"思想进一步总结提炼,并将其作为拯救危亡和改造社会的渠道,却未将其付诸实践。国民党政府虽然坚持平均地权主张,颁布《佃农保护法》,规定"佃农缴纳租项不得超过所租地收获量百分之四十","佃农对于地主,除交纳租项外,所有额外苛例一概取消"[2],然而,无论是地价税制度还是"二五减租",都回避了以土地产权为核心的变革,也就背离了"耕者有其田"的理念。中国共产党进行的土地改革继承和发展了"耕者有其田"理念,并且实现了这一理想。1950 年,《中华人民共和国土地改革法》出台,规定废除封建剥削的土地所有制,实行农民阶级的土地所有制,保存富农经济,政治上中立富农,从而彻底废除了封建剥削的土地制度,让大部分中国农民拥有了土地,实现了中国最广大农民在土地产权上的平均,圆了几千年"耕者有其田"的中国梦。

以下几点仍需要廓清并深入思考:首先,"耕者有其田"仅仅实现了起点公平,解决土地问题还需要面对发展问题,即提高社会生产力,通过发展实现民众富裕和国家富强。土地是分散还是集中都应当按照经济发展规律调节,人为地限制土地流动必然是低效率的。"耕者有其田"并不否认土地流动性,《中华人民共和国土地改革法》明文规定,"发给土地所有证,并承认一切土地所有者自由经营、买卖及出租其土地的权利"。[3] 其次,"耕者有其田"的产权基础是私有制。土地改革后,农民拥有土地产权,并由政府发给土地所有证。这种土地私有化具有对公有土地的排他性,因为它不仅"没收地主的土地、耕畜、农具、多

---

[1] 中共中央党校中共党史教研室:《中国民主党派史文献选编》(新民主主义革命时期),内部发行,1985 年,第 494 页。

[2] 于建嵘:《中国农民问题研究资料汇编》(第一卷下册),中国农业出版社 2007 年版,第 526 页。

[3] 于建嵘:《中国农民问题研究资料汇编》(第二卷上册),中国农业出版社 2007 年版,第 1045 页。

余的粮食及其在农村中多余的房屋”,也“征收祠堂、庙宇、寺院、教堂、学校和团体在农村中的土地及其他公地”[1],所以公共土地的面积很少。再次,“耕者有其田”是面向农业部门的,与农业人口相对应。《中华人民共和国土地改革法》规定,农村中的手工业工人、小贩、自由职业者及其家属,“其职业收入足以经常维持其家庭生活者,得不分给”[2],导致了非农业人口难以取得土地,于是随着农民进城就业被限制,农业生产、农村生活和农民职业开始绑定在了一起。由于破坏了土地市场,且这种形式的“耕者有其田”不仅包括古代追求的“耕者必须有其耕田”,还包括“不耕者不得有耕田”、“有耕田者只能做农民”,即限制了非农业人口取得土地的自由以及农民非农就业的自由。最后,需要指出的是,城市土地并不在“耕者有其田”概念内,并没有平均分配,只是局部收归国有,甚至城市郊区土地改革也不在“耕者有其田”范围内。

---

〔1〕 于建嵘:《中国农民问题研究资料汇编》(第二卷上册),中国农业出版社 2007 年版,第 1041 页。

〔2〕 于建嵘:《中国农民问题研究资料汇编》(第二卷上册),中国农业出版社 2007 年版,第 1043 页。

第四章　中国近代化转型中农村土地制度的构建

第一节　近代中国国家与土地所有权的关系

一、国家与产权

已有的研究表明，国家理论的引入对于产权理论的完整性至关重要。新制度经济学理论指出了实现长期经济增长所需要的制度条件和动力机制，认为国家的产权保护对一国经济持续增长具有重要作用。国家与产权之间存在互动关系，即国家提供竞争与合作的基本产权结构，产权的出现是国家统治者的欲望与交换当事人努力降低交易费用的企图彼此合作的结果。在对资源配置的影响的探讨中，国家这一因素的引入十分关键，政府对于产权的规定将影响到资源配置的效率和经济产出。E. Furubotn 和 S. Pejovich(1972)指出，产权虽然是一种排他的权利，但不要因此指望它会成为不受限制的权利。在国家存在时，国家界定和保护产权具有规模效应并克服外部性。国家是一种合法使用强制手段的、具有自然垄断性质的机构。一方面，国家权力是保护个人权利的最有效的工具，因为它具有巨大的规模效益，国家的出现及其存在的合理性，也正是为了保护个人权利和节约交易费用，没有国家就没有产权[1]；另一方面，国

---

〔1〕 Mancur Olson. *The Rise and Decline of Nations: Economic Growth, Stagflation, and Social Rigidities*. Yale University Press, 1982.

家权力又是个人权利的最大危险的侵害者，因为国家权力不仅具有扩张的性质和特征，而且其扩张总是依靠侵蚀个人权利来实现，在国家的侵蚀面前，个人是无能为力的。[1]“诺斯悖论”实际上也是对这一情况的解释：国家提供的基本服务是博弈的基本规则，主要界定形成产权结构的竞争与合作的基本规则。没有国家权力的介入，财产权就无法得到有效的界定、保护和实施，因此，国家权力就构成有效率的产权和经济发展的一个必要条件，从这个角度讲，没有国家就没有产权。另一方面，国家权力介入产权安排和产权交易，又是对个人财产权利的限制和侵害，会造成所有权残缺，导致无效产权和经济衰退，以至于我们即使在理论上假设存在着一个理性国家，也无法完全避免无效产权的后果。所以，有效的产权契约是在既能使国家在降低社会费用、使统治者租金最大化前提下提供足够的保护，同时又能防止国家对私人产权进行侵蚀的意愿扩张条件下达成平衡的契约。

二、传统中国社会国家与所有权关系的演变

传统中国社会最终所有权属于国有以及国家所有权的主导地位构成农村地权关系的总体特征。国家所有权绝对主导的观念的形成源于国家作为所有权主体所具有的特殊性，同时早期社会生产力的低下导致土地使用权的共同所有是国家所有权强大的重要原因。但是，土地所有权和使用权不可避免地分离以及个人天生对于土地财富的追求和占有，使得国家所有权的主导观念不可能是永久不变的，一旦土地使用权的私有得到发展，所有权的私有也就成为无法阻挡的历史潮流，在这种情况下，土地国有的绝对意志自然会受到挑战。因此，尽管土地的国家所有权思想是作为中国土地制度思想的整体背景而存在的，但事实上，国家所有权思想在私人所有权出现以前和私人所有权产生以后却有所不同，前一阶段的国家所有权是绝对主导的，而后一阶段则产生了国家所有权和私人所有权的相互角力，私人所有权越发展，它们之间的角力就越激烈和越明显。这种产权关系的调整反映在制度思想上，便呈现出国家所有权思想不断弱化和私人所有权思想不断强化的演变趋势。因此，我们看到的是西周时期“天下王土”的观念相当稳固，春秋战国时期随着一系列的土地制度变革，土地的私人所有权得到了确立，所有权的观念也从一元变成了二元，即形成了土地

[1] Douglass C. North. *Structure and Change in Economic History*. New York and London: W. W. Norton & Company, 1981.

国有观念和土地私有观念并存的局面。二元所有权观念的形成之初,国家所有权的观念是占绝对上风的,这种情况持续了相当长的时间,最主要的原因是私人所有权的发展并非一帆风顺。中国历代田制除了对全国土地进行合理的分配之外,最主要的目标恐怕就是对私人土地所有权进行限制和抑制。但是,国家始终处在一个矛盾的境地,它既要解决私人投资和生产的激励问题,同时又要避免私人所有权的扩张。在国家通过向私人让渡部分所有权来试图缓和这一矛盾的情况下,原先的国家所有权绝对控制的思想也就发生了转变,私人所有权的观念逐渐得到加强。因此,我们看到,汉代以后,不仅国家所有权和私人所有权之间的相对地位逐渐发生着变化,同时土地所有权和土地使用权之间的关系也从严格制约向放松控制转变。晚唐到宋代时期土地制度的重大变化,有力地证实了国家所有权弱化和私人所有权强化的土地制度思想的演变趋势。由国家制定并推行的全国性的土地制度不复存在,意味着国家放弃了与私人争夺土地所有权,而转向强调国家在名义所有权上的意义,国家在土地上的职能也就相应地转变为界定产权的边界以及向私人提供产权保护。

由上可见,在传统中国社会,国家对于私人土地产权的态度变化遵循着这样的轨迹:国家完全控制土地所有权、严格制约使用权—国家所有权和私人所有权博弈—国家不直接掌握土地所有权—国家向私人土地所有权和使用权提供保护。

三、近代中国国家与土地所有权的关系

(一)土地私有的趋势

从中国的情况来看,明朝末年已经开始出现了官田和公田私有化的趋势,万历年间国有土地(官、公田)占全部土地的50%。[1] 辛亥革命以后,由于在政治上结束了封建帝制,原来掌握在满族统治者手中的官、公田(包括旗地等)迅速民田化,官荒和牧场也大规模地丈放和开垦升科,甚至被地方政府公开拍卖,使国有土地私有化。到了全面抗日战争之前(1933年),国有土地比重已经降至6.7%(见表4—1)。

---

[1] 陈翰笙认为:“三百五十年以前,中国国有耕地701 400 000亩,百分之九点一九为士兵的屯田,由兵士自己耕作。百分之二七点二四为各种官田,百分之六三点五七为庙田、祭田及私田。当时的私田仅有全数的百分之五十。”转引自《现代中国的土地问题》,《中国经济月刊》,1933年第1卷第5期合刊,第7页。

表 4—1　　官、公田私有化的趋向　　单位：%

时期	总计	官、公田				私有地
		合计	屯田	各种官田	庙田及其他公田	
明朝万历年间(16 世纪末)	100	50	9.2	27.2	13.6	50
清朝光绪年间(1887 年)	100	18.8	7.8	11	—	81.2
民国时期(1929—1933 年)	100	6.7	2.3	1	3.4	93.3

资料来源:严中平等:《中国近代经济史统计资料选辑》,科学出版社 1955 年版,第 275 页。

从政府的政策能够明显看出国家逐渐放弃土地所有权的特征。光绪年间,奉天省除了必需的放牧地及不可耕种的土地之外,全都"允许民人永占为业",吉林省官田几乎"全部落到移民之手"[1],黑龙江省也设立垦务总局,全部土地放垦,"自 1905 至 1929 年,24 年的时间,黑龙江省 95%的土地皆归私人所有"。[2] 在西北地区,也专门设立了丈放蒙地的垦务机构——丰宁押荒局。实际上,到 19 世纪末,满洲人可以自由地招土地卖给汉人,土地出卖以后,就变成一般民田。1902 年,清政府正式取消了蒙古旗地买卖的禁令。1907 年,政府鉴于以上实情,度支部正式批准旗地自由买卖。1901 年,清政府裁撤卫所,将屯饷改为丁粮,统归州县经征。从此,政府准许屯田出售或升科,原来禁止买卖、与民田有别的屯田逐步变为民田或私有土地。至于其他类型的庙田、学田等,大多也逐步得以自由买卖,从而转化为私人产业。

(二)国家作用的变化

随着 19 世纪末 20 世纪初权利观念的兴起,时人对于土地私有权有了更为深入的认识,从制度安排上来看,国家的作用发生了变化:一是确定产权;二是向产权提供保护。

民国以后法律日益完善,土地产权也进一步明确。首先是取消前朝"皇命领地",由政府设立官产局,全面出卖皇庄、王庄、陵地等,如在京城附近的河北省、辽宁省等地方,由当地官府定价格,令原庄田或旗地上的耕户按亩出钱,"留置为业",纳税升科。[3] 此外,允许人们在东三省等边地出银购置官荒田(主要是旗地),进行移垦。各种官地逐渐得到整理,其中旗地通过专门的处理方法,

[1] 李文治:《中国近代农业史资料》,第 1 辑,三联书店 1957 年版,第 777 页。
[2] 章有义:《中国近代农业史资料》,第 2 辑,三联书店 1957 年版,第 75 页。
[3] 陈伯庄:《平汉沿线农村经济调查》,上海交通大学研究所 1936 年刊印,附件 1,第 6—7 页。

已经绝大部分转化为私人所有。其他官田或是由佃户或其他农民留置耕种,转化为私有田产;或是划归农林部门及教育部门,建立示范性质的农场、林场、果园和充作教育经费来源。原则上讲,土地所有权人——无论是个人、团体、寺庙、村社、机关或政府部门——都有权处置自己所有的土地,至于具体情况如农场是否可以出售土地、学校是否可以出售校产、在什么情况下可以或不可以、需要什么部门批准等,则通过一些具体的法规加以明确。立法中只规定哪类土地禁止私人占有,没有规定哪类土地禁止买卖,也没有盗卖官田罪。如果发生了个人出售国有或公共所有土地的案件,根据具体情形可以运用刑法中对于财产(包括动产和不动产)的侵占、诈欺、背信等律条定罪。这些律条对公有财产和私有财产同样适用。

北洋政府宣布保护人民的财产所有权,从而使土地私有合法化。在多种法源中均规定了财产(土地)的私有权,并且加以严格保护,从而根本否定了中国传统土地制度中的土地“王有”制。但北洋政府没有对土地的公平分配进行合理规定,导致地权分配出现了严重问题。

南京国民政府明确承认土地私有制,这不仅体现在民法和土地法中,也体现在宪法中对土地私有权的保护更加规范化上。对土地私有权从法律上进行了种种限制,包括占地面积、所有权行使、税收、地租额等,也想通过税收政策来调整地权分配,但是在实施过程中却遭到巨大阻力,从所有权的分配来看,更多地保护了地主的利益。南京国民政府时期,公有土地按照法律规定可以出售、出租给私人或组织,只不过有程序限制。1934 年行政院公布了《公有土地处理规则》,其第五条规定:“凡属公有土地非经行政院核准,管有机关不得放领、标卖、设定负担或为超过十年期间之租赁。”此项规定说明南京政府并不禁止公有土地的出售和出租,而是需要由行政院来决定此等买卖和出租。民国时期的公有土地,多数为公有荒地。对于荒地,南京政府更是明文规定鼓励私人承垦。1933 年《督垦原则》第 4 条规定:“公荒垦区得准许人民个人或其组织之合作团体依法承垦。”除了开垦荒地外,其他官有土地也多被私人占据。“龙州原来很少私人地主,土官撤废以后,土地大都已归农民占有。”[1]据国民政府主计处 1946 年统计,“我国土地百分之九十以上属于私有,近百分之六左右,系政府或人民公有”。[2]

---

〔1〕 章有义:《中国近代农业史资料》,第 3 辑,三联书店 1957 年版,第 721 页。

〔2〕 国民政府主计处统计:《中国土地问题之统计分析》,正中书局 1946 年版,第 51 页。

在土地的私人所有权确立后，国家不再将控制所有权作为目的，而是转为向私人所有权提供保护。重要的表现是国家制定法代替民间规则以及地政管理部门法的出现。民国初期，由新成立的经界局负责土地整理和产权确定。传统中国的土地管理主要出于落实国家赋税的目的。传统的土地清丈是国家清理土地、确认产权的重要方式，清丈之后发给田单作为土地产权的证明文件。有关土地管理的工作一般都委之于民间，而在国家正式法典中，只对土地依其用途作简单区分，对于因土地而产生的种种法律关系及不同形态土地的管理，国家制定的法律几乎是空白。与此相关，国家也曾进行以清丈为主要内容的管理，但更多的是出于统治者的个人意志。直至清末，国家法中尚无土地管理方面的专门规定。土地契证是土地产权交易的重要文件。民国之后，国家对于土地契证的管理予以极大重视，加大了对契证及其相关法律制度的建设，先后颁布了《验契章程》和《各省验契章程》等法规。各地也逐渐开展了整理契证的工作。近代以来，土地法规逐渐以部门法的面貌出现在国家制定法中。清末进行了大规模制定新律的活动，出现了许多新的法律部门，国家法深入原本由民间习惯调整的领域。[1] 晚清在地政管理方面并没有显著建树，但在《大清民律草案》中已有一些与土地制度密切相关的规则。虽然它们未曾正式生效，但毕竟在土地管理法律制度方面启动了由国家法代替民间法的工作。北洋政府时期，法律改革进一步深入，国家法开始涉及土地管理这一痼疾深重的领域，国家的积极作为改变了此前土地秩序任由民间自行调整的情况。北京政府于 1915 年成立了经界局，专门负责全国土地的管理工作，《经界局暂行编制》、《经界调查章程》等多种法规相继颁布。1915 年，北京政府公布了《土地收用法》，对土地整理、土地行政做出明确规定。这是以国家法规范土地管理的较早尝试。后因政局动荡，经界局以及相关制定法并没有发挥实际作用，但是，由专门的国家机关和专门的法律部门对土地进行管理已成不可逆转的趋势。传统社会的地政管理多委托民间或是半官方机构，如图董、地保和册书，其对土地的管理往往十分混乱。民国后，国家专门机关的建立和专门立法，使这种状况得到了逐步改变。

（三）土地要素市场的自由度

土地要素市场的自由度从一个侧面反映出国家与土地所有权之间关系的变化。土地流转是否受到制约以及受制约程度反映了土地要素市场的自由程

---

[1] 夏扬：《由民间规则到国家制定法——析中国土地制度与地政管理的近代转型》，《暨南学报》，2006 年第 1 期。

度。土地市场的形成要有三个条件:一是土地私有制的确立;二是土地要具有以货币表示的价格,交易能较广泛地进行;三是土地交易要有一定的规模。明清以后,土地交易日趋频繁,土地流转多由民间习惯加以调整。清末以来,土地流转成为国家制定法关注的重点,在以《大清民律草案》、《中华民国民法》为代表的几部民法典之中均有土地流转方面的相关规定。这几部民法典以西方法律原则为指导,引入物权、占有、公同共有、租赁等概念,对传统的土地房屋产权、族田共有、佃权等法律关系重新进行解释,以新制定的法律代替旧有的习惯规则。清代和民国的立法对于法律规定不可买卖的土地(如官田和公田)都有相关的限制,但对于私有土地的民田都是允许继承、转让和自由买卖的。清代限制买卖的官田分为一般官田、旗地和屯田。若私人出售一般官田,法律上称"盗卖",卖者按照所卖田亩多少分等受刑,最高的刑罚是杖一百、徒三年,同时田产、田价及田地上历年所得收益还必须全部追缴。而旗地发生买卖如何处分要视交易双方的身份:如卖者是旗人田主,买者也为旗人,则认定此交易为合法;若买主为汉人百姓,政府可令田主备价回赎或由政府拨官款回赎后再做处理;如卖者是庄头或旗奴,照盗卖官田律治罪,田产还原主、卖价入官。这一现象到了清末的时候,旗汉之间田产交易已经渐渐合法,不再有任何处分了。至于屯田的买卖刑罚最重,如果屯田户将屯田典卖给他人达到 50 亩以上,在追纳完田粮以后,双方都要发配到近边充军;若数量不满 50 亩同时没有影响交纳田赋者,依照侵占官田律治罪,"盗卖与人者,照盗卖官田例治罪"。[1] 第二类限制买卖的公田是指公共所有的土地,如义田、寺田、族田等。若将寺观田地或者公共祖坟山地投献转让他人、私自捏造文契典卖者,清律规定照盗卖官田律治罪,投献之人要发边远充军,田地归还其所有人,而且接受田地的人也要相应治罪。

第二节 基于私人所有权的土地制度

一、土地私有制度及其效率

(一)从身份到契约

英国历史法学家梅因在《古代法》里写道:"一切形式的身份都起源于古代

[1] 《钦定大清会典事例》,卷 603。

属于‘家族’所有的权力和特权，……迄今为止，所有进步社会的运动，都是一个‘从身份到契约的运动’。”[1]从身份到契约的转变，实际上是对于实现从传统社会向近代社会转型核心特征的高度概括，反映出从自然经济向商品经济的转变。在以自然经济为主导形式的身份社会中，依附型的小农生产方式是其社会的主要生产方式，人们必须直接依赖他们所属的共同体（家族、村落、国家等），只有作为某个共同体的成员，才能占有土地而且从事生产活动。传统社会里存在的是人对血缘群体的依附关系，强化了由长幼尊卑秩序构成的血缘关系，使人们无法突破由以血缘关系为纽带、以家长权为核心构成的身份网络体系。这样的身份制度就达到了维护自然经济秩序的目的，而又强化和巩固了自然经济存在和发展的基础。而在契约社会中，资源的配置和财富的分配都主要通过市场机制和价值规律来实现和调整，以自由和平等为基础的商品经济最终促成了契约关系中自由和平等原则的产生。在契约社会，人们对于个体的权利更加尊重，契约关系中人的平等通过法律上的平等来实现。

中国近代土地私有权的确立反映出“从身份到契约”的演化过程。清政府有一系列保护旗人特权的法律制度，确保满族贵族在政权中的优越地位，在司法上也享有特权，有严格保护旗地的政策，禁止“旗民交产”。到清末，这一基于身份的地权保护政策逐步被否定，最终归于取消，《大清现行刑律》中就不再规定旗地政策。北洋政府时期，又出台了《中华民国大清内务府清理房地规则》，对旗地进行放领，而且对旗地的佃权又进行限制。南京政府时期，则彻底抛弃了旗地政策，对旗地和民地一视同仁，旗地也属私产范畴。

（二）土地私有产权的激励作用

新制度经济学的研究显示，产权在经济运行中的作用在于以其激励特征和功能诱导经济主体的行为；经济增长取决于一个社会所存在和设定的各种约束对经济主体的行为所具有的激励特征。一个社会所制定的各种制度和规则的重要性，与新古典经济学关于资源的稀缺性和竞争的充分性的重要程度的认识，应该是一致的。制度和规则规定了人们配置稀缺资源从而进行竞争的行为方式。在不同社会中，经济主体行为上的差异是由于他们所面对的约束（包括稀缺性、竞争条件和制度规则）不同的结果。产权的作用就在于为人们追求效用最大化提供适当的制度和规则，从而保证有效竞争和资源的优化配置。产权

---

〔1〕［英］梅因：《古代法》，商务印书馆1996年版，第97页。

界定的意义就在于通过一系列的制度和规则，降低信息的不完全和不对称性，提高人们认识环境的能力，进而减少交易中的风险和不确定性。支配交易的真正基础是产权，只有产权清晰，经济行为主体才能形成与其他人进行交易时的合理预期，从而产权就会像资源的稀缺性和竞争性一样，进入决策者的效用函数，进而影响经济主体的行为方式。[1] 产权会影响激励和行为，这是产权的一个基本功能。根据德姆塞茨的界定，产权是一种社会工具，其重要性就在于事实上它们能帮助一个人形成与其他人进行交易时的合理预期。它旨在界定人们如何受益或如何受损，因而谁必须向谁提供补偿以使其修正人们所采取的行动。刘易斯在《经济增长理论》一书中强调了法律上的产权在经济增长中的作用，他认为"没有法律上的产权，人类无论如何不会取得进步"，因为"所有权的存在及其有效保护是产生激励的动力源"。[2]

根据经济学理论，土地作为可以分割的、稀缺的、使用时具有明显排他性的生产要素（资源）属于典型的私人物品，所有权的私有是一种有效率的产权制度安排。因此，在中国近代化转型过程中，对土地制度的探索也必然从如何建立起独立的、不受政权侵扰的土地私有制度开始。从清末起，政策的设计者在参照国外样本的基础上，不断探索适合中国国情的、具有效率的土地产权制度安排。

二、《大清民律草案》与所有权绝对原则

（一）《大清民律草案》的地权体系架构

清末中国社会经历了剧烈的动荡，政府意识到法律制度的重要性。西方法律思想和法律制度陆续传入中国，尤其在清末变法修律之后，近代欧陆法律体系逐步取代传统的律例体系。1902 年清廷上谕："著派沈家本、伍廷芳，将一切现行律例，按照交涉情形，参酌各国法律，悉心考订，妥为拟议，务期中外通行，有裨治理。"[3]在沈家本的主持下，到辛亥革命以前，基本构建起了大陆法系的"六法"体系。有关土地的内容主要反映在民商法方面最主要的成就，即 1911 年完成的《大清民律草案》中。《大清民律草案》中的土地权利规定体现在该草案的"物权"编中，这一编是日本人松冈义正起草的，参照了德国、瑞士、日本的物权体

〔1〕 段文斌：《制度经济学——制度主义与经济分析》，南开大学出版社 2003 年版，第 22—23 页。
〔2〕 [美]W. 阿瑟 · 刘易斯：《经济增长理论》，上海三联出版社 1990 年版，第 177 页。
〔3〕 《清德宗实录》，卷四九八。

系，基本是照搬了日本物权法的规定，其土地权利体系具体构成如图4—1所示。在《大清民律草案》中，第一次出现了所有权的概念。

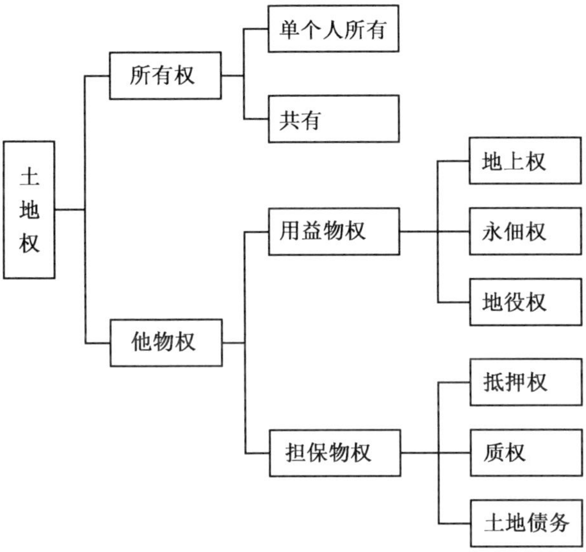

资料来源：杨士泰：《清末民国土地法制研究——以地权制度变迁为中心》，中国政法大学博士论文，2008年。

图4—1　《大清民律草案》中的土地权利体系

（二）绝对土地所有权制度的相对性

传统中国社会自秦代以后存在着“官（公）田”和“私田”两种不同性质的土地所有权，由此反映在所有权观念上，土地的国家所有权和私人所有权也长期并存。[1] 岸本美绪曾对传统中国社会土地私有权的存在状况进行过这样的表述：“在中国，绝对的私有权和私人自治原则从未作为一种明确的原理而得到确立。土地的私有除了自井田制衰落以来漫长岁月中逐渐形成的既成事实之外，并无任何有力的思想基础支持。所以，国家或民间自身对土地私有进行的限制也不会引起违反基本原理的意识或批评。在这个意义上可以说存在着‘土地私有权的不完全性’这一‘前近代’的侧面。”[2]中国传统的私有土地所有权一方面受到国家的确认与保护，同时另一方面又受到来自国家、乡族等的限制。

---

〔1〕 王昉：《中国古代农村土地所有权与使用权关系：制度思想演进的历史考察》，复旦大学出版社2005年版，第88页。

〔2〕 [日]岸本美绪：《明清契约文书》，载[日]岸本美绪、滋贺秀三等著，王亚新、梁治平编：《明清时期的民事审判与民间契约》，法律出版社1998年版，第301页。

《大清民律草案》第三编“物权”第二章为“所有权”，分四节：第一节为通则，第二节为不动产所有权，第三节为动产所有权，第四节为共有。在第一节通则中，首先确立了所有权绝对原则，即草案第 983 条规定：“所有人于法令之限制内，得自由使用、收益、处分其所有物。”第 984 条第 1 款规定：“所有人于其所有物，得排除他人之干涉。”第二章为“所有权”，这是中国历史上第一次在法律制度上对所有权的规定。关于土地所有权的空间范围，草案第 991 条规定：“土地所有权于法令之限制内，及于地上、地下。”关于所有权的权能范围，即上述草案第 983 条规定，也就是说，土地所有权的权能包括使用、收益、处分三项。草案第 989 条规定了土地所有权种类：“无主土地属国库所有，但淤浅、洲渚、涸河及冲断地所有权之取得，另以法令定之。”所有权的限制既包括对所有权主体资格的限制，也包括对所有权行使的行为限制。行使行为限制主要体现在土地相邻关系中，草案第 992 条至第 1022 条都是关于相邻权的规定，包括相邻地标界、建筑工作物的设立、竹木越界、果实落地、流水、安设管线、越地通行、邻地围障、邻人入地、用水取水等方面。草案中关于土地所有权的取得方式，规定了三种情况：一是经登记取得，草案第 979 条规定，“依法律行为而有不动产物权之得、丧及变更者，非经登记，不生效力”，土地买卖、继承等都必须进行登记，否则不发生效力。二是不经登记而取得，第 990 条规定，“取得不动产所有权无须登记者，取得人非为取得登记后，不得处分所有物”。按本条的规定，不登记也能取得所有权，但是有限制，即不登记取得所有权的，不能对其进行处分。三是先占取得，第 1025 条规定，被抛弃之不动产，“其先占之权利，专属于国库”。另外，对土地来说，所有权的移转必须订立书面契约，草案第 988 条规定，“以不动产所有权之移转为标的，而结契约者，须以文书订之”。关于所有权的保护，草案起草采取了私有财产所有权不可侵犯、契约自由、过失致人损害应予赔偿等基本原则。这些在具体条文中都有反映。例如，物权编规定，“所有人于法令之限制内，得自由使用、收益、处分其所有物”，他人不得干涉；凡承租地主土地的佃农，“虽因不可抗力”致“使用土地受妨碍”，或“收益受损失”，也不得请求免除或减少租额。[1] 草案第 987 条规定，所有人对“妨害其权利者，请求除去之，有依前项方法妨害其权利之虞者，所有人得请求避之足为妨害之行为”。此条规定了三种所有权的保护方法：第一，排除妨害请求权。第二，妨害防止请求权。第

〔1〕 张晋藩：《清朝法制史》，中华书局 1998 年版，第 703 页。

986 条规定，“所有人对于以不法保留所有物之占有者，或侵夺所有物者，得回复之”，这是第三种方法，即物之返还请求权。

《大清民律草案》在我国近代民事立法上第一次确立了所有权绝对原则，但同时也对所有权的行使进行了限定。在确立所有权绝对原则的第 983 条后所附立法理由中指出：“谨按所有权者，依其物之性质及法令所定之限度内，于事实上法律上管领其物唯一之权利，不能将其内容悉数列记，特设本条以明所有权重要之作用，且以明所有权非无限制之权利也。限制所有权之法令有二：一为公法之限制，一为私法之限制。民律所定以私法之限制为主，若公法之限制，不能规定于民律中也。”第 911 条规定的设定理由为：“谨按所有权者，依其物之性质，即法律规定之限制内，于事实上法律上管领其物之权利也。故土地所有人在法令之限制内，于地面、地上、地下皆得管领之。然因此遽使土地所有人于他人在其地上、地下为不妨害其行使所有权之行为，均有排除之权，保护所有人未免偏重，在所有人既无实益而于一切公益不无妨碍，此本条之所由设也。”

（三）《大清民律草案》对于他物权的规定

草案第 982 条有“所有权外之他物权”的规定，草案中规定的他物权包括地上权、永佃权、地役权、抵押权、质权和土地债务。所谓地上权，是以在他人土地上有建筑物或其他工作物或竹木为目的，而使用其土地的物权。草案第 1069 条规定：“地上权人得因在他人土地上有工作物或植物，而使用其土地。”草案规定了地上权的设定、消灭、存续期间、地上权权利人与义务人之间的权利和义务等方面的内容。永佃权是支付佃租，而在他人土地上为耕作或畜牧的权利。草案对永佃权的期限作了规定，第 1089 条规定：“永佃权存续期间，为二十年以上五十年以下。”草案第 1086 条至第 1101 条规定了永佃权，包括永佃权的设定、期限、消灭、权利和义务等。地役权是“依设定行为所定之目的，以他人土地供自己土地便宜之用”的权利。草案第 1102 条至第 1124 条规定了地役权，包括地役权的取得、供役地人与需役地人之间的权利和义务、地役权的期限、地役权的消灭等事项。草案还对抵押权进行了规定，第 1135 条规定：“抵押权人于债务人或第三人不移转占有供担保之不动产，得就其卖得金额，较他债权人先受清偿。”第 1137 条规定：“抵押权，非不动产所有人，不得设定之。”草案还规定了抵押权的设定、担保范围、效力、消灭、抵押物拍卖、价金清偿次序等问题。草案第 1195 条至第 1208 条规定了不动产质权问题。“不动产质权人因担保债权得占有向债务人或第三人领受之不动产，并于其不动产之卖得价金较他债权人先受清偿。”质权与抵押权的不同之处主要在于标的物占有之移转与否,质权的设立是要求移转不动产的占有。

(四)《大清民律草案》评价

《大清民律草案》于 1908 年开始起草,1911 年完成,还没有来得及正式实施,辛亥革命即爆发,清政府统治宣告结束,但是这一草案却具有重要的历史意义。首先,《大清民律草案》将近代西方三大民法原则悉数继受,确立了契约自由原则。其次,在中国历史上第一次构建了完整的土地权利体系的正式制度,特别是对土地所有权进行了现代意义上的界定。最后,作为近代化开端标志的法律文件,它在土地权利意识上具有思想观念的启蒙作用和引领作用,强调了所有权绝对原则以及个人所有权的神圣原则。但是不可否认,这部法律也存在重要缺陷,在具体的制度规范上,例如关于所有权的种类之规定,整个物权编只写了:“无主土地属国库所有,但淤浅、洲渚、涸河及冲断地所有权之取得,另以法令定之”(第 989 条)。在所有权制度中,除了单个人所有和共有之外,还规定有法人制度,但是草案对于法人的土地所有形态的性质并未加以规定。又如,关于永佃权,草案第 1089 条规定,“永佃权存续期间,为二十年以上五十年以下,若设定期间在五十年以上者,短缩为五十年”,这样对永佃权的期限限制,使得永佃权与租佃制度的界限很难划清。[1] 此外,还存在对国外的法律制度照搬照抄的问题。例如在我国固有的民法中,没有不动产质权的习惯和制度,而广泛存在典权,草案对典权没有规定,反而从日本民法典中引入了不动产质权。

三、民国初期的土地产权制度(1913—1926 年)

(一)法律制度中关于土地产权的规定

北洋政府时期政府频繁更迭,凡新政府均要出台新的宪法,以证明其合法的统治地位。此间制定过的正式宪法及宪法草案有 1913 年 10 月 31 日制定的《中华民国宪法草案》(即《天坛宪草》)、1914 年 4 月 29 日通过的《中华民国约法》、1919 年 8 月 12 日段祺瑞政府“安福国会”制定的《中华民国宪法草案》、1923 年 10 月 10 日制定的《中华民国宪法》(此宪法为中华民国正式公布的第一部宪法)。此外,还有 1925 年 12 月段祺瑞政府再次制定的《中华民国宪法草案》。北京政府时期宪法性文件中对土地的规定主要存在于有关财产的规定

---

[1] 杨士泰:《清末民国土地法制研究——以地权制度变迁为中心》,中国政法大学博士论文,2008 年,第 64 页。

中，其内容大同小异。1913 年、1919 年、1925 年宪法(草案)基本相同，规定人民之财产权不受侵犯，如因公益而处分时，需以法律规定进行。1914 年《中华民国约法》则采取完全自由主义，权利的行使不加限制；而 1925 年宪法的规定对人民财产权利的保护最为进步，规定了因公益处分私人财产需“给以相当之补偿”。北洋政府时期，《大清现行刑律》民事有效部分中关于地权的规定仍然起着调节地权关系的作用。此外，还制定了一些地权方面的特别法，如清理不动产典当办法、不动产登记条例、土地收用法、经界法规、国有荒地承垦条例等。

1926 年完成的《中华民国民律草案》更加重视和强调土地之“他物权”。这突出表现在它将他物权详细地纳入物权编第一章“通则”中。第 748 条用列举的方式界定了他物权之概念：“设定权利于他人物上者，称他物权，为地上权、永佃权、地役权、抵押权、质权、典权。”关于他物权的设定，第 750 条规定：“他物权，依法律行为设定之。但法另有特别规定者，不在此限。”通则中还规定了他物权标的物之范围及为债权提供担保之他物权的情况。此外，还规定了他物权消灭的情形。和《大清民律草案》相比，《中华民国民律草案》物权编更注重所有权的用益功能。

《中华民国民律草案》对中国传统的典权进行了规定，从第 998 条到第 1014 条共计 17 条。规定的内容包括：(1)典权之含义：“典权人因支付典权，占有他人之不动产而为使用及收益。”(2)典权存续的期间及情形，规定“典权存续期间为十年”，“以十年以外之期间设定典权者，其期间缩短为十年”。可以续典，“典权届满，经当事人同意，得更新之”；可以转典，“典权存续中，典权人得将典物转典或赁贷于他人”，“典权人可将典权让与他人”，“设定典权人，于典权设定后，得将典物让与他人”。(3)典物灭失的处理，包括典权存续中典物因不可抗力而灭失、典权届满典物因不可抗力而灭失、典权存续中典物因典权人之行为而灭失等情形下，责任如何分担。(4)典权的消灭，“典权于期满后，经设定典权人备价回赎而消灭”，典权消灭时，典权人因支付有益费用，“得请求偿还现存之利益”。

(二)私人土地所有权确立的意义

辛亥革命结束了封建专制统治，也使得国家土地的终极“王有”的所有权关系发生了改变。民国政府土地所有权类型划分为公有、官有和私有三种。法律明确规定了土地的私有制，这不仅表现在“所有权”概念的普遍使用上，而且还表现在各项法律规定上。首先，宪法规定了土地私有制；其次，大理院民事判例中规定了人民土地私有权,大理院关于所有权的判例共 130 项,其中涉及不动产所有权的判例共 124 项,比较系统地反映了土地所有权制度[1];最后,《中华民国民律草案》虽然没有专门条款规定土地所有权,但是在《不动产登记条例》、《国有荒地承垦条例》等法律中都有相关规定,确认了私人对土地的所有权。最为重要的是,这一时期在法律制度上明确规定了对土地私人所有权进行保护。1912 年颁布的《内务部通饬保护人民财产令》确认了人民对财产的私有权。为了保护财产私有制度,又通过立法及判例予以规范。在所有权保护的法律方面:首先,创制判例保护土地所有权;其次,《中华民国民律草案》规定了所有权者享有的权利,土地不能随便没收,土地征收也要受限制和规范,1915 年,政府专门颁布了《土地收用法》。

(三)从绝对所有权到相对所有权

传统的所有权观念认为,所有权具有绝对性、排他性。罗马法时代,所有权的自由具有无限制原则,近代资产阶级革命之后,“所有权神圣”被视为绝对原则,1789 年法国《人权宣言》第 17 条规定:“所有权是不可侵犯而神圣的权利。”19 世纪末 20 世纪初,随着社会法理学的兴起,所有权从绝对权利变为相对权利,强调所有权负有社会义务,个人权利的行使不能损害他人或社会利益。自 19 世纪末以来,个人主义的所有权观念式微,同时产生如下两种所有权观念:一是社会的所有权观念;二是个人与社会调和的所有权思想。社会的所有权观念认为,法律保障所有权旨在发挥物的效用,使物得到充分利用,并增进社会的公共福利,所以,所有权的行使应当顾及社会公共利益,不允许个人滥用权利,损害他人和公共利益。因此,这种观念认为,从维护社会公共利益的观念出发,应对所有权作适当的限制。个人与社会调和的所有权观点认为,如果过分强调个人所有权的绝对性,将有害于社会公共利益,但如果过分强调所有权的社会性,又将会侵害个人的财产权利,损害个人的财产自由,所以应当将个人的权利与社会利益协调一致。个人行使所有权应当顾及社会利益,但也应当尊重个人对其财产所享有的自由。自第二次世界大战以来,这种观点逐渐盛行。[2] 从绝对所有权到相对所有权是所有权观念的重要进步,意味着所有权并非不受限制。

《中华民国民律草案》在第三编“物权”下第二章规定“所有权”,分四节,共

---

〔1〕 杨士泰:《清末民国地权制度变迁研究》,中国社会科学出版社 2010 年版,第 151 页。
〔2〕 王利明:《民商法研究》(第 2 辑),法律出版社 2001 年版,第 289 页。

89 个条文。草案第 761 条规定了所有权绝对原则,“所有人于不违反法令或第三人权利之限度内,得任意处置其物,并排除他人之干涉”。从民初至 1927 年出版的辞典中对所有权概念释义的变化,可以看出民国初期对于所有权绝对原则的认识也经历了一个变迁的过程。民初的辞典对所有权的解释为:“所有权,谓于不抵触法律及他人权利之范围内,最能自由处置其物之权利也。例如吾有一书,吾有处置之权利,抛弃之可也,损坏之亦可,最能处置自由者。然如抛弃而投之路上,则警察必干涉之,是谓抵触法律,又或投人脸上,则人有身体权,亦所不许,是谓抵触他人权利。自非然者,则可以自由处置也。”[1]1917 年出版的《民律释义》一书,对《大清民律草案》中的“所有权”的解释为:“何谓所有权,可别性质上及作用上之规定观察说明之。其自性质上之观察者,则谓所有权者,总括的支配物之权利也。盖所有权以外之物权,不过行使其一方之权利而止,而无支配权之可言。惟所有权则有完全之支配权。若自其作用上观察之,则所有权者,于不抵触法令及他人权利之范围内,有自由使用、收益、处分之权利,此种权利,盖自罗马法以来,无不包入于所有权之内容。是为所有权之所独具之能力,而决非其他物权之所能望其项背者也。夫所有权之于物权中为最重要者,且亦易兹纷议者。然其大致则不外对不动产及动产设定之耳。”[2]1927 年出版的辞典中对所有权的解释为:“所有权,依其物之性质及法令所定之限度内,于事实上法律上有完全管领其物之权利也。所有权有积极的权利和消极的权利二种。前者即对于所有物得自由使用、收益、处分是。后者即所有人于其所有物得排除他人之干涉是。”[3]《民国民法典》第 765 条规定:“所有人,于法令限制之范围内,得自由使用、收益、处分其所有物,并排除他人之干涉。”由此可见,在当时西方所有权社会化思潮影响下,民国初期在肯定所有权的绝对性的同时,更加强调了对所有权应加以限制,其中最为重要的是规定了权利滥用禁止原则。在“民法总则编立法原则”中的第十三条为“以侵害他人为唯一目的,而行使权利者,其权利之行使为不法”。其后说明:“在罗马法权利为绝对的,享受权利者,倘不越出其权利范围以外,得以任何方法以享受之。所有权包有二种权利,即享用之权与滥用之权是也。若享受权利在法律范围以内,不论

---

〔1〕《法政辞解大全》,出版时间不详,根据序言落款时间为 1913 年 4 月,推断成书时间为民国初年,第 230—231 页。转引自韩冰:《近代中国民法原则研究》,中国政法大学博士论文,2007 年,第 67 页。

〔2〕邵义:《民律释义》,中华书局 1917 年版,第 646 页。

〔3〕李祖荫:《法律辞典》,北京朝阳大学 1927 年版,第 200—201 页。

享受之方法如何不公平,如何无理由,如何有恶意,即丝毫不发生影响。近代法律发生较合情理之观念,大多数法学家认为权利非绝对的权利之享受,应受相当之限制,故渐渐有滥用权利之学说发生,中国民法,似宜采此种办法。”大理院(1913)上字第166号判例明确讲明了所有权所受限制之范围:“所有人应以法令所许及不害他人合法权利范围内行使其权利,绝非决无限制”,“所有权固于物权中为最强,然土地所有人对于法令所认许之权利者,亦不能擅自行使所有权而排除他人合法权利使之丧失公用等于消灭”。

四、南京国民政府时期的土地制度设计

(一)南京国民政府的土地制度内容构成

南京国民政府时期基本上构建起了一套比较完整系统的土地制度体系,从制度的内容构成来看,除出台了《中华民国土地法》(1930年、1946年)、《土地法施行法》、《土地征收法》和《中华民国民法》物权部分中的内容等法律法规之外,还包括国民政府通过的一系列会议决议、政纲、命令、立法原则等。例如,孙中山在1924年发表的《国民政府建国大纲》中有3条关于土地问题的规定:第8条规定要为一完全自治县的条件之一是“全县土地测量完竣”;第10条规定“每县开创自治之时,必须先规定全县私有土地之价,其法由地主自报之,地方政府则照价征税,并可随时照价收买。自此次报价之后,若土地因政治之改良、社会进步而增价者,则其利益当为全县人民所共享,而原主不得而私之”;第11条规定“土地之岁收,地价之增益,公地之生产,山林川泽之息,矿产水利之利,皆为地方政府之所有……”。[1] 1929年第三届中央执行委员会第二次全体会议通过的《训政时期国民政府施政纲领》中“关于内政部者”部分第六项是关于整理土地的内容,提出了3条任务:“(1)养成土地行政及技术人才;(2)实行调查测量登记;(3)厘定土地分配之标准。”[2]南京政府时期,国民党中央是最高之权力机关,其决议具有法律效力,因此,决议案也构成土地制度的重要内容。

表4—2 国民党历次关于土地问题的议案

时 间	会 议	议 案
1927年3月	二届中央执委三次会议	农民问题决议案

---

〔1〕 孙中山:《国民政府建国大纲》,《孙中山选集》,人民出版社1958年版,第602页。

〔2〕 夏新华等:《近代中国宪政历程:史料荟萃》,中国政法大学出版社2004年版,第806页。

续表

时 间	会 议	议 案
1934 年 1 月	四届中央执委四次会议	迅速施行土地法并救济农民案
		整理田赋先举行土地陈报以除积弊而裕税源案
		减轻田赋加以救济农村解除民困案
		推行本党土地政策纲领案
		实行土地政策消灭乱源巩固革命政权案
1935 年 11 月	五次全国代表大会	关于积极推进本党土地政策案
1936 年 7 月	五届二中全会	改革租佃制度案
1938 年 3 月	全国临时代表大会	战时土地政策草案
1941 年 12 月	五届九中全会	土地政策战时实施纲要
1945 年 5 月	六次全国代表大会	土地政策纲领
		战士授田案

资料来源:荣孟源:《中国国民党历次代表大会及中央全会资料》,光明日报出版社 1985 年版。

表 4—3　　南京国民政府时期土地相关法律法规

法律法规名称	公布机关	公布时间	生效时间
土地法	国民政府	1930.6.30 制定; 1946.4.29 修正	1936.3.1
土地法施行法	国民政府	1935.4.5	1936.3.1
土地征收法	国民政府	1928.7.28 制定; 1934.6 修正	1928.7.28
中华民国民法	第三编,物权	1929.11	1930.5
各省市地政实施程序大纲	国民政府	1936.2.12	1936.2.12
灾区农田出卖救济办法令	国民政府	1933.2	1933.2
国有荒地承垦条例	国民政府批准援用	1914.3.4 国府援引	
土地赋税减免规程	行政院	1936.4.17	1936.4.17
废田还湖办法令	行政院	1932.2	1932.2
公有土地处理规则	行政院	1934.6.2	1934.6.24
清理荒地暂行办法	行政院	1933.5.27	1933.5.27

续表

法律法规名称	公布机关	公布时间	生效时间
督垦原则	行政院	1933.5.27	1933.5.27
省地政局组织通则	行政院	1936.3.14	1936.3.14
城市改良地区特别征费通则	行政院	1936.4.11	1936.4.11
城市公有土地清理规则	行政院	1936.4.30	1936.4.30
各省市地政经费筹集办法	行政院	1935.11.30	1935.11.30
内地各省市荒地实施垦殖督促办法	行政院	1936.9.10	1936.9.10
会勘太湖湖田暂行办法	内政部	1929.12	1929.12
第一期清理太湖湖田办法	内政部	1929.12	1929.12
土地测量实施规则	内政部	1934.10.24	1934.10.24
土地测量应用尺度章程	内政部	1929.11.16	1929.11.16
各省党部协调土地调查工作办法	中央执行委员会组织委员会分函浙、苏、闽、湘、冀、鲁、陕、鄂、豫、皖十省省党部	1934.10.4	1934.10.4
各省陆地测量局协助各省土地测量办法	内政部咨各省政府	1934.5.4	1934.5.4
奖励补助移垦原则	内政部会同实业部	1933.2	1933.2
各省市训练初级地政人员办法大纲	内政部	1935.10	1935.10
各省政府协助土地调查工作办法	全国经济委员会秘字第六七六七号函各省政府	1934.10	1934.10
剿匪区内各省农村土地处理条例	豫鄂皖剿匪总司令部	1932.10	自呈准之日起
剿匪区内各省农村土地处理条例实施规则	豫鄂皖剿匪总司令部	1933.8	自呈准之日起
剿匪区内屯田条例	豫鄂皖剿匪总司令部	1932.10	1932.10
剿匪区内屯田条例实施规则	豫鄂皖剿匪总司令部	1933.8	1933.10
计口授田暂行办法	国民党闽西善后委员会	1933	1933
各省市公路用地征免赋税章程	内政、铁道、财政三部	1933.6.12	自呈准公布之日起

续表

法律法规名称	公布机关	公布时间	生效时间
整理淮河流域土地办法纲要	行政院与导淮委员会	1933.9.22	1933.9.22
徒刑人犯移垦条例	—	1934.7.10	1934.7.10
办理土地陈报纲要	行政院	1934.6.30	—
修正办理土地陈报纲要	行政院	1942.7.21	1942.7.21
经济建设区内土地政策实施办法	—	1936	1936
非常时期难民移垦规则	—	1938.10.15	1938.10.15
过去外人在华地权清理办法三项	行政院	1946.7.23	1946.7.23
军营公地处理办法	行政院指令陕西省政府	1943.10.21	1943.10.21
地籍整理条例	—	1943.12.17 制定；1945.12.12 修正	1943.12.17
收复地区土地权利清理办法	国民政府	1945.8.28	1945.8.28
荒地勘测办法	地政署	1945.6.19	1945.6.19
公有土地管理办法	财政部	1946.4.26	1946.4.26
公有土地登记办法	行政院	1944.8	1944.8
土地所有权移转不履行登记处理办法	地政署	1945.12	1945.12
修正土地赋税减免章程	行政院	1942.4.28	1942.4.28
修正田赋推收通则	行政院	1940.3.28	1940.3.28
契税条例	国民政府	1943.5.15	—
契税条例施行细则	行政院	1943.12	1943.12
各省市土地税征收通则	行政院	不详	不详
战时征收土地税条例	行政院	1944.3.28	1944.3.28
各省县市编造总归户地价税册办法	行政院	1944.4.24	1944.4.24
绥靖区土地处理办法	行政院	1946.10.25	1946.10.25

资料来源：《中华民国法规大全》、《农业法规汇编》、《民国档案史料汇编》第五辑之“财政经济·农业”、《立法院公报》。

（二）南京国民政府的土地所有权制度

1. 所有权的确立与保护

南京国民政府在建立之初,便着手土地所有权方面的改革,颁布了一系列土地法规,以谋土地之整理、田赋之整顿和租佃之改良。1928 年夏,第一次全国财政会议就全国耕地作出决议:“以励行清丈为始基”,“以土地移归农有为最终目的”。1929 年 1 月,国民党中央政治会议议决了《土地法原则》,包括:(1)征收土地税,以地值为根据;(2)土地税率采用渐进办法;(3)对于不劳而获的土地增益行累进税;(4)土地改良物之轻税;(5)政府收用私有土地办法;(6)免税土地;(7)以增加地税或估高地值方法促进土地之改良;(8)土地掌管机关;(9)土地权移转须经政府许可。据此,南京国民政府立法院指定吴尚鹰等 5 人组成土地法起草委员会,于 1930 年 6 月 30 日公布了《土地法草案》,1935 年 4 月又公布了《土地法施行法》,1936 年 3 月 1 日明令实施《土地法》。由于《土地法》“若干处本身有漏洞,在各省不能行或行不通”,立法院又着手修改,并于 1937 年 5 月公布了《土地法修正原则》。南京国民政府实施的《土地法》,全文共 5 编 397 条,包括土地行政、土地使用、土地税、土地征收 4 个方面的内容。主要内容有:第一,规定征收土地税以地值为依据;第二,对土地税率采用渐进方法;第三,对不劳而获的土地增益实行累进税制;第四,对经过改良的土地实行从轻税制;第五,规定了政府收用私有土地办法;第六,规定了免税土地的种类;第七,规定以增加地税或估高地值的方式来促进土地改良;第八,规定设立全国统一土地管理机关。此外,《土地法》还规定了限田、限租和护佃等有利于农业生产的内容。其中的限田就是要限制地主占地的数量。《土地法》规定,“中华民国领域内之土地属中华民国国民全体,其经人民依法取得所有权者为私有土地”,而“地主占有一定限超过部分限时出卖。如不卖,政府可以依法征收”。

综观南京国民政府土地相关的法律规定,其显著的进步是对所有权含义的界定,体现了现代意义的所有权观念。首先,强调所有权是不允许他人干涉和妨害的一种权利,具有排他性;其次,所有权的内容是对物的自由使用、收益和处分的权利;最后,所有权的行使并不是完全不受限制,但限制以法律规定为准。《中华民国民律草案》第 761 条则规定:“所有人于不违反法令或第三人权利之限度内,得任意处置其物,并排除他人之干涉。”既有关于对所有权行使的限制性规定,也有对所有权之排他性的规定。在所有权类型上,南京政府明确地划分土地为公有土地和私有土地两种,各种法律对土地所有权的保护也给予了比较完整和严格的规定。《中华民国宪法草案》和 1946 年民国宪法都规定了私有土地的所有权保护。《中华民国宪法草案》规定:“中华民国领域内之土地,属于国民全体,其经人民依法律取得所有权者,其所有权受法律之保障及限制。"1946 年民国宪法也规定:"中华民国领土内之土地,属于国民全体。人民依法取得之土地所有权,应受法律之保障与限制。"这是中国历史上第一次以宪法的形式规定土地的私有权受法律保护。此外,在民国民法典以及土地法中,均有关于所有权保护的相关规定。

2. 所有权的限制

基于相对所有权的理念,南京国民政府也有对土地所有权进行限制的相关法律,包括对土地私有权范围及数量的限制、对土地所有权处分的限制、对土地所有权行使的限制等。首先,《土地法》规定对某些土地,私人不得享有私有权。《土地法》第 8 条规定:"左列土地不得为私有:一、可通运之水道;二、天然形成之湖泽而为公共需用者;三、公共交通道路;四、矿泉地;五、瀑布地;六、公共需用之天然水源地;七、名胜古迹;八、其他法令禁止私有之土地。市镇区域之水道、湖泽,其沿岸相当限度内之公有土地,不得变为私有。"1946 年的修正《土地法》第 14 条更规定了 10 种土地不得私有。其次,《土地法》规定了私人享有土地面积的最高额。1930 年《土地法》第 14 条规定:"地方政府对于私有土地,得斟酌左列情形,分别限制个人或团体所有土地面积之最高额,但应经中央地政机关之核定:一、地方需要;二、土地种类;三、土地性质。"1946 年修正《土地法》第 28、29 条规定,经中央地政机关核定,省或院辖市政府对于私有土地,得斟酌地方情形,按土地种类及性质,分别限制个人或团体所有土地面积之最高额。对于土地的处分,包括对土地的移转、设定负担及租赁,《土地法》设置了两项禁止规定:其一是 1946 年《土地法》第 16 条规定:"国民政府对于私有土地所有权之移转,设定负担,或租赁,认为有妨害国家政策者,得制止之。"其二是第 17 条规定:"左列土地,不得移转,设定负担,或租赁于外国人:一、农地;二、林地;三、渔地;四、牧地;五、狩猎地;六、盐地;七、矿地;八、水源地;九、要塞军备区域及领域边境之土地。"此外,还包括用土地税收的方法限制所有权、强行减租与保护租户、所有权行使之限制、限制不在地主、严格的登记要件主义等。

(三)南京国民政府 1930 年《土地法》的产权制度设计

1. 土地所有权的界定

1930 年,南京国民政府颁布了《土地法》作为解决中国土地问题的基本原则。《土地法》对土地所有权、使用权以及租佃和赋税问题都进行了一定的制度安排,全文分为 5 编,共 397 条。与此同时,为了进一步保障并配合该法的实施,在 1935 年的时候又通过了《土地法施行法》,并在同年的全国代表大会上通过了关于推行土地政策纲领的决议,作为实践孙中山平均地权的纲领。

《土地法》在探讨土地所有权问题的时候,基本还是维持既有的土地所有权状况,承认法规颁布前的土地私有权。该法规定:"中华民国领域内之土地,属于中华民国国民全体,其经人民依法取得所有权者,为私有土地,但附着于土地之矿,不因取得土地所有权而受影响。"即在承认地主土地所有制的基础之上,实施新的土地法规。具体措施包括:设立地政机关及土地裁判所作为土地管理机构,对土地实行重新登记。申请者可以凭借土地所有权的登记手续,使自己保持对该土地的所有权状态。实际上,这是间接保护地主和富农的土地占有事实,使其受到法律的保障。所以说,《土地法》实行的"平均地权",并非是强制没收私有土地,平均分配给全国人民,而也只是按照地价和土地增值税来实现"耕者有其田"的目的。同时,对于土地私有权的取得和实施,通过种种严密的限制,使其逐渐达到"平均地权"的目的。但现实的状况却是地权不均,土地集中已经达到了相当严重的程度,单单依靠土地政策和法规的限制不能完全解决现实问题。

《土地法》在承认土地私有权的前提下,对私有土地的最高额也实行了某些限制的规定。"地方政府对于私有土地,得斟酌左列情形,分别限制个人或团体所有土地面积之最高额,但应经中央地政机关之核定:一、地方需要;二、土地种类;三、土地性质。""私有土地受到前条限制时,由主管地政机关规定办法,限令于一定期间内,将额外土地分划出卖。不依前项规定分划出卖者,该管地方政府得依本法征收之。"[1]限制土地最高额的政策在土地法规中,对于防止土地的高度集中和垄断应该是有一定的积极作用。土地问题的根源就在于土地私有制度。承认土地私有权的存在,由土地自由买卖的形式带来的土地集中现象就无法避免,在土地私人占有的环境下,无论采取什么政策改善农村土地关系,都是不能解决根本问题的。孙中山倡导"平均地权",虽然也主张以渐进的办法实现"耕者有其田",首先要把耕地分给农民,同时不能让农民失去他们既有的土地,但最终目的仍旧是达到土地国有,"现在俄国改良农业政治之后,便推翻一般大地主,把全国的田地,都分到一般农民,让耕者有其田。耕者有了田只对国家纳税,另外便没有地主来收租钱,这是一种最公平的办法。我们现在的革

〔1〕《土地法》,第一编第二章第 14 条、第 15 条。

命，要仿效俄国这种公平办法，也要耕者有其田，才算是彻底的革命”。[1] 从这个意义上说，《土地法》与孙中山关于解决土地问题的主张存在一定的距离。

2. 土地使用权相关规定

关于土地使用权方面，《土地法》力求通过实施有关土地使用权法规，使土地得到有效的使用。首先要确立执行机关的职务范围，该法规定：“使用地之种别或其变更，经主管地政机关编定，由地方政府公布之。”[2]但在《土地法》和《土地法施行法》颁布后，国民政府中央的专职地政机关迟迟没有设立，只是由内政部、财政部、实业部、军政部和教育部的下属地政部门负责管辖。尽管如此，《土地法》中的一些政策规定还是显示出了国家对于土地所有权和使用权管理的初步构想。在土地的合理使用方面，该法规定，土地一旦编入某种使用用途就不能轻易更改，必须有地政机关的核准，除非涉及国家利益。“土地，得就国家经济政策、地方需要情形及其所能供使用之性质，编为各种使用地。……凡编为某种使用地之土地，不得供其他用途之使用。但经地政机关核准得暂为他种使用者不在此限。……使用地编定公布后，国民政府于认为有较大利益或较重要之使用时，得令变更之。”关于土地使用权的实施方案，土地使用权最小使用面积的规定进一步加强了土地的有效使用。“地政机关，于其管辖区内之土地，得依其性质及使用之种类为最小面积单位之规定。前项规定最小面积单位之地段，不得再为分割。”

3. 1930 年《土地法》评价

南京国民政府 1930 年公布的《土地法》是中国历史上第一部具有近代意义的土地制度法律。该法规从理论内容上试图体现孙中山关于核定地价、照价收税、照价收买、涨价归公的平均地权的民生主义。《土地法》明确规定，土地国有即归中华民国全体国民所有，但是同时又承认土地私有，“中华民国领域内之土地，属于中华民国国民全体，其经人民依法取得所有权者，为私有土地”，为保留封建土地制度和租佃制度留下了很大的空间。“其经人民依法取得所有权者，为私有土地”承认了此前地主土地私人占有的合法性，同时也就承认了官僚、军阀和士绅等当权者对土地的私人垄断与集中。南京政府所推行的土地政策，实际上是一种维护旧土地所有制度的改良政策，并非如其所标榜的是孙中山先生

[1] 《孙中山选集》，人民出版社 1956 年版，第 850 页。
[2] 陈顾远：《土地法》，上海商务印书馆 1936 年版。

平均地权的具体实施,至关重要的"耕者有其田"的思想没有得到体现,也没有提出改变中国农村封建土地制度的具体设计与措施。《土地法》的根本缺陷在于,它承认和维护了地主土地的私人占有,以此为基础而设计的土地政策,不可能减轻农民的实际负担,更不可能去限制和防止土地的私人集中占有。

设定清晰的权利界限是法律体系的目标之一,它使得权利能够在此基础上通过市场进行转移与重新组合,从而实现资源的最优配置。然而《土地法》及其他由此制定的相关法规和条例,在内容和实践上对土地所有权方面的改造却基本停留在政策的表层形态。首先,在土地分配政策上强调土地整理而不是土地分配。"今日中国之土地,不患缺乏,并不患地主把持,不苦人不得地,惟苦地不整理。"[1]对于土地政策,经营及整理问题似乎在南京政要的心目中更重于分配问题,这一政策并非急于没收地主阶级土地分配给农民所有。然而在全国进行土地整理并非易事,在实施过程中政权的所属阶层互相勾结、肆意土地投机,结果是不但没有解决土地占有的不合理状况,反而进一步加剧了土地的兼并与集中,新兴的地主阶层不断崛起,使农村地权走向集中趋势。其次,在田赋政策上成效甚微。《土地法》规定的废除苛杂、整顿地方财政和土地陈报等措施实施不力。各省的田赋附加征收几乎大于正额的数十倍。各种差徭及临时摊派使得全国半数以上省区的人民农产都不足以提供纳税捐。土地陈报原则规定为期一年完成,然而到 1936 年底,多数省区仍在执行旧有的规划。最后,在土地租佃政策上并没有改变土地占有的不合理状况。颁行的各种条例法案确实规定了许多有利于保护佃农使用权的做法。例如,佃农缴纳租额最高不得超过收获量的 40%;地主不得任意撤租,如欲收回自耕者,对于佃户改良土地之费用应给予相当之赔偿;如因水灾冲毁之堤或田地之部分,经佃户修复后应视为改良土地,亦应给予相当之赔偿;地主收回自耕后再行出租或典当出卖时,原佃农有优先承租承买权。对于土地改良赔偿的规定是想提高农民对耕地改良的积极性,然而佃农要求的土地改良赔偿,以通知过的数额为限,"特别改良费之数额,应即通知出租人",即农民对土地进行改良必须通知地主,否则对使用土地的改良是不受法律保护的,这实际上反而限制了农民改良土地的积极性。而且虽然规定了承租人的优先承买权、优先承典权和优先承租权,却没有规定地主故意违反或不承认这些优先权的情况下的处置方式。如果地主随意高价出卖或出

---

〔1〕《中华民国史事纪要》(1933 年 7 月至 12 月),中国台湾:国史馆,1986 年 12 月版。

租土地,故意违反或不承认优先权,就没有相关法规的约束,那么原承租人购买和承租土地的所谓优先权也就失去了实际意义。再加之南京政权在各省推行时各地业主千方百计加以阻挠,最后只能归于失败的结局。

1930 年《土地法》公布以后,国民党与国民政府掀起了一场改革土地制度和发展农村经济的运动。陈果夫在国民党四届四中全会上提出了《推行本党土地政策纲领案》,规定私有土地的地价、照价征购累进税并实行涨价归公。刘峙提出了《为实行土地政策以消灭乱源巩固革命政权案》。中央民众运动指导委员会还提出了《请迅速实施土地法并救济农民案》。随后在国民党第五次全国代表大会和五届五中全会上,以萧铮为代表的委员提出了《积极推行本党土地改革案》和《请迅速改革租佃制度以实施耕者有其田案》[1],实行土地统制调整土地分配,设立中央地政机构和中央土地银行,重申土地原则以挽救农村的危机。"在所有这些(所有制)形式中,土地财产和农业构成经济制度的基础"[2],土地所有制在农业社会经济关系中始终占有着支配地位,土地制度是农业社会中的基本经济制度,也是所有权制度和财富分配制度的集中体现。作为中国历史上第一部具备现代土地制度原则的法律,《土地法》的制定体现了中国现代土地政策制度化、法规化的趋势。然而,《土地法》回避了中国土地所有权改革这个直接关系到中国社会与经济政治走向的本质性问题,在特定的历史条件之下必然决定了《土地法》地权改革只能停留在理论层面上。

(四)南京国民政府 1946 年《土地法》

1.《土地法》修正运动

《土地法》公布之后,出现了很多反对的声音,认为《土地法》"立法精神上仍不免缺陷,而所采办法,方诸实际国情,又多扞格"[3],"土地法不仅在理论上未称稳固,即在实际上亦诸多困难"[4]。1934 年 1 月起,中国地政学会发起了修改《土地法》的活动。1934 年冬,中国地政学会通过了《拟请修改土地法意见书》,送交国民党中央政治委员会下设的土地专门委员会。1935 年 11 月,将"意见书"归纳为《土地法修改原则二十四项》。其主要内容是:(1)国家得设立土地银行发行土地债券,以实施土地政策及调整土地分配;(2)扶植自耕农;(3)应明

---

[1] 吴文辉:《中国土地问题及其对策》,商务印书馆 1944 年版。
[2] 《政治经济学批判》,《马克思恩格斯全集》,第 46 卷,上册,人民出版社 1979 年版,第 482—483 页。
[3] 萧铮:《拟请修改土地法导言》,《地政月刊》,1935 年第 3 卷第 1 期。
[4] 中国地政学会:《拟请修改土地法意见书》,《地政月刊》,第 3 卷第 1 期,第 10 页。

定地租最高额,为地价8%;(4)承垦人于荒地垦熟后,应无偿取得土地所有权,并予以相当长期之免税;(5)以申报地价为法定地价,删去原《土地法》中关于估定地价之条款;(6)地价税率拟采用累进制,不分税地区别,起税点为地价的10‰—20‰,惟荒地及不在地主之土地税,得酌量加重。[1] 这些内容同原《土地法》相比,虽然仍是确认地主阶级"土地私有之铁则"不变,但还是较多地反映了孙中山平均地权纲领的精神。1936年底,国民党中央政治委员会开会审议《土地法修正原则廿四项》,通过了其中的二十三项,而将其中涉及地价税率起税点调整为地价千分之十至二十的第十九项"交由立法院商讨后,再行核议"。[2] 随后,国民党政府立法院根据修正土地法原则中的二十项,起草了修正《土地法》5编275条。1946年完成修正土地法草案及修正土地法施行法草案全文,国民政府于1946年4月29日公布施行。

2. 1946年《土地法》修正的内容

1946年《土地法》第10条规定:"中华民国领域内之土地,属于中华民国国民全体,其经人民依法取得所有权者,为私有土地。"1930年《土地法》第12条规定:"凡未经人民依法取得所有权之土地,为公有土地。私有土地之所有权消灭者,为公有土地。"1946年《土地法》在第一编"总则"中专门用两章(第二章、第四章)内容分述"地权"(私有土地)和"公有土地"之内容。

从内容上看,修正《土地法》的主要改进之处在于:(1)增加了土地分类之划分;(2)增加设立土地银行、发行土地债券的内容;(3)增加了扶植自耕农的条款;(4)删除土地裁判所的设置;(5)登记程序在修正《土地法》中被大大简化;(6)对房屋救济只做经常性规定,对准备房屋没有详细规定;(7)耕地承租人对不在地主可请求征收其耕地;(8)对于荒地,得设立垦务机关,承垦人于荒地垦熟后,应无偿取得土地所有权,并予以相当长期之免税;(9)以申报地价为法定地价;(10)地价税率采用累进制,不分税地区别。

(五)其他土地相关法律制度

除了两部土地法和宪法之外,南京政府还出台了一系列土地相关法律法规,构建起了相对完整的土地法制体系。

1936年公布的《中华民国宪法草案》对土地所有权、土地税、扶植自耕农等问题进行了规定。第117条规定:"中华民国领域内之土地,属于国民全体,其

---

〔1〕 萧铮:《土地改革五十年》,中国台湾地政研究所1980年版,第1939—1944页。
〔2〕 李紫翔:《对于修正土地原则的意见》,《中国农村》,1937年第3卷第6期。

经人民依法律取得所有权者，其所有权受法律之保障及限制。国家对于人民取得所有权之土地，得按照土地所有权人申报，或政府估定之地价，依法律征税或征收之。土地所有权人对于其所有土地，负充分使用之义务。"第 118 条规定："附着于土地之矿及经济上可供公众利用之天然力，属于国家所有，不因人民取得土地所有权而受影响。"第 119 条规定："土地价值非因施以劳力资本而增加者，应以征收土地增值税方法收归人民公共享受。"第 120 条规定："国家对于土地之分配整理，以扶植自耕农及自行使用土地人为原则。"[1]

1946 年 12 月 25 日，国民党召开的国民大会通过《中华民国宪法》，其中第 142、143、146 条是有关土地问题的。第 142 条规定："国民经济应以民生主义为基本原则，实施平均地权、节制资本，以谋国计民生之均足。"第 143 条规定："中华民国领土内之土地，属于国民全体。人民依法取得之土地所有权，应受法律之保障与限制。私有土地应照价纳税，政府并得照价收买。……土地增值非因施以劳力资本而增加者，应由国家征收土地增值税，归人民共享之。""国家对于土地之分配与整理，应以扶植自耕农及自行使用土地人为原则，并规定其适当经营之面积。"

抗战爆发后，1938 年 3 月举行的国民党临时全国代表大会通过了《战时土地政策决议案》，提出了战时土地政策之目的，拟定战时土地政策大纲九点，并规定非常时期的土地分配"应逐步改进，不能操之过急，积渐施行、稳健推进"。在 1939 年 4 月召开的中国地政学会第五届年会上，蒋介石发表训词，提出"彻底推行民生主义的土地政策的良好时机"，乃在"抗战胜利之日"。[2] 根据蒋介石的这一思想，国民党进一步制定了《中国战后土地政策》，共 5 项 19 条，其要点仍是"整理地权"、"地政整理"、"涨价归公"。1941 年 4 月，五届八中全会提出《为实现本党土地政策应从速举办地价申报决议案》。1941 年 12 月，五届九中全会提出《土地政策战时实施纲要》和《设置地政署案》。《土地政策战时实施纲要》第五条规定，为实施战时经济政策或公共建设之需要，得随时依照报定之地价征收私有土地，其地价之一部分并得由国家发行土地债券偿付之。第六条规定，私有土地之出租者，其地租一律不得超过报定地价百分之十。第七条规定，土地之使用应受国家之限制，政府并得依国计民生之需要，限定私有农民之耕作种类。第八条规定，农地以归农民自耕为原则，嗣后农地所有权之移转，其承

[1] 夏新华等:《近代中国宪政历程:史料荟萃》，中国政法大学出版社 2004 年版，第 990 页。
[2] 《新华日报》，1939 年 4 月 25 日。

受人均以能自为耕作之人民为限。不依照前项规定移转之农地,或非自耕农所有之农地,政府得收买之,而转售于佃农,予以较长之年限,分年偿还地价。[1]

根据《战时土地政策案》,国民党采取了以下一些土地政策:(1)二五减租。在湖北、浙江、山西、广西、广东、江西等地实行减租。1942 年 9 月地政署拟订了《非常时期限制地租实施办法草案 15 条》,其中第三条、第四条、第五条规定:租佃契约无论定期或不定期不得任意终止。设立承租权之农地非有下列情形之一时,其所有人不得撤佃:承权人死亡即无继承人时;农地依法变更其使用时;承佃人将承佃农地出租于他人时;永佃权人积欠佃租达二年之总额时。地主典当或出卖土地,佃农有优先承典或承买权,土地所有权除移转于自耕农外,佃农有继续承租权。佃农对于耕地有特别改良之实施,于解约时得向地主要求适当之赔偿等。这些不仅减轻了农民的负担,同时也保护了农民对土地的使用权。(2)整理地籍、申报地价。五届九中全会通过的《土地政策战时实施纲要》第二、第三条规定:主管地政机关应加强整理地籍工作,限期完成;私有土地应由所有人申报地价,照价纳税。依据《土地法》规定,地价税应在土地整理完成之后开征。由于土地清丈需要耗费大量的时间和费用,因此采取了土地陈报的办法。(3)扶持自耕农。1943 年,国民政府地政署制定了《试办扶助自耕农实验区方案》,要求各省订出办法,先搞试点。办法分为两类:一是由国民政府依法征收非自耕农的土地,发给农民自耕,即"直接创设";二是由中国农民银行附属的土地金融机关贷款给无地农民,购买或赎回土地自耕,即"间接创设"。1943 年,国民政府在全国大规模推行。先在甘肃、广西两省推行,接着在后方的 14 省、82 县铺开。其中,实行"间接创设"的有闽、浙、湘、川、桂、甘、皖、鄂、粤、陕等 11 省。次年绥远、宁夏也开始实行。实行"直接创设"的有浙、赣、川、闽、桂、甘等 7 省、14 县以及甘肃的湟惠渠区。3 年共扶植自耕农 17 650 户,农田面积 313 123 亩。[2]

1946 年 10 月 25 日,国民政府行政院公布了《绥靖区土地处理办法》,这是国民党"战后之土地主要法令"。这项法令共 21 条,主要内容规定:绥靖区内之农地,其所有权人为自耕农者,依原有证件或保甲四邻证明文件收回自耕;其所有人为非自耕农时,准依原有证件或保甲四邻证明文件保持其所有权,并由现耕农民继续佃耕;经非法分配之土地,一律由县政府依本办法征收之;征收之土地依原佃耕人、现佃耕人、有耕种能力之退伍士兵及抗战军人家属等次序承领

---

〔1〕 朱子爽:《中国国民党土地政策》,国民图书出版社 1934 年版,第 66—68 页。

〔2〕《国民政府政绩报告(土地行政部分)》,《地政通讯》,1947 年第 15 期,第 34 页。

自耕，并应依照估定地价以农产物为本位、以土地债券分年偿付，偿付期限最多不得超过15年，地价未交清前以承领之土地为抵押担保；不按期缴纳或怠于工作，或将土地出佃者，政府将所领土地收回；承领土地之农民自承领土地之日起，应依法缴纳土地赋税。《绥靖区土地处理办法》的实施目标是承认土地原主对土地的所有权。对于不能找到原主的土地，由政府依法征收，并通过分配给有耕种能力的农民承领自耕、偿付地价、交纳土地税的办法，实行有限的“耕者有其田”。

第三节　土地所有权从公有到农有
——中国共产党对土地产权制度的选择

一、土地革命战争时期的土地制度

（一）土地革命战争时期中共根据地土地相关法律政策

20世纪20年代中期到全面抗战前夕这段时间在中国近代史上被划分为第二次国内革命战争时期，又称为土地革命战争时期，这从一个角度反映出土地问题在中国近代革命历程中的重要性。在这一历史阶段，中国共产党领导的革命根据地发布了一系列的土地法令，包括《海陆丰工农兵代表大会没收土地案》（1927年11月）、《井冈山土地法》（1928年12月）、《兴国县土地法》（1929年4月）、《鄂豫边革命委员会土地政纲实施细则》（1930年1月）、《龙岩县第二次工农兵代表大会通过之田地问题决议案》（1930年2月）、《永定县第二次工农兵代表大会通过之土地问题决议案》（1930年2月）、《闽西第一次工农兵代表大会通过之土地法案》（1930年3月）、《兴国苏维埃政府土地法》（1930年3月）、《右江苏维埃政府土地法暂行条例》（1930年5月）、《全国苏维埃区域代表大会通过之土地暂行法》（1930年5月）、《湖南省工农兵苏维埃政府暂行土地法》（1930年7月）、《闽西第二次工农兵代表大会通过之修正土地法令决议案》（1930年9月）、《湘鄂西第二次工农兵贫民代表大会通过之土地革命法令》（1930年10月）、《中华苏维埃共和国土地法》（1931年11月）、《赣东北省苏维埃执行委员会土地分配法》（1931年12月）、《湘赣省苏维埃代表大会决议之土地法执行条例》（1932年8月）、《川陕省苏维埃政府关于土地改革布告》（1933年）、《黔东特区第一次工农兵苏维埃代表会议决议之没收土地和分配土地条例》（1934年7月）等。

(二)土地所有权国有与使用权归农民所有的制度设计

在废除封建土地所有制后,就中国应该选择什么样的土地所有制,1926 年共产国际指示:“中国共产党应当承认‘土地国有’为无产阶级农村政纲之基本要求。”大革命失败后,只没收大中地主的土地,而不没收小地主的土地的政策得到了延续。1927 年 7 月 20 日《中央通告农字第九号》指出:“没收大地主土豪劣绅和反革命的土地及一切公共土地;与小地主结成斗争的联盟。”[1]“八七”会议确定了“土地国有”的方针和原则,并明确规定,“没收大地主及中地主的土地”,而“对小田主则减租”,暂不没收。“本党不提出没收小田主土地的口号,是为了要使城乡间广大的小私有财产者之分子中立。”根据这一方针和原则,1928 年制定了《井冈山土地法》,1929 年制定了《兴国土地法》。1927 年 11 月,中国共产党提出了没收一切土地、实行土地公有的主张。1927 年 11 月 28 日,中共临时中央政治局通过的《中国共产党土地问题党纲草案》明确规定了私有土地归国家所有。1929 年 8 月,毛泽东和朱德以“中国革命军事委员会”的名义颁布了一部土地法,规定被没收的土地“归苏维埃政府公有”。1930 年 3 月《赣西南苏维埃政府土地法》、1930 年 5 月《土地暂行法》、1930 年 8 月《中国革命军事委员会土地法》都规定了被没收的土地“归苏维埃政府公有”,农民只有使用权。

《井冈山土地法》是中国共产党在井冈山进行革命斗争时,在总结 1927 年冬到 1928 年冬土地革命斗争经验的基础上制定的第一部土地法,共九条十四款,主要内容包括:第一,土地所有权及分配土地的对象。没收一切土地归苏维埃政府所有,用下列三种方法分配之:(1)分配农民个别耕种;(2)分配农民共同耕种;(3)由苏维埃政府组织模范农场耕种。以上三种方法,以第一种为主体。遇特别情形,或苏维埃政府有力时,兼用第二、三两种。一切土地经苏维埃政府没收并分配后,禁止买卖。分配土地之后,除老幼疾病没有耕种能力及服务公众勤务者以外,其余的人均须强制劳动。第二,分配土地的标准或方法。(1)以人口为标准,男女老幼平均分配;(2)以劳动力为标准,能劳动者比不能劳动者多分土地一倍。以上两个标准,以第一个为主体。有特殊情形的地方,得适用第二个标准。采取第一个标准的理由:一是在养老育婴的设备未完备以前,老幼如分田过少,必致不能维持生活;二是以人口为标准计算分田,比较简单方便;三是没有老小的人家很少,同时老小虽无耕种能力,但在分得田地后,政府

---

〔1〕《中共中央文件选集(1927 年)》,中共中央党校出版社 1983 年版,第 226 页。

亦得分配以相当之公众勤务,如交通等。第三,土地税的征收法。土地税依照生产情形分为三种:(1)百分之十五;(2)百分之十;(3)百分之五。以上三种方法,以第一种为主体。遇特别情形,经高级苏维埃政府批准,得分别适用第二、三两种。土地税由县苏维埃政府征收,交高级苏维埃政府分配。

《井冈山土地法》的目的是以法律的形式废除封建土地所有制,是第一部代表农民利益的土地法。但是,这一制度设计实际上存在重要的问题,正如毛泽东在1941年所指出的,"这个土地法有几个错误:(一)没收一切土地而不是只没收地主土地;(二)土地所有权属政府而不是属于农民,农民只有使用权;(三)禁止土地买卖。这些都是原则性的错误"。[1] 1929年根据中共"六大"精神,在《井冈山土地法》的基础上进行了原则上的修改,制定了《兴国土地法》,把"没收一切土地归苏维埃政府"改为"没收一切公共土地及地主阶级的土地归兴国工农兵代表会议下政府所有,分给无田地及少田地的农民耕种使用"。这一原则上的修改实际上承认了农民原有土地的所有权,但对新分得的土地,仍然归政府所有。此外,《兴国土地法》取消了分配方法中的后两种,即"分配农民共同耕种"、"由苏维埃政府组织模范农场耕种"。同时废除了《井冈山土地法》中"分配土地之后,除老幼疾病没有耕种能力及服务公众勤务者以外,其余的人均须强制劳动"的条款。这两部土地法对于根据地的发展起到了重要的作用,但是必须承认,由于共产国际和中共中央自"八七"会议以来"土地国有"方针的影响,这两部法律在制度设计上都有缺陷,它们都规定了被没收的土地归苏维埃政府公有,农民只有使用权,并且禁止买卖,这是不适合当时中国的情况的。这两部法律明确规定土地所有权属于政府,代表了当时中国共产党人对于农村土地产权制度目标的认识。这一土地产权制度模式包含两个方面的内容:一是对旧有的封建土地产权制度的破坏;二是要实现土地所有权的公有。但当时农村土地产权状况和农民对土地私有的强烈要求,使得这两个目标都难以实现:一是相当数量的自耕农对没收一切土地的做法不满;二是大部分农民(包括自耕农)希望得到土地的所有权,而只给他们使用权。在政权还不稳定的情况下,国家在管理国有化土地的能力上有所不足。

之所以从一开始主张土地公有和禁止土地买卖,首先是源于共产国际的指示,但是主要以苏联的经验作为制定方针政策的依据,而未能对当时中国的社

---

〔1〕 中共中央党校党史教研室:《中共党史参考资料(三)》,人民出版社1979年版,第35页。

会背景和农村土地所有制的特点进行深入的认识和思考。简单地认为农民在土地变革后的目的不是争取土地所有权,而只是使用土地的自由。然而,事实上广大农民对土地所有权的要求是十分强烈的,中国农业经济中主要还是小农经济,资本主义成分并不占据主体地位,生产规模的狭小和生产力水平的低下,决定了农业机械化生产方式的不发达。因此,土地占有是劳动者对其劳动产品拥有所有权的标志性条件。土地所有权的确立是这种生产方式能否充分发展的必要前提和基础,这也是土地革命运动中的重大原则问题。广大农民对土地所有权的迫切要求的满足与否,关系着他们对土地经营的积极性。所以说,通过实现土地国有就可以避免土地自由买卖和消除两极分化,还是不甚符合当时中国农村实际情况的,土地的买卖是当时土地地权转移的主要方式,农民自然非常重视土地的私有权,并且强烈要求土地归自己占有或支配。否定土地自由买卖的土地"公有"的规定有违于农民的愿望和农村实际情况,所以在苏区推行后,农民即使在土地革命中分到了土地,但是由于土地所有权的缺失,难以激发他们的劳动热情,造成了最初农业生产下降的趋势。此外,农民传统观念是土地私有,也会造成地权关系的不稳定,从而影响土地的生产和投资效率。

(三)土地所有权和使用权均归农民所有的制度设计

中共六届三中全会指出:"在目前革命阶段中,尚未到整个取消私有制时,不禁止土地买卖和在苏维埃法律内的租佃制度。"1930 年 5 月,全国各苏维埃区域召开代表大会,制定了《土地暂行法》。《土地暂行法》规定,"凡属地主的土地一律无偿没收",富农"出租部分的土地一律没收",凡属于祠堂、庙宇、教会、官产等的土地"一律无偿没收","积极参加反革命活动者的土地一律没收","没收的土地一律归苏维埃政府分配给少地、无地的农民使用。禁止一切土地的买卖、租佃、典押等"。土地分配的方法"由乡苏维埃代表大会决定",或是"一切土地平均分配",或是"只就没收土地分配,原耕农民不动";分配标准,或是"按人口分配",或是"按劳力分配"。1930 年 9 月全国苏维埃大会中央委员会修订了《土地暂行法》,删除了其中"组织集体农场"和"禁止一切土地的买卖、租佃、典押……"等条文,标志着在法律制度上将土地所有权从国有转为农民所有。

1931 年 12 月颁布的《中华苏维埃共和国土地法令》的主要特点是:根据地政府出面没收地主土地,在一个乡的范围里进行数量与质量上的公平分配,土地的所有权归农民所有,土地产权有限制地流动。主要内容包括:第一,彻底废除封建半封建的土地所有制。所有封建地主、豪绅、军阀、官僚以及其他大私有主的土地，无论自营或出租，一律无任何代价实行没收。规定“被没收土地以前的所有者，没有分配任何土地的权利”。富农的土地也在没收之列，但可以分得“较坏的份地”。一切祠堂、庙宇及其他封建半封建性的公共土地，也必须无条件地交给农民。第二，没收一切地主、豪绅、军阀、官僚的动产与不动产，包括房屋、仓库、牲畜等。同时，还必须消灭地主与农民间口头的及书面的一切佃租契约，要取消农民对这些财产与土地的义务和债务，并宣布一切高利贷债务无效。第三，在农民自愿的基础上平均分配一切土地。对于没收来的土地，贫农、中农、雇农、劳动贫民、红军战士，不分男女，都有分配土地的权利。在农民群众愿意和直接拥护下，可以实行平分一切土地，因为“平均分配一切土地，是消灭土地上一切奴役的封建关系及脱离地主私有权的最彻底的办法”。第四，保障农民对土地的所有权。从实际出发，不禁止土地的出租与土地的买卖，但“苏维埃政府应严禁富农投机与地主买回原有土地”。

二、“耕者有其田”的土地制度设计

1937 年 8 月，中国共产党将过去无偿没收地主土地的政策调整为在承认地主土地所有权基础上的减租减息政策，同时严格界定了没收土地的对象和范围，力图循序渐进地解决农民的土地问题。在《抗日救国十大纲领》中，提出停止没收地主阶级的土地、减租减息，作为抗日战争时期解决农民土地问题的基本政策，以此调节农民与地主之间的阶级相互利益关系。减租减息的具体方法和内容是：地租一般不论任何租佃形式，均按战前原租额减 25％，多年欠租应免交。利息一般规定“分半减息”，也有“一分减息”的，即年利不得超过本金的 15％或 10％，所以也有叫“一五减息”的。战前成立的借贷关系应当“分半减息”，如已付利息超过原本金 1 倍者，停利还本，如超过原本金 2 倍者，本利停付。而抗战开始后现行的利息以不超过社会借贷关系许可的程度为限，由双方自行决定。洛川会议以后，各抗日根据地都根据《抗日救国十大纲领》中规定的减租减息政策，结合本地区具体情况，分别制定了各自的施政纲领条文和减租减息的法令。减租减息政策为以后进一步解决土地问题提供了良好的实施条件，并形成了农村土地关系和阶级关系的相对变化。在这一政策实施期间，土地流转速度加快，佃农买卖土地的情况普遍。

抗战胜利后国共关系日益恶化，农民迫切需要土地的呼声再次高涨。1946 年的“五四指示”即《关于清算减租及土地问题的指示》指出：“各地党委必须明确认识,解决解放区的土地问题是我党目前最基本的历史任务,是目前一切工作的最基本的环节。必须以最大的决心和努力,放手发动与领导群众来完成这一历史任务。"这标志着中国共产党土地政策由抗日战争时期的减租减息政策向没收地主的土地分配给农民的政策重大转变。这一政策包括以下的内容:没收汉奸、豪绅、恶霸等人土地,实现耕者有其田;中小地主与农民纠纷,采取仲裁方式解决;鼓励一般地主与富农自动献地,土地清偿所欠农民债,一般不变动富农土地;没收的土地及所献土地优先分给烈士遗属、抗日战士、无地农民等。最初,中央政府曾经设想采取有偿转移的征购方式使农民获得土地,由政府发行公债作为地价交付地主,分 10 年还本;由公债基金或者得到土地的农民负担一部分,农民每年向政府交付一定数量的地价,分 10 年至 20 年还清,另一部分由政府财政收入调剂,或者全部由政府财政税收调剂;在抗日战争期间地主欠农民的债务,农民亦可折算为地价;大地主的土地超过规定数额者,超额部分以半价或半价以下递减的价格征购。但此做法只是在陕甘宁边区尝试实行过一段时间。"五四指示"充分肯定了解决农民土地问题的重要意义,标志着党的土地政策从实行减租减息到实现耕者有其田的转变。总体上,基本肯定了农民对土地的要求,同时对某些地主给予了照顾,然而由于时局的紧张,这一关于土地政策的指示并没有得到很好的执行。同时,它主要是通过反奸、清算、减租、减息、退租、退息的方式,从地主手中获得土地,没有提出没收地主阶级土地的政策,对中小地主和富农照顾过多,并没有明确提出改革土地制度的要求。"五四指示"主张的是一种有限度的渐进式土地分配方案,它是减租减息政策向彻底土地改革的过渡措施。"五四指示"发布以后,各解放区掀起了大规模的土地改革运动。到 1947 年 2 月,"各区都有约三分之二的地方执行了中央一九四六年五月四日的指示,解决了土地问题,实现了耕者有其田"。[1]

1947 年 7—9 月,中共中央在西柏坡召开了全国土地会议,制定了《中国土地法大纲》。全文共十六条,宣布废除封建性及半封建性剥削的土地制度,实行耕者有其田的土地制度。首先,废除一切地主的土地所有权,废除一切祠堂、庙宇、寺院、学校、机关及团体的土地所有权,废除一切乡村中在土地改革以前的债务,由乡村农会接收地主的牲畜、农具、房屋、粮食及其他财产,征收富农的上述财产的多余部分,分给缺乏这些财产的农民及其他贫民,并分给地主同样的

---

〔1〕《毛泽东选集》,第 4 卷,人民出版社 1991 年版,第 1215 页。

一份土地。其次,《中国土地法大纲》规定乡村中一切公地及地主的土地,由乡村农会接收;连同乡村中其他一切土地,按乡村全部人口,统一平均分配。最后,在分配原则方面,土地数量上抽多补少、质量上抽肥补瘦,使全体乡村人民都能获得国家授予的土地,土地分配后归各人所有并支配。另外,大纲还规定,保护工商业者的财产及其合法的营业不受侵犯。改革土地制度的合法执行机关由乡村农民大会及其选出的委员会、乡村无地和少地农民所组织的贫农团大会及其选出的委员会,以及区、县、省等级农民代表大会及其选出的委员会共同组成。《中国土地法大纲》还就土地的使用权、收益权作了更为明确的规定:“分配给人民的土地,由政府发给土地所有证,并承认其自由经营、买卖及在特定条件下出租的权利。”按照此规定,农民拥有自主的经营权和全部的收益权,并受到法律的保护。土地改革为农民提供了比较完整的土地产权,刺激了农民生产的积极性。

第四节　非正式制度与近代中国的土地流转

一、习惯、习惯法与法律制度

(一)习惯与习惯法

根据《辞海》的解释,“习惯”是指:(1)由于重复或联系而巩固下来的并变成需要的行动方式。(2)经过不断实践,已能适应新情况。[1] 按照美国著名法学家卡特(Samuel Carter)于 1696 年在《习惯》(*Lex Custumaria*)一书中的说法,习惯有 4 个标注,即古风性、持续性、确定性和合理性。法律制度则是指运用法律规范来调整各种社会关系时所形成的各种制度,作为国家与社会彼此妥协的一种制度化的结果,法律制度最能体现一个国家产权保护机制所能达到的程度。关于习惯、习惯法与法律制度体系之间的关系,马克斯·韦伯(Max Weber)的解释是:“法律、习惯和惯例属于同一个连续统一体,即它们之间的演变难以察觉。”[2]卡特认为:“法律的发展主要是习惯的演进,习惯和惯例提供了

[1] 《辞海》,上海辞书出版社 1999 年版,第 563 页。

[2] 马克斯·韦伯:《论经济与社会中的法律》,张乃根译,中国大百科全书出版社 1998 年版,第 20 页。

调整人们行为的规则,所有的法律都是习惯。"[1]习惯对于法的产生和影响至关重要,正如恩格斯所说:"在法律发展的每个很早阶段,产生了这样一种需要,把每天重复着的生产、分配和交换产品的行为用一个共同的规则概括起来,设法使个人服从生产和交换的一般条件,这个规则首先表现为习惯,后来便成了法律。"[2]

就法的创立方式而言,通过法定的国家机关和方式所制定的文件形式,即由特定国家机构制定、颁布,然后自上而下予以实施的法律一般称为"国家法"或"成文法";而被国家认可的习惯称为"习惯法"或"不成文法"。不成文法又称间接渊源,是指虽不是由国家制定,却经国家认可后具有法律效力的法律。习惯法是法的渊源之一,古代欧洲民间的民事习惯曾经是国家民事法律的主要渊源,例如《十二铜表法》就是古罗马习惯法的记录,而最为典型的莫过于欧洲中世纪时期日耳曼诸部族的习惯法。即使是 19 世纪以来诸多欧洲国家的民法典,其中仍旧有很多规定来自该国民间的民事习惯法。但习惯并不都具有法的意义,习惯成为习惯法必须具备四个条件:其一,相当长时期以来确有人们惯于遵行的事实;其二,其内容有比较明确的规范性;其三,现行法没有关于该项行为的规定,且与现行法基本原则没有抵触;其四,需经国家认可并由国家强制力保证实施。它们不但填补了国家法遗留的空隙,甚至构成国家法的基础。正因为它们不具有官方性,这部分法律往往与国家法不尽一致,乃至互相抵牾,但这并不妨碍它们成为一个社会法律秩序中真实和重要的一部分,甚至它们是比国家法更真实而且在某些方面也更重要的那一部分。成文法和习惯法的运行与目标并不总是一致,国家律例和民间习俗在产权的运作中时常存在矛盾与冲突。

(二)习惯法与土地流转[3]

习惯法是反映土地制度思想发展水平的重要方面。诺斯说:"非正规制约和正规制约的差距只是一个程度上的问题,对从禁忌、习俗和传统延续到成文宪法的展望则是问题的另一个方面。从非成文的传统向成文法的漫长而不平稳的运动绝不是单向性的。这正如我们从较简单的社会演进到更复杂的社会

---

[1] 刘德全:《西方法律思想史》,中国政法大学出版社 1996 年版,第 113 页。

[2] 《马克思恩格斯选集》,第 2 卷,人民出版社 1972 年版,第 538 页。

[3] 王昉:《中国古代农村土地所有权与使用权关系:制度思想演进的历史考察》,复旦大学出版社 2005 年版。

一样，它显然是与同更为复杂的社会相连的日益专业化和劳动分工相关的。”[1]因而“一套有序的规则——宪法、成文法、习惯法（甚至地方法规）——将确定某一交换中的正规权利结构。此外，一个合约将以心目中期望的交换的实施特征来书写。由于衡量是有成本的，而大多数合约是不完全的，因此，非正规制约在实际的协议中起着重要的作用。这些非正规制约包括名誉、被广泛接受的行为标准（这些确实是可观察的）以及在重复关系中形成的传统”。[2]因此，习惯法的发展程度也是衡量思想进步的一个有效的指标，从与土地相关的习惯法中能够观察到土地所有权和使用权关系的演进和变化。

为什么习惯法会长久存在并得到来自国家和私人两方面的认可呢？传统中国的土地交换流转基本上发生在以家庭为单位的个体之间，在资源交换的过程中，习惯法起着主导作用，通过习惯法来降低交易费用。“民间的细故，官既不过问，民又不愿告官，径由家法、族规、乡约自行解决，国法和民间活生生的法律处于合作的状态。”[3]国家既允许习惯法对交易起作用，也运用习惯法来裁决交易中的争端。非经济因素在资源配置中起重要作用，这在传统的东方社会似乎比同时代的西方国家更为突出。“晚期中华帝国的经济大力扩张维持了世界上绝无仅有的人口。习惯法的广泛使用，或由第三方执行的并为帝国默认为合法的私人契约交换，似乎说明了交易费用的逐渐下降。”[4]资源配置的方式可以分为四种，不论时间或选择的经济体制，这四种资源配置的方式既可以分别实行，也可以共同作用。第一种是互惠，即在某个时期，根据当时的社会习俗和文化规范，以社会为单位，或单个个人地，或集体地交换资源。第二种是基于保护人与被保护人的关系，即保护人将某些资源分给某个被保护人，以换取被保护人提供的东西，通常是劳动。第三种是由国家下达命令进行的资源配置。在这种情况下，社会性单位将资源以零价格或以低于市场的价格提供给国家。最后一种是契约安排，即两方或更多的当事人就资源交换形式达成一致，然后由他们自己或通过第三方实施。清代以前，哪种形式占主要地位并不十分明显，但是从清朝以后，历史证据显著表明，资源的契约性交换已开始普及。交易

---

[1] [美]道格拉斯·诺斯：《制度、制度变迁与经济绩效》，上海三联书店1993年版，第63页。

[2] [美]道格拉斯·诺斯：《制度、制度变迁与经济绩效》，上海三联书店1993年版，第84—85页。

[3] 林端：《儒家伦理与法律文化》，中国政法大学出版社2002年版，第310页。

[4] [美]拉蒙·H. 迈耶斯：《晚清中华帝国的习惯法、市场和资源交易》，天则研究所内部文稿，http://www.unirule.org.cn/Academia/neibu01－wanqing.htm。

费用产生于资源买卖双方三方面的基本需求:信息、准确度和执行。要素市场的交易费用越高,买卖双方的报酬就越低。如果要使交易费用降低,可以通过以下途径:第一,利用第三方传递信息,将资源的所有者与买主召集在一起,以减少取得信息的费用;第二,签订抵御所有可以想象的意外事故的契约,这将给买卖双方增加信心,并保护了双方的利益,帮助他们在作出判断时减少失误;第三,由第三方参加的契约更具约束力,因为如果一方受损害,可借助第三方实施原来的契约。私人之间签订契约来交换资源的方式在清朝有了很大的发展,政府对于在私人部门通过第三方来执行契约持肯定态度。“似乎到 14 世纪以后,私人部门的交易费用由原来的较高水平开始持续下降,这完全是因为习惯法的广泛使用,家庭间的私人契约协议经常由第三方来执行。越来越多的资源交易通过文字协议或契约来进行。”〔1〕习惯法发展的另一意义恐怕还在于促进完整的法律体系的形成,因为人类法律发展总是遵循着“由习惯而习惯法,由习惯法而成文法,由成文法而法典化”的一般路径。

二、民事习惯与近代社会土地流转

(一)近代民事习惯调查

民事习惯是一种社会规范,它与道德、宗教、法律、规章制度等组成了制约和调整人们社会生活的规范体系。民事习惯并非习惯法,而是未经国家认可和赋予法律效力的社会习俗,但它却在很多方面具有近似法律的效力,作为一种非正式的制度,民事习惯在规范和调节传统中国社会土地流转和交易行为中一直起着重要的作用。在中国法制近代化的过程中,由于民律迟迟未能颁行,民事习惯在处理物权、债权、亲属、继承等方面法律纠纷中仍然发挥着重要的作用。中国近代曾进行过几次重要的民事习惯调查,在此基础上先后编纂成《中国民事习惯大全》和《民商事习惯调查录》,使得民事习惯成为规范社会经济行为的重要法律补充。

中国近代第一次大规模的民商事习惯调查是在 1907－1910 年,为编订《大清民律草案》,沈家本曾组织过民事习惯调查,尽管调查的资料未能进行系统完整的整理,结果也未能充分体现在民律草案中,但《大清民律草案》中还是有不少地方体现了对习惯的重视。1918－1921 年,北洋政府组织进行各省的民商事

---

〔1〕[美]拉蒙·H. 迈耶斯:《晚清中华帝国的习惯法、市场和资源交易》,天则研究所内部文稿,http://www.unirule.org.cn/Academia/neibu01－wanqing.htm。

习惯调查。1919 年 1 月，司法部发布了统一的民商事习惯调查报告书格式、用纸、编制办法。此次民商事习惯调查的具体运作已相当规范。然而这些习惯调查，无论是在清末还是在北京政府时期，都没有起太大作用，到了南京政府时期才得以整理和利用。对于两次民商事习惯调查资料的整理，先后有三项成果面世：一是 1923 年由施沛生、鲍荫轩、吴桂辰、晏直青、顾鉴平共同编纂的《中国民事习惯大全》；二是由北洋政府修订法律馆专任调查员李忻编成的《各省区民商事习惯调查报告文件清册》，于 1926 年第 232 期《司法公报》刊出；三是南京政府于 1930 年 5 月由司法行政部将前北京政府所编计划出版的《民商事习惯调查录》以民国时代的民事部分酌加修订后付印成书。[1] 南京国民政府起草民法典时规定："民事，法律所未规定者，依习惯，无习惯者，依法理。"可见，在民事法律的适用上，民事习惯被视为重要的法源之一。

（二）非正式制度对土地流转秩序调整作用的弱化

传统中国社会存在土地流转中的亲邻优先权，是中国传统上长期存在的民间习惯，业主在卖地时须先问亲族，再问四邻，最后才能卖与他人，亲族、四邻具有与其亲属关系或是地邻关系的身份。大体从北魏开始，亲邻优先权就作为土地交易中的一项正式制度存在。明清前期，虽然在法律上没有正式规定，但亲邻优先权非常流行，到了清代，先尽房亲、地邻的习俗依然保存了下来，不过在文契上的限制有所松弛，可以不必用文字在契约内标明。民间土地交易习惯有很强的地域性，影响较大、适用较广的有活卖、绝卖、卖契加叹等。活卖，指卖主保留日后可以回赎或加价作绝的权利。绝卖则是一次卖绝，不准回赎或找价。一块土地的首次交易一般都是活卖，以后若不断"加找"，最后将土地卖绝，是为卖契加叹。及至明清，卖契加叹竟成为土地交易的一般规则。亲邻优先权以及"找价"、"回赎"等习惯，虽然在一定程度上维护了土地交易的秩序，但土地买卖完成后的不停"加找"，使土地产权经常处于不确定的状态，在实际上阻碍了土地流转的正常发展。

清末修律时，在《大清民律草案》中，废除了亲邻的优先购买权，但仍然保留了承租人、典权人的优先购买权。民国时期，民法及土地法律规范中对传统习惯的限制更加严格。北洋政府时期大理院判例中，既有专门确认某些地方习惯的判例，也有专门否认地方习惯的判例。大理院在 1913 年对吉林地方的本族、

[1] 杨士泰：《清末民国土地法制研究——以地权制度变迁为中心》，中国政法大学博士论文，2008 年，第 99 页。

本旗、本屯之购地优先权予以否定。第二年，大理院在判案时又再次重申：亲房拦产（地产）之习惯，必须以法律禁止，“不动产所有人，于法令限制内，得自由处分其权利；而不动产之买卖，既属处分行为之一，则其应卖何人，系属所有人之自由。第三人欲向买受不动产之买主，无故声述异议，实为法所不容许”。[1] 1915年，北京政府司法部发布“通饬”，要求“各司法衙门审理民事案件，遇有法规无可依据，而案情纠葛不易解决者，务宜注意于习惯”，并在开审时注意邀请当地知名人士陈诉习惯。[2] 据此，民事习惯成为民事审判的准据。除了这些规定外，1913年2月1日，大理院作出重要民事判决，即民国二年（1913年）上字第三号判决，该判决被著为判例，其判例要旨依据德国民法学说，明确阐述了中国固有民事习惯成为习惯法的四项条件，即“习惯法构成之要件”：“（一）有内部要素，即人人有确信以为法之心；（二）有外部要素，即于一定期间内就同一事项反复为同一行为；（三）系法令所未规定之事项；（四）无背于公共秩序及利益。”这一判例，从操作层面上为民事习惯的确认提供了具体的方法。

表4—4　　大理院判例中专门确认的地权习惯

序号	判例案号	案由	习惯内容	习惯类型	大理院判例的见解
1	一九一三年上字第三号	土地买卖	吉林旧惯，凡土地买卖，本族、本旗、本屯有先买权，必此项人无购买，使得外买	亲族、邻里先买权	凡习惯法成立之要件有四：（一）有内部要素，即人人有确信以为法之心；（二）有外部要素，即于一定期间内就同一事项反复为同一行为；（三）系法令所未规定之事项；（四）无背于公共秩序及利益。 据此，认为习惯不符合“无背于公共秩序及利益”之要件，断难予以法之效力。
2	一九一三年上字第二三九号	土地买卖	业主出卖土地时，原垦户于所垦地亩有先买权	原垦户先买权	依据习惯法构成要件，该习惯“无背于公共秩序及利益”，认为原垦户有先买权。
3	一九一四年上字第三四七号	土地买卖	原佃户有先买权	原佃户先买权	依据习惯法构成要件，该习惯“无背于公共秩序及利益”，认为原佃户有先买权。

[1] 北洋政府大理院编辑处：《大理院判例要旨汇览》，第1卷，民法，1926年刊印，第90页。

[2] 《审理民事案件应注重习惯通饬》，1915年9月15日第1302号·42号法，载余绍宋：《司法例规》，1917年出版，第630页。

续表

序号	判例案号	案由	习惯内容	习惯类型	大理院判例的见解
4	一九一五年上字第四二九号	土地买卖	租佃他人之土地者，就其土地有利害关系，依该地方之习惯法则，租户有先买权	租户先买权	原则上承认该习惯，但附加以下条件：租户若得以先买，则所有权人负通知租户尽其先买之义务，不独限制所有权人之处分自由，且于地方之发达与经济之流通亦不无影响；故此种先买权应以期间较长或无期之租户为限，若为短期佃租或租约中定明随时可以解约者，则就其土地利害关系较浅，纵有习惯亦不应认为有法之效力。
5	一九一五年上字第七三五号	土地买卖	吉林省习惯，原垦户对于垦地有先买权	垦户先买权	若垦户将垦地兑与他人，则受兑人即继承原垦户之权利，亦应有先买之权。
6	一九一五年上字第九七七号	共有财产	各房房长可以公共代理全体族人处分祭田	祭田之处分	依该习惯或规约之处分行为，虽未得族人全体同意，亦应认为有效。
7	一九一五年上字第二二四二号	土地买卖契约	荒地买卖可不订立契约	荒地买卖	江省既有买卖荒地不立契约之习惯，不立契约亦可移转物权。
8	一九一七年上字第八八六号	土地买卖	不动产之抵押权人，对于抵当物，习惯认其有先买权	抵押权人先买权	地邻先买权之习惯，不能认为有法之效力，故为本原判例所明认。为不动产之抵押权人，对于其抵押物，如于习惯认其有先买权者，则因别种理由，尚不在应行拒斥之例。
9	一九一八年上字第七五五号	土地买卖	典户对土地有先买权	典户先买权	不动产之典主法律虽非当然有先买权，而苟因该地方习惯本有先尽典主承买且为当事人所不争者，自可认为有法之效力。
10	一九一九年统字第九四三号	不动产买卖	典权人、共有人先买权，无共有关系之亲族先买权	共有人先买权	承认共有人之先买权，否定无共有关系之亲族先买权。
11	一九一九年上字第一二八九号	不动产买卖	产动归原（业主欲卖房时，原业主没有先买权）	原业主先买权	前清现行刑律内载“倘已经卖绝，契载确凿，复行告找、告赎及执产动归原之说，借端措勒者，具治罪”等语，是原业主之先买权，无论有无习惯，均为律所明禁。

资料来源：郭卫：《大理院判决例全书》，中国台湾成文出版有限公司1972年印行，转引自杨士泰：《清末民国以地权制度变迁研究》，中国社会科学出版社2010年版，第134页。

表 4—5　　大理院判例中不予可的习惯

序号	判例案号	案由	习惯内容	大理院判例内容
1	一九一三年上字第三号	土地买卖	本族、本旗、本屯人土地先买权	吉林省习惯对于本族、本旗、本屯卖地时有先买权,此种习惯不仅限制所有权之处分作用,即于经济之流通与地方之发达均不无障碍,为公共之秩序及利益计断,难予以法之效力。
2	一九一七年上字第一○一四号	土地买卖	亲房土地先买权	亲房拦产之习惯既经现行律明示禁止且仅足长亲房把持措勒之风,与社会经济殊无实益,自难认其有法之效力。
3	一九一七年上字第八八六号	土地买卖	地邻土地先买权	地邻先买权之习惯不能认为有法之效力。

资料来源:郭卫:《大理院判决例全书》,中国台湾成文出版有限公司 1972 年印行,转引自杨士泰:《清末民国地权制度变迁研究》,中国社会科学出版社 2010 年版,第 135 页。

以上可以看出,民国初年,习惯在土地流转中的作用趋于弱化,大理院判例中共有 22 项是对地方习惯给予确认的,而民律草案中则仅剩了 11 项,减少了一半。而且,大理院判例还专门对一些地权习惯不予认可,包括本族、本旗、本屯人,亲房,地邻的土地先买权。南京国民政府时期,虽然对民事习惯的调查结果进行了整理,法律中也有对民事习惯的规定,但总体来说,大量的民事习惯调查结果基本没有反映到民事立法中。南京政府立法院院长胡汉民曾说:"我们知道我国的习惯坏的多、好的少。如果扩大了习惯的适用,国民法治精神更将提不起来,而一切政治社会的进步,更将迂缓了。"[1]因此,南京国民政府时期,民法及土地法律规范中对传统习惯的限制愈益严格,甚至更排除法定习惯之外习惯的法源性。

史建云的研究表明[2],近代至少在华北地区,"弃产先问亲邻"和"优先购买权"已经不能画等号。首先,先问亲邻只是一种习惯、一种礼节,卖主可以遵从,也可以不从,不问亲邻会受到乡风指责,会引起有关人员的不满,但只此而已,并不能实际阻碍地权转移。其次,问过亲邻,亲邻又答应购买,如他人出价

〔1〕 国民党中央党史会:《胡汉民先生文集》,第 4 册,中国台北中央文物供应社 1978 年版,第 847—848 页。

〔2〕 史建云:《近代华北土地买卖的几个问题》,载王先明、郭卫民:《乡村社会文化与权力结构的变迁》,人民出版社 2002 年版。

更高,仍可卖给他人,只有在出价相同时,亲邻才可优先购买。彭慕兰从习俗限制对生产力的影响的角度进行了分析,他提出:"对一个人可以把土地出售或出租给什么人的限制通常可能会使土地所有者的钱受损失,并可能阻碍土地落入最有效率的使用者之手;限制越大,效率的损失也越大。我们永远不可能知道这类损失的大小,但我们可以为它们确定一个范围。例如,在基本技术知识普遍共享、能够刺激佃农使产出最大化的租佃形态(无论是分成地租还是定额地租)占压倒地位的条件下,即使是最有才干的农民在一定的土地上的收获,与一个受习俗偏袒的、技术较差的农民能够生产出的东西之间的差异也不可能很大。而且,并不是每一笔受习俗制约的交易都会使土地落入一个技术较差的农民手中。"在华北地区,土地买卖在法律和习惯上实际都不受制约,有比较自由的土地市场。五花八门的土地买卖成因、每一笔土地交易的零细、中间人不同的身份和作用,都表明土地买卖有着相当大的自由度。各种各样的土地所有权证书,特别是白契的广泛存在,在说明近代华北的土地市场不够规范的同时,也暗示出土地买卖的普遍性和地权关系的明确性。把增强也指出[1],尽管契约习惯在华北乡村社会中占有重要地位,但行至民国时期,这种习惯也遭受到了前所未有的冲击。冲击的重要表现之一就是,因各种缘由而屡发不履行契约或认为契约无效的行为。就维系和调整土地秩序而言,虽然在土地秩序变更过程中及之后,订约双方都竭力维护自己在契文中所规定的权利,但仍不可避免地会产生争议甚至纠纷。当争议或纠纷在所订立契约内无法解决的情况下,要使土地秩序免于纷乱、达于稳定,就必须求助于法律。

第五节　国家和私人关系的调整
——基于土地征收制度的讨论

一、中国近代土地征收制度产生的思想基础和历史条件

(一)中国近代土地征收制度产生的思想基础

土地征收是指国家为了公共目的或公共利益的需要,依据法律规定的程序和批准权限,强制性地取得原土地权利人的土地权利,并给予经济补偿的行为。

---

[1] 把增强:《民国时期华北乡村土地秩序的纷乱、调整与重构》,《河北大学学报》,2011年第1期。

土地征收制度是以公共利益为目的的公法行为,它以土地这一基本的生存资料为征收对象,涉及公共利益和私人利益、国家征收权与私人土地的财产权等领域。传统中国社会,土地最终属于统治者所有,国家可以随时将土地收回国有,因此也不存在征收的问题。而到了近代社会,土地的私人所有权受到法律的保护,国家只能在法律的框架下行使特定的土地权利,才产生了建立土地征收制度的要求。在西方,土地征收制度是伴随着君权至民权演进历程而产生和发展的,随着私有财产神圣不可侵犯观念的确立,且作为民主制度法律化的基本形式——宪法——的颁布实施,土地征收制度相应产生。因此,土地征收制度的产生和发展可以反映出国家和私人基于土地关系的重大变化。

中国的土地征收制度产生于清末,有其必然的历史条件。随着西方近代知识、观念和意识的传播,中国传统的土地思想也发生了剧烈的变化,为近代土地征收制度的确立提供了思想基础。首先,传统小农生产经营观念发生了改变,认识到土地具有特殊财富性质,为近代土地征收制度的补偿性提供了思想基础。土地使用方式的不同,所产生的价值也是不同的,这要求国家在为公共利益征收土地时,一方面从成本—效益的角度出发,有长远的规划,在土地增值以前征收土地,以节约社会成本;另一方面,应考虑土地的使用价值和所有者的利益,力求给予公平合理的补偿。其次,发展资本主义土地所有制思想的提出,为近代土地征收制度公共利益性提供了思想基础。通过国家征收土地,改变封建地主土地占有关系,从而调整土地分配,实现发展资本主义工商业,达到增加社会总财富的目的。最后,晚清国外法律制度传入中国,为土地所有权观念在中国的启蒙与传播提供了思想基础。20 世纪初,西方私法社会化学说传入中国,为土地征收的实施提供了理论基础。当时有学者指出:“私产制度虽在历史上已有证明之功利,心理上有不能否认之基础,然因社会利益日加重要,个人财产有受重大限制之趋势。”〔1〕“新近的法学巨子,遂从此种新近法律的基础上建筑一个关于财产权本性之新解释,意在改造传习上财产权之根本观念。此种新解释在法学上已不失为一种革命思想,而对于未来立法者之态度亦或发生重大影响。”〔2〕

(二)城市化进程与基础设施建设

人类社会的进步,是一个不断由传统农业文明转向现代城市文明的全方位

---

〔1〕 燕树棠:《财产观念之变迁》,《社会科学季刊》,1925 年第 3 期。

〔2〕 王世杰:《财产权性质之新义》,《社会科学季刊》,1923 年第 1 期。

的结构转换过程，这一过程的社会标志便是城市化和工业化。城市化的发展，一方面使社会财富以前所未有的速度累积，土地等生产要素从农业向非农产业急剧转移，由此引起经济增长速度进一步加快；另一方面，需要大量的农业用地转为城市用地，以满足日益扩张的城市发展需要。19 世纪 60 年代开始，伴随着洋务运动的兴起，中国产生了新式工业。晚清政府试图通过发展近代新式工业，解决财政日趋困难的状况。到中日甲午战争时，无论是“官督商办”、“官商合办”企业，还是私人资本主义企业，都已经有了初步发展。据统计，到 1895 年，全国官办工厂有 31 家，资本 17 500 万元；商办工厂 77 家，资本 700 多万元。[1] 新式工业的产生和发展，对国家建设工业的各项基础设施需求日益强烈。这些基础设施的发展直接关系到近代工业的发展和国家的财政收入，例如煤是各个近代企业不可或缺的重要燃料，而铁路则是近代交通运输业的重要枢纽。随着我国铁路等基础设施建设开始起步，国家征收土地现象也日益增多，有官员在题为《上变法自强条陈疏》一文中提出，要“开铁路以利转轮也”，“一切窒碍之处，如买地勘界等类，必须官为保护”。[2] 然而由于当时土地征收制度尚未形成，因此，有关土地征收制度建设尚在探索过程中。当时的土地使用方式有土地征用或土地租赁、入股等多种形式，同时还通过发行土地债券等方式募集建设资金。如在 1908 年《津浦铁路商股有限公司招股章程》中提出：“此路所经土地，倘该业主有愿入股不领地价者，请督办大臣折合银数，知照公司，付给股票，权利与银股同。”在 1910 年修订的《大清矿务章程》中规定，“华人业主以矿地作股与洋商合办”，同时强调“与华商合股之洋商，在中国地方与华商合办之矿，止准给予开采矿之权，无论用何方法不得执其土地为己有，倘有民间未经禀官批准，私将矿地卖与外人者，一经查明即由该管地方官将矿地收回充公”。因此，可以说，随着近代基础设施建设的起步，人们开始对土地征收制度进行探索，从而为近代土地征收制度的确立提供了现实基础。辛亥革命后，民族资产阶级为发展经济，提倡要振兴实业，积极要求改变原有封建土地占有关系。北洋政府期间，民族工商业的进一步发展提高了对土地和国家公共利益性质的基础设施等建设的需求，从而促使国家通过土地征收改革方式，改变大地主土地垄断占有状况。

---

〔1〕 中国人民银行上海市分行金融研究室：《中国第一家银行》，中国社会科学出版社 1982 年版，第 4 页。

〔2〕 郑振铎：《晚清文选》，卷下甲，上海生活书店 1937 年印行。

二、土地征收制度在近代中国的发展

(一)清末对于土地征收制度的探索

晚清时期开始了对土地征收制度的初步探索,但未形成全国性的正式制度。1907 年,商务印书馆出版发行了由张元济、刘崇杰、沈曾植等翻译的日本《现行类聚法规大全》,该书的第十四类第一章《土地》的第十款翻译了《土地收用法》、《土地收用法施行令》、《据〈土地收用法〉第四十六条关于合同收用审查之件》、《依〈土地收用法〉第六十九条所发命令之件》、《据〈土地收用法〉第八十五条第三项所发命令之件》、《关于〈土地收用法〉禀伺处分及报告等之件》。[1] 该书翻译的土地收用法及其相关条例,系日本于 1900 年颁布的《土地收用法》。此法是日本于 1889 年以普鲁士 1874 年公布的《土地收用法》为母法制定而成的。普鲁士的《土地收用法》建立在个人对其财产享有绝对所有权和"古典征收补偿"法理上,采取"完全补偿"原则。晚清地方政府也模仿日本颁布了土地征收条例。浙江省巡抚院依据《谘议局章程》第二十一条六项"议决本省单行章程规则之增删修改事件",于 1910 年 10 月 14 日制定公布了浙江省的《公用土地收用规则法律案》。[2]

(二)北洋政府时期土地征收制度的初步确立

北洋政府时期,西方土地法研究逐渐脱离物权法法理体系而单独成为一个法理体系,中国对征地问题的研究也由晚清时期法律条文的翻译发展到有批判性地学习西方征地法的相关法理。同时,由于 20 世纪初西方法学内部检讨极端个人主义,社会利益学说发展成为主流学说,我国学者也开始关注西方私法和公法学理论领域中所有权社会化的研究动向,为征地制度的形成奠定了理论基础。[3] 1900 年《德国民法典》、1912 年《瑞士民法》对所有权进行了限制,并赋予了相应的义务。日本民法也做出相应的变动,"所有权虽云最完全之物权,实非无制限之谓。盖权利悉从法律而定范围,纵若何强有力之权利,不得行之于法律以外。故虽所有权亦应受法律制限,如土地收用法"。[4] 北洋政府于 1913

---

〔1〕 南洋公学译书院初译,商务印书馆编译所补遗校订,高珣点校:《新译日本法规大全》(第 6 卷),商务印书馆 2008 年版,第 86—109 页。

〔2〕 故宫博物院明清档案部:《晚清筹备立宪档案史料》,中华书局 1979 年版,第 676 页。

〔3〕 王瑞庆:《学术史视野下近代中国土地征收思想的演进》,《华南农业大学学报》,2011 年第 4 期。

〔4〕 [日]梅谦次郎:《日本民法要义》,孟森译,商务印书馆 1913 年版,第 5 页。

年颁布的《天坛宪法草案》中规定，“中华民国人民之财产所有权不受侵犯，但公益上必要之处分，依法律所定”。因宪法并没有明确规定征收的实施程序，如何界定公共利益、如何进行正当程序上的补偿及何种补偿，需要进一步界定。1915 年 4 月由参议院代立法院行使立法权，审议通过《土地收用法》，同年 10 月 22 日公布实施。该法共 5 章 38 条，分为总纲、土地收用之价格、土地收用之准备、土地收用之程序、监督及诉讼五部分。〔1〕《土地收用法》对土地收用的主体、种类、原因、价格、程序进行了明确的规定，规定国家或国家认许后的地方自治团体是土地收用的主体，收用的土地分为国有、公有、民有 3 种，国家或国家认许后的地方自治团体因公益建设的需要可以收用土地及土地之一切附属物。收用主体收用土地，应由企业之主管官署或创办人拟定计划书后，呈转大总统核准，并由地方长官于各该地方予以公告后，并向业主支付连同土地之附属物件或土地收益的等值的市场价金。

这一时期有一些学者还专门撰文对土地征收制度进行了宣传和解读。例如，《京兆讲演汇编》中收录了文宗沛关于《土地征收法》的演讲，文宗沛针对当时公共利益和个体利益的矛盾，解释《土地征收法》与《中华民国约法》中规定的“人民所有权不得侵犯”的统一性，继之又对 1915 年颁布的《土地收用法》进行逐条解释。〔2〕董修甲在《道路月刊》上发表《收用土地法之研究》，该文对建立在土地所有权相对性基础上的欧洲土地征收中的附带征收和涨价征收以及美国建立在绝对私有基础上的征收法进行了分析。〔3〕陈霆锐在分析私法社会化的基础上，从公法角度撰文对国家的行政征收权进行研究。他认为此时期社会本位代替个人本位已成历史发展的潮流，“财产者，非仅用之以快个人之享用及自由已耳，所有者对于社会或人群，实负有一种利用自己财产以增进社会上相互利益之责任”。〔4〕

（三）国民政府时期土地征收制度的进一步发展

国民政府为巩固政权，更加关注中国当时的现实问题，土地征收制度也成为国民政府试图解决土地问题的探索途径，土地征收制度得到进一步发展。

---

〔1〕 涂义光：《土地征收之比较研究》，转引自萧铮：《台湾土地及农业问题资料》，成文出版社有限公司 1981 年版，第 96 页。

〔2〕 王瑞庆：《学术史视野下近代中国土地征收思想的演进》，《华南农业大学学报》，2011 年第 4 期。

〔3〕 董修甲：《收用土地法之研究》，《道路月刊》，1922 年第 1 期。

〔4〕 陈霆锐：《自由权契约权财产权新论》，《法学季刊》，1923 年第 4—5 期。

1928年7月,国民政府颁布施行《土地征收法》,共8章49条,对征收的条件、标准、程序等都作了详细的规定。[1] 1930年6月30日,国民政府颁布《土地法》,有关土地征收内容在第五编,共7章62条,主要包括通则、征收准备、征收程序、补偿地价等。[2] 其后,上海也公布实施了《公共租界征地偿金办法》及《上海市政府征地偿金及征收工程费与基地费之办法》。1934年12月,国民政府军事委员会委员长南昌行营制定《国立集团农场设置办法草案》,其中第三条规定了国立集团农场划定区域中的私有土地征收办法:国立集团农场划定区域中,若有自耕农零星土地,则依法征收。如是坐食地租的大地主,百亩之内依法征收;百亩至二百亩,以半价征收;在二百亩至三百亩以内,以四分之一价征收;三百亩以外,则没收。[3] 1935年国民政府制定《铁道、水利建设须尽先施行土地政策方案》,对因兴修铁道或办理大规模的水利工程需征收土地作了规定。[4] 1935年4月,国民政府公布《土地法施行法》,土地征收内容在第五编,共16条。1936年2月,国民政府颁布《各省市地政施行程序大纲》,规定了土地征收施行程序。1936年又颁布了《经济建设区土地政策实施办法》,规定因公务需要或整理耕地调剂分配征地的补偿办法。[5] 1941年12月,国民党五届九中全会通过《战时实施土地政策纲领》,其中第三条规定:私有土地应由土地所有人申报地价,照价纳税,税率起税点为1%—2%,累进至5%。其土地之自然增值,应征收土地增值税,暂依累进制征收。第五条规定:为实施战时经济政策或公共建设之需要,随时依照报定地价,征收私有土地,其地价之一部分,由国家发行土地债券偿付。第八条规定:农地以归农民自耕为原则。嗣后农地所有权之转移,其承受人均以能自为耕作之人民为限。不依照此项规定转移之农地,或非自耕农所有之农地,政府得收买之,以转售于佃农,并予以较长之年限,分年偿

---

[1] 中国第二历史档案馆:《中华民国史档案资料汇编》,第五辑第一编,财政经济(七),江苏古籍出版社1994年版,第122—129页。

[2] 蔡鸿源:《民国法规集成》,第三十三册,黄山书社1999年版,第356—363页。

[3] 中国第二历史档案馆:《中华民国史档案资料汇编》,第五辑第一编,财政经济(七),江苏古籍出版社1994年版,第79—83页。

[4] 中国第二历史档案馆:《中华民国史档案资料汇编》,第五辑第一编,财政经济(七),江苏古籍出版社1994年版,第236—239页。

[5] 中国第二历史档案馆:《中华民国史档案资料汇编》,第五辑第一编,财政经济(七),江苏古籍出版社1994年版,第253页。

还地价。〔1〕1946 年 4 月,国民政府公布并实施修改的《土地法》,有关土地征收内容共 3 章 39 条,同时颁布施行《土地法施行法》,有 5 条对土地征收作具体说明。1946 年 9 月国民党政府出台的《南京国民政府关于绥靖区经济设施纲要》和《绥靖区土地处理办法》中也有关于土地征收的条文。其中规定私人占地以五十亩为限,此限额以外的土地一律作价由政府征购,收归国有,地价以土地债务偿付。〔2〕通过上述政策法规的颁布和实施,国民政府时期土地征收制度日益完善,推动了近代土地征收制度思想的进一步发展。

三、土地征收制度的公共利益性

(一)公共利益的征收准则

"公共利益是最高的法律"〔3〕,古罗马法学家西塞罗的这句名言,说明了当个人利益与公共利益发生冲突时,公共利益必须优先考虑。因为公共利益关注的是整个社会的稳定与发展,重视全体成员的共同利益。公共利益是土地征收权行使正当性和合理性的唯一标准,也是为了防止国家土地征收权的滥用。公共利益被设想为"在个人和社会福利之间创设的一种适当的平衡"。〔4〕土地征收制度的公共利益性既是作为保护私人土地产权的前提,也是对国家征收权的限制。世界各国的宪法或其他的宪法性文件几乎都将公共利益的需要作为国家行使征收权的必要前提。1789 年的法国人权宣言第 17 条规定,财产是神圣不可侵犯的权利。除非由于合法认定的公共需要的明显要求,并且在实现公平补偿的条件下,任何人的财产不能被剥夺。紧随其后的美国宪法修正案第 5 条规定,非经正当法律程序,不得剥夺任何人的生命、自由或财产,非经公平补偿,私有财产不得充作公共使用。意大利宪法第 42 条规定,为了公共利益,私有财产在法定情形下得有偿征收之。日本宪法第 29 条也规定,财产权不得侵犯。私有财产,在正当的补偿下,得为公共利益而使用之。世界各国的土地征收制度,无一例外地规定土地征收的先行前提是公共利益的潜在需要,即对土地进行征收时,其主观目的是为了满足社会公共福利的增长。〔5〕

---

〔1〕萧铮:《土地改革五十年:萧铮回忆录》,(中国台北)中国地政研究所 1966 年印行,第 33—34 页。

〔2〕董国强:《试论解放战争时期国共两党的土地和农民政策》,《江苏社会科学》,1996 年第 4 期。

〔3〕冯健鹏:《公共利益是最高的法律》,《人民法院报》,2006 年 5 月 22 日,第 3 版。

〔4〕[美]E. 博登海默:《法理学》,邓正译,中国政法大学出版社 1999 年版,第 298 页。

〔5〕景志刚:《土地征收之公共利益研究》,郑州大学硕士学位论文,2007 年。

(二)公共利益原则在近代土地征收制度中的体现

中国对于土地公共利益性的思考和探索开始于1840年以后,以土地国有化与公共利益相结合的方式出现。在这一时期,传统中国社会土地国有思想继续发挥着影响,无论是地主阶级知识分子,还是资产阶级改良派、革命派,都毫无例外地深受这种传统文化的影响。另一方面,由于西方的思想文化不断渗透中国社会,使得这一时期的土地国有化思想中包含了以往所没有的内容,即土地国有化与公共利益相结合的思想。包世臣把土地国有化与公共利益结合起来,认为兴屯田与兴修水利两者“同理而殊势”,“水利者明农之先务,主于足民;屯田者足食之上理,主于裕国。故水利之兴,多在闲暇之时,民足而国储亦富;屯田之兴,多在有事之秋,国裕而民急亦解”。[1] 汤鹏把土地的国有化与军事联系了起来,认为屯田是加强国防的有效手段。他指出:“凡兵久驻而匮于饷,莫如屯田。”他解释为“凡屯田,则寓无事为农、有事为兵之意,是故可使兵耕,毋募民使垦”。[2]汤鹏把国家的安定和土地国有化开发利用结合起来考虑,有着实际的意义。孙中山从中国现实的土地状况出发,认为近代中国封建土地私有和所有权日益高度集中,是一切社会危机的根源。为了避免土地日趋集中的状况,他认为应按照平均地权的方法实行土地国有化,以促进土地利用,这样可以取得国强民富的成效。他说:“文明越进,国家越富,一切财政问题,断不至难办。现今苛捐尽数蠲除,物价也渐便宜了,人民也渐富足了。”[3]孙中山把土地的国有化与国家经济政策实施结合起来。朱执信是孙中山平均地权的积极拥护者,他认为“平均地权”或“土地国有”是防止土地垄断和谋求社会福利的首要手段。他在1907年《土地国有与财政》一文中写道:“文明日进,地租日增……推测土地为一二私人独占之效果,因谋其救济之术,而令其渐增之益归之社会全体。”[4]他还认为“社会革命”不是“夺富民之财产以散诸贫民”,而“土地之价值总额过火”,又不能以“单纯一时收买办法……”。他认为土地收归国有,可以采取两种并行的办法:“先给国债券,而后偿还,一也。划定价值后,有增价悉以

---

〔1〕 杜恂诚、严国海、孙林:《中国近代国有经济思想、制度与演变》,上海人民出版社2007年版,第28页。

〔2〕 杜恂诚、严国海、孙林:《中国近代国有经济思想、制度与演变》,上海人民出版社2007年版,第30页。

〔3〕 《孙中山全集》,第一卷,中华书局1981年版,第297页。

〔4〕 朱执信:《土地国有与财政》,《民报》,第十五号,广东省社会科学院历史研究室:《朱执信集》,中华书局1979年版,第80页。

归官，然后随时依价收买，二也。此两法可并行不相悖，而第二法尤便利。”“及土地尽归国有，而后为土地国有政策之完成。”他确信“土地国有”政策一经实现，“则可尽废诸税”，而以“土地收入……供国用”，使得“人民负担……轻减”。[1] 在这里，朱执信不仅把土地国有化与增进社会福利结合起来，而且对土地国有的办法提出了自己独立的意见，为今后国家有偿征收土地提供了借鉴作用。

土地国有化与公共利益相结合的思想，反映出清末民初国人开始了对土地征收制度公共利益性的探索和思考。经济思想中所反映的公共利益内涵是十分丰富的，其中提出的公共利益包括水利和军事建设、实施国家经济政策、增进社会福利目的等，这些都构成了以后土地征收制度公共利益性的具体内容。但这些观点和见解并没有明确提出“土地征收制度公共利益性”的概念，对公共利益性的探讨也仅是把土地国有化与公共利益相结合而已。此外，清末政府对土地征收制度公共利益性也没有明确详细的规定和说明，仅仅在草案中规定，“大清帝国臣民所有权与财产自主权不可侵之。若有因公益之必要，则从法律与以相当之价值。即紧急时，亦必给之”。[2]

北洋政府1915年颁布的《土地收用法》明确了公共利益的范围，从立法上进行概括式列举。该法规定：“土地收用之原因，国家或国家认许地方自治团体或人民之使用土地，须因谋公益而有设立事业之必要。其事业以合于下列之一者为限：(一)关于国防或其他军备之事业；(二)关于建设铁路、公路、街市、电信、公园、桥梁、堤防、船坞、商港、水道、沟渠、义冢及其他附设事业；(三)关于教育、学术、慈善所应设之事业；(四)关于水利、卫生、测候、探海水标、防风、防火所应设之事业；(五)关于建筑官署之事业；(六)关于以上所列以外为谋公益之事业。”[3]

南京国民政府时期，土地征收制度中公共利益思想的进一步深化体现在土地征收的目的不仅局限于公共事业，还具有“为实现国家经济政策，促进土地重新分配与土地利用”的目的。1928年7月颁布施行的《土地征收法》总纲中第一条规定：国家兴办公共事业，调剂土地之分配以发展农业、改良农民之生活状

---

[1] 朱执信：《土地国有与财政》，广东省社会科学院历史研究室：《朱执信集》，中华书局1979年版，第108页。

[2] 《清末筹备立宪档案史料》，中华书局1979年版，第71页。

[3] 涂义光：《土地征收之比较研究》，转引自萧铮：《台湾土地及农业问题资料》，成文出版社有限公司1981年版，第96—97页。

况,可以征收土地。所谓公共事业,指的是创兴或扩充公共建筑物,开发交通,开辟商港及商埠,公共卫生设施,改良市村,发展水利,发展教育、学术及慈善,创兴或扩充国营工商业,布置国防及其他军备之事业和其他以公共为目的而设施之事业。[1]

1930年6月公布的《土地法》第335条规定:国家因公共事业的需要,征收私有土地。在这里,公共事业的范围包括实施国家经济政策,调剂耕地,国防设备,交通事业,公共卫生,改良市乡,公用事业,公安事业,国营事业,政府机关、地方自治机关及其他公共建筑,教育、学术及慈善事业,其他以公共利益为目的之事业。[2] 1930年《土地法》的公共事业范围与1928年《土地征收法》相比较:第一,没有明确将商港、商埠、创兴或扩充国营工商业所需要土地列入征收范围。其征收范围当时所列一共9项,司法院最高法院就此9项分别作出司法解释。例如依第3337号解释,政府所办的报纸为非以公共利益为目的之事业,其用地不得采取征用。学校兴办事业,也不属公共利益。城市兴办菜场,可视为公共事业,兴建邮局及邮件转运站视为公共事业。[3] 第二,《土地法》提出了实施国家经济政策也可以征收土地的观点,并且认为土地征收是政府指导社会土地资源利用的重要权力。为求土地更高度地被合理利用,若私人土地利用资源有所不当或妨害了国家政策,那么国家有权力制止私人使用土地。如1930年的《土地法》第十六条规定:国民政府对于私有土地所有权之移转,设定负担或租赁,认为有妨害国家政策者,得制止之。[4]

在1946年的《土地法》和《土地法施行法》中,规定的公共事业范围删去了"实施国家经济政策"、"调剂耕地"、"改良市乡"、"公安事业"四款,而增加了"水利事业"一款。[5] 同时,在1946年的《土地法》第五编土地征收法的通则中,界定了区段征收和保留征收的概念及有关规定。所谓区段征收,是指一定区域内的土地,应重新分宗整理而为全区土地的征收。依以下各款征收土地为区段征收:(1)实施国家经济政策;(2)新设都市地域;(3)举办国防事业和公用事业。所谓保留征收,即就举办事业将来所需用的土地,在未需用以前,预为呈请核定公布其征收的范围,并禁止妨碍征收的使用。保留征收有:(1)开辟交通战线;

---

〔1〕 蔡鸿源:《民国法规集成》,第三十三册,黄土书社1999年版,第367页。
〔2〕 蔡鸿源:《民国法规集成》,第三十三册,黄土书社1999年版,第356页。
〔3〕 沈守愚:《土地法学通论》,中国大地出版社2002年版,第487页。
〔4〕 蔡鸿源:《民国法规集成》,第三十三册,黄土书社1999年版,第341页。
〔5〕 蔡鸿源:《民国法规集成》,第三十三册,黄土书社1999年版,第417页。

(2)兴办公用事业;(3)新设都市地域;(4)国防设备。同时规定:保留征收的期限不超过三年,逾期不征收,视为撤销。但若是因为交通、国防事宜则可呈请核定延长保留征收期限,但延长期间至多五年。[1]

从以上土地征收制度公共利益性的立法可以看出,国民政府时期土地征收制度公共利益性的不断深化表现在两个方面:首先,扩大了公共利益范围。与北洋政府的《土地收用法》公共利益范围相比,把实施国家经济政策、调剂耕地、改良市乡、公安事业、国营事业等也列入了公共利益的范围,并界定了区段征收和保留征收的概念及有关规定,条目清楚,内容更加丰富。其次,从土地征收的实践来看,公共利益朝为实施国家经济政策的方向偏重。据记载,1942—1946年共征收土地78件,其中:国防33件,占42.31%;教育、学术11件,占14.10%;公共卫生9件、公共建筑7件,分别占11.54%、9.00%。从面积来看,经济建设征地31 324.05亩,占总数的62.90%;其次为国防军备,占25.84%;第三为国营事业,占3.07%。[2]

四、土地征收制度的程序性

土地征收制度程序性和公共利益性一样,都是国家征收权限制的形式。"正当程序本身就是对财产权的重要的实质性保护,"美国学者伯纳德·施瓦茨(Bemard Schwanz)说,"它包括了所有政府干预财产权的行为所作的来自宪法明示的或默示的限制。"[3]

近代土地征收程序性的设计开始于北洋政府《土地收用法》的颁布。北洋政府时期颁布的《土地收用法》对土地征收程序的规定虽然过于简单,但首次从立法上规定了国家征收土地应遵循的程序,体现了国家对土地征收制度程序性的重视和保护私人土地产权的理念。1915年的《土地收用法》规定:"收用土地,应由需用土地之主管官署或创办人拟定计划书,呈转大总统核准,并由地方长官于各该地方公告之。关于土地收用之价额及其区域或办法决定后,土地收用者得要求土地权利人于一定期间,将其土地与其附件,及其他契据,一并移交。并应在此期间,将所定之价额及迁移费、赔偿费等支付于权利人。"[4]这里规定

---

〔1〕蔡鸿源:《民国法规集成》,第三十三册,黄山书社1999年版,第428页。
〔2〕中国第二历史档案馆馆藏档案,三六/20。
〔3〕伯纳德·施瓦茨:《美国法律史》,王军译,中国政法大学出版社1989年版,第109页。
〔4〕伯纳德·施瓦茨:《美国法律史》,王军译,中国政法大学出版社1989年版,第96—97页。

了国家征收土地应遵循的程序:土地官署(或创办人)拟定计划书 →呈转大总统核准→地方长官公告→土地权利人移交所有权→土地权利人获得赔偿费。

1927－1946 年期间,南京国民政府建立了较为完善的土地征收制度程序。具体表现在以下三个方面:

第一,明确土地征收审批管理范围。1928 年的《土地征收法》第二十三条至第二十九条规定:征收土地的范围、补偿金额、收买时期或租用的期限等由征收审查委员会议定。征收审查委员会没有全体委员半数以上同意,不得表决;在认为必要时,指定鉴定人进行鉴定,命兴办事业人、土地所有人及关系人、邻近土地之所有人到会陈述意见。征收土地跨两个以上地方行政区域,征收审查委员会由各关系地方行政官署联合组织。[1] 其具体审批管理是:国民政府、直辖中央各机关、省政府、特别市政府征收土地时,由内政部核准;地方自治团体或人民征收土地时,由县或市转呈省政府核准,其在特别市者,由特别市政府转报内政部核准。1930 年的《土地法》则规定了中央及地方不同的核准范围。第三百三十八条规定了行政院核准范围为:(1)需用土地人为国民政府机关及不属于省政府管辖的市政府;(2)兴办的事业属于国民政府机关直接管辖或监督的;(3)土地面积跨两省以上的;(4)土地位于不属于省政府管辖的市区域内。第三百三十九条规定了省政府核准范围为:(1)需用土地人为地方各级政府或其所属机关及地方自治机关的;(2)兴办的事业属于地方政府管辖或监督的。国民政府行政院或省政府在核准征收土地后,将原案全部令知该土地所在地的地政机关。《土地法》中还以审批部门审核及公告方式替代审查管理。

第二,建立了较为完善的土地产权登记制度。南京国民政府对建立完善的土地产权登记制度十分重视。蒋介石说:“我国土地如果实行清丈之后,田赋收入,比较现在可望多 20 倍,即每年可望收入 20 万万元,岂不是于国家财政大有裨益……我们从种种方面观察,都可以证明土地整理是我们国计民生一个生死关键。”[2]南京国民政府时期土地产权登记的内容比较完善,除了必要的权利体系外,还包括土地用途登记、土地价格登记,尤其是土地价格的登记,为合理确定土地征用价格提供了可靠的依据。[3] 1930 年的《土地法》规定进行土地及

---

〔1〕 中国第二历史档案馆:《中华民国史档案资料汇编》,第五辑第一编,财政经济(七),江苏古籍出版社 1994 年版,第 126－127 页。

〔2〕 中国国民党中央执委:《蒋委员长言论集》,1936 年辑印,第 190 页。

〔3〕 郭春华:《试论南京国民政府的土地征收制度》,《民国档案》,2004 年第 4 期。

其定着物的登记，土地权属单位在一个县范围内的全部土地必须一次申报登记，不得分次办理。1934 年地籍整理，设土地登记总处。1935 年 7 月，江苏无锡先行试办第三区旧扬名乡 7 个乡镇的土地核图登记，业主核图认明地号，领取小票，申请登记，申报地价。12 月底，共登记 97 791 起。至 1937 年 5 月，累计完成乡区登记 1 528 709 起，登记土地 1 229 967.2 亩，占全县土地的 7/10。土地登记后进行公告，产权确定后，核发土地证。[1] 另据《江苏省会京口路征收土地清册》，征收私人土地 45 宗，共计 51.39 市亩，土地原用途为宅地、空地、藕塘、水塘等，每市亩补偿金额为 60 金圆，计 3 083.4 金圆。[2]

第三，建立了严格的征地实施步骤。1928 年《土地征收法》规定征收土地的程序如下：(1)兴办事业人拟具计划书并附地图，分别呈有关机关核准；(2)地方行政官署对所征收土地的详情给予公告，并通知土地所有人及关系人；(3)兴办事业人入该地进行测量、绘图及调查。另外，兴办事业的主管官署、地方自治团体或人民为取得土地权利，应与土地所有人及关系人协议，协议无结果或不能协议的，应嘱托地方行政官署组织征收委员会议定。征收委员会于开会之日起算，于七日内议定。1930 年《土地法》规定的土地征收程序为：首先，需用土地人提出申请；其次，国民政府行政院或省政府审核；再次，地政机关接到审核过的土地案时应即公告，并通知土地所有权人及土地他项权利人；最后，需用土地人于公告发出后，进入征收土地内查勘或测量。当然，需用土地人应将补偿地价及其他补偿费额发完后，方能进入。《土地法》中增加了征收土地的审核和公告，并简化了原由政府部门及征收土地涉及的有关人员组成的征收委员会。1936 年的《各省市地政施行程序大纲》中规定了土地征收施行程序，即“需用土地人，如非市县政府，应事先与主管地方政府接洽，并将接洽情形于征收计划书内叙明。如需用土地人与主管地方政府意见不一致时，得分别申请或呈请核准机关核办”。1946 年 9 月国民党政府出台《南京国民政府关于绥靖区经济设施纲要》和《绥靖区土地处理办法》，其方法是设立各县土地委员会，负责土地调查和分配事宜，规定私人占地以五十亩为限，此限额以外的土地一律作价由政府征购，收归国有，地价以土地债务偿付。农民在认可并准备交付地价的前提下，可以向国家承领耕种。地价以原有地租为基础，为年地租的七倍(规定地租不得超过土地正产物的三分之一)，农民可以分十五年付清。在农民未付清地价

---

〔1〕《无锡县土地志》编纂委员会：《无锡县土地志》，江苏人民出版社 1998 年版，第 155 页。
〔2〕中国第二历史档案馆馆藏档案，三六/738。

前,土地凭证(所有权状)由政府统一保管,作为抵押。农民从承领之日起必须交付土地赋税。如政府认为承领人违反规定(不自耕),可随时收回土地另行招致其他自耕农承领耕种。[1]

五、土地征收制度的补偿性

土地征收制度补偿性要求对土地所有权者造成的损失给予充分合理的补偿。这一方面出于尊重和保护私人土地产权,减少被征收者的损失;另一方面是对国家土地征收权的限制。从成本—效益角度分析,若不存在合理补偿,国家取得土地的成本就更低廉,它就会取得更多的土地,土地征收权的运用具有更大的随意性,结果既侵害了私人土地产权,又浪费了稀缺的土地资源。

国家征收土地应予以补偿的规定首次出现在1908年清末宪法草案中:"大清帝国臣民所有权与财产自主权不可侵之。若有因公益之必要,则从法律与以相当之价值。"[2]在这里,对于因公益需要征收土地,规定以相当的价值补偿,与以往封建社会国家无偿占用土地有着本质的进展,但是其没有对价值补偿作进一步的说明和解释。这一方面是由于清王朝的迅速崩溃而未能得到进一步完善,另一方面是尊重与保护土地私有产权的观念还没深入人心,国家土地征收权还具有随意性,因此,对于土地征收予以补偿的具体规定还处在探索阶段。

到了北洋政府时期,由于资产阶级革命的胜利,私有产权观念广泛传播,土地征收制度的补偿性也获得了发展。1915年的《土地收用法》规定:"土地收用之价格:收卖土地者,对于土地权利需支付所值之地价,如收用土地连同土地之附属物件,或土地收益,并应交付其市价。租用土地者,应依其附近土地相当之租价交付之。收用土地之一部分者,对于其余地所受之损失,依权利人之要求,应给予赔偿费。土地之附属物,得由土地收用者,支付转移费。"[3]在这里,明确了国家为了公共利益需要,可以征收私有财产,但不能毫无代价地征收私有财产,而必须对被征收者给予补偿。更重要的是,对土地征收补偿的金额标准和范围作出了具体的规定:收卖土地以地价支付,如只收用一部分土地造成损失还需支付赔偿费,土地附属物或土地收益以市价支付并需支付转移费;租用土地按附近的租价支付。北洋政府颁布的《土地收用法》具体规定了被征收土

[1] 董国强:《试论解放战争时期国共两党的土地和农民政策》,《江苏社会科学》,1996年第4期。
[2] 《清末筹备立宪档案史料》,中华书局1979年版,第71页。
[3] 《清末筹备立宪档案史料》,中华书局1979年版,第97页。

地所有者给予补偿的金额标准和范围,体现出国家对于私人土地所有权的尊重和保护的制度思想的发展,同时也反映出国家土地征收权进一步受到了限制。

南京国民政府对于征地补偿问题有所重视,其所颁布的各种土地征收法规政策中,关于土地征收补偿有以下方面特点:

第一,征收土地用途的不同,补偿方式也不相同。国民时期的土地非现金补偿往往是与现金补偿一并实施的,甚至是现金补偿的补充或辅助方式。1928年《土地征收法》中规定:对于被征收土地以地价补偿和附属物损失补偿,兴办事业人应于征收土地前给付补偿金于土地所有人及关系人,补偿金应以现金给付。如果征收土地用来调剂土地分配,以发展农业、改良农民生活状况,或开发交通事业或改良市村事业时,由国民政府或省政府核准,发行兴办该事业的公债券,充给付补偿金一部分之用,公债券以搭发补偿金三分之一为限。1930年公布的《土地法》中给予地价补偿和迁移费的规定为:被征收土地的所有权已经登记而未转卖的,照已登记的最后卖价补偿;未经依法申报地价的土地,其应补偿地价额,由主管地政机关估定。《国立集团农场设置办法草案》规定:国立集团农场划定区域中,若有自耕农零星土地,则依法征收。如是坐食地租的大地主,百亩之内依法征收;百亩至二百亩,以半价征收;在二百亩至三百亩以内,以四分之一价征收;三百亩以外,则没收。[1] 该办法还规定,国立集团农场的地权国有,但在农场中依法从事耕作的场员使用的土地有永久使用权。《铁道、水利建设须尽先施行土地政策方案》第六条规定,兴修铁道或水利区内,因公务需要或整理耕地调剂分配而征收土地,按下列规定办理:(1)被征收土地,系自耕自住,而该户总地价在300元内,以国币补偿至100元为限,其余部分以土地债券补偿;(2)如非自耕或自住者,或虽系自耕自住者,而该户总地价超过300元者,一律以土地债券补偿。只有老弱孤寡凭此生活者,依前款酌增国币补偿。该方案还规定:申报地价时,土地所有权人应按地政机关所定标准地价额在20%内增减,如土地所有权人不申报地价,由地政机关按照标准地价规定;兴修铁道、水利区内,应尽先设立土地银行,以利整理土地及办理关于土地债券的各项事宜。《经济建设区土地政策实施办法》则规定,国家实施经济建设(所谓经济建设区,是指中央或地方政府实施建筑铁道、公路、河渠及其他直接有利于群众的建设工程的市县)时,在经济建设计划线内,因公务需要或整理耕地调剂分

[1] 中国第二历史档案馆:《中华民国史档案资料汇编》,第五辑第一编,财政经济(七),江苏古籍出版社1994年版,第79—83页。

配所进行的土地征收,应按以下规定补偿:(1)被征收的土地地价在100元以内,经地政机关调查,确系土地所有权人以之为生的,应从国币补偿之;(2)地价在500元内,且经调查为土地所有权人的主要收入,则以国币补偿二分之一,其余以地价券补偿;(3)地价在500元以上,或经地政机关调查土地所有权人不以此为生者,一律以地价券补偿。所谓地价券,是以经济建设区内的土地增价税为担保所发行的债券。[1] 在经济建设区内的地价税的征收标准如下:(1)土地所有权在同一市县内的土地总价值在5 000元内,其税率为千分之十;(2)在5 000元以上,每增2 500元,其每级超过部分递增税率千分之一,增至税率为地价的千分之八十为止。第一次征收增值税的年期,应为申报地价后的第五年。经济建设区内的地价税、土地增值税,除抵补地方原有土地税的收入,其增收部分应以百分之五十为地价券的担保,余额视建设经费的负担情形分别归为中央或地方的收入。该办法第十条还规定:在经济建设区内应尽先设立土地银行,并得以地价券搭发工资或购买原料,以利进行建设。1936年4月军政部向国民政府提交了《关于拟定军事设施征用民地补偿办法》,征地补偿办法如下:省会及市区城内及城外靠城市集镇的民地,每亩给价150元;城外民地(不分水田基地),40元/亩;菜地水塘,每亩照地价折半发给;熟山,10元/亩;荒山,5元/亩。县镇地方民地(不分水田基地),20元/亩;菜地水塘,照地价折半发给;熟山,8元/亩;荒山,3元/亩。关于房屋:瓦房(中西式)平房,7元/方;楼房加半给价;草房、白铁房,3元/方;砖墙,每方1元。青苗:菜圃、稻麦等,一律6元/亩。坟墓迁移费:5元/棺。[2] 1946年10月地政署公布的《扶植自耕农实施办法草案》(修订本)中规定,征收私有土地依征收之地价,公有土地及荒地依政府估定之地价,但政府曾将地形、水利、交通加以改良的,得将改良费用摊加于放领地价内一并收回。征地价格偿付方式:自耕农场之地价,由承领人分年偿付,并需加付利息,其利息不得超过年利六厘,偿付期限不得少于十年或超过二十年。但承领人得于领地时一次偿清或于期限内提前偿清地价。1946年10月25日公布施行的《绥靖区土地处理办法》规定,绥靖区内的农地,经非法分配的,一律由县政府依法征收。被征收的地价,由县政府依法估定后,折合农产物,以土地债券分年补偿。土地债券以农产物为基础,其偿付期限最多不超过十五年。土

[1] 中国第二历史档案馆:《中华民国史档案资料汇编》,第五辑第一编,财政经济(七),江苏古籍出版社1994年版,第252—253页。

[2] 中国第二历史档案馆馆藏档案,二八/15。

地债券由中国农民银行发行。被征收土地,应依据原有土地权利证件,向县政府申请领受补偿。若有权利纠纷,等解决后再领受补偿。如土地权利证件遗失,由本乡保甲及四邻证明,准予领偿。依本法征收的土地由县政府依下列顺序分配给人民,缴价承领自耕:(1)变乱前原佃耕人;(2)现耕种人;(3)有耕种能力的退伍士兵及抗战军人家属。农民承领土地后,应依估定地价折合农产物,分年向中国农民银行缴纳,最多不超过十五年。在未偿清以前,以承领土地为抵押担保。农民承领土地,如曾经政府实施重划或改良者,由省政府酌定加收工程费,亦折合农产物并入计算。承领土地的农民,不按期缴纳地价,由县政府收回土地,重新放领;其已缴地价,以农产物或折价一次付还。区内公有荒地,由具有耕作能力的退伍士兵及抗战军人家属优先承领。

第二,根据不同土地的权属进行合理补偿。对于征收私人土地,一般是依据土地的市场价格,同时还考虑到连带损失或附属物损失的补偿。在《上海市政府征地偿金及征收工程费与基地费的办法》(1930 年 11 月 8 日)中,上海市政府规定征地,按所报价额(时价)给予偿金,还向业主(土地征用者)征收工程费及基地费。所收工程费包括道路、沟渠、桥梁以及房屋拆迁等费,基地费包括收用补偿费。由于在战时经济时期补偿不足而造成土地所有者的损失,战后还根据差价进行了必要的弥补。1946 年 12 月 30 日,行政院地政署在回复交通部《战前征用民地兴办交通事业尚未发价应依何种标准补偿及应否赔偿损失》一函中提出:“战前因兴建铁路征用土地,迄未补偿地价者,原则上应以征收时之地价,按目前物价指数调整补偿之。但所发地价不得超过现时土地价值。至地主因征收致历年荒废,无农产收获之损失,亦应以协议方式酌予赔偿。”[1]

第三,建立和完善土地证券化制度。国民政府对被征地者进行补偿的方式多样:通过建立土地银行发行土地债券以减少补偿中的现金支付,确保有关建设资金的供给。同时,这样做也保证了被征地者长期分享因发展经济而获得的收益。[2] 其具体内容,上述 1928 年《土地征收法》、《铁道、水利建设须尽先施行土地政策方案》、《经济建设区土地政策实施办法》和《绥靖区土地处理办法》均有详细规定,此处不再赘述。

此外,国民时期的土地征收制度还要求土地征收前必须首先对于土地所有者支付全部补偿,从而保证了被征收者的土地利益。

---

〔1〕 中国第二历史档案馆馆藏档案,三六/30。

〔2〕 郭春华:《试论南京国民政府的土地征收制度》,《民国档案》,2004 年第 4 期。

六、从土地征收制度的演变看国家和私人关系的调整

(一)国家的职能

纵观中国历史,经济增长与土地制度的选择密切相关,而土地制度是否恰当则在很大程度上体现为国家和私人之间存在着一种什么样的关系。土地征收制度作为一定经济条件和制度环境下的产物,成为观察国家和私人关系发展的重要视角。

本书遵循新制度经济学的框架和分析逻辑,承袭契约论和暴力论的假说来考察国家的作用和职能。契约论认为,国家产生之前的状态是“一切人反对一切人”的“霍布斯丛林”状态。人们出于保护自己的需要签订契约,把权力交给能够保护他们不受侵害的人。国家存在的目的是为了培养一个非常强大的统治者,能够提供最有效的保护,国家的产生是出于节省各种签约成本、实施成本和保护契约的成本的目的。暴力论则将国家视为一个阶级压迫另一个阶级的暴力工具,国家作为某一统治集团的代理人而存在,其目标函数是,国家统治者在追求最大化利益的同时,把本集团、阶级的利益作为目标函数,而只把其他集团、阶级的利益作为约束函数。其运行机制是,统治集团的代言人制定一套产权制度,为其他集团、阶级订立无效的产权,当产权不能有效保护时,就可以由统治集团随意占用残缺产权的收益,收取税收,获得最大利益。制度学派在基本承认国家契约论和暴力论的同时,认为契约论忽视了国家作为签约人也有获取“私利”的倾向,而暴力论则没有看到国家在签订契约方面的积极作用。在此基础上,新制度学派指出,国家本质上是追求利益(统治集团的福利或效用)最大化的经济人,国家在追求自身利益的同时,也面临着强有力的约束。国家最为重要的职能是界定、保护产权和降低交易成本。但是,由于国家的目标函数存在内在矛盾,即一方面要形成有效率的组织来实现资源的最优配置,另一方面国家作为一个特殊的利益集团,为追求自身的最大利益,会形成或维护低效率的产权制度,因此,国家既能推动经济的增长,同时又是经济衰退的重要原因。

(二)公权力与私权利

土地征收权和土地规划权是国家的公权力,土地财产权与发展权是私权利。征收权和土地私人财产权是对立冲突的。“从根本上说,私权和公权都是社会物质财富直接或间接的转化形式,都是社会整体利益的法律表现,完全是

同质的东西。但在现实性上,它们又分别代表着构成社会整体利益的两个不同部分,因而具有不同的甚至是对立的外化形式和角色功能。”[1]在土地私有制的情况下,征收土地是国家公权力对私人土地财产权的强制性的取得权力。国家权力(公权力)起源于人类共同体对于权威的需要。原始社会没有国家,只有氏族和部落,在那个时期,因人类群居生活共同面对的危险和挑战需要由公共权威来调整和维护氏族内部、部落内部的人与人之间的相互和谐关系,构建良好的生活秩序。最初的公共权威是氏族族长和部落酋长,他们为处理公共事务设立了其他的公共职位,并赋予其一定的权威性、强制性的公共职能。因此,处理这些社会公共事务的权力,可以被称为社会公共权力或者公权力,以与个人所拥有的“私权利”相对应。近代以来,公权力总是与国家联系在一起或者附属于国家,一般也将公权力称作国家权力。[2] 在生产力水平低下的情况下,公权力有促进改革和发展的价值。但是随着公权力的产生和强大,在有助于整体快速发展的同时,必然会带来对个体私权利存在空间的侵犯。因此,应该既在发挥公权力控制下集中优势资源促进社会的发展,同时控制公权力向私权利的扩张和压制,达到权利与权力的平衡。

社会契约论认为,人们缔结社会契约,把他们的部分自然权利让渡给政府,政府就有义务保护人们的权利而且提供公共服务。因此,私权利是公权力产生的基础,公权力来自私权利的让渡。从这一角度来看,土地征收制度法作为正式的契约,规定了权力对权利的合法侵犯的程度,划定了权力的活动空间和权利的容忍范围,从而实现土地征收中权力与权利的平衡。

(三)国家和私人关系的定位

国家形成后的一个重要问题是,国家和私人应该处于什么样的相对位置上,土地征收制度的设计则反映了国家和私人之间关系的形成和确定。契约论和暴力论折中以后的观点是,国家应该向私人提供有效的产权保护,而私人通过缴纳赋税来换取国家的服务和公正。国家和私人之间恰当的关系意味着存在对国家的“统治者权力扩散”能进行有效抑制的机制,从而保证私人在制度形成中的积极作用不受到过分的限制,以形成两者之间一种较为均衡的状况,而当这种均衡不能维持或者被打破时,应该有协调机制能够促使不均衡向均衡状态调整和恢复。在长期的经济发展和社会发展中,一个恰当的制度的中心作用

---

[1] 童之伟:《公民权利国家权力对立统一关系论纲》,《中国法学》,1996 年第 6 期。
[2] 熊文钊:《公法原理》,北京大学出版社 2009 年版,第 19－21 页。

是在不同社会集团之间,如在贵族和农民之间,建立权势平衡,并确保较下层次的集团拥有"杠杆",即他们能从上层权势集团那里得到支持,才会出现基础广泛的持久经济发展(鲍威尔森,1994)。

中国国家和私人之间的关系有其自身的形成路径和特点。"在官僚统治下的帝国,国家有四种可能方式及与之相结合的各种形式与社会相互影响。首先,帝国由专制君主统治,他从土地中征收租税,强迫人民参加劳役。为使这种寄生性生活得以持续,国家须对它的统治对象实行强有力的社会和政治的控制。其二,国家必须发挥其本身固有的一些功能,例如对财产进行垄断管理。……其三,国家可以通过给予津贴、提供奖励和推行'不干涉'政策以解放生产力等形式,竭力改进在社会中运行的资源配置形式。最后,国家本身可以通过实行垄断、管制贸易和管理专门的市场中心等形式进行资源配置。……有明显的证据表明,国家曾将其不干涉角色或对私人部门作的温和调节与非常有限的权力主义的资源结合起来,以便为私人业主制造一个相当有利的经济环境。"[1]国家总是处于主动的地位,这是中国地权关系显著的特征,也是传统中国社会国家和私人之间关系最为显著的特征。但是到了近代,这种特征发生了变化,国家和私人的力量对比的绝对不平衡状况被打破,国家对内职能的重点倾向于对私人权利的界定和保护,国家执行职责致力于判断、决策和维持公正以及禁止侵权行为。土地征收制度的建立并且逐步完善也充分反映出"国家公权力不再是不受制约的,在政府侵犯法律界定的权利时,私人有依据去捍卫权利"这一发展路径。

第六节　土地收益分配机制的探索与实践
——民国时期地价税思想及制度演变

1840 年以来中国经历了"千年未有之大变局",传统的社会经济制度不能适应现代化的生产方式发展的要求,中国经济思想也开启了经济思想现代化的进程。鉴于土地问题在中国社会演进中的重要性,作为土地制度重要组成的土地税制度也经历了从传统到现代化的变革。自孙中山提出地价税思想后,地价税成为 20 世纪上半叶解决土地问题的重要制度选择。民国时期比较完整的地价

〔1〕 拉蒙·H. 迈耶斯:《晚清中华帝国的习惯法、市场和资源交易》,转引自盛洪:《现代制度经济学》,北京大学出版社 2003 年版,第 326 页。

税理论体系得以构建,地价税思想的制度化也通过立法形式实现,同时地价税的征收实践也得到探索。回顾和总结地价税经济思想及其制度化,有利于深入认识中国社会从传统向现代转型过程中的土地问题。

一、地价税思想的起点——孙中山地价税构想

地价税是按照土地价值征收的土地税,包括土地增值税和土地原价税两种形式。前者是对土地增值部分征税,强调土地增值收益应该归社会所有;后者是对土地价值征收固定比例税。地价税思想是随着中国现代化历程中土地问题的日益严重而出现于20世纪初,孙中山是最主要的倡导者。

(一)现代化对土地税制度变革的要求

土地税是政府参与土地资源配置的主要手段。传统社会中农业是主要的生产部门,对农业部门的基本生产资料即农地征税也就成为基本国家财政收入。田赋制度是传统社会的主要制度安排,不过仅仅面向农地问题,而城市土地并不包容于田赋制度内。在现代化过程中,工业部门的兴起使得资源向城市集中,而快速城市化进程导致了城市土地需求的增加和城市土地价格的上涨等一系列现代化中的土地问题。传统田赋制度已经不能适应现代化生产方式下的土地资源配置要求。

传统土地税经济思想也缺乏对现代化经济现象的解释力和制度构建的指导力。当时大多数学者对土地问题的讨论依然局限于传统的经济思想范围内,比如土地公有、"尽地力之教"、正经界之说等,不仅没有面对土地问题的现代性,也不能提出可行的制度安排。相反,租界却由于西方列强制度移植而施行了现代化制度安排,比如上海公共租界的地价税制度和胶州湾的土地增值税制度。孙中山认识到,"近来欧美的经济潮流一天一天地侵进来了,各种制度都是在变动,所受的头一个最大的影响,就是土地问题"。[1] 沿海如上海、广州等大城市土地价格飞涨,如果城市土地增值为地主所有,那么"将来大地主必为大资本家,三十年后,又将酿成欧洲革命流血之惨剧",所以"欲解决土地问题,我国今日正一极佳时期也。趁此资本未发达、地价未加增之时,先行解决"。[2] 可

---

〔1〕 赵靖、易梦虹:《民生主义第二讲》,《中国近代经济思想资料选集》(下册),中华书局1982年版,第115页。

〔2〕 赵靖、易梦虹:《社会主义之派别与方法》,《中国近代经济思想资料选集》(下册),中华书局1982年版,第47页。

见孙中山对现代化土地问题有比较深刻的认识,且将其作为资本主义社会矛盾的根源,试图采取积极措施防患于未然。

(二)孙中山地价税制度设想

地价税是孙中山民生主义和平均地权思想的主要制度安排。在1905年《同盟会宣言》中,孙中山提出"当改良社会经济组织,核定天下地价,其现有之地价仍属原主,所有革命后社会改良进步之增价,则归于国家,为国民所共享"[1],开始将地价引入中国土地制度设计中,并逐渐形成了独特的地价税体系。

1. 地价税的合理性和制度目标

孙中山认为,"原夫土地公有,实为精确不磨之论。人类发生以前,土地已自然存在;人类消灭以后,土地必长此存留。可见土地实为社会所有"[2],"吾人非地不生活,而地又为人人所共有,故必地权平均,而吾人始能平等"[3],而"求平均之法,有主张土地国有的。但由国家收买全国土地,恐无此等力量,最善者莫如完地价税一法"。[4]

概括起来,孙中山赋予地价税以下三个目标:第一,地价税能够实现涨价归公和平均地权的理想,节制资本,防止如欧洲一样的流血革命。第二,地价税可以从财政上替代原来的田赋制度,可以实现今后工业建设过程中提供大量的财政收入。第三,地价税可以实现抑制土地投机,促进土地利用。第三个目标既是孙中山地价税制度构想不同于西方原来的地价税制度的特征,也是地价税制度为什么在近代引起巨大关注的原因所在。孙中山在《中国国民党第一次全国代表大会宣言》中清晰地阐述了地价税构想,即"由国家规定土地法、土地使用法、土地征收法及地价税法。私人所有土地,由地主估价呈报政府,国家就价征税,并于必要时依报价收买之"。[5]

---

〔1〕 赵靖、易梦虹:《同盟会宣言》,《中国近代经济思想资料选集》(下册),中华书局1982年版,第20页。

〔2〕 中国社科院近代史研究所等:《在上海中国社会党的演说》(1912年10月14日至16日),《孙中山全集》(第二卷),中华书局1982年版,第514页。

〔3〕 中国社科院近代史研究所等:《在山西同盟会欢迎会的演说》(1912年9月19日),《孙中山全集》(第二卷),中华书局1982年版,第473页。

〔4〕 中国社科院近代史研究所等:《复张永福林义顺函》(1906年11月22日),《孙中山全集》(第一卷),中华书局1982年版,第321页。

〔5〕 赵靖、易梦虹:《中国国民党第一次全国代表大会宣言》,《中国近代经济思想资料选集》(下册),中华书局1982年版,第82页。

2. 地价税收入的用途

孙中山将地价税作为中国未来工业和城市经济建设及地方自治实施的主要财政来源。在《建国方略》中，孙中山对中国未来地价税的支出有过比较形象具体的刻画，并且认为由于地价税收和土地价格呈正比例关系，存在地价税太多而有大量盈余的可能。在中国这样一个资本稀缺的国家，孙中山试图通过地价税将大量资本集中在政府手中，进行社会生产和有规划的经济建设，事实上强调了政府在经济社会中的作用。地价税作为地方税的性质一直被孙中山明确强调，“土地之岁收，地价之增益……皆为地方政府之所有，而用以经营地方人民之事业，及育幼、养老、济贫、救灾、卫生等各种公共之需要”。[1]

3. 地价的确定

孙中山强调作为地价税征收基础的地价确定的问题，提出“私人所有土地，由地主估价呈报政府，国家就价征税，并于必要时依报价收买之”[2]，即地价由地主自行申报，政府有权力“照地价收税”和“照地价收买”。通过这两种机制配合，来确保地主申报地价的真实性。“地主如果以多报少，他一定怕政府要照价收买，吃地价的亏；如果以少报多，他又怕政府要照价抽税，吃重税的亏。在利害两方面互相比较，他一定不情愿多报，也不情愿少报，要定一个折中的价值，把实在的市价报告到政府。地主既是报折中的市价，那么政府和地主自然是两不吃亏。”[3]

4. 地价税税率的设定

土地原价税被假定为比例税，即按照土地价格1%征税。德国地价税专家单·威廉在草拟《广东都市土地税条例》时建议按照地方通行贷款平均利率为税率，并认为广东土地原价税税率应该为10%。而孙中山和廖仲恺认为比例太高，最后采取了将土地分为建筑用地和农业用地两类，并分别按照千分之十和千分之八的比例征税。地价税税率标准的设定是符合孙中山温和型改革方式的，即通过“地多税亦重”达到“税去地主”的目的。对于土地增值税，孙中山坚持涨价完全归公，认为“从定价那年以后，那块地皮的价格再行涨高，各国都是

---

〔1〕 赵靖、易梦虹:《中国国民党第一次全国代表大会宣言》,《中国近代经济思想资料选集》(下册),中华书局1982年版,第81页。

〔2〕 赵靖、易梦虹:《中国国民党第一次全国代表大会宣言》,《中国近代经济思想资料选集》(下册),中华书局1982年版,第82页。

〔3〕 赵靖、易梦虹:《民生主义第二讲》,《中国近代经济思想资料选集》(下册),中华书局1982年版,第117页。

要另外加税,但是我们的办法,就要以后所加之价完全归为公有”,并且认为“这种把以后涨高的地价收归众人公有的办法,才是国民党所主张的平均地权,才是民生主义”。[1] 为了把涨价归公和共产主义区分,孙中山强调“我们所主张的共产,是共将来,不是共现在。这种将来的共产,是很公道的办法,以前有了产业的人决不至吃亏;和欧美所谓收归国有,把人民已有了的产业都抢去政府里头,是大不相同”。[2]

孙中山关于地价税的设想有许多独创性的见解,比如“涨价完全归公”、“照价收买”、“地主自行报价”等,从而自成体系。地价税被孙中山作为解决中国现代化中土地问题的主要手段,即通过土地原价税和土地增值税实现“平均地权”。土地原价税对已有土地财产征收比例税,被认为可以降低乃至消除传统中国农村以土地集中为特征的贫富悬殊;而土地增值税对土地潜在增值加以征税,实现“涨价归公”,可用以消除因为城市土地价格上涨导致的以劳资矛盾为特征的现代化过程中的贫富分化。地价税不仅仅是一种在征税依据上的税收制度改革,更是孙中山思考中国土地制度现代化改革的突破口,是作为替代共产主义式赎买和强制分配方式来实现土地国有的渐进路径而被提出的改革思路。这也是地价税问题在中国近代经济思想史上占有重要地位的原因。但是基于现在的地价税理论,孙中山对于地价税的论述缺乏理论性和科学的解释,且具有空想的成分。

(三)地价税思想的理论渊源

地价税在制度设计上完全不同于传统中国土地税征收制度,具有创新性和独特性。首先,在征税标的上,传统土地税是对农地征税,故而被称为田赋,而地价税主要是对城市土地征税;其次,在征税计算依据上,不是按照土地面积或者单位产出,而是按照土地的价格,属于从价税;再次,在征税标准上,不是固定税额,而是比例税,且存在累进原则;最后,在税收管理和使用权限上,地价税被用于地方经济建设,而不是上交中央财政。这种新形式的土地税已经完全摆脱了古代“皇粮”的范畴,适用于工业化和城市化下的现代经济体。

孙中山地价税方案的提出主要受到了西方制度和思想的影响。正如孙中

---

〔1〕 赵靖、易梦虹:《民生主义第二讲》,《中国近代经济思想资料选集》(下册),中华书局 1982 年版,第 117 页。

〔2〕 赵靖、易梦虹:《民生主义第二讲》,《中国近代经济思想资料选集》(下册),中华书局 1982 年版,第 118 页。

山先生所说的,现代化过程中“讲到解决社会问题的办法,除了欧美各国所主张的和平办法和马克思的激烈办法以外,也没有别的新发明”。[1] 地价税制度思想的独特性和创新性根本上是由于对西方现代土地税制度的“拿来”。孙中山地价税思想首先受到以亨利·乔治为代表的19世纪晚期西方土地税改革思潮影响而产生,其后受到以德国土地改革家达马熙克和单·威廉为代表的地价税制度思想的影响。可以说,西方地价税思想传入中国开启了中国土地税经济思想现代化的历程。需要注意的是,孙中山的地价税思想并不是对西方地价税制度的照搬,而是有其深厚的中国传统文化渊源。[2]

二、民国时期学术界对地价税的研究

(一)民国时期地价税研究的基本状况

由于孙中山的大力倡导,民国时期许多学者开始了对地价税制度的研究。南京国民政府建立后,作为民生主义“平均地权”主张主要制度安排的地价税成为国民政府最主要的土地政策,地价税研究不断深化,主要包括以下几个方面:

首先,国外地价税研究成果的引进和对各国地价税制度的介绍类研究。这类研究既包括对地价税的现代经济学分析,比如地价税的性质、地价评估方法、地价税与住宅问题,更是将西方各国地价税制度实行历史和规定加以介绍和比较。典型的有《各国地价税制度》(1929年)和《地价税论》(1939年)。在其他引进的西方税收理论的书籍中,也有包括地价税问题的讨论。这些对于民国时期现代地价税研究和地价税制定实施有基础性的影响。同时,民国学者也很注重对西方各国学说的分类介绍和比较分析,不仅有专门的论文,而且国人著写的地价税书籍中也有相关内容,并试图提出适合中国国情的地价税理论体系。

其次,研究团体和杂志的涌现,为地价税研究搭建了平台。中国地政学会是研究土地制度和土地税收制度的主要团体,其经常提出针对中国地价税法律法规等方面的改革建议,而《地政通讯》、《地政月刊》等是地价税问题讨论比较

---

[1] 赵靖、易梦虹:《民生主义第二讲》,《中国近代经济思想资料选集》(下册),中华书局1982年版,第112页。

[2] 王昉、熊金武:《从“涨价归公”思想到土地增值税制度》,《财经研究》,2010年第1期。

集中的期刊。当然,其他经济类文献也有涉及地价税的内容。[1]

最后,专门论述地价税问题的专著和论文。民国学界存在许多围绕地价税立法和执行问题有独立见解的论文,而王先强、王晋伯、萧铮等是比较代表性的地价税问题研究者。代表性的研究成果有《中国地价税问题》(1931年)、《地价税要论》(1943年)、《土地增价税之研究》(1930年)、《中央政治学校地政学院研究报告之一:南京市之地价与地价税》(1935年)等。《中国地价税问题》(1931年)是围绕国民党地价税政策的主张而展开的,对于研究国民政府地价税制度有较高参考性。除此之外,还有一些其他涉及地价税制度问题的著作,比如《民族生存战争与土地政策》、《中央接管后之土地税》(1946年)、《全国土地调查报告纲要》等。

(二)地价税理论体系的构建

民国时期地价税研究基本上秉承孙中山地价税的设想,并在借鉴西方经济学理论和地价税理论的基础上,探讨了地价税理论的各种问题,基本上形成了比较成熟的地价税理论体系,并且对地价税在中国的立法和推行等问题提出很多的建议。

1. 地价税思想的合理性

孙中山引进地价税制度时强调了地价税制度的政策目标,即涨价归公和平均地权,但是并没有构建起系统的地价税制度设计和理论体系。民国学者则按照现代经济学的体系思考地价税合理性的依据,强调地价税具有财政、经济和社会三方面的意义。土地税以土地为税源具有稳定性和普遍性,且在地价上涨情形下,"按地价征税,其收入亦将逐年增加,此种弹性之财政收入,颇能适应政府逐年膨胀之经费支出,故土地税之推行,必基于社会之进步、工商业之繁荣而日益普遍展开"。[2] 地价税收入主要用于解决地方财政困难,为地方政府建设基础设施、公园和博物馆等公共设施、劳工住房提供基金来源,"取之于市民,用

---

[1] 在历次地价税立法过程中,学者通过各种渠道表述了对地价税的关注,并得以将独立的见解越来越多地见诸法律,尤其是像中国地政学会等研究机构。当然,并不是学者提出的每项地价税修改意见都能得到体现,比如实行总归户地价税册替代地价册制度的建议,虽为学者一再提倡,但是最终并没有被接受。这种地价税研究与地价税制度构建一致性的一个根本原因就在于地价税的外生性。在外生性制度变迁下,外来的经济思想对经济制度直接发生作用,不存在国内与之竞争的经济思想,只是一个选择,选择最好的加以模仿而已。

[2] 财政部直接税署:《中央接管后之土地税》,财政部直接税署1946年印。

之于市民”。[1] 这是一种基于土地的财政举措，同时这种形式的土地财政是基于市场机制的，具有长期可持续性。不过，民国学者认为，地价税制度的社会意义远大于财政意义，它是民生主义经济制度的重要手段，被认为可以实现“平均并减轻人民负担”、“保障人民产权”、“免除无地空地”和“耕者有其田”等有利于民生的目标。[2] 抗战时期财政紧张，“除土地外，无其他可靠之税源，舍地税外，更无其他可靠之饷”，学者认为地价税制度如能实施，“不仅为政府战时财政唯一出路，且可一扫过去田赋之积弊，以为刷新政治之一开端”。[3] 也有学者认为，土地增值税使土地自然增价收归公有，“土地投机者根本无法活动，若是籍土地剥削农业劳动之不公平现象不复存在”。[4]

当然，对地价税制度合理性的论证，必然需要讨论涨价归公的合理性。孙中山采用了自然法否定私有制，认为“土地价值之增加，咸知受社会进化之影响，试问社会之进化，果彼地主之力乎？若非地主之力，则随社会及增加之地价，又岂应为地主所享有乎？可知将来增加之地价，应归社会公有”。[5] 民国学者对该命题的证明采取了如下几个步骤：首先，运用古典经济学价值理论证明土地升值归私人所有以及地价本身的不合理性。比如有学者认为价格是价值的货币表现，土地“既不是人类劳动的产物，凝结的劳动时间在内，当然没什么价值可言”[6]，“土地的价格并不是由价值所决定的，而是由私有和独占所产生的地租所决定的。在资本主义社会中，地价只是资本化的地租”。[7] 根据李嘉图的差额地租学说，“当土地使用权转移之时，才有所谓地价”，那么可以认为“土地价值——也就是所谓地权之归私人占有的这种现象之不合理”。[8] 其次，大量引用西方古典经济学家关于通过地价税实现土地国有等土地改革的论述作为论证，比如亚当·斯密、亨利·乔治、约翰·穆勒、斯泰姆、达马熙克等。

---

[1] 唐启宇：《民生主义与土地制度》，江苏省政府农工厅合作社指导员养成所丛书第三种，1928年，第36页。

[2] 熊仲虚：《现行土地税制述要》，商务印书馆1946年版，目录第1页。

[3] 萧铮：《民族生存战争与土地政策》，中国地政学会战时地政丛书之一，中国地政学会1938年发行，第36页。

[4] 聂常庆：《开征地价税之前前后后》，《地政通讯》，1943年第6期，第7页。

[5] 赵靖、易梦虹：《社会主义之派别与方法》，《中国近代经济思想资料选集》（下册），中华书局1982年版，第47页。

[6] 王先强：《中国地价税问题》，神州国光社1931年版，第7页。

[7] 陈伯达：《近代中国地租概说》（增订本），晋察冀新华书店1947年印行，第83页。

[8] 朱剑农：《民生主义土地政策》，商务印书馆1944年版，第35—36页。

最后,大量介绍欧美各国地价税制度实践及其绩效,从经济史角度论证地价税制度可能的合理性。可以看出,民国学者不仅对西方经济学说了解远远超过了孙中山,更能运用西方经济理论比较规范地论证地价税制度和涨价归公的合理性。

2. 地价税的用途

地价税不仅主要用于满足地方财政的需要,为地方政府基础设施建设和其他政府投资提供基金来源,可以说,地价税也是一种基于土地的财政举措,只是这种财政是长期性的且是基于市场的,同时放弃了孙中山对地价税的幻想和希望。此外,地价税制度被认为是改造田赋制度的根本出路,是用于解决城市住房问题等现代城市化问题的主要举措。对于传统社会田赋制度的缺陷,在传统框架内难以解决,于是学者们倾向于推行地价税,彻底解决田赋制度的问题,而对于城市化过程中出现的包括地价上涨、住房困难等问题也是地价税制度的内容。另外,由于中国抗战时期财政困难,土地税被认为是解决战争时期财政困难、解除田赋问题的唯一出路,"对于城市土地,在战时更应加征重率的地价税"。[1]

3. 地价税的立法

制定地价税法规是地价税思想制度化的主要步骤,民国时期地价税立法与地价税思想具有一致性。由于不同时期地价税法规制定后,学术界都加以研究并反馈给立法机构,所以地价税法律条文基本上体现了各个时期国民政府地价税政策和学者地价税思想的变迁。学者对于地价税制度的讨论,主要集中在地价核定方法、税率拟定、异议处理方式三个方面。比如对规定地价方法,有学者指出"规定地价法令不统一"、"业主避免增加负担心理作用之影响"、"非常时期物价波动过剧之影响"、"土地纯收益及通行利率之不易确定"四个困难,以及由于"业务不能依照预定期限办理完竣"、"评定地价较土地市价相差过巨"、"规定地价业务事先未通判统筹"而导致各地规定地价与其经济水平不符等缺点。[2]对于孙中山地价税思想中具有独特性的部分,学者开始用现代经济学理论做出解释,并论证其合理性,比如为什么"涨价完全归公"等问题。还有学者对于地价税法规及其执行中的问题进行了研究,如地价税与田赋、契税、遗产税等其他

[1] 萧铮:《民族生存战争与土地政策》,中国地政学会战时地政丛书之一,中国地政学会 1938 年发行,第 39 页。

[2] 陈湘波:《规定地价方法之检讨》,《地政通讯》,1943 年第 5 期,第 3—5 页。

税种的关系等。

4. 关于地价税推行的问题

抗战时期土地税改为中央税，税收制度逐步结束之前混乱的局面，开始地价税制度在全国范围内的统一和逐步推广。对于地价税实行步骤，地价税的实施需要做好土地整理和地价核定等工作。土地整理是最基础的，包括土地测量、土地调查、土地登记等步骤。地价申报步骤包括调查、宣传、申报、公告、登记、造册及发证六个阶段。鉴于土地整理的繁杂，需要保证实行所需要在技术、组织、人才和经费等方面的准备，并可以将地价评定与土地整理同时进行。[1]对于地价税实施过程中税收减免和打击偷税问题，学者支持对公有和慈善性土地，以及“在人民纳税能力及国民经济发生重大变动之地方，土地税须予以减免”，指出实施地价税后，“土地不得再有任何负担，一切以土地为对象之苛捐杂税皆可免除”[2]；同时应该处罚土地绝卖移转、匿报价值、换买卖为抵押等避税行为，因为虽然只要地价不跌落，土地增值税是无法逃避的，逃避土地增值税不过是延长缴纳的时间，从长期来看国家财政没有损失，但是违背了涨价归公的目的，不利于平均地权目标。[3] 在地价税具体实行方式上，学者认为若征收地价税，废除以前的土地税。地价税的执行需要以土地测量、土地调查、土地登记为前提，可以将地价评定与土地整理同时进行，保证地价税实行所需要在技术、组织、人才和经费等方面的准备。

（三）孙中山地价税的经济思想的辩争与改造

孙中山地价税思想中存在一些比较固定的教条式规定，比如土地原价税税率为 1%、土地增值税应当完全涨价归公等。这些论断存在某种空想性，并没有经济理论基础。在民国时期就这个问题引起了辩争。这类争论也体现了民国时期学界对地价税问题的治学精神和治学方法。例如，有学者质疑涨价归公与共产主义的关系问题。学者认为土地公有本是正途，但是尽管私有制不合理，也已经积重难返。孙中山作为一位“理想家而兼实行家”，“他对于社会主义者和改良主义者并不划分严格的界限，他是要兼取其所长而去其所短。他的地价税的理论，正是这样发生的”。[4] 那么，鉴于涨价完全归公违背了对私人产权

---

〔1〕《江苏省城市地价申报》，《地政月刊》，1934 年第 2 卷第 7 期，第 1092 页。

〔2〕聂常庆：《开征地价税之前前后后》，《地政通讯》，1943 年第 6 期，第 4—7 页。

〔3〕吴祖尧：《征收土地增值税的实际问题》，《地政通讯》，1944 年第 11 期，第 1—4 页。

〔4〕王先强：《中国地价税问题》，神州国光社 1931 年版，第 63 页。

的保护,涨价归公是不是一种共产主义呢?当时学者为了解释这个问题,认为地价税征收只对于地价征税,而对于其他住房等私有产权并不实行涨价完全归公,即这种办法还是建筑在私产制度上面,与原有的私有财产并不相妨。所以只能称为“税”,不能称为“共产”。“不过在各资本主义的国家,没有像我们这样对于土地的自然增价课百分之百而不利于地主的重税罢了。”〔1〕有学者提出,“由于公共社会原因发生的增值,应该归公,否则相当于私人没收公共财产”。〔2〕这些讨论的出现说明地价税理论的确引起了很多关注,而民国学者也出现了质疑和争论,并不全是照搬西方或者继承孙中山的地价税思想。

地价税思想最大的挑战是现实与理论的差异,这在地价税立法及其修正中有明显的体现,孙中山的地价税经济思想也是在地价税立法争论过程中得到了比较彻底的改造。地价核定方法主要有三类:一是自行申报法;二是先报后估法;三是先估后报法。按照孙中山的意思,地价核定应该采取自行申报法。《广东都市土地登记及征税条例》完全按照孙中山的意思,采取申报法,其法定地价为平均地价。但是,1930 年公布的《土地法》规定,地价由地政机关估定标准地价为法定地价,而“估定地价应于统一地价区内之土地,参照其最近市价,或其申报地价,或参照其最近市价及申报地价为总平均计算”。〔3〕这事实上否定了自行申报的精神。对于这一规定学界表示了反对,认为《土地法》规定了两种地价决定方式,即估定地价和申报地价,造成了两种法定地价的存在,违背了“在同一时间与空间内,对于同一土地,不得具有两种真实价格之经济学原理”。〔4〕后来又有学者提出意见认为,在“照价征税”和“照价收买”能够实行的时候自行报价是有效的,但是民国政府没有积极推行“照价收买”。于是抗战爆发后,按照《非常时期地价申报条例》等规范实行“规定地价,先估定地价,然后户主申报地价”的方法。这种先估后报的方法被认为手续简单,不用公断,并且解决了两个地价的问题,“既符遗教自由申报之原意,尤能消弭短报逃税之弊”。〔5〕但是也有学者认为,以三年或五年土地收益或市价作为计算标准地价的依据,是为了防止地价波动,但是在战争时期物价飞涨的情况下,这种方法就不能体现土

〔1〕 王先强:《中国地价税问题》,神州国光社 1931 年版,第 48 页。
〔2〕 王晋伯:《地价税要论》,文信书局 1933 年版,第 57 页。
〔3〕 蔡鸿源:《民国法规集成》,黄山书社 1999 年版,第 352 页。
〔4〕 陈湘波:《规定地价方法之检讨》,《地政通讯》,1943 年第 5 期,第 3 页。
〔5〕 陈湘波:《规定地价方法之检讨》,《地政通讯》,1943 年第 5 期,第 3—5 页。

地真实价值，建议调查最近三年地价改为最近两年地价。[1] 在 1946 年《土地法》最终采纳了该建议，调查两年的数据采用先估后报的方法计算标准地价。这种地价税研究已经远远超出了孙中山的地价税制度设想，更是传统土地税思想所不能体现的，不仅仅在概念上，而且在经济制度的设计上也是全新的。

（四）民国时期地价税研究的总体特征

1．“舶来品”与“本土化”

地价税根本上说是一种西方经济制度，是在西学东渐下引入中国的。孙中山对于地价税只有一些大体方向上的设想，对于地价税理论的研究则需要借鉴西方的地价税理论。国外地价税相关理论是民国时期学术界研究地价税的基础，尤其是关于西方地价税制度的介绍以及西方经济学理论分析地价税问题的思路，对于我国地价税研究有直接的借鉴意义。

另一方面，地价税思想中很多关键性问题本身就有中国性质，典型的是“地价完全归公”等思想的提出。而后来地价税研究中，在研究中国特殊土地问题与地价税制度时更有很多具有中国特性的分析，比如关于地价税与田赋改革、地价税与土地整理等问题的探讨。在此需要强调的是，这种中国化不仅局限于上述两类，还与中国当时的社会思潮一致，典型的就是当时的社会主义思潮，有学者认为中国土地私有观念根深蒂固，征收地价税实现涨价归公可以减弱土地私有观念，“医疗个人主义经济状态所发生之病态”。[2]

2．学术研究系统性和深入性的欠缺

民国时期的地价税研究，很大部分存在运用现代经济理论的术语和西方地价税研究的体系，具有为孙中山地价税制度设想从学理上论证解释和理论体系构建的功能。相比于孙中山的论述，采用现代化的分析方式更具逻辑性，已经完全不同于传统中国的经济思维方式。现代经济学概念已经取代了传统的经济学说概念，并按照现代理论体系重新对地价税问题加以阐述和分析。

但是，民国地价税研究主要是对孙中山地价税思想从经济学理论加以阐释和论证，或者对国民党地价税政策的阐述，而对于孙中山思想的质疑很少成文。对地价税的适应性问题重视不够，而热衷于谈及地价税制度可能带来的经济绩效，因此，民国时期对于地价税研究带有明显的目的性和应用性。与此同时，地

---

〔1〕 张之镐：《规定地价业务之检讨》，《地政通讯》，1943 年第 4 期，第 4 页。

〔2〕 王普伯：《地价税要论》，文信书局 1933 年版，第 67 页。

价税研究中论证不密,存在理论运用偏差。例如,有学者对于地价税的研究仅仅是从价格概念本身出发,认为土地价格上涨是由于社会原因造成的,所以土地增价应该归公。这种抛开价格性质和来源而空谈涨价部分归公的思路,体现了当时学界对于经济理论掌握不熟练,也缺乏对地价本身的性质及其在经济运转中的作用的深刻认知。

3. 地价税理论和立法的高度一致性

民国时期的地价税思想研究包括地价税理论论证、地价税制度安排、地价税施行准备三个部分。这为民国时期的地价税制度立法和施行做了很好的准备。学术界的研究成果在民国地价税立法程序中的作用也不断提高,体现出地价税研究与地价税制度构建的一致性。在历次地价税立法过程中,学者通过各种渠道表述了对地价税的关注,并得以使独立的见解越来越多地成为正式制度安排。当国人用现代工具进行地价税研究时,只有向西方学习一条路径,而当时地价税在西方诞生的时间也不长,西方学者对于地价税的认识也有一定限度。国内无论是研究地价税的学者还是地价税法规的制定者,都是以学习西方的地价税制度为基础的。同时这种一致性还受到了孙中山的特殊地位的影响,地价税立法的理论依据基本上是遵循孙中山先生的思想进行的,"涨价归公"、"照价收买"和"自行申报"的思想在相关法律规定中都得到了体现。

三、地价税制度的立法与实践

(一)地价税法律体系的确立

国民党政权将地价税制度作为总理遗教,试图通过土地立法施行地价税制度,实现孙中山平均地权思想。1929 年 3 月 21 日,国民党第三次代表大会专门通过《确定总理主要遗教为中华民国训政时期最高根本法案》。1946 年《中华民国宪法》再次规定国民经济基本原则是民生主义,"实施平均地权,节制资本,以谋国计民生之均足","私有土地应照价纳税,政府并得照价收买","土地价值非因施以劳力资本而增加者,应由国家征收土地增值税,归人民共享之"。[1]

民国地价税立法延续了孙中山的地价税经济思想,构建了完善的地价税法律体系。早在 1923 年左右,孙中山邀请单・威廉等外国地价税专家草拟有关地价税法规,制定了《广东都市土地税条例》和《广东都市土地登记及征税条

〔1〕 中国法规刊行社编审委员会:《中华民国宪法》,《六法全书》,中国法规刊行社,1948 年,第 9—10 页。

例》,主要在广州地区实施。1930 年南京国民政府公布了《土地法》,这是关于地价税的第一部全国性的法规。抗战时期,1941 年《非常时期地价申报条例》和 1944 年《战时征收土地税条例》明晰了地价核定方法和税率设定,对地价税的施行起到了极大的推动作用。抗战胜利后,国民政府于 1946 年公布了新修订的《土地法》,成为民国时期地价税法律的最终依据。与此同时,地籍整理、地价核定、地价税征收实施办法等方面也出台了大量法规。另外,有些地方政府也制定了征收土地税的有关章程,比如《上海市征收暂行地价税章程》和《浙江省杭州市征收地价税暂行章程》等,都成为地方推行地价税的法律依据。

(二)地价税制度的实践及其效果

在实践层面,上海是全国推行地价税和土地增值税最好的地区。根据 1933 年《上海市征收暂行地价税章程》,上海市政府开始按照土地价格征收"暂行地价税",同时规定征收地价税区域内土地买卖应"按时价征收百分之二"[1]缴纳转移税,以作为土地增值税施行前替代的暂行税。租界当局比较早的时候就开始按照地价和租金分别征收地税和房捐,在 1921 年至 1936 年间,房捐和地税两项收入在工部局收入总数中一般保持在 70%左右,在公董局经常性收入中也超过了 60%[2],而同期房捐收入在华界财政收入总数中占了 40%左右。上海土地税占上海市财政收入的比重逐年下降,1946－1949 年分别为 4.1%、4%、1.7%、0.5%。[3] 全国其他地区,如北京、南京、杭州等地皆有地价税征收实践。

表 4—6　　主要地价税法律法规(1923—1948 年)

名　称	公布机关	公布年份
广东都市土地税条例	海陆军大元帅大本营	1923
广东都市土地登记及征税条例	广州国民政府	1926
土地法	国民政府	1930
土地法施行法	国民政府	1935
各省市地政施行程序大纲	国民政府	1936
城市改良地区特别征费通则	行政院	1936
土地赋税减免规程	行政院	1936

〔1〕《上海市征收暂行地价税章则汇编》,"中美百万册电子图书项目",1933 年 8 月,第 3 页。

〔2〕熊月之:《上海通史》(第九册),《民国社会》,上海人民出版社 1999 年版,第 69—70 页。

〔3〕此处土地税包括土地原价税、土地增值税和契税。加岛润:《政权更替与上海市财政结构的变动:1945—1956》,《亚洲经济》,2007 年第 48 卷第 7 号,第 2—32 页。

续表

名　称	公布机关	公布年份
土地移转买卖匿报地价逃避增值税处罚办法	不详	不详
剿匪区内各省农村土地处理条例	豫鄂皖剿匪总司令部	1933
剿匪区内各省农村土地处理条例实施细则	豫鄂皖剿匪总司令部	1933
非常时期地价申报条例	行政院	1942
非常时期地籍整理办法	行政院	1942
战时地价申报条例	行政院	1943
各省县市编造总归户地价税册办法	行政院	1944
各省市土地税征收通则	不详	不详
战时征收土地税条例	行政院	1944
土地法	国民政府	1946
土地法施行法	国民政府	1946
部分地方法规		
上海市征收暂行地价税章程	上海市政府	1933
上海市征收暂行地价税章程施行细则	上海市政府	1933
上海市暂行地价税土地估价委员会组织规则	上海市政府	1933
上海市征收暂行地价税地价公断办法	上海市政府	1933
上海市地价税滞纳处罚办法	上海市政府	1947
征收土地增值税调整原地价及免税额补充办法	上海市政府	1948
杭州市征收地价税暂行章程	杭州市政府	1933
杭州市征收地价税施行细则	杭州市政府	1933
杭州市征收地价税地价估计委员会组织章程	杭州市政府	1933
杭州市地价估计办法	杭州市政府	1933
南京市财政局征收地价税暂行章程	南京市政府	1936
北平市地价税征收规则	北平市政府	1946

资料来源：《民国法规集成》、《清末民国土地法制研究》附录五“南京国民政府时期制定的与土地有关的法律法规”(杨士泰：《清末民国地权制度变迁研究》，中国社会科学出版社2010年版)、《上海市征收暂行地价税章则汇编》、《杭州市征收地价税估定地价一览》(杭州市政府编印，1933年)、《上海财政税务志》。

民国时期地价税实践没有实现孙中山设定的地价税三个预期目标。[1] 首先，平均地权本是地价税制度的根本出发点，然而地价税实施的范围有限，即使在最适合地价税推行的上海，其实际土地原价税征税面积也极为有限，直到1948年年底才实行土地增价税制度，根本没有起到土地调节的作用。其次，增加地方政府财政收入、为经济建设筹集财政资金本来是当时地价税制度实行时的次要目的，地价税在制定和执行期间被认为是解决地方财政困难的有力手段，而地价税实践的结果使有的学者不得不说“不要希望土地增值税能带来很大的收入”。[2] 最后，抑制土地投机、充分利用土地本来是地价税制度一个重要的社会经济目的，而实践发现地价税制度的实行并没有对城市地价飞涨起什么作用，上海等大城市的地价继续飞涨。

整体上看，国民政府对于地价税的改革绩效比较低，主要原因可以认为是以下几个方面：首先，各种解决方案相互竞争，比如“二五减租”、陈果夫在江苏的“地籍整理”、阎锡山在山西的“土地村公有”、浙江平湖的地政实验等，都限制了地价税的改革和施行。其次，国民政府不愿意影响地主利益，下层政权对土地政策的绝对抗拒使得政策没有执行主体。[3] 地价税施行事实上增加了地方居民的税收负担，于是受到当地居民的反对，比如宁波当地居民就出现了“废市运动”，以避免地价税的施行。[4] 上海纳税人“以为缴纳田赋每亩最高不过1元，缴纳地价税则数元至百元不等”，税负加重，也抵制开征地价税。[5] 最后，地价税实施方案需要土地整理等基础性工作，而这种工作投入多、工作周期长，绩效是很低的，却是需要直接面对的。以上海为例，上海土地面积很少，但是暂行地价税实施多年后土地测量登记工作还没有完成，即使在实行地价税的特别区、沪南区等7个区，征税面积散布也很凌乱，7个区总面积30万亩而征税面积只有7.4万余亩。土地整理本身限制了地价税的实行范围，而土地整理却是要明确中国千年以来的田赋积弊，这在当时的条件下是很难顺利推行的，虽然民

---

〔1〕王昉、熊金武：《孙中山的地价税构想及其当代借鉴意义》，《贵州财经学院学报》，2012年第1期。

〔2〕吴祖尧：《征收土地增值税的实际问题》，《地政通讯》，1944年第11期，第4页。

〔3〕文红玉：《孙中山的土地思想与南京国民政府的土地政策》，《华中科技大学学报》(社会科学版)，2009年第23卷第3期，第29—36页。

〔4〕罗惠侨：《我当宁波市市长旧事(1927.7—1930.1)》，载宁波市政协文史资料研究委员会：《宁波文史资料》(第三辑)，宁波市政协文史资料研究委员会1985年发行。

〔5〕杨正礼：《上海市办理地价税之研究》，载萧铮：《民国二十年代中国大陆土地问题资料》(第82册)，中国台北：成文出版社1977年版，第43357页。

国政府投入大量资源，却是百无一功。[1]

地价税的执行没有能够完成孙中山设定的社会改革使命，但是不能否认此地价税制度的合理性。孙中山和民国许多学者给地价税赋予了太多的历史使命，地价税不是快速解决近代中国土地紧张问题的途径。地价税只是一种土地税收制度，是调节土地升值的分配机制，虽不能实现平均地权，却能防止孙中山担心的由土地升值导致的贫富差距过大。民国地价税的失败不是地价税制度设计的失败，只是地价税在施行中的失败。对地价税定位也需要从孙中山带有空想性质的构想回归到现实，将地价税定位为实现土地升值再分配的机制。

四、经济制度的外生性转型——从“涨价归公”思想到土地增值税制度的内在逻辑[2]

土地增值税制度是在中国传统经济思想基础上对西方经济制度的引进。清末洋务派提出“中学为体，西学为用”，是指以中国传统核心价值及思想为“体”，而以西方科学技术和制度为“用”。土地增值税式的经济制度外生性转型可以认为是中国社会转型时期制度构建过程中一种新形式的“中体西用”，即以中国传统经济思想为体，以西方经济制度为用。虽然“中体西用”也是一种对西方经济制度批判性的借鉴，但鉴于近代国人经济知识以及对中西国情差异认识不充分，他们自觉或不自觉地以传统经济思想为标尺选择性地引进各种外国经济制度。土地增值税制度的引进是一个典型案例。首先，从制度环境来看，土地增值税制度在西方被用于解决城市土地问题，以提高土地利用效率为主要目的。中国近代社会尽管出现了农地向城市用地的转换，但满足城市用地需求的前提仍然是解决农村土地的分配问题。孙中山在引进外国土地增值税制度的时候，并没有认识到制度环境和制度目标上的中西差异。其次，从制度构建的角度来看，虽然民国时期的学术研究已经对孙中山土地增值税设想中的“涨价完全归公”的空想性进行了修正，但是他们延续了孙中山试图通过土地增值税实行“涨价归公”，从而实现平均地权这一不现实设想。一方面，土地增值税本身就难以实现“涨价归公”的目的。土地增值税制度以土地市场为基础，但是土

---

〔1〕 牛淑萍：《1927至1937年南京国民政府田赋整理述评》，《民国档案》，1999年第3期，第96—102页。

〔2〕 王昉、熊金武：《从“涨价归公”思想到土地增值税制度——兼论近代化社会转型时期经济思想和经济制度的关系》，《财经研究》，2010年第1期。

地增值税依据的土地市场价格有可能被歪曲,不能反映土地的真实价值,因此难以做到真实的增值部分归为国有。另一方面,土地增值税与平均地权目标并不兼容。在土地增值税制度下,平均地权依赖于土地增值税,土地增值税以土地市场为基础,而土地市场本身就是打破土地平均状态、实现资源流动和优化配置的场所,包含了在规模效益作用下土地集中的趋向。这形成了一种三角悖论。另外,鉴于转型时期农村土地承担农民社会保障和就业功能,近代大量无地或少地农民的土地需求亟须满足,而"涨价归公"作为一种渐进的改革方式难以堪当此任,相应的土地增值税制度也只能在有限城市施行,对解决农民的土地分配问题没有帮助。

鉴于中国近代化转型的复杂性,转型时期制度构建必然是一个不断试错的过程,孙中山作为社会改革家所提出的改革方案,其制度设想中存在空想性是无可厚非的。问题在于当孙中山提出这个设想后,学术界没有加以深入研究和反思,而只是停留于对这一设想进行论证和阐释,进而立法机关将其作为"总理遗教"而制度化,导致制度构建模式无法建立符合中国国情的近代化土地制度。从"涨价归公"思想到土地增值税制度的演变过程表明,对西方经济制度的借鉴既不能照抄照搬,亦不能简单的"中体西用",而是需要在深入比较中外制度环境差异的基础上进行选择。制度的确立和形成则需要建立在充分考虑和比较各种制度设想的基础上,而不应该成为某一种设想实现的工具。

第五章　土地所有权与使用权关系的近代演变

——以租佃制度为视角的观察

第一节　土地所有权与使用权关系的相关理论

一、土地所有权的分割性

无论是马克思的理论还是西方产权经济学的理论都认为，有效的产权制度并不意味着所有的权利束都集中于同一主体，而是恰恰相反，成功的制度安排往往表现为权利的适当分解。古典所有权理论将各项权能集中于同一个财产主体的所有权，具有排他性和封闭性的特征。但随着财产关系的发展，统一于一个主体的财产所有权各项权能发生了分解，不再具有封闭性的特征，客观上产生了对于同一财产的不同权利之间的关系。完全的土地所有权是指对土地完全独占性的支配权，包括对土地的占有权、使用权、收益权和处分权。这些权能可以从所有权中分离出来为非所有权人所拥有，这称为权能的可分解性。正是由于权能的可分解性，才形成了土地所有权和使用权关系的多样化。产权的可分割性保证了社会分工以及经济合作性生产组织的形成，从而有利于专业化比较优势以及规模经济的产生。在小土地私有制条件下，即在典型的农民个体经济中，土地所有权与占有权、使用权、收益权是统一的。在这里，“农民是自己耕种的土地的自由私有者”。[1] 在封建主土地私有制中，地主拥有土地所有权，把土地租给农民耕种，但在土地出租期间没有占有权；农民没有土地所有权，从地主那里租来土地耕种，但在租约期内拥有土地占有权。地主凭借土地所有权向租地农民收取地租。马克思指出：“在劳动地租、产品地租、货币地租这一切地租形式上，支付地租的人都被假定是土地的实际耕作者和占有者，他们的无酬劳动直接落入土地所有者手里。”当封建国家成为土地所有权主体时，土地的全部权利也不是由国家统一行使，仍然存在土地权利分离和其他土地权利主体。在资本主义农业中，大土地所有者完全脱离了土地的经营，土地所有权取得了纯粹的经济形式。土地作为生产要素同所有者分离成为吸收资本的条件。马克思指出，资本主义生产方式“使作为劳动条件的土地同土地所有权和土地所有者完全分离，土地对土地所有者来说只代表一定的货币税，这是他凭他的垄断权，从产业资本家即租地农场主那里征收来的”。[2] 这样，土地所有权的存在及其与经营权的分离，便为产业资本投资土地进而产生地租准备好了条件。土地所有权不可能为土地所有者创造任何地租，但这种所有权使土地所有者有权不让别人去经营他的土地，直到经济关系能使土地利用给他提供一个余额为止，而土地所有者必须和资本家共分这个剩余。土地所有权与土地经营权分离是资本主义农业中存在的普遍形式。

二、土地使用权的意义

产权制度是国家和私人关系在经济上的反映，产权制度的形成取决于国家和私人的关系状况。和私人相比，国家始终处于强势的一方，也就意味着国家不会放弃对所有权的控制。在康芒斯的框架中，所有权被定义为一种权利与义务之间的关系，所有权意味着他人对所有者有尊重的义务，所有者对某种所有权的重视程度取决于他从维护这种所有权中获利的程度。但是，由于所有权的多面性以及合同的不完备性，所有权也不可能是完全的。国家之所以从完全控制所有权到向私人让渡部分权利，是因为制度的转变是一种帕累托改进，既改进了农民的福利，也增加了国家的租金收入。既然所有权的国家所有是无法让步的，那么国家在怎样的程度上愿意放弃对土地使用权的决策的控制权，从而使得土地的利用更有效率？国家所有权受到私人所有权的不断冲击之后，国家

[1] 《资本论》，第一卷，人民出版社 1975 年版，第 830 页。
[2] 《资本论》，第三卷，人民出版社 1975 年版，第 697 页。

面对的一个重要问题是,是否同意将土地的所有权转移到私人手中?从主观的角度来说,这样的同意几乎是不可能的,国家不会主动放弃对领土内的土地控制权。接下来一个折衷的办法便是创设"土地使用权"制度,允许私人通过拥有土地使用权的方式占有土地,并允许私人对土地如何使用有进一步的决策权,但最重要的是,国家保留土地的最终所有权。"土地使用权"并不是一个简单的经济或法律的概念,它是与国家所面临的"应该在多大程度上放弃土地控制权"这一政策抉择所密切相关的。国家对于这一问题的考虑一方面在于对农业国家来说,对土地的控制是获得统治者租金的最主要来源,另一方面还在于私人是否能够比国家更有效地利用土地。按照期限划分,土地使用权的形式包括"永久使用权"和"临时的土地使用或在某一固定时间内使用"。"永久使用权"又可以分为继承得来的权利和赋予的权利。从理论上讲,"永久使用权"和所有权非常相似,只是这种权利最初是因为某种用途而赋予的。利用"永久使用权"配置土地能够使国家避免做出放弃土地控制权的决定。"临时使用权"的形式实际上是租赁的方式,这种方式极大地保证了国家对于土地使用的主要控制权。选择土地使用权方式的作用在于,能够极大地影响个体农民的决策进而对农业产出起着重要的作用。如果将更多的土地使用的决策控制权交到农民手中,那么是可以促进农业生产率的提高的。这样的内容应该包括:让掌握土地使用权的人在土地使用方面有更多的灵活性;延长土地的租赁期限;长期租赁应该是可以在不经过国家所有者同意的情况下任意分配或转让的;尽量减少国家收回已经分配到私人手中的土地使用权的机会。

在法律允许私人拥有土地所有权以后,国家又面临的另一个决策是,国家对私人所有权的干预程度应该有多大?国家回收已属于私人所有的土地,意味着国家不愿意放弃对土地使用权进行控制的权力。如土地的私人所有权已经被国家承认,而且土地不会因为一些概念模糊的标准而被国家收回,土地可以按照持有使用权的人所希望的方式被使用,同时土地在私人手中可以被保留足够长的时间,从而使私人对土地有投资的欲望,在这种情况下,国家和私人在保证土地使用权制度的顺利实行中还应该扮演怎样的角色?理想的情况是,国家应该允许建立二级土地市场,制定相关交易立法,允许私人从事使土地资源得到最充分利用的交易。"国家是否应该尽量确定谁是二级市场上土地的最终占有者"的问题仍然存在。国家还应该对获得土地使用权的人进行一定的教育,使他们有能力保护自己的利益,同时对土地的使用作出明智的决策。除此以外,国家还应当承担的一项重要职责是创建与维护一个恰当的不动产权注册制度。[1] 因此,土地使用权的创设表明对国家和私人关系的一种调整,从而土地所有权和使用权之间的关系也就具有特别重要的意义。

第二节　租佃制度在近代中国的演变与发展

一、租佃制度及其历史演变

租佃发生的前提是土地所有权与土地使用权相分离。秦晖对租佃制度进行了广义和狭义的界定。[2] 广义的租佃制是指独立经营者向别人交纳剩余产品或劳务,不论这种交纳是基于土地所有权、人身权利、政治特权还是宗教特权等。在这个意义上的租佃制是与剥削者组织生产而向劳动者交付必要产品的制度相对而言的。狭义的租佃制则是建立在土地所有权基础之上的经济关系,其实质是土地所有权或土地资本的有息借贷,也可以理解为土地定期使用权的买卖。租佃关系的当事人必须为自由人,作为自由人的佃户以等价交换的方式租赁作为自由财产的土地(亦即购买土地一定时期内的使用权)。关于租佃制度早在汉代就有所记载,魏晋南北朝时期人口下降,分成租佃的制度不但盛行,还被国家以法律的形式作了规定。租佃制度的充分发展是从隋唐时期开始的,此前的租佃关系在比重上并不占有绝对优势。唐代均田制更是促进了租佃制度的发展。到了清末民初,江南地区基本上都实行了租佃制度。

唐代以降的租佃关系普遍以契约文书的方式来确定双方的权利义务关系,同时租佃契约受国家法律的保护。在契约关系下,土地使用权作为确定可以进行交易的一方而存在,独立经营使得使用权的地位获得了合法的承认。尽管此时国家所有权和使用权的关系中仍然存在着超经济强制,但至少在形式上使用权获得了表面上的平等地位。租佃关系中契约思想的形成是土地所有权和使用权关系演进过程中值得关注的一个发展阶段,它不仅仅意味着单纯的土地所有权和使用权的分离,更体现了经济上的自由原则和平等的精神。“契约是由

---

[1] 迟福林:《走入 21 世纪的中国农村土地制度改革》,中国经济出版社 2000 年版。

[2] 秦晖:《古典租佃制初探——汉代与罗马租佃制度比较研究》,《中国经济史研究》,1992 年第 4 期。

双方意愿一致而产生相互间法律关系的一种约定。”[1]因此，租佃契约的流行表明所有权和使用权关系的形成更多地取决于经济上的要求，同时更多地依赖于法律来规范契约双方的行为。租佃制占据土地制度的重要地位是近代土地制度最为显著的特征。租佃制的所有制基础是土地的私有制，租佃制是土地私有制的具体实现形式。在租佃制下，土地所有权与土地使用权分离，地主拥有土地所有权，而佃农取得土地使用权。赵冈认为，租佃制是市场经济发展的结果，它可以减少农业生产的交易费用和管理费用，增加生产制度的灵活性，因此生产效率高，并成为破坏自然经济的强大力量。“租佃制度是一项非常有用的制度。租佃制的主要作用是使产权与经营权在必要的时候分离。首先，这样可以减少农业生产的交易费用。在租佃制下，产权与经营权分开。地主有产权，以此坐收地租，佃户有经营权，土地是从外面取得的农业投入(input)。佃户主要是利用家庭成员的劳动力，他们会自我监督，辛勤操作，交易费用被压缩到很小的程度。佃户作为经营者，是 residual claimant，即所谓自负盈亏。在支付各项投入成本(包括地租支出)之后，剩余的就是佃户自己的收入，因此，佃户工作积极性很强。其次，产权与经营权的分离，增加了生产制度的灵活性。它可以使经营单位选择最有利的生产规模。在古代的农耕技术之下，大规模农场不如小农场有效率。所以农地的所有人希望在租佃制度下把大的田产化为众多佃户经营的小规模家庭农场。另一方面，由于现代化的农业投入使用，租佃制便发挥了反向的灵活性，小地主可以将田产租给大佃户，形成大规模的农场。最后，时间因素也可以造成产权与经营权(或使用权)之间的矛盾，产权是长期性的，而经营权或使用权之需要往往为时短暂，租佃制度在这方面也可发挥灵活性，协调时间因素之矛盾。”[2]

二、近代租佃制度相关研究

传统理论认为，“在民国期间，封建的地主土地制度阻碍了农业的发展，在这种土地制度下，人数较少的地主占有较多的土地，支配着租佃关系，沉重地剥削着佃农。在获取了剩余价值后，地主们不是将其投资于农业的再生产，而是用于生活的享受与奢侈。另一方面，由于只占有小片土地或根本无地，小自耕

[1] 查士丁尼：《法学总论》，商务印书馆 1989 年版，第 159 页。

[2] 赵冈：《从制度学派的角度看租佃制》，《农业经济史论文集》，中国农业出版社 2001 年版。

农和佃农生活困难,无法积累起为改进生产所必需的资金。代表着地主阶级的国民党政权不但未去解决土地问题,反而增加田赋并强征硬索,加剧了贫苦农民生存的危机"。[1] 国外有学者认为,这一观点不能准确地反映民国期间中国农业经济的状况,事实上,1937 年以前中国农业经济呈现出增长的态势,原因主要在于近代中国经济的商业化和国际化、集约使用劳动力,以及在部分地区采用良种、新肥料和机器。

国内学者对租佃制度进行了较为深入的研究,内容涉及租佃的产生、不同租佃制度形态的区域差异、地租率及地租额、租佃制度的功能、主佃关系等。乌廷玉对于中国租佃制度的发展进行了全面系统的研究。[2] 朱嗣德认为,租佃制是在市场经济条件下自然分工的结果,不存在公平或不公平的问题。"人的经营能力有高下,时运有差异,在土地私有,且得自由买卖的情况下,即或土地经过公平的分配后,经过一段时间,仍然会产生租佃制度。故租佃制度之产生,是自然而无不公平的。惟因土地的面积有限,生产技术改进不多,人口增长,其他方面无出路,以至部分农民生活发生问题,致使租佃制度成为攻击的目标。"[3]史建云、徐浩、侯建新等人的研究表明,华北地区在 1937 年以前,租佃关系并不占主导地位。[4] 秦晖通过考察关中农村,认为该地区地权分配平均,几乎可以概括为"无租佃"。[5] 在长江中下游地区,租佃率要高于北方。章有义对徽州租佃关系进行了个案研究,认为该地区租佃经营的比重较高,不过也很难说占到 50%以上;温锐认为赣南闽西地区租佃土地占土地总数的比例达 55%－65%;而曹幸穗则认为土地租佃是旧中国苏南农村的主要生产关系形式,其土地租佃率全国最高。[6] 关于租佃制度的区域性差异的解释,包括自然

[1] 陈意新:《重新认识民国时期农业经济——对中国学者近年著述的评论》,《中国学术》,2004 年第 1 期。

[2] 乌廷玉:《中国租佃关系通史》,吉林文史出版社 1992 年版。

[3] 朱嗣德:《中国农村经济问题(民国二十年至三十年代)》,(中国台北)中国地政研究所 1980 年版,第 63 页。

[4] 史建云:《近代华北平原自耕农初探》,《中国经济史研究》,1994 年第 1 期;徐浩:《农民经济的历史变迁——中英乡村社会区域发展比较》,社会科学文献出版社 2002 年版,第 158 页;侯建新:《农民、市场与社会变迁——冀中 11 村透视并与英国乡村比较》,社会科学文献出版社 2002 年版,第 71 页。

[5] 秦晖:《封建社会的"关中模式"——土改前关中农村经济研究之一》,《中国经济史研究》,1993 年第 1 期。

[6] 章有义:《近代徽州租佃关系案例研究》,中国社会科学出版社 1988 年版,第 313－315 页;温锐:《清末民初赣闽地区土地租佃制度与农村社会经济》,《中国经济史研究》,2002 年第 4 期;曹幸穗:《旧中国苏南农家经济研究》,中央编译出版社 1996 年版,第 67 页。

条件的优劣、灾害程度的大小、人口压力的强弱、公有土地(官田、学田、寺庙田、族田、义田等)的多寡、农家负债数额的大小、商业化程度的高低、土地肥沃程度、宗族制度的兴衰、国家赋税的轻重以及政治法律制度的保障与否等。还有学者认为,造成南北地区租佃关系强弱差别的“最重要的原因,在于各地地权分配的不同”,而长江流域和南部广大地区地权高度集中,绝大多数农民无地或缺少耕地,不得不承租小块土地耕种,以致租佃关系比较发达。[1] 对于地租率和租额的研究表明,不同地域、不同环境下地租率会有明显不同。曹幸穗、章有义等人认为,近代地租率并非越来越高,而一般是在50%附近。对于主佃关系的大部分研究认为,近代传统的主佃关系逐渐被经济上的契约关系所取代,佃农对地主的依赖程度降低,同时地主对于佃农的经营干涉也降低。[2]

三、租佃制度在近代中国的演变

(一)租佃形态的多元化

刘大钧于1929年将零散发表在杂志上的北洋政府时期经济讨论处在晋、浙、湘、粤、苏等省所做的实地调查整理成《我国佃农经济状况》一书出版。根据该书第一部分“我国之租佃制度”中估计,19世纪20年代末期,中国农民总数大致在3.63亿人。南方农民中,佃农与半自耕农约占60%—90%。

表5—1　各省区佃农百分率表(根据农商统计表)　单位:%

	民国六年	民国七年	民国八年	民国九年	民国十年
京兆	47.5	45.8	46.0	44.4	—
直隶	27.1	26.9	27.6	27.5	—
奉天	59.3	57.6	—	—	—
吉林	53.3	51.5	59.0	50.3	—
黑龙江	44.1	43.1	—	—	—
山东	29.9	28.8	29.2	26.9	—

〔1〕国民政府主计处统计局:《中国租佃制度之统计分析》,1942年;帕金斯:《中国农业的发展(1368—1968)》,上海译文出版社1984年版;成汉昌:《20世纪前半期中国土地制度与土地改革》,中国档案出版社1994年版;夏明方:《民国时期自然灾害与乡村社会》,中华书局2000年版。

〔2〕Ramon H. Myers. North China Villages during the Republican Period: Socioeconomic Relationship. *Modern China*, Vol. 6, No. 3, 1980;史建云:《近代华北平原地租形态研究》,《近代史研究》,1997年第3期;章有义:《近代徽州租佃关系案例研究》,中国社会科学出版社1988年版。

续表

	民国六年	民国七年	民国八年	民国九年	民国十年
河南	43.6	44.8	44.1	44.5	44.5
山西	29.4	29.2	29.4	29.4	29.4
江苏	54.1	53.1	53.6	54.2	53.5
安徽	53.8	53.6	52.3	53.7	53.7
江西	57.7	57.7	—	—	—
福建	65.8	65.8	61.0	—	—
浙北	67.0	66.1	—	—	—
湖北	57.4	58.3	—	—	—
湖南(有报告者仅18县)	80.0	—	—	—	—
陕西	42.1	42.6	38.3	40.2	38.0
甘肃	35.8	35.8	—	—	—
新疆	23.6	25.2	—	—	—
广东	66.4	—	—	—	—
热河	32.1	31.4	32.1	—	—
绥远	45.3	41.8	—	—	—
察哈尔	27.8	27.7	16.3	28.2	28.2
全国平均无报告之省份未详	49.7	46.7	41.4	40.0	46.3

资料来源：刘大钧：《我国佃农经济状况》，《民国时期社会调查丛编·乡村经济卷(下)》，福建教育出版社2009年版，第143页。

据国民党立法院统计，民国十九年(1930年)，全国农民约占人口总数75%，即为3.4亿。其中自耕农占52%，自耕农兼佃农占22%，佃农占26%。民国二十二年(1933年)，全国佃户增至32%，自耕农减至45%，自耕农兼佃农增多1%。3年间自耕农减少7%，佃户增加6%，加上兼自耕农的佃农，全国增加佃农7%，约2 000余万人。

表 5—2　　　　20 世纪 30 年代佃农所占比例(分省统计)

省份	国家农业研究局(1931—1936 年平均数)				巴克(1929—1933 年)			
	报告县数	佃农	自耕农兼佃农	自耕农	调查之地方数	佃农	自耕农兼佃农	自耕农
西北								
察哈尔	10	35	26	39	—	—	—	—
绥远	13	26	18	56	—	—	—	—
宁夏	5	27	11	62	1	3	1	96
青海	8	21	24	55	2	72	8	20
甘肃	29	22	19	59	6	26	16	58
陕西	49	23	22	55	20	17	15	68
华北								
山西	90	17	21	62	4	24	38	38
河北	126	12	20	68	6	12	17	71
山东	100	12	17	71	15	10	18	72
河南	89	22	22	56	8	19	23	58
华东								
江苏	56	33	26	41	6	46	23	31
安徽	41	44	22	34	2	52	13	35
浙江	62	47	32	21	14	51	20	29
华中								
湖北	48	40	29	31	5	34	31	35
湖南	41	48	27	25	13	57	27	16
江西	57	41	31	28	7	32	35	33
东南								
福建	42	42	32	26	1	15	55	30
广东	55	52	27	21	13	49	35	16
广西	50	40	27	33	—	—	—	—
西南								
贵州	23	43	25	32	6	53	22	25
云南	39	38	28	34	8	24	27	49
四川	87	56	20	24	3	58	15	27
全国平均(不含满洲)	1 120	30	24	46	140	33	23	44

资料来源:郭德宏:《中国近现代农民土地问题研究》,青岛出版社 1993 年版,第 68—69 页。

不仅租佃制度成为非常普遍的农地经营制度，同时在形态上也出现了一些新的变化，预租制、押租制等新形式出现，反映出土地所有权与使用权的进一步分离。预租制是指佃农在租种前，先将地租交付，不管收成如何都不减少。预租制"商品经济发展之区，最为迅速"。在"河南已转为利贷性质，凡不能纳预租者，于农产收获后缴租时须加纳息金 2—3 分"。[1] 广东"顺德耕地十之七是桑田，其余是禾田、鱼塘和菜园。无论是桑田、禾田都缴纳钱租，并且三十年内几乎全成了预租。租额每亩自 6 元到 50 元，最普通自 20 元到 25 元"。[2] 押租制则是一种佃农交纳押金才能佃种地主土地的制度，也就是地主以收取押金转让土地经营权的制度，它标志着土地经营权的商品化、货币化。清以降，押租制在四川、湖南、江西等地获得一定发展，其他各省亦有出现。江西押租俗称"批礼银"，有十年一换租约、重批礼银的习俗。福建称"粪土银"，广东一些地区谓之"粪质银"，镇平县自乾嘉以来，"佃户凭耕，立承耕字，以银为质，如有欠租即另招别佃，将此银抵扣所欠之租，名曰粪质银，亦曰粪尾银"。在押租制下，经营权独立性增强，从而可以单独买卖。例如浙江临海县，租田时将佃价交于田主。佃户缺乏银钱时，可把佃田出让他人承佃，不拘年月，原佃者可以赎回佃权。同时，如果田主将田地出卖与人，原佃户耕种还租仍旧，这叫做"卖田不卖佃"。祭田一类的土地，自宋代以来，或由政府规定，或由宗族规定，一般是"永禁买卖"。押租制流行后，这类不能买卖的土地，其经营权也以收取押租形式进入市场。

（二）租佃关系契约化

近代租佃关系的形成通常是佃户由中介人介绍给田主，出立租约，议定租价，即可承租，它往往受到传统和习惯的左右，更受到法律的制约，如民国时期在民法和地方法规中都有撤佃之规定，国民政府《民法》中有"永佃权人不得将土地出租于他人，违反者得撤佃"的条文。租佃契约一般有口头契约，也有书面契约。口头契约一般多见于重视个人信用、乡邻关系比较密切的区域。书面契约在交通方便、工商业发达的地方应用较多。此外，在数额不大的情况下，也多用口头契约；如果田亩面积较大，多用书面契约。例如湖北佃户承租土地，当数额不大时，"概以口头契约承佃，租田数十亩或数百亩者，订有年限，概以书面契约承租"。[3]

---

[1] 《中国经济年鉴》，1934 年版，第 7 章，第 85—86 页。

[2] 章有义：《中国近代农业史资料》，北京三联书店 1957 年版，第 268 页。

[3] 刘大钧：《我国佃农经济状况》，上海太平洋书店 1929 年版，第 93 页。

租佃契约作为规定主佃双方权利与义务的主要文件,据1934年的调查,江苏省的租佃行为100%都有契约,这在调查的省份中是独一无二的。[1] 由于土地绝大多数属于城居地主所有,苏南的地主与佃农一般无直接联系,佃户对地主的依附程度削弱,佃农除了缴纳地租,一般不再对地主提供额外的应酬和劳务。这反映出在商品经济发展的社会环境中,传统的主佃关系开始向纯粹的经济契约关系转变。在整个社会急剧向工商业蜕变的过程中,人们越来越将田底、田面权视为产权。[2] 20世纪30年代就有人指出:“所谓田底、田面,同时因其所有主体不同,亦有田底权、田面权之分,前者归地主所有,后者归佃户所有。田底权固为产权之一种,田面权因有独立之价格,所有者可以自由买卖,故亦为产权之一种。”[3]

(三)租佃期限趋短

租佃期短甚至不定期,是近代租佃制度的另一个重要特征。据1934年对11省的调查统计,租佃期限如表5—3所示。表中反映租佃期为1年的和无定期的比重,从1924年的55%,上升到1934年的57%,而且以口头租约居多。根据土地委员会编《全国土地调查报告纲要》(1937年)的统计,在全国281 488家佃户中,永佃田占21.08%,定期的占8.12%,不定期的占70.74%。在定期租佃中,1年期的占35.90%,2年期的占1.58%,3年期的占35.16%,三者已占72.64%,其余总的来说,租期越长,比例越小。理论上讲,长期的契约关系由于比较稳定,能够鼓励农民的投资行为,而租佃期短则限制了佃农对土地的投资,往往出现掠夺式的耕种。租期不定,也是预租和押租盛行的主要原因。

表5—3　　1934年11省租佃期限调查

	总计	1年	3—10年	10—29年	永佃	无定期
1924年	%	26	24	9	12	29
1934年	%	27	24	8	11	30

资料来源:白寿彝:《中国通史》,第十二卷,近代后编(1919—1949)(上册),丙编典志,第三章,第三节。

---

〔1〕国民政府主计处统计司:《中国租佃制度之统计分析》,正中书局1942年版,第44页。

〔2〕汪效驷:《近代无锡农村的租佃制度综论》,《江南大学学报》,2010年第4期。

〔3〕何梦雷:《苏州、无锡、常熟三县租佃制度调查》,参见萧铮:《民国二十年代中国大陆土地问题资料》,成文出版社有限公司,(美国)中文资料中心1977年版,第33039—33040页。

土地经营是否稳定，表现为农户失去对土地占有的可能性大小。地权的稳定性对于土地投资的影响在研究中受到广泛关注。不稳定的土地产权对土地投资有负面影响的存在性以及影响程度的大小在很多国家研究过（Soule et al.，2000；Fearnside，2001；Place&Otsuka，2001；Place&Migot-Adholla，1998；Bruce&Migot Adholla，1994；Feder&Onchan，1987）。大部分强调土地经营稳定的文献，除了注重土地稳定对农户生产、生活的重要意义外，都将土地经营的长期稳定归结为有利于增加对土地的投入，尤其是有助于形成固定资产性质的投资。例如，Scott Rozelle 等人的研究表明，地权稳定性对那些有长期效率的投入有系统的影响，尤其是在对土地进行的投资上，如排水和灌溉投资。同样，那些对土地肥力和生产率有长期效果的投入也适用——尤为明显的是有机肥和磷肥的投入。Pearce(1996)指出，正式土地产权的缺乏可能产生导致资源退化的各种不确定性。第一，在没有土地出让权的条件下，土地的所有者不一定能够认识到土地改善的价值；第二，如果没有产权，土地就不能在公开的市场上出售，这意味着土地不能转移到增值最高的用途上；第三，缺乏产权通常意味着土地持有人不能向正规的信贷部门提供可接受的附属担保品，而被迫以高利贷从非正规信贷部门借款。这三点都会降低农户土地保护投资的积极性。[1]

（四）剩余索取权的分配

关于土地剩余索取权的分配，一种观点认为，土地经营的成果以土地租金和交租后剩余的形式在地主和佃农之间分配。由于大部分土地被地主占有，而又有数量众多的农民不得不依靠租种地主的土地来维持生存，使得地主在确定租金率方面占有主导地位。[2] 虽然租约的形式包括定额租、分成租、工资租制等，但整体来看，地租率处于较高的水平。从地租对地价的关系来看，根据国民党农业实验所调查 1934 年分租、谷租和钱租的普通租额与普通地份比较，平均地租购买年为 7.09－9.06 年，而第一次世界大战后的英国和德国，需要 20－30 年的地租才够土地价格。[3] 另一种观点认为，近代的佃农已经具有企业家的性质。尽管形态多种多样，但其主流形态却是通过契约获得租佃土地之后，从外界与市场购买其他生产要素，以全家的劳动力与资本进行整合，形成了自身

---

〔1〕 Scott Rozelle 等：《地权、农民投资积极性与中国的农业生产》（论文报告），转引自张红宇：《中国农村的土地制度变迁》，中国农业出版社 2002 年版，第 146 页。

〔2〕 赵阳：《共有与私有——中国农地产权制度的经济学分析》，三联书店 2007 年版，第 47 页。

〔3〕 陈吉元、陈家骥、杨勋：《中国农村社会经济变迁（1949－1989）》，山西经济出版社 1993 年版，第 26 页。

独立的农业经营。近世中国的佃农,虽然土地是租佃而来,但在定额租条件下对农场拥有完全的所有权,分成租佃下的农场则是佃农与田主分享。因此,佃农拥有或分享剩余控制权与剩余索取权。佃农的剩余索取权包括主要作物之外的种植与收成、佃农超额的劳动与资本投入的收益以及面向市场的多种经营与副业经营由佃农直接控制,其余剩余亦由佃农直接支配。〔1〕

(五)货币地租的发展

第一次世界大战以后,随着商品经济的发展和农副产品价格的低落,中国农村出现了从实物地租向货币地租转化的趋势。〔2〕货币地租在传统中国社会中所占比重一直比较小,主要存在于江苏太仓、南京和广东的广州惠阳、潮州等地。1917 年前后,由于粮食和其他农产品市场供应逐渐趋向稳定以及交通便利和农村货币经济的发展,许多地主转而要求缴纳货币地租以保持稳定的收益,特别是在农产品跌价的情况下。昆山、吴县、吴江等地的田主,于征收谷租时,责成账房临时订定谷价,令佃户折现,比市场价高。“无疑,此为谷租转向钱租之过渡阶段。”〔3〕吴晓晨于 1935 年在《平湖的租佃制度和二五减租》一文中写道:浙江平湖一带,从前征收谷租,改成现金的历史较短,“因为在这十余年来,大地主的田地,愈积愈多,而租栈收租,又要佃农亲自挑到地主家里缴纳。有些佃农相离极远,如再携带米谷,岂不异常麻烦,……倘仍收米谷,在手续上、时间上、地位上均极困难。所以常把应收米谷数量,按照市价折合现金,叫做折租”。〔4〕广东、广西、陕西等地都因为类似的原因,纷纷由实物地租向货币地租转化。到抗战前夕,许多地方的定额地租已基本货币化了。但是从全国的平均水平来看,实物地租所占的比重仍然超过了货币地租。根据 1934 年对江苏、浙江、安徽、江西、山东、山西、河南、甘肃 8 省 97 县的大范围调查可知:1934 年各地的实物地租,从 1924 年的 82%降低到 80%,货币地租从 18%上升到 20%。〔5〕根据国民党土地委员会编的《全国土地调查报告纲要》,20 世纪 30 年代中期,中国农村定额物租制最通行,达十分之六,钱租制次之。

---

〔1〕 龙登高、彭波:《近世佃农的经营性质与收益比较》,《经济研究》,2010 年第 1 期。

〔2〕 李三谋、李震:《民国前中期土地租佃关系的变化》,《农业考古》,2000 年第 1 期。

〔3〕 国民党政府实业部经济年鉴编委会:《中国经济年鉴》,上海商务印书馆 1934 年版,第 7 章,第 81 页。

〔4〕 《东方杂志》,1935 年第 32 卷第 24 号,第 120 页。

〔5〕 田秋烈:《中国地租的形式和性质》,转引自千家驹:《中国农村经济论文集》,上海中华书局 1936 年版,第 92 页。

表 5—4　　各省各类纳租法户数百分率

省别	定额钱租制		定额物租制		普通分收制		佃工分收制		其　他		合　计	
	户数	%	户数	%	户数	%	户数	%	户数	%	户数	%
江苏	26 639	47.54	23 045	41.13	6 143	10.96	28		178	0.32	56 033	100.00
浙江	14 073	33.96	26 330	63.54	1 032	2.49	4	0.05	—	—	41 439	100.00
安徽	6 607	14.44	30 722	67.13	8 405	18.36	23	0.01	9	0.02	45 766	100.00
江西	241	92.42	3 937	5.68	81	1.90	—	0.05	—	—	4 259	100.00
湖南	5 032	9.30	38 898	71.93	9 962	18.42	5	—0.01	186	0.34	54 083	100.00
湖北	3 514	18.50	14 537	76.51	763	4.01	180	0.95	5	0.03	18 999	100.00
河北	6 107	62.62	1 719	17.62	1 630	16.71	292	3.00	4	0.05	9 752	100.00
山东	2 676	22.14	4 420	36.58	4 866	40.27	122	1.01	—	—	12 084	100.00
河南	996	8.81	2 152	19.02	8 105	71.66	32	0.28	26	0.23	11 311	100.00
山西	11	7.86	69	49.28	60	42.86	—	—0.16	—	—	140	100.00
陕西	969	13.81	5 626	80.16	413	5.87	11	—	—	—	7 019	100.00
察哈尔	—	—	23	47.92	25	52.08	—	—	—	—	48	100.00
绥远	39	92.85	3	7.15	—	—	—	0.01	—	—	42	100.00
福建	2 594	16.03	12 210	75.45	1 378	8.51	1	—	—	—	16 183	100.00
广东	1 345	15.34	7 416	84.60	2	0.02	—	—	3	0.04	8 766	100.00
广西	207	7.94	2 020	77.52	378	14.50	—		1	0.04	2 606	100.00
总计	71 050	24.62	173 127	60.01	43 243	14.99	698	0.24	412	0.14	288 530	100.00

资料来源：土地委员会：《全国土地调查报告纲要》，《民国时期社会调查丛编(二编)·乡村经济卷》(下)，福建教育出版社 2009 年版，第 354 页。

(六)佃农向土地所有者转化

清末出现了佃农通过“加押减租”、“押重租轻”的途径集资买田的趋势。“加押减租”实际上是佃农用货币向地主购买土地，使押租制的佃权买卖关系转化为地权买卖关系。地租本是土地所有权的经济表现，佃农的第一次“加押减租”预示着变化的开端，以后经过多次“加押减租”的渐进过程，“压租日重，佃钱日微”[1]，土地所有权逐渐向佃农手中转移，最后佃农成为土地所有者。“压重则租愈少，有年年加压减租，历时既久，所加之压，与买价相去无几者”，于是地主“所取之押侔于田价，所有之租不过升斗，管业者徒拥虚名，佃业者隐受实惠。苦乐相形，佃强于主”。[2] 可以说，“加押减租”的运行，实质上是一种分期付款方式的土地买卖。

在“加押减租”流行的初期，“押重租轻”的比例关系主要是根据地主需要货币的缓急程度和佃农支付能力的大小程度而决定的，具有一定的随意性。发展到后来逐渐规范化，在某些地区形成一种适用于当地的标准价。“主户富则寡取，凡石谷之田，取钱千，则岁收租息四斗”，“贫者取钱十千，四斗为息，佃户例

〔1〕 钟体志：《澡雪堂文钞》，卷八。

〔2〕 沈秉坤：《敬慎堂公牍》，卷二。

不纳租”[1],“租地以谷者,则凡溢取押租钱一百钏,即须减去租谷五斗”[2],“租额之多寡,以质金之轻重定之。质重者减少田租,加值百元,约减租二石”。[3] 分期付款式的“加押减租”为佃农以最低交易成本获得土地提供了机遇。“此田出谷百二十挑,约值价钱千一百串。尤照临以稳钱三百串佃耕,每年租谷二十三石。随后加成稳钱五百八十串,年租两斗,与贱价出卖无异。”[4]出谷百二十挑合算产量为四百八十斗,年租两斗仅为产量的千分之四,押租钱五百八十串仅为田价的 52%,佃农实际上是以一半的田价买了土地,此时的地租实际上已成为一种象征意义。佃农通过“加押减租”买地,不但获得了土地实际的所有权,而且还可以避免赋役负担,是一种趋利避害的理性选择。因为占有田地之后均须向国家交纳田赋、承担徭差,所以许多佃农在实际占有土地之后,仍愿意保持原有租佃关系不变,形成了一种特殊的租佃关系。他们通常采取两种办法实施上述关系模式:一种是将地租压至极低;另一种是免交地租。经过“加押减租”之后,如果佃农交纳的地租与这块土地应当交纳的田赋相当,从理论上说,这块土地的所有权实际上已经转移到了佃农手中,佃农已经成为自耕农。“佃有余利,久亦买田作富人,而为佃如故。他农百计营夺,固不可动。数世相安,视同已产。”[5]这种佃农通过租佃关系的变异而获得地权的方式,是近代土地关系的新变化。

四、向佃农提供保护的租佃政策

(一)中国共产党的租佃政策

中国共产党成立后不久即认识到农业地租过重是传统中国社会的弊端之一,因此主张限制地租额度。中国共产党第四届中央委员会第三次全体会议通过的《农民运动议决案》在提出限定最高地租额的同时,规定农民所得至少要占收获的 50%。1925 年 10 月在北京召开的中共中央扩大会议通过了《中国现时的政局与共产党的职任议决案》,把减租作为过渡时期的政策,把没收大地主土地作为将来的目标。中国共产党第五次全国代表大会通过的《关于土地问题议

---

[1] 《广安州新志》。
[2] 《遂宁县志》。
[3] 《巴县志》。
[4] 吴光耀:《永川公牍》,卷八。
[5] 《云阳县志》。

决案》明确提出无代价地没收地主租与农民的土地,未没收土地的地租率,应减至与累进的田税相当的程度。耕种未没收的土地之农民,只缴纳确定的佃租,不纳其他杂税,并永久享有租佃权。第一次国内革命战争时期,中国共产党在提出减轻地租、限制最高地租额、保护农民永佃权的农业租佃政策的同时,积极领导广大农民开展减租、限租和争取佃权的革命活动。

抗日战争时期,"减租减息"是中国共产党的基本土地政策。这一政策实际上是在承认地主土地所有权的前提下,对农民租佃负担的适度降低。1942 年 1—2 月,针对各抗日根据地减租政策执行不平衡的情况,中国共产党先后公布了《中共中央关于抗日根据地土地政策的决定》及其三个附件和《中央关于如何执行土地政策决定的指示》。其中,《中共中央关于抗日根据地土地政策的决定》对减租减息原则作了进一步的规定。这一文件指出,政府法令应有两方面的规定,不应畸轻畸重。一方面,要规定地主应该普遍地减租,不得抗拒不实行;另一方面,农民有交租的义务,不得抗拒不缴纳。在规定地主的土地所有权仍属于地主,地主依法有对自己土地出卖、出典、抵押及作其他处置之权的同时,又规定当地主作这些处置之时,必须顾及农民的生活。各抗日根据地在此基础上纷纷颁布了适合本地特点的减租减息政策,陕甘宁边区于 1944 年颁布了《陕甘宁边区土地租佃条例》,根据各种不同的租佃形式和不同的地租率,规定了不同的减租率。晋察冀边区先后颁布了《晋察冀边区减租减息单行条例》、《晋察冀边区减租减息实施办法》、修正后的《晋察冀边区减租减息单行条例》、《晋察冀边区减租减息单行条例施行细则》等一系列减租减息法令。

抗日战争结束后,共产党土地政策的基本指导思想是减租减息,"如果没有特殊阻碍,我们准备在战后继续实行下去,首先在全国范围内实行减租减息,然后采取适当方法,有步骤地达到'耕者有其田'"。[1]

(二)国民党保护佃农权益的政策

第一次国内革命战争期间,国民党提出了"二五减租"政纲,并多次通过保护佃农决议,还在大革命后期颁布了《国民政府佃农保护法》。"二五减租"最早是由孙中山先生提出的,1926 年 10 月召开的国民党中央及各省区联席会议通过的政纲决议案,第一次以国民党文件的形式规定减轻佃农田租 25%。中国国民党第二届中央执行委员会第三次全体会议通过的《农民问题决议案》规定,减

---

[1] 《毛泽东选集》,第 3 卷,人民出版社 1991 年版,第 1076 页。

租25%的决议应该在本年内完全实行。"二五减租"是调整业佃关系的改良措施,旨在保护佃农的权益。1927年中国国民党第二次全国代表大会通过的《农民运动决议案》针对地租苛重的状况,要求规定最高租额。国民党中央及各省区联席会议通过的《关于本党最近政纲决议案》在明确规定减轻佃农田租25%的同时,规定如遇饥荒岁月,佃东应免收田租,并禁止预租、押租、包佃制以及租契和抵押契约等不平等条件。中国国民党第二届中央执行委员会第三次全体会议通过的《农民问题决议案》在提出于年内应实行"二五减租"的同时,指出:"田租契约应向乡自治机关注册。乡自治机关与农民协会得决定当地最高租额,并监视不得超过。乡自治机关与农民协会应废除一切租约内或租约外之任何苛例。应由政府下令准许亲自耕种之佃农有永久使用土地权;非地主收回亲自耕种,不得调田另佃;如佃农自愿退田或地主收回亲自耕种时,佃农对土地所增善者,应得相当报酬。"[1]《农民问题决议案》提出了永佃权的问题,对地主撤佃进行了一定的限制。1927年5月9日颁布的《国民政府佃农保护法》共十条,在中国国民党历史上第一次以法律的形式规定了佃农的种种正当权利,其中第二条规定,"佃农交纳租项等,不得超过所租地收获量百分之四十",这就以法律的形式规定了最高田租额,同时保护佃农对于所耕土地的承佃权。

1930年颁布的《土地法》作了有利于佃农的规定:"关于地租收取,规定业主不准预收租和押租,地租额不得超过耕地正产物收获总额千分之三百七十五,约定地租超过千分之三百七十五者,应减为千分之三百七十五,不及千分之三百七十五者,依其约定。"关于佃权,《土地法》对出租人收回承租人耕作权作了严格限制,规定只有在承租人死亡而无继承人、承租人抛弃其耕作权利、出租人收回自耕、耕地依法变更使用、地租积欠达两年之额等条件下,土地出租人才可以将土地耕作权收回;如出租人收回自耕之耕地再出租时,原承租人有优先承租之权;自土地收回自耕之日起未满一年而再出租者,原承租人得以原租用条件承租;承租人因契约终止返还耕地时,有权向出租人要求偿还未失效能的耕地补偿费。关于出租土地征用,《土地法》规定出租人为不在地主时,同一承租人连续耕种10年以上,可以申请依法征收其耕地。

[1] 中国第二历史档案馆:《中国国民党第一、二次全国代表大会会议史料》,江苏古籍出版社1986年版,第90页。

第三节　近代学者对租佃制度的研究

租佃问题是近代学者关注的重要课题，特别是20世纪30—40年代，许多学者对于中国近代的租佃问题进行了分析和讨论。从形式上来看，除了专门的著作之外，在《全国土地调查报告纲要》等一些关于近代土地的调查文献中，都将租佃情况作为重要的内容，此外，还有大量的研究性论文专门论及租佃问题。根据笔者对全国报刊索引·晚清及民国期刊数据库的检索，1912—1949年期间，题名中包含“租佃”一词的文章超过300篇。根据对大成老旧刊全文数据库的检索，1914—1949年期间，题目中包含“租佃”一词的文章共有207篇。从研究内容上来看，关于租佃问题的论著大致可分为四类：一是关于租佃问题的总体性认识；二是关于租佃制度与近代农村危机关系之间的认识；三是改进租佃制度的政策建议；四是关于不同地域租佃的情况及问题；等等。

一、关于租佃问题的总论

刘大钧的《我国佃农经济状况》[1]一书对20世纪20年代中国租佃制度的总体状况进行了描述，同时汇集了对浙江、山西、湖北、湖南、广东、江苏等地农佃状况的调查材料。在该书的第一部分“我国之租佃制度”中，刘大钧对租约、租佃期限、转佃、田面权、纳租方法、租额等近代中国租佃制度中的现象和做法都给予了说明。他指出，租佃制度在中国各地各不相同。佃农的比例北方比南方低，北方地区佃农比例最高的是奉、吉两省。南方重要农产省份多为永佃制，故佃农的地位比较安定。田主为农家的时候，对佃户的待遇比大地主高一些。在纳租的方法中，分成的方法最为公平。此外，书中还分别详细介绍了晋省、浙江、鄂省、湘省、广东、江苏的农佃状况和浙江平湖农业经济状况。国民政府主计处统计局编写的《中国租佃制度之统计分析》[2]一书也是关于近代租佃制度的重要文献，全书共八章。内容包括：我国田产权之分配（田产权分配状况、田产权分配之变动）；租佃制度概况（地租形态、承租方法条件与规约）；田租重量与租佃制度中之问题（田租之重量、减租问题、押租问题、苛例问题、租佃纠纷问题）；佃农生计状况（田场面积、田场投资、农具与牲畜设备、房屋与器具设备、收

〔1〕刘大钧：《我国佃农经济状况》，上海太平洋书店1929年版。
〔2〕国民政府主计处统计局：《中国租佃制度之统计分析》，正中书局1946年版，第143页。

支、利润、生活费用、教育、婚姻);各国之佃耕及其对佃耕问题处理之方策;我国佃耕与其他国家之比较及佃耕问题之严重性;租佃制度之存废与耕者有其田。该书中指出,在地租的形式中,一直到民国,实物地租仍占据着统治地位,货币地租只是封建地租的一种局部的、偶然的形式,而且只是实物地租的一种不重要的补充而已。基于对中国租佃情况的全面认识和分析,并加以同国外的比较,该书提出,中国的佃耕问题与其他国家比较起来更加严重,“我国在租佃制度下生活之农民,较其他各国为多,而佃农所感受之经济压迫,亦较其他各国为甚”。[1] 因此,应采取耕者有其田和保护佃农的政策。具体的设想包括:国家供给佃户耕作上所需之土地,以资其耕作;保护佃农之佃权,使其无失却耕地之虞;规定承租之优先权,以防止出租人之任意收回田地转佃;征收不在地主之土地,规定佃农之优先承买权,以促进耕者有其田政策之实现;规定缴租之物品与缴租之时期,以杜预租之弊;规定缴租之最高额,以免地主任意加租;按各地农业经营情形决定公元之地租;废除押金及预租制;铲除一切苛例,以减轻农民之负担;规定荒年歉收时,佃农有请求减免租额之权利,以免承受全部损失;废止包租制,以减少中间人之剥削;佃农特别改良费偿还之规定;规定出租人对于佃农农具牲畜等,虽有债务纠葛,亦不能行使留置权,以维持佃农之生计等。1934年出版的《中国经济年鉴》对中国佃农制度各个方面的问题及相关的情形做了较为详尽的描述:在上册《全国租佃制度总纲》中的节次有租佃契约、租佃期限、田租形式的种类与分布、田租重量的比较、现行租佃制中四种主要方式、现代田租所受商业资本与高利贷资本的影响、保障佃农与二五减租等;在下册中介绍了各省的租佃惯例。[2]

马寅初的《中国租佃制度之研究》[3]是近代关于租佃制度的代表性论文。该论文认为,租佃制度应作为土地使用法中的重要组成部分,从而对租佃制度进行了全面的讨论。在文中,马寅初对于租佃制度的弊病、租佃期限与永佃权、押金与包租制等不同的租佃制度问题进行了深入分析。他认为,(当时)土地法的弊病是租约期限没有法律的保障,会使得农民“不肯尽心改良耕种其土地”,甚至影响整个社会的经济。为了使农民安心耕作,永佃权是解决这个问题有效的办法,“永佃权对于佃农,的确很有利益,因为它可以使佃农安心耕作,不受田

[1] 国民政府主计处统计局:《中国租佃制度之统计分析》,正中书局1946年版,第144页。

[2] 《中国经济年鉴》编纂委员会:《中国经济年鉴》(上、下),商务印书馆1934年版。

[3] 马寅初:《中国租佃制度之研究》,《经济学季刊》,1930年第1卷第1期。

主的牵掣”。[1] 马寅初还指出，田主对佃户索取高额的押金以及由此衍生出的包租制加重了佃农的负担，对于农业生产是不利的。陈鸿根的《我国租佃问题之鸟瞰》[2]一文从历史的角度分析了我国佃农的形成和田产权的分布状态，并阐述了我国的租佃制度，在对地租和标准租率进行比较以及对地主、自耕农、半自耕农、佃农的状况(分经济状况、社会状况两方面)进行比较的基础上，指出我国租佃制度的缺点是押租、苛例、租约不完备、田赋繁苛，并从政治、经济、社会及租约本身四个方面提出了相关的建议。李如汉的《中国租佃制之本质》[3]一文指出，民国以前，我国农村社会处于封建统治之下。近代资本主义的入侵，首先引起了城市的变化，继而引起了农村封建残余的变化，但是其实质仍然是封建主义占统治地位。翟克在《地权与租佃制度》[4]中认为，近代土地所有权分为土地公有和土地私有两种意见。主张土地公有的，认为在土地私有的情况下，地主随意提高地租会增加生产成本，影响土地的深度耕作和土地利用。租佃制度成为近代中国一个严重的问题，其中原因有制度上的，也有行政上的，有地主方面的，也有佃农方面的。对租佃制度进行改革包括完善法律、延长租期、废除押金和包租制、佃农的改良成本由地主报偿、制定保护农民的条例、对各地租佃进行调查等方面。作者还简要介绍了英、美在租佃制度上的一些做法。

张心一的《中国农佃问题的一点材料》[5]根据调研得出结论，中国佃农的分布状况是：全国农户中一半是自耕农，有四分之一是佃农，四分之一是半自耕农。在东北地区、黄河流域和长江流域及南部三个区域中，自耕农比例最高的是黄河流域，最低的是长江流域及南部。近代的佃租分为分租、谷租和钱租三种。此外，还有陈正漠的《中国各省的地租》，采用现代统计学方法对当时全国主要省份的地租情况进行了实证分析。

国民党土地委员会编的《全国土地调查报告纲要》中第四章专门从租佃契约、地租种类及重轻、租佃期限三方面总结了对租佃制度的调查结果。从调查情况来看，大多数租佃契约采用文字的形式，租约内容载明业佃姓名、亩分、租额及缴租时期等。从地租种类来看，“定额物租制最通行，达十分之六，钱租制

---

〔1〕 马寅初:《中国租佃制度之研究》,《经济学季刊》,1930 年第 1 卷第 1 期。

〔2〕 陈鸿根:《我国租佃问题之鸟瞰》,《实业统计》,1934 年第 2 卷第 5 期。

〔3〕 李如汉:《中国租佃制之本质》,《地政月刊》,1936 年第 4 卷第 4—6 期。

〔4〕 翟克:《地权与租佃制度》,《湖南经济银行月刊》,1943 年第 3 期。

〔5〕 张心一:《中国农佃问题的一点材料》,《民国时期社会调查丛编(二编)·乡村经济卷》(下),福建教育出版社 2009 年版,第 209 页。

次之,普通分收制又次之,佃工分收制极少”。[1] 从租额来看,“平均租额达收获总值43%有奇,实付额亦达38%以上,较之土地法所定不得超过正产物千分之三百七十五者,高出不少。又平均租额占地价10%以上,较之近年国内一般地政学者所主张之不得超过地价8%者亦高出不少”。[2] 从租佃期限来看,大部分是不定期的,永佃制度所占的比例大致为20%,而定期租佃不足10%。

二、对租佃制度不同的态度

有学者对租佃制度与中国近代农村危机之间的关系进行了思考。李树青的《平郊农村之租佃关系》[3]是作者根据其在5个月时间内对北平西北郊40余里范围内的50多个村落所收集的调研材料而写成。作者通过对调研材料的整理,得出的结论是:近代平郊地区乃至整个中国农村加速崩溃的原因是地租过重、成本过高、谷价太贱,同时地力枯竭和天灾的不断发生,使得农民的收获量过分减少。叶倍振在《农地租佃纠纷及其解决》[4]中认为,租佃问题是近代中国最严重的问题,租佃纠纷的发生有三大症结:人类自私心的发生、私有财产制度的维持、土地行政内容的空虚。解决租佃问题的前提是:重视农民利益;确筹地主补偿;充实施政内容;完整行政权责。张延凤、黄还生在《论农地租率标准与我国租佃问题》[5]中指出,租佃问题是抗战的经济基础,孙中山的土地政策是为了消减佃耕制度。作者认为,推翻租佃制度是不争的事实,但是如何有效地实现这一目标值得研究。在近代中国存在力租、钱租、物租的前提下,定租的标准无论是以产量为准还是以收获量为准都是不合理的,唯独以地价为标准最合理,以后应重报地价、降低租率并分期递减。

基于对租佃制度与农村危机之间关系的认识,由此引发对于租佃制度不同的态度。有学者总结了近代学者研究租佃制度的原因和代表性观点:“近来国内学者对于租佃制度尝持二种见解:一则以为租佃制度系一种不合理之生产关系,必须废除;一则以为租佃制度有继续存在之价值与需要,谨需改善其制度,

---

[1] 国民党土地委员会:《全国土地调查报告纲要》,《民国时期社会调查丛编(二编)·乡村经济卷》(下),福建教育出版社2009年版,第355页。

[2] 国民党土地委员会:《全国土地调查报告纲要》,《民国时期社会调查丛编(二编)·乡村经济卷》(下),福建教育出版社2009年版,第355页。

[3] 李树青:《平郊农村之租佃关系》,《清华周刊》,1934年第42卷第2期。

[4] 叶倍振:《农地租佃纠纷及其解决》,《人与地》,1942年第2卷第9—10期。

[5] 张延凤、黄还生:《论农地租率标准与我国租佃问题》,《中农月刊》,1943年第4卷第5期。

而不必整体推翻。”[1]国民政府主计处统计局编《中国租佃制度之统计分析》第八章第一节“租佃制度存废之商榷”，对于当时对租佃制度不同态度所持的理由进行了总结。

主张废除租佃制度者所持之理由有七：(1)我国佃农人数甚多，其生活均甚艰苦，若不废除此种不合理之生产制度，则农村经济问题甚难解决。(2)地主与佃户系立于利害冲突之地位，一则尽量榨取地租，促成佃农经济之困苦；一则榨取地力，或不加意培植，致使土地贫瘠，妨碍土地之利用。(3)主佃间之关系系一种自由契约结合，可以自由竞争。佃耕权毫无保障，致使佃农生活不安，其文化程度自难进步，而自耕农之生活则甚安定，得有余力以谋生活改进。(4)租佃制度存在，足以妨碍土地分配之平均。因租佃制度系存在于土地集中于少数地主环境之下，若租佃制度不废除，则此种集中之状况必难改变。(5)现今土地制度之精神为“耕者有其田”。所谓耕者有其田，即耕者能得自己劳苦之结果。在租佃制度之下，此种精神甚难实现。(6)现行租佃制度之下，土地之地租，因自由竞争之结果而高涨。其高涨之制度，超过一般之投资利息，因之引起资本家对地产投资之风，形成地价不合理之高涨，而致主佃两败俱伤。(7)租佃制度为封建社会之遗物，不适合于人权平等之社会，应予以废除。

主张保留租佃制度而予以改善者所持之理由亦有七：(1)租佃制度系一必不得已之制度，故有必不得已存在之理由。盖因自耕固较佃耕为有利，然实现理想之自耕，必须具备自耕之条件，即土地所有者，必须具备充分资本，亲自耕作，专心经营之。然而土地所有者之中，充分具有此等资格者并不多，例若土地所有者年幼，自己无耕作能力，或年虽壮而从事他种职业者，或所有土地分散而不能集中于一经营之下者。在此三种情形之下，假使不采用佃耕办法，则年幼不能经营者，与从事他种职业者，不得不休耕其土地，而所有土地过于分散者，则又不得不停耕一部分土地，或以比较粗放之方法耕作之，其结果足以影响土地之利用，为国家极大损失。然若将此种土地租借于无地耕种者集约耕作之，则不仅无土地耕作之佃农获益匪浅，而土地亦因之能有效利用，对于国家之裨益甚大。因之为担负维持不能经营土地，与不愿意经营土地者土地生产之租佃制度，似不应彻底废除。(2)在租佃制度之下，佃农无须大量资本即可获得土地耕种以维持其生活，足见租佃制度对于资本短少之农民极为有利。盖因以短少

〔1〕乔启明：《中国农村社会经济学》，商务印书馆1947年版，第83页。

之资本,购买极贵之土地,则所得难以维持其生活也。(3)地主对于土地之投资,与企业家对于工商业投资性质相似。企业家雇用大批劳动者从事生产,已为世界人士承认其为合法,则投资于土地之地主,以契约之形式雇用佃农,从事农业生产,亦应承认其为合法。(4)土地所有权为发达经济社会必要之制度,故现有土地所有权者,不能充分利用其土地时,吾人不能推翻土地所有权之原则,而强迫没收其土地,或强迫其出卖,因之在维持土地所有权情况之下,如突废现行之租佃制度,则不仅有大批土地立即陷于荒芜,佃农亦必流于失业,为国家社会之一极大损失。(5)在佃农制度之下,佃农可以自由选择耕地,不受地权之限制。(6)佃农为农业梯阶中之低级者,农民由雇用而佃农,由佃农而半自耕农,由半自耕农而自耕农,正可借此种梯阶关系增长其经验,以为独立经营之预备。故为学习耕作经验起见,保留租佃制度不能谓为全无理由。(7)目前欲借政治力量收买地主之土地,势必筹集大量资金,此在国家财政困难之时,颇不易办到。故为避免增加国家财政之困难起见,宜保留租佃制度而加以改良。

三、改进租佃制度的政策建议

唐启宇在《中国农业改造问题丛著》一书的第三篇和《佃农制度之背景以及中国佃租制度之改良办法》一章中对民生主义与土地问题和中国租佃制度的改良办法进行了论述。[1] 刘桐华在《现租佃关系下的中国农村危机》[2]中指出,近代中国租佃问题发生了新的变化,其最大的矛盾是封建主义和资本主义的租佃形态在中国共同存在,这造成了中国地租的加重和阶级分化。作者提出了解决这些问题的建议:一是使耕者有其食;二是使得中国农村摆脱封建主义和帝国主义的双重压榨,建立新的经济体系。篱荻在《中国租佃制度的改善问题》[3]一文中认为,租佃制度在中国有悠久的历史,其可以分为永佃物租制、暂佃物租制、分益工偿制、包佃级租制。在此租佃制度下,佃农受到地主和商业资本家的双层剥削,为了保障社会稳定、经济繁荣和挽救中国农村经济以避免破产,政府需要保障佃农的生活。王毓铨在《中国租佃关系转变中的几个问题》[4]一文中通过对全国不同地区的租佃关系进行考察,得出的结论是:在近

〔1〕 唐启宇:《中国农业改造问题》,中国农林学社 1928 年版。
〔2〕 刘桐华:《现租佃关系下的中国农村危机》,《行健月刊》,1934 年第 5 卷第 6 期。
〔3〕 篱荻:《中国租佃制度的改善问题》,《行健月刊》,1934 年第 5 卷第 4 期。
〔4〕 王毓铨:《中国租佃关系转变中的几个问题》,《中国经济》,1935 年第 3 卷第 4 期。

代中国落后的和进步的租佃关系在农村并存；佃农和地主已经取得平等的权利；佃农承租后是独立自由的；额外的负担逐渐减少。黄通在《中国租佃问题及解决方案》[1]中认为，解决中国的租佃问题要用三种手段：一是废止土地私有制，铲除地主阶级；二是变佃农耕地为自耕地，消减耕地的企业形象；三是颁布租佃法，限制自由契约。李庆麟在《租佃制度与增加生产》[2]中将土地问题分为生产问题和分配问题来研究。他认为，人口的增加导致佃农制度的产生，帝国主义的入侵使得佃农问题已经成为危害中国的一个祸根。佃农制度在近代的中国不容易废除，减轻佃农制度的严重性宜从解决佃农制度的中心问题即租佃问题入手，减租的办法是消极的办法，增加土地生产是积极的办法。成自亮在《农地租佃问题》[3]中认为，在近代土地私有的前提下，相比较拥有土地的自耕农，佃农不会对土地进行投资改良。在佃租较重的情况下，农地生产力只有退步，没有进步。解决租佃问题的方法是取消租佃制度，实现耕者有其田。政府所采取的切实可行的政策是：奖励垦殖荒地，增加耕地面积，增加佃农耕地来源，减少佃农对于耕地的需要，使地主无法增加地租，帮助佃农转为自耕农，抑制地主使其成为自耕农。

特别值得提出的是，民国时期，许多知识分子认为当时普遍存在的转佃徒增一道中间环节，佃农多了一层剥削，增加了最终耕作者的负担。为此，民国政府专门颁布法令禁止押租、转佃。正如龙登高所总结的，“这种认识成为 20 世纪的主流，直至将土地固定分配给劳动者，并将农民稳定地束缚在其土地上，虽然有地能耕，但也失去了自由选择的空间。尤其是在城市化急剧发展的时期，按人头固定分配土地，随着农民大量离开土地，而地权不能流转，造成土地不能通过交易配置到最具效率的劳动力与资本手中”。[4]

四、区域租佃问题研究

不同区域的租佃状况与租佃制度的调查研究是近代租佃制度相关研究的重要内容。学者们对租佃制度的具体情况进行了分省、分区域的翔实的调查研究、统计分析。代表性的成果包括：郭汉鸣、洪瑞坚《安徽省之土地分配与租佃

[1] 黄通：《中国租佃问题及解决方案》，《地政月刊》，1936 年第 4 卷第 4—6 期。
[2] 李庆麟：《租佃制度与增加生产》，《地政月刊》，1936 年第 4 卷第 4—6 期。
[3] 成自亮：《农地租佃问题》，《人与地》，1943 年第 3 卷第 2—3 期。
[4] 龙登高：《地权交易与生产要素组合：1650—1950》，《经济研究》，2009 年第 2 期。

制度》(中央政治学校地政学院研究报告之五,正中书局 1937 年版);应廉耕编辑《四川省租佃制度》(中国农民银行四川农村经济调查委员会调查报告第 7 号,1941 年版);郭汉鸣、孟光宇著《四川租佃问题》(中国地政研究所编,商务印书馆 1944 年版);郑林宽、黄春蔚《福建省租佃制度之统计分析》(农业经济研究丛书第 4 号,福建省农业改进处调查室 1946 年编印);王药雨《东三省租佃制度》(《政治经济学报》,1934 年第 3 卷第 1 期);金陵大学农学院农业经济系编《豫鄂皖赣四省之租佃制度》(金陵大学农业经济系 1936 年印行);岫青《启东农村经济与租佃制度》(《农行月刊》,1936 年第 3 卷第 6 期);实业部国际贸易局编《中国实业志》(山东省)、(山西省);行政院农村复兴委员会编《陕西省农村调查》;实业部编《中国经济年鉴》;等等。这些调研报告非常细致,对于不同区域地权分配情况、租佃形式、地租额度、租佃年限、租佃契约规定内容等都进行了总结。李景汉编著《定县社会概况调查》、冯和法主编《中国农村经济资料》及其续编、章有义主编《中国近代农业史资料》等著作中也有关于北方土地租佃的多项资料。此外,还有一些学者介绍了外国的租佃制度,此类著作如翟克《日本之租佃问题》(《时代中国》,1944 年第 9 卷第 2—3 期)、蒋廉泽《美国租佃制度之研究》(《地政月刊》,1935 年第 3 卷第 11 期)、黄通《欧洲各国之租佃立法》(《地政月刊》,1936 年第 4 卷第 7—11 期)等,为了解和借鉴国外租佃制度情况提供了参考。

五、总结与评价

可以说,近代学者对于租佃问题进行了全面、系统、细致的认识和分析。首先,许多研究是建立在大量实地调查的基础上进行的。既有全国范围内较为全面的统计调查,也有针对某一区域的分省、分区域调查。参与的单位不仅包括高校和研究机构,还包括政府部门。大多数调查比较注重选择样本的代表性和调查程序的严密性。其次,近代学者对于租佃形态在近代发生的变化进行了比较深层的思考,从租佃形态、租佃比例与主佃关系、地租形式与地租率、一田多主分割多元化的特征等角度来分析土地资源占有、收益分配和权利。同时运用了科学的方法进行研究和考察,现代统计学等在当时比较先进的方法被大量应用。最后,部分学者结合中国当时土地分散的状况,对土地产权关系进行了深层次的思考,租佃制度下土地所有权和使用权分离,如果进行了适当的机制设计,有利于土地产出效率的提高。

值得商榷的是，有学者把中国近代农村经济危机的原因归咎于租佃制度，对租佃制度进行了全面的否定，认为租佃制度应该废除。事实上，租佃制度在传统中国社会一直存在，汉代已有了自由租佃相对活跃的局面。[1] 作为一种能提高农民剩余索取权的制度安排，在一定条件下能够促进农民农业生产的积极性，对其要进行客观的认识。

第四节　租佃制度与土地产权制度思想的变化

一、土地所有权与使用权分离思想的深化

有效的产权制度并不意味着所有的权利束都集中于同一主体，而是恰恰相反，成功的制度安排往往表现为权利的适当分解。从中国土地制度思想的演进历史来看，土地所有权和使用权的分离从封建社会一开始便已存在，分封制度下的“两权分离”是为了解决管理幅度的问题，是从满足降低交易成本和有效管理国土两方面相结合的需求出发的。历史经验已经表明，在土地所有权和使用权分离的前提下，“如果假设外部的非市场约束足够小，那么，只要使用权期限足够长，使用者从土地产品中得到的份额足够大，两权分离在一般情形下，就可能不会妨碍使用者的生产动机和生产决策，也不会成为经济增长的制度障碍”。[2] 基于这样的要求，土地所有权与使用权的分离不单纯表现为土地所有者和使用者是不同的主体，同时还意味着两层基本的含义：一是所有权与使用权的边界都应该是清楚的，所有者不能干预使用者正常的生产经营活动；二是所有权与使用权应该是相对稳定的，在契约规定的范围内，所有者不能随意通过中止或修改契约等方式，做出有利于所有者的安排。

从近代中国社会来看，在人地关系紧张、租佃制盛行的条件下，为了对土地进行有效的经营和利用，土地所有权与使用权的分离成为内生的制度。租佃制度在近代成为主要的农地经营方式，在自然环境较好的地区更为流行。根据曹幸穗的研究，在苏南的 5 县 11 村中，69.3%的土地为租入地。[3] 尽管在近代

---

〔1〕 秦晖：《古典租佃制初探——汉代与罗马租佃制比较研究》，《中国经济史研究》，1992 年第 4 期。

〔2〕 胡景北：《农业土地制度和经济发展机制：对二十世纪中国经济史的一种理解》，《经济学》（季刊），2002 年第 2 期。

〔3〕 曹幸穗：《旧中国苏南农家经济研究》，中央编译出版社 1996 年版，第 26 页。

社会开放的条件下,工商业的发展使许多农户得以积累足够的财富转移到市镇或大城市,但是由于传统观念的制约以及工商业的发育程度,他们投资方向仍然是农村土地,这部分人成为不在地主,自然会选择租佃的经营方式。近代两权分离重要的制度特征是土地所有权对使用权的制约关系相对放松,货币地租的流行以及后来发展起来的"一田两主"和永佃制度都体现了这一制度思想,反映出土地所有权与使用权分离思想的深化。

二、土地所有权与使用权的分离与合一——永佃权制度的变化

(一)永佃制的基本特征

永佃制是中国近代重要的土地经营制度,是租佃制度的形态之一。永佃制度的基本特征是:佃农在不拖欠地租的条件下,有权"不限年月""永远耕种",地租率相对稳定,农民获得相对独立的、长期的土地使用权。永佃权产生之后,地主失去了和土地的直接联系,"凡盖坊(房)使土,安茔栽树,由置主自便",保证了佃农经营土地的自主权。永佃制一般规定地主无权撤佃,佃农有自由退佃的权利,但"不许自行转佃他人",即没有自由转让佃权的权利。地主仅仅收取地租,地主的变动不影响佃户的地位,即"倒东不倒佃"、"换东不换佃",也就是所有权主体的变化不会影响到使用权主体。由永佃权的以上特征可以看出,这一制度不仅反映出土地使用权的相对独立,同时也体现出土地使用权长期化的思想。永佃的称谓非常多,诸如"长耕"、"永耕"、"世耕"等,清代时实行的范围十分广泛,突破了南北方分成制和定额制各自流行的区域界限,成为主流的土地经营制度,其标志是各地的永佃制度都作为"乡规"或者"俗例"而存在。永佃制度由于经济上的激励作用,在很多地区都得到了推行,政府对于这一制度的态度是非常积极的,采取了鼓励的政策。宣统年间制定《大清民律》时,又进一步以法律形式确认"永佃权",规定"永佃权者,支付租佃而于他人土地上为耕作或牧畜,利用他人土地之物权也。其权利人谓之永佃权人"。[1]

关于永佃权产生的时间,学界有不同的看法。冯和法认为,中国在唐朝时候就有永佃制;乌廷玉认为,"早在两宋时期,佃农的永佃制已经开始萌芽","到了元朝,永佃制进一步发展"[2];李文治则认为,永佃制是太平天国失败后的产

〔1〕《大清民律》,第二编"物权"之第四章"永佃权"。
〔2〕乌廷玉:《中国租佃关系通史》,吉林文史出版社 1992 年版,第 87—88 页。

物。[1] 永佃制度在长江以南地区所占比例较高,在太平天国时期,湖广、江苏、安徽、广东、浙江等地十分普遍。根据1936年国民政府实业部和土地委员会调查,江苏、浙江、安徽永佃权土地平均占佃入土地总数的38%。[2] 永佃制度的核心思想是土地使用权的长期化,永佃制下租佃农民的土地使用权和收益权由短期变为长期,耕作技术的进步和土地产出率的提高有了制度保证。永佃制度一般不允许佃耕的土地自由转让,但私下进行转让的现象日益严重,随着这种"私相授受"的情况越来越多,地主的态度被迫从不承认到默认再到公开接受。"一旦永佃权的自由转让成为一种'乡规'、'俗例',就具有了一定的'合法性',这时,佃农就从拥有对土地的永久使用权上升为拥有土地的部分所有权,原来田主的土地所有权便分割为田底权和田面权"[3],从而产生了一田两主的制度。一田两主的制度是永佃制度进一步发展的产物。土地所有权在深化中出现层次的分别,田面权和田底权相并列,成为永久性的独立物权。"江南的一田两主关系,在一分为二的土地上的两个所有权中,含有可以自由处分各自标的物的权能。"[4]同时,法律上对于这种制度的形成也予以承认。如"赣郡诸邑,多有田骨田皮之号,田骨属掌田者,曰大买,田皮属耕者,曰小买。名号俨然齐驱"。[5] 在"一田两主"的情况下,由于土地权利的分割,使得田面权和田底权的所有者之间的联系更为松散。发展到后来,佃农的权利并不仅仅局限于永久使用土地,而是扩展至对土地的占有权、使用权、收益权及处分权。一田两主(包括一田三主)制度体现出所有权分割的思想,意味着土地所有权主体不仅可以是单一的,而且可以是多元的。双重所有权是欧洲中世纪一种基本的土地所有权形态。封建领主将自己的土地交给农民耕种,日耳曼法中认为,领主对土地拥有上级所有权,农民则享有对土地的下级所有权。[6] 但是,中国的情况比较复杂。许多学者认为这是一种双重的财产权利,或者说是二元的产权制度。虽然这样的情况使得明确原来的土地所有者以及实际上的承租人、次承租人和耕种者是一件困难的事情,但是这种多方共同拥有产权的制度使农业在中国的

[1] 李文治:《中国近代农业史资料》,第1辑,北京三联书店1957年版,第251页。
[2] 乌廷玉:《中国租佃关系通史》,吉林文史出版社1992年版,第215页。
[3] 杨国桢:《明清土地契约文书研究》,人民出版社1988年版。
[4] 仁井田陞:《明清时代的一田两主习惯及其成立》,《日本学者研究中国史论著选译》,中华书局1992年版。
[5] 同治《雩都县志》,卷一三,艺文。
[6] 李宜琛:《日耳曼法概说》,商务印书馆1945年版。

许多地区飞速发展,尤其是在南部,同时也为贫困户提供了更多的机会,获得土地产权,在村庄里就有了立足之地。[1] 从实际情况来看,所有权分割状态下形成的地权关系是:地主拥有部分土地所有权,这种所有权是由地租来实现的,地租率由地主和佃主共同决定;佃主拥有部分所有权,这部分所有权决定了使用权的让渡和转移,佃主和佃农之间签订租率;佃农拥有土地使用权。在有些情况下是由于佃农获得了可以转让的永佃权从而上升为拥有部分的土地所有权,此时的地权结构为佃农同时拥有部分所有权和使用权。

表 5—5　　清代部分地区永佃权的惯例

地　区	惯　例	出　处
浙江临海	乡例:田主卖田后,仍由原佃户耕种,叫做"卖田不卖佃"。	刑科题本(下同),乾隆二年五月二十六日,浙江巡抚嵇曾筠题
浙江宁波	宁波相沿俗例:佃户承种田地要出银顶佃的,名叫"田脚"。	乾隆二十三年二月二十八日,刑部尚书鄂弥达题
浙江庆元	乡风:凡佃户租种土地,出银顶买,名为田皮,可以顶卖。转卖田皮后,仍可自种还租。	乾隆三十一年十一月二十一日,浙江巡抚熊学鹏题
广东揭阳	佃户用银批耕粮田,即为质业。	乾隆二十年三月五日,刑部尚书阿里衮题
广东惠州	惠州府乡规:凡买田收租纳粮者,名为粮业;出资买耕者,名为佃业。	乾隆九年六月十二日,广东巡抚策楞题
福建宁德	乡例:收了佃户的钱,田主不得另佃,退耕时还钱。	乾隆三十二年七月十一日,闽浙总督苏昌题
广西武宣	僮人种田,"历来只换田主,不换佃户,就算世业一般"。	乾隆四年四月二十一日,刑部尚书尹继善题
甘肃	佃户承种绅衿出名报垦之荒地,"恐地亩开熟,日后无凭,一朝见夺,复立'永远承耕,不许夺佃'"团约为据。	《清高宗实录》卷 175

资料来源:周远廉、谢肇华:《清代租佃制度研究》,辽宁人民出版社 1986 年版。

(二)永佃权下的地权关系的核心——土地使用权的长期化

租佃制度是在土地所有权和使用权分离的条件下所产生的土地经营制度,尽管在中国似乎形成了北方流行分成制、南方流行定额制的格局,对于形成这一格局的通行解释是北方的自然灾害较南方频仍,分成制下地主和农民共同分

---

[1] 拉蒙·H. 迈耶斯:《晚清中华帝国的习惯法、市场和资源交易》,转引自盛洪:《现代制度经济学》,北京大学出版社 2003 年版。

担了风险,从而形成双方都满意的风险分担机制。但是不同租约的选择除了考虑到灾害风险的承担之外,还取决于土地的耕作方式、面积的大小、土地的肥沃程度等因素。定额租制下由于租额固定,完全由佃户承担产量波动的风险,与分成制相比较,这一点对佃农不利。因此,定额租中也逐渐增加了保险性的补救内容,规定若某些条件出现,地主应豁免部分租额,甚至临时改为分成征收。永佃制能够较为有效地克服土地用养的矛盾,但是,长期租佃制和永佃制的实行是以较高的农业科技水平和较高的市场化程度为前提条件的。传统的农业科技主要有两项功能:一是提高农作物产量;二是提高防灾抗灾能力。从纵向的角度来看,战国秦汉时期的农业科技抗灾害能力还是较弱的。农业收成不稳定,使得定额租有极大的风险,大多选择分成制。定额租制是长期租佃制和永佃制形成的基础,因此,直到明清时期,农业生产技术达到一定的水平后,定额租制才逐渐得到了发展。定额租制下所有权人完全转嫁了风险,而佃农享有了更多的自主权,并且可以获得100%的边际产量,劳动的积极性更为增强,而随着农业技术的进步,抵御风险的能力增强,农民也愿意独自承担风险,这都是促使定额租制发展的原因。定额租制下地主基本退出生产领域,仅凭借土地所有权参与收入分配,不存在劳动监督的成本。而且,与分成制相比,定额租制调整租约内容的频率大大下降,因此主观上出于进一步降低契约签订费用的目的,土地使用权的期限被一再延长,直至发展到"不限期限"的永佃制。

永佃制下租佃农民的土地使用权和收益权由短期变为长期,耕作技术的进步和土地产出率的提高有了制度保证。在人地比例较紧张的地方,由于土地产权分割的细致和契约租佃制度的完善调动了农民养地的积极性,使得地力不但没有衰退,反而因为人们对养地投入的重视使得土壤越来越肥沃。在农业技术相对进步,人地关系又非常紧张的情况下,永佃制度是一种有利的合约选择。人地比例越紧张意味着养地投入越重要,从而使合约双方的力量对比发生变化。原本土地价格的提高意味着土地所有者占据谈判的优势地位,但随着土地人工养地比重增加,反而提高了使用者的谈判地位。[1] 在粗放式经营的条件下,土地产量由地力决定,但是随着养地投入的增加和渐趋重要,采取养地技术和没有采取养地技术的土地价格差距越来越大,在这样的情况下,土地所有者

〔1〕 兰虹、冯涛:《路径依赖的作用:家庭联产承包责任制的建立与演进》,《当代经济科学》,2002年第3期。

的收益实际上取决于使用者对土地所采取的经营方式。

尽管租佃制在一定程度上是富有效率的,但是短期租约仍然存在问题。农民耕种的土地并非自己所有,佃主可以随时撤佃,即使能继续耕种,租额也会随着产量的增长而不断增长,由于随时受到“添租挖种”的威胁,生产积极性受到抑制,也就谈不上精耕细作了。永佃制度中的“永”既可以是永久的,也可以是长久的,其核心思想是土地使用权契约的长期化。租约的长期化既可以使原有的产权主体得到较为稳定的租金收入,减少监督和管理费用,又可以使新的产权使用者具有长期明确的投资回报,从而激发内在的激励因素。长期租约的另一个优势是能使外部性内部化,将产权主体的监督和管理成本内部化为稳定的收入。由于使用者的某些投入而产生的外部收益,也因为长期租约而内部化为自己稳定的收益。此外,长期合约还使得双方形成一种确定的权利关系,将原来由于不确定关系导致的产权模糊所必然出现的激励不足,变成了共同激励。长期合约的签订,使整个制度交易成本的不确定性得以降低,机会主义行为减少,相互之间的交易有了明确的权利主体,整个社会的资源配置效率大为提高,这是形成永佃制度的经济意义。

欧洲的土地制度史也经历了从短期契约向长期契约演变的过程,诺斯对这一过程的论述成为经典的分析。他指出,仅有国家和劳动力的明晰,对于一种新的产权制度还是不够的,当专业化生产变得越来越有利可图时,获得劳动权利的农民要求对土地有更加明确的权利,从而有更大的劳动激励。另外一个促进因素来自人口对土地的压力越来越大,土地的供应变得越来越稀缺。农产品的价格不断上涨,促使那些经营土地和准备经营土地的人们更加关心土地的归属问题,农民要求签订更长期的契约的内在动力更加强烈。欧洲的情况是,这样的要求在 14 世纪至 15 世纪的大饥荒后成为现实。饥荒使得欧洲 14 世纪中期的人口减少了三分之一,土地和劳动力的价值发生了逆转,劳动力的价值开始上升,领主为了争夺和吸引劳动力,被迫与农民签订长期的“租约”,终身租约逐渐成为普遍的形式。长期合约的签订,在农地制度的产权变迁中更是有明确的、实质性的改变。农地产权制度长期合约的签订,即使在所有权不变的前提下,其使用权、收益权对于农民来说,都已经变得与自己的土地没有多大的区别,其继承和转让只需向原所有权人缴纳一定金额的补偿,就可以得到相对自由的转让权。从此农民不仅拥有了对自己劳动力的权利,而且土地也基本上具有了“个人”产权的形式,除了定期缴纳租金之外,在土地上的生产、分配都有了自主权,甚至可以雇用自由劳动力为自己耕种,一种更加接近于现代产权的土地制度开始形成,劳动力与土地的自由结合而形成的自耕农阶层出现了,现代意义上的个人所有权得以奠定。[1] 因此,西欧土地短期契约向长期契约转变的过程,实际上是农奴向自耕农转变的过程,是一个由长期契约的签订而导致的产权个人化的过程。但是中国的情况有所不同,从长期来看,中国历史上没有出现过人口骤减的情况,相反,一直呈现出不断增长的态势。因此,和劳动力比较,土地是相对稀缺的资源,人地关系的矛盾是中国的国情。相比较而言,中国土地使用权长期化的产生并不是出于吸引劳动力的目的,而是因为较之短期契约,长期使用权的赋予能够激发农民更多的劳动积极性,从而克服土地用养的矛盾。

(三)永佃权在近代的式微及其对地权关系的影响

进入民国后,由于农业资本和工业化的发展,一些买田办农场、办水电工程、办矿业和建筑业者,往往受制于土地所有权与使用权的不统一,影响到各项事业的开办,为此,政府出台了一些限制永佃制度的政策。1921 年大理院宣布:"永佃权人虽不欠租,然地主欲自种,或因其他必要情形,亦许收地,唯佃户因收地所受之损失,非给以相当之补偿不可。"[2] 1929 年最高法院在判案时规定:对于永佃权,若有短租现象,足以成立撤佃之理由。《民法》第 845 条规定:永佃权人不可将田皮转租给他人。此后,各省地方审判厅相继禁止永佃农民参与田产交易或出卖使用权。[3] 在浙江,佃业仲裁委员会动辄否定新产生的永佃权,或否认佃户单独出卖使用权的权利,极力维护所有权与使用权的结合。鉴于官方的立场,民间地主纷纷在永佃田上增加租额或加收押租,从而使得固定租额这一永佃权存在的前提不复存在。抗战前夕,曾经实施永佃制的大部分地区,租田交易基本上成了买主与地主之间的交换关系,一卖全卖,一买全买,只购田产权而缺乏使用权的现象已经基本没有了。[4] 尤其是在华南一带,"……在普通出卖田地契约上,均特别注明'粮质归一'数字,以示所买卖者非仅田权之一部分"[5];否则,就被认为是不完全的租田交易,不可立契。

---

[1] 道格拉斯·C. 诺斯:《经济史中的结构与变迁》,上海三联书店、上海人民出版社 1994 年版。
[2] 郭卫:《大理院解释例全文》,上海会文堂 1931 年版,第 950 页。
[3] 《民国导报》,1930 年 12 月 30 日。
[4] 李三谋、李震:《民国前中期土地租佃关系的变化》,《农业考古》,2000 年第 1 期。
[5] 黄毅刚:《广东的一种永佃制——粪质田制》,《新中华杂志》,1934 年第 2 卷第 2 期。

三、土地使用权的商品化与货币化——押租制度

押租是指土地租赁的押金，通过押租，地主出让土地的使用权(或经营权)，佃农获得土地的使用权(或经营权)。一般认为，押租制度是在明清时期在中国各地开始流行的，在民国时期押租制度已经非常成熟，形成了一整套规范的运作体系。李德英的研究也表明，到了民国时期，成都平原的押租制度发育得相当完善。[1] 押租制度基本内容是：(1)凡以田出租，必先取押租银两，但其银无息。(2)正租谷照常征收，但有押少租重、押重租轻的情况。(3)起佃之日，押租钱照数退还佃户。但地主往往以佃户欠租为理由，侵吞押租银两。(4)地主不退押租钱文，不能随便换佃。但湖南地区有“大写”、“小写”之别，“大写”与各地做法相同，“小写”时押租较少，一般退佃时也不退押租钱文。押租制度是土地使用权与所有权相分离、土地使用权商品化的反映。明代已有押租现象，但并未成为民间通行的租佃制。清康熙、雍正年间(1662—1735 年)，江苏、安徽、湖南、广东诸省相继出现押租记载。到乾隆、嘉庆年间(1736—1820 年)，直隶(今河北)、盛京(今辽宁)、山西、内蒙古、河南、陕西、江苏、浙江、江西、安徽、湖南、四川、福建、广东、广西、云南、贵州等省区都有实行押租的记录。到清末民初，押租发展到全国 20 个省区。在经济发展水平高的地区，押租的比例就比较高。押租在各地名称不同，有顶首、顶批、佃礼、佃价、批头、批礼、寄庄、进庄、揽佃、揽租、保佃、保租、庄佃、稳租以及粪质银、堕脚银、脱肩银等多种称呼。同时，押租在各种租佃形式中，所占佃户比重逐年增大，到民国时期，有些县区，交纳押租的佃户在总佃户数中的比重逐年增大，有高达百分之七八十的。

表 5—6　　1933 年全国押租情况

区域	报告县数	有押租县数	押租县所占比例(%)
东北	40	18	45
华北	164	47	28.7
华东	54	35	64.8
华中	40	25	62.5
西南	39	33	84.6

---

〔1〕 李德英：《国家法令与民间习惯——民国时期成都平原租佃制度新探》，中国社会科学出版社 2006 年版，第 79 页。

续表

区域	报告县数	有押租县数	押租县所占比例(%)
华南	22	11	50
总计(或平均)	359	169	47.1

资料来源：瞿明宙：《中国农田押租底进展》，《中国农村》，1935年第1卷第4期。

传统的观点认为，押租主要是为防止佃农抗租、欠租而出现的，也有观点认为，押租制度与人多地少、土地集中于地主有关。魏金玉提出，押租制度是土地使用权商品化的反映，"佃权与地权分离并进入流通领域，佃权商品化，是押租制发生与发展的前提条件"。"'执贽受田之俗例'的批礼银、耕典银等等，都是换取一定时限土地耕作权，亦即佃权的代价。支付了，就取得一定时限内的佃权，不支付就得不到。这表明，这是一种交易，即所谓'买佃以耕'，像地主购买土地占有一样。这意味着，佃权与地权分离，进入了流通领域。佃权进入流通领域，商品化了以后，就像土地一样，可以买卖、典当或抵押了。"〔1〕本书也持这种观点，即押租实际上是土地使用权商品化的反映。方行认为，押租制度是清代佃农走向独立、"中农化"的重要条件，反映了土地经营权的商品化和货币化，佃农通过货币化，获得更有保障的土地经营权，与一般租佃相比，体现了土地所有权与使用权的进一步分离。〔2〕因此，押租制度的盛行实际上是一个地区土地商品化程度的反映。

由于民国政府在政策主张上认为押租制度增加了佃农的负担，不利于佃农生活水平的提高，因此颁布了一系列的法令法规，禁止押租。例如，1926年5月《佃农保护法》有条文规定："凡押金及先缴租顶全部或一部等恶例，一概禁止。"1932年12月通过的《租佃暂行条例(草案)》也有条文严格禁止押租："押租金及类似押租之抵押品应严行禁止。"1930年《土地法》第一百七十七条第二项明确规定："出租人不得预收地租并不得收取押租。"〔3〕广西地方也曾颁布条例，禁止收取押租。但是在实践中，禁止押租的条例并未得到贯彻执行，地主照旧收押租，佃农照旧交押租。这实际上反映出押租制度作为土地所有权和使用权进一步分离下的产物，可以视为达成租佃契约以及保证其实施的交易成本，其存

〔1〕魏金玉：《清代押租制度新探》，《中国经济史研究》，1993年第3期。
〔2〕方行：《清代佃农的中农化》，《中国学术》，2000年第2期。
〔3〕中国第二历史档案馆：《中华民国史档案资料汇编》，第五辑，第一编"财政经济·农业"，江苏古籍出版社1994年版，第152—154页。

在和发展有其制度上的内在逻辑和发展机理。事实上,经过押租制度的筛选,一方面,充当押租佃户的是一批经济实力比较充实的农民;另一方面,佃户又可以凭借其经济实力在主佃关系中争取更多的自由。押租佃户的经营积极性就远非一般佃户所比,其经营效果也非比一般。[1]

---

〔1〕 魏金玉:《清代押租制度新探》,《中国经济史研究》,1993年第3期。

第六章　比较视野的观察与讨论

第一节　中国近代两种不同土地制度的比较及经济学分析

中国近代社会是一个非稳定的社会，政权更迭、战争频发，因此土地制度的变迁不仅仅是社会转型和经济发展的作用结果，同时还受到不同的政治主张和政治权力的影响。中国共产党和国民党虽然都接受和继承了孙中山"耕者有其田"思想，但是在土地制度的实践中却选择了完全不同的路径。本节试图运用现代经济学博弈论的方法，对国共两党的土地政策进行比较和分析。

一、国共两党土地政策的比较及博弈分析

（一）现有研究对于国共两党土地政策的比较

国内学术界对国共两党土地政策的研究成果比较丰富，大部分研究采用历史分析方法，从政治学、历史学的角度对不同土地政策进行了比较分析。主要成果有：金德群《中国国民党土地政策研究》（海洋出版社，1991）；金德群《民国时期农村土地问题》（红旗出版社，1994）；郭德宏《中国近现代农民土地问题研究》（青岛出版社，1993）；姜爱林《民国时期国民党土地政策述要》（《历史档案》，2001 年第 4 期）；夏晓丽《大革命时期国共两党农民政策比较研究》（《党史研究与教学》，2000 年第 2 期）；薛金艳、栾雪飞《民主革命时期国共两党农业政策研究》（《甘肃社会科学》，2007 年第 4 期）；薛金艳《民主革命时期国共两党农业政策研究》（东北师范大学博士学位论文，2008）；等等。

近年来也有一部分学者尝试从新的视角、运用新的方法来研究这一课题。如杨小凯《百年中国经济史笔记》(2004)对国民党和中国共产党主导的中国农村土地制度改革给出了独到的解释。他认为近代中国土地制度的多样化非常符合信息经济学和租佃理论的预期,这些土地制度都在特定条件下是风险分担和提供激励的两难冲突之间的最优折衷。因此,整个20世纪统治中国意识形态的"耕者有其田"可以说是人们对现代经济学无知而接受的一些政党的机会主义口号。一些政党(例如国民党)用这种口号利用人民对经济学的无知,为一党之私利服务,其后果是破坏了有效率制度形成的机制,阻碍了经济的发展。胡穗《中国共产党农村土地政策的演进》(中国社会科学出版社,2007)从土地所有权和土地经营权发展变化的视角,对中国共产党土地政策的演进过程进行了完整考察。该书的上篇部分,对于新民主主义中国共产党土地政策的演进总结为"限租、限田"—"耕地农有"—"减租减息、交租交息"—"耕者有其田"。祁冰《20世纪上半期中国共产党土地政策的演变研究》(辽宁大学博士学位论文,2010)运用了新制度经济学中学习理论的相关概念和方法,讨论信念和学习机制是怎样联系在一起作用于土地制度的变迁,从而再对20世纪前半期中国共产党土地政策的历史演变进行了实证分析。

总体而言,现有的研究将国共两党不同土地制度和土地政策的形成主要归纳为以下几方面的原因:(1)意识形态不同。国共两党土地政策之所以在制定、发展和演变的过程中有很大的不同,关键是两党的意识形态不同。意识形态的不同也是决定两党其他不同的核心原因所在。国民党的意识形态是维护大地主大资产阶级利益,共产党的最终目标是实现共产主义,其代表的是中国劳动人民和无产阶级的利益。共产党的奋斗目标和阶级本质决定了其在制定土地政策时维护农民阶级的利益。(2)历史继承性不同。历史继承性决定和影响着土地政策的发展方向和轨迹。国民党的土地政策开始是继承三民主义的"平均地权",后来却转变为维护大地主大资产阶级的统治。内战期间,国民党的土地政策一是由原来的"国共合作、推动农民运动、反对土豪劣绅"的政策,变为"清党反共、镇压农民、支持地主豪绅"的政策;二是由原来的关注民生和扶持农业生产的土地政策,变为更加侧重财政收入和土地赋税。共产党始终继承了维护农民阶级利益的土地政策,同时,根据土地政策实施的实际情况,对其进行调整和完善,从而使得土地政策成为符合中国国情的制度设计。(3)制定土地政策的目的与核心内容不同。国民党在制定土地政策时首先考虑的是财政收入和土地赋税,而不是考虑农民和农业本身的发展,这就决定了其在制定土地政策时忽略农民阶级的利益,通过获得大量的财政收入和土地赋税来维持统治。共产党在制定土地政策时关注民生和扶持农业生产,在制定、实施土地政策时重点维护农民阶级的利益。

(二)博弈论的研究方法

已有的研究对于不同土地政策的比较更加侧重于政治视角,而运用经济学理论的分析相对薄弱。本研究试图用博弈论的方法对国共两党的土地政策进行分析比较。博弈论主要研究公式化了的激励结构间的相互作用,它是研究具有斗争或竞争性质现象的数学理论和方法,也是运筹学的一个重要学科。博弈论考虑游戏中个体的预测行为和实际行为,并研究它们的优化策略。博弈论的方法,特别是演化博弈和重复博弈的分析方法非常有助于制度的分析,博弈论中的许多思想本身可以作为新制度经济学的重要组成部分。

从经济学角度来看,中国近代的土地制度变迁既是外部冲击也是博弈结构的内部均衡结果,在这一过程中,国共两党是最主要的两个主体,国共两党土地政策的制定、发展和演变的过程可以看作一个相互博弈的过程,并且是重复性的多次博弈。其中,参加博弈的双方为国民党和共产党;参加博弈的策略为国共双方的土地政策;博弈的收益分析主要是定性的博弈收益分析。整个博弈的过程就决定了国共双方采取什么样的土地政策、实施什么样的土地政策以及国共两党土地政策之间的关系。根据国共两党在土地政策上的选择以及两者之间的关系,以下研究将分为三个阶段:第一个阶段是 1921 年至 1937 年全面抗日战争爆发;第二个阶段是 1937 年至 1945 年抗日战争结束;第三个阶段是 1945 年至 1949 年中华人民共和国成立。

(三)1921—1937 年国共两党土地政策的博弈

中国共产党成立之时,国民党是作为在位统治者,因此如果将两者视作博弈关系的话,共产党是以博弈进入者的身份参与博弈,而国民党是以博弈在位者的地位参与博弈。1923 年 6 月召开的中国共产党第三次全国代表大会和 1924 年 1 月召开的中国国民党第一次全国代表大会,各自正式确立了两党合作的政策。从土地政策来看,1924—1927 年期间,国民党的土地政策可以总结为“耕者有其田”和“二五减租”,共产党的土地政策是从“限租、限田”演变到“耕地农有”。因此,1927 年之前,虽然国共两党有其各自的土地政策和主张,但是由于两者相近的路线主张,所以两者的博弈过程如图 6—1 所示。

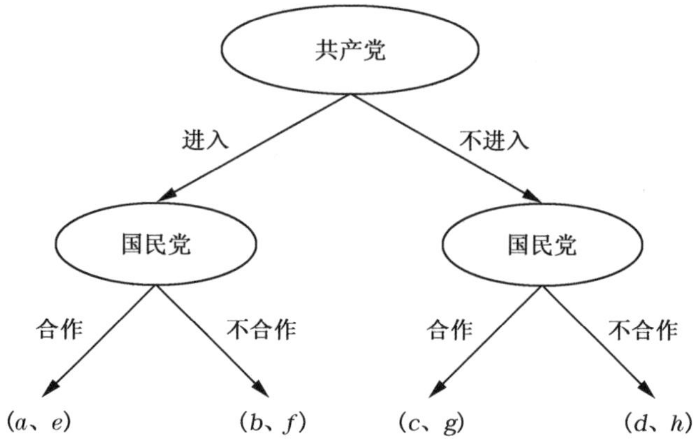

参与者:国民党(在位者)、共产党(进入者)。

参与策略:合作、不合作;进入、不进入。

收益分析:$(a、e)$、$(b、f)$、$(c、g)$、$(d、h)$。

在这一时期,国共两党进行了第一次合作,两党的纲领中有其相似的部分,对两党来说,进行合作有利于民主革命的进行,所以在此博弈的过程中,共产党会选择进入博弈,而国民党的最优策略是与共产党进行合作,最终的博弈结果是(进入、合作),其中:$a>b$、c、d; $e>f$、g、h。

图 6—1 国共合作时期土地政策博弈

从两者的博弈过程及收益矩阵中可以得出以下结论:(1)由于国共两党在短期目标是一致的,并且面对共同的任务(反帝反封建),对共产党来说,团结国民党能够有助于目标的实现,收益矩阵中 $a>b$、c、d(从分析中可以得知,也是比较符合当时实际情况的),进入博弈(制定相应的土地政策)是最优策略,所以共产党选择进入的博弈策略是优的。(2)对于当时居于统治地位的国民党来讲,通过与共产党合作会更有利于维护其统治地位和实现其短期目标,此时国民党收益矩阵 $e>f$、g、h,当共产党选择进入博弈的策略时,选择与共产党进行合作的博弈(合作的土地政策)是比较优的,此时国民党的博弈收益是最大的。综上所述,此时(合作、进入)是国共两党的最优策略,并且此策略均衡是占优策略均衡,这就说明了国共两党当时土地政策的选择和实施,以及为什么是合作的选择。

1927 年第一次国共合作破裂以后,国共两党进行了 10 年的内战。对于共产党来说,要争取占当时人口最多的农民的支持;而国民党为了维护其统治,就必须维护大地主大资产阶级的利益,维护封建主义的土地制度和生产关系。共产党经历了对土地所有权认识的反复过程，即从"土地农有"到"土地国有"再到"土地农有"，从而在曲折的选择中最终顺应了历史的发展方向，满足了农民的要求以及调动了他们参与革命的积极性；国民党"二五减租"政策并未在全国推开和切实施行，实行了"田赋整理"和"田还原主"政策，实际上目的是恢复土地革命前农村封建土地制度的原状。由于各自的意识形态和代表的阶级利益不同，所以博弈双方的参与策略就不相同，具体的博弈过程如图 6－2 所示。

国民党

共产党		α	β
	δ	$(a、e)$	$(b、f)$
	ε	$(c、g)$	$(d、h)$

参与者：国民党、共产党。

参与策略：维护地主和资产阶级的土地政策（用 α 表示该策略）、其他土地政策（用 β 表示该策略）；维护农民阶级的土地政策（用 δ 表示该策略）、其他土地政策（用 ε 表示该策略）。

收益分析：$(a、e)$、$(b、f)$、$(c、g)$、$(d、h)$。

对于共产党来说，要争取占据当时人口最多的农民的支持，调动他们参与革命的热情和积极性，而国民党为了维护其统治，就必须维护大地主大资产阶级的利益，所以国共两党最终的博弈结果为$(\delta、\alpha)$，其中：$a>b、c、d$；$e>f、g、h$。

图 6－2　1927－1937 年国共两党土地政策博弈

从两者的博弈过程及收益矩阵中可以得出以下结论：(1)10 年内战期间，共产党的阶级基础是农民，其革命纲领也决定了维护农民阶级利益的土地政策，在博弈的收益矩阵中，由共产党的阶级基础和革命纲领决定了收益 $a>b、c、d$，所以共产党制定维护农民阶级的土地政策是最优的土地政策，也是共产党的最优策略。(2)国民党的统治基础是大地主大资产阶级，维护大地主大资产阶级的利益也就是维护国民党自己的利益，否则将会失去其统治基础，因此，由其阶级本质和阶级利益决定了在此时的博弈收益矩阵中 $e>f、g、h$，国民党制定维护地主和资产阶级的土地政策是最优的土地政策，也是国民党的最优策略。综上所述，此时$(\delta、\alpha)$是国共两党的最优策略，并且此策略均衡是占优策略均衡。此博弈过程就解释了为什么共产党选择维护农民阶级利益的土地政策，而国民党选择了维护大地主大资产阶级的土地政策。

（四）1937－1945 年国共两党土地政策的博弈

在全面抗日战争时期，共产党的土地政策从"没收地主土地、不分田给地主"到"没收地主土地、分田给地主"再到"不没收地主土地，为了更广泛地建立抗日民族统一战线，抗战期间实行了地主减租减息的土地政策"，土地制度安排的核心指导思想仍然是维护农民阶级的利益，相对来说没有发生根本性的变化。如果没有外生的冲击，制度演进将是稳定均衡的策略。而对国民党来说，民族矛盾和阶级矛盾总是交织在一起。当外来侵略直接危及国民政府统治时，国民党被迫应战，并提出《抗日建国纲领》和《战时土地政策案》，对抗战推进起到了一定的作用。但是当抗战进入相持阶段时，国民党推出了战时土地政策，使土地兼并加剧、租赁关系紧张。到了粮价飞涨、军粮告急，难以支撑抗战时，国民政府提出《土地政策战时实施纲要》，转而实行田赋全部归中央所有等措施。所以在抗战期间，国民党的土地政策经历了提出—搁置—违背—再提出—再违背的曲折过程。其博弈过程如图 6－3 所示。

国民党

共产党	α	β	θ
δ	$(a、e)$	$(b、f)$	$(m、n)$
ε	$(c、g)$	$(d、h)$	$(p、q)$

参与者：国民党、共产党。

参与策略：维护地主和资产阶级的土地政策（用 α 表示该策略）、兼顾农民阶级的土地政策（用 β 表示该策略）、其他土地政策（用 θ 表示该策略）；维护农民阶级的土地政策（用 δ 表示该策略）、其他土地政策（用 ε 表示该策略）。

收益分析：$(a、e)$、$(b、f)$、$(c、g)$、$(d、h)$、$(m、n)$、$(p、q)$。

图 6－3　1937－1945 年国共两党土地政策博弈

从两者的博弈过程及收益矩阵中可以得出以下结论：(1)共产党的阶级基础和革命纲领决定了收益 $a>b、c、d、m、p$，共产党仍然会坚持其维护农民阶级的土地政策，此政策对共产党来说仍是占优策略。(2)对国民党来说，分两种情况：当外来侵略危及统治时，此时国民党会选择兼顾农民阶级的土地政策，团结一切力量来维护自己的统治地位，此时收益矩阵中 $f>e、g、h、n、q$；当抗战进入相持阶段时，外敌已经对国民党的统治不能构成威胁，国民党就会对人民力量加以限制和防范，违背战时制定的土地政策，又会重新选择维护地主和资产阶级的土地政策，此时限制农民阶级的利益来维护大地主大资产阶级的利益是其最优的选择，即收益矩阵中 $e>f、g、h、n、q$。对国民党来说，此时的博弈选择是混合策略博弈的过程,这个博弈过程会随着国民党的土地政策经历提出—搁置—违背—再提出—再违背的曲折过程的变化而交替变化。因此,可以得出在此时期的博弈过程中,将会有两个均衡的结果:$(\delta、\alpha)$、$(\delta、\beta)$。

(五)1945—1949 年国共两党土地政策的博弈

抗战胜利以后,共产党逐步废除封建及半封建的土地制度,实行"耕者有其田"的制度。国民党在土地政策上又发生了重大的改变,国民党政府虽然也曾做出某些积极的姿态,比如豁免田赋一年、颁布"二五减租"令、《土地法》修正公布等,但是其土地改革政策基本停留在纸面上和口头上,未能得到真正实行。此时期两党土地政策博弈过程如图 6—4 所示。

国民党

共产党		α	β	θ
	δ	$(a、e)$	$(b、f)$	$(m、n)$
	ε	$(c、g)$	$(d、h)$	$(p、q)$

参与者:国民党、共产党。

参与策略:维护地主和资产阶级的土地政策(用 α 表示该策略)、兼顾农民阶级的土地政策(用 β 表示该策略)、其他土地政策(用 θ 表示该策略);维护农民阶级的土地政策(用 δ 表示该策略)、其他土地政策(用 ε 表示该策略)。

收益分析:$(a、e)$、$(b、f)$、$(c、g)$、$(d、h)$、$(m、n)$、$(p、q)$。

国共两党真正实行的土地政策是$(\delta、\alpha)$,即共产党选择维护农民阶级利益的土地政策,国民党选择维护大地主大资产阶级的土地政策。

图 6—4　解放战争时期国共两党土地政策博弈

从两者的博弈过程及收益矩阵中可以得出以下结论:(1)共产党由阶级基础和革命纲领决定其仍然深入坚持了维护农民阶级的土地政策,因为此时期对共产党来说,维护农民阶级的土地政策是最优的策略$(a>b、c、d、m、p)$。(2)对国民党来说,分两种情况:为了争取其统治的支持或者为了维护其统治地位,国民党在土地政策上做出某些积极的姿态更有利于其统治阶级本质的利益,那么出台一些改革措施是利益最大化的策略$(f>e、g、h、n、q)$;但本质上国民党依然顽固地维护大地主大资产阶级的既得利益$(e>f、g、h、n、q)$。虽然有两个可能均衡的结果,但是由于国民党兼顾农民阶级利益的土地政策从未真正得到实行,所以只存在一个现实的均衡结果:$(\delta、\alpha)$。

二、不同土地制度的激励机制分析

(一)关于土地制度效率评价方法的讨论

经济学对制度效率(有效性)分析包含两方面:一是制度的绩效,指制度通过降低交易成本对资源配置、经济增长的作用;二是制度的实施效率,即制度被主体认同、遵循的程度。土地制度的绩效实际上指在农业经济发展过程中,"土地制度"因素的变动对经济发展结果的影响。在其他影响因素不变的前提下,农地制度变迁所引起经济发展变动的效果,就是农地制度的绩效。鉴于经济增长与经济发展的区别,农地制度的绩效应当从经济发展的视角进行研究,而不能仅仅从经济增长的角度进行考察。关于中国当代的农地产权制度与土地绩效问题,许多学者在这一领域进行了实证研究。林毅夫(1992)、麦克米伦等(John McMillan et al. , 1989)讨论了家庭承包责任制对于土地产出的影响。在方法上林毅夫运用生产函数,以每年末各省转化成家庭承包责任制的生产队比例来衡量地权制度的变化〔1〕;麦克米伦等利用丹尼森式增长进行测算〔2〕;姚洋从地权稳定性、使用权和交易权三方面来分析农地制度对土地产出率的影响。〔3〕;陈志刚和曲福田通过时间序列的生产函数模型分析了土地使用权、土地转让权以及土地收益权对耕地绩效的影响〔4〕。

上述实证分析的研究基础是大量系统的、可靠的、详细的、有效的数据。但是我们在研究中发现,在试图借鉴上述方法对中国古代和近代土地制度的效率进行分析时这一研究基础是缺失的,很难从产出的增加中剔除技术的贡献,从而得到制度对于农业生产的具体影响。鉴于此,笔者曾经探索采用间接的方法对传统中国社会土地制度的绩效进行分析,用人口的数量来间接地反映不同的土地所有权和使用权关系的产出效率。〔5〕汪军民认为,可以用人地比例和租

---

〔1〕 Justin Yifu Lin. Rural Reforms and Agricultural Growth in China. *The American Economic Review*, Vol. 82, Issue 1(Mar. 1992), pp. 34—51.

〔2〕 John McMillan, John Whalley and Lijing Zhu. The Impact of China's Economic Reforms on Agricultural Productivity Growth. *Journal of Political Economy*, Vol. 97, No. 4, Aug. , 1989, pp. 781—807.

〔3〕 姚洋:《农地制度与农业绩效的实证研究》,《中国农村观察》,1998 年第 6 期。

〔4〕 陈志刚、曲福田:《农地产权制度的演变与耕地绩效——对转型期中国的实证分析》,《财经研究》,2003 年第 6 期。

〔5〕 王昉:《中国古代农村土地所有权与使用权关系:制度思想演进的历史考察》,复旦大学出版社 2005 年版,第 249—254 页。

佃制度来评价中国近代土地制度的效率。[1] 通过借用"洛兹曲线"的分析方法以及1933年中山文化教育馆的调查数据,他认为近代土地制度是以私有制为基础的土地租佃制,这种土地制度造成了人地比例的严重失调,增大了土地制度运行的交易成本,过高的地租率降低了农民生产经营的积极性。近代土地制度的绩效表现在:(1)不公平的土地分配制度导致了不公平的利益分配格局,使直接从事农业生产的农民丧失了生产的积极性。(2)土地私有制下的租佃制度阻碍了社会生产力发展。在这种土地制度下,大量土地集中在少数地主手中,高额地租使得资金大量集中在不从事生产的地主手中,被用于购置土地,或被挥霍、闲置,而与农业生产相脱离;高额地租又使农业经营收入微薄甚至入不敷出,所以农业生产资金极度缺乏,农业生产水平很低。(3)地租、高利贷和苛捐杂税等,不仅增加了农民的生产经营成本,而且增大了交易费用,造成了农业生产力的萎缩。这一方法实际上也是一种间接的评价方法。

激励机制是指在组织系统中,激励主体运用多种激励手段与激励客体相互作用、相互制约的结构、方式、关系及演变规律的总和,是通过一套理性化的制度来反映激励主体与激励客体相互作用的方式。激励是管理的一项重要职能,是建立在满足个人某种需求期望的基础上的。制定土地政策是为了规范不同的主体(不同的阶级)在土地利益上的关系。土地制度的设计就是政策制定者与各主体相互作用的过程。本书试图从这一角度来衡量土地制度的效率,从不同土地制度对于农民生产积极性的激发程度来比较国共两党的土地政策,进而解释为什么不同的土地政策获得了不同的激励效果,以及为什么中国共产党最终获得了最广大人民的支持。

(二)国共两党土地制度的激励机制分析

从国共两党不同时期土地政策实施的结果来看,共产党的土地政策无论是减租减息还是全部没收地主阶级土地归农民所有,都提高了农业收入中农民收入所占的比例并最终实现了农民对土地的所有权。在此部分,我们主要考虑减租减息的土地政策的效果(字母 α 代表农业收入中农民收入的比例)。国民党的土地政策主要是维护地主和资产阶级的既得利益,在制定土地政策时主要考虑地主和资产阶级的利益,对农民利益的考虑只基于不动摇其统治基础,除少

---

[1] 汪军民:《中国农地制度的绩效研究——基于农地所有权制度与农地使用权制度的比较》,重庆大学博士论文,2007年,第76页。

数自耕农外,农民阶层对土地基本没有所有权。因此,国民党土地制度的设计基本上可分为两种情况:(1)在土地收入中给予农民一定比例的收入;(2)在土地收入中只给足够维持农民生存的一部分收入(有时甚至更少),其他收入全部归地主或者资产阶级所有。所以,在农业收入中农民收入所占的比例就会下降。

以下构建模型对国共两党不同土地制度的激励机制进行分析。[1] 设委托人为土地所有人,代理人为农民。该模型假定农民的努力水平 $e \in \{0,1\}$,农业产出只取两个可能的值 $\bar{q}$(较高努力水平时的产值)和 $\underline{q}$(较低努力水平时的产值),其中 $\bar{q} > \underline{q}$;给予农民的报酬 $\bar{t}$(较高努力水平时的报酬)和 $\underline{t}$(较低努力水平时的报酬),其中 φ 代表农民付出较高努力的成本。农民的努力水平越高,农业产出为 $\bar{q}$ 的概率 $\pi(e)$ 越大,从而平均农业产出越大。假设农产品的价格为 1,则委托人的收益为 $\bar{q}$ 或者 $\underline{q}$,其对应的概率分别为 $\pi(e)$ 和 $1-\pi(e)$。因为农民通常受到很强的资金约束,设代理人是风险中性且受到有限债务约束的保护,可能会有以下两种情况:

● 第一种情况:考虑如果在土地收入中只给足够维持农民生存的一部分收入(有时甚至更少),那么就满足代理人是风险中性且受到有限债务约束的保护[2],则最优规划如下:

$$\max_{\{(\underline{t},\bar{t})\}} \pi_1(\bar{q}-\bar{t})+(1-\pi_1)(\underline{q}-\underline{t}) \qquad ※$$

其约束为:

$$\pi_1\bar{t}+(1-\pi_1)\underline{t}-\varphi \geqslant \pi_0\bar{t}+(1-\pi_0)\underline{t} \qquad ①$$

$$\pi_1\bar{t}+(1-\pi_1)\underline{t}-\varphi \geqslant 0 \qquad ②$$

$$\underline{t} \geqslant 0 \qquad ③$$

我们对此优化问题进行求解:

由约束条件①②③可知,条件①③是有界的,从而:

$$\underline{t}=0 \qquad ④$$

把式④代入式①,可得:

$$\bar{t}=\frac{\varphi}{\Delta\pi} \qquad ⑤$$

〔1〕 此模型参考著作:Jean-Jacques Laffont & David Martimort. *The Theory of Incentives: The Principal-Agent Model*. Princeton University Press, 1987.

〔2〕 也就是说,农民从土地劳动中获得的最低收益为 0,不可能从土地劳动中获得负的收益。

把式④⑤代入※式，可得委托人的效用为[1]：

$$EV=\pi_1\overline{q}+(1-\pi_1)\underline{q}-\frac{\varphi}{\Delta\pi} \tag{⑥}$$

农民的效用为：

$$EU=\frac{\pi_0\varphi}{\Delta\pi} \tag{⑦}$$

求解上述问题，我们可以得出最优结果为：$\underline{t}=0$ 和 $\overline{t}=\frac{\varphi}{\Delta\pi}$，委托人和农民的效用分别为：$EV=\pi_1\overline{q}+(1-\pi_1)\underline{q}-\frac{\varphi}{\Delta\pi}$和$EU=\frac{\pi_0\varphi}{\Delta\pi}$。

● 第二种情况：考虑在土地收入中给予农民一定比例的收入(在此用字母 α 代表农业收入中农民收入的比例)，此外假设农民的产出及其收益往往呈简单的线性关系，我们假设土地所有者和农民在收益上采取简单的线性分享规则，即土地所有者支付给农民一定比例的实际产出。这样的分享规则满足代理人的有限债务约束，因而在分析中不考虑有限债务约束。则最优线性分享规则为如下问题：

$$\max_{\alpha}(1-\alpha)[\pi_1\overline{q}+(1-\pi_1)\underline{q}] \tag{◎}$$

其约束为：

$$\alpha[\pi_1\overline{q}+(1-\pi_1)\underline{q}]-\varphi\geqslant\alpha[\pi_0\overline{q}+(1-\pi_0)\underline{q}] \tag{⑧}$$

$$\alpha[\pi_1\overline{q}+(1-\pi_1)\underline{q}]-\varphi\geqslant 0 \tag{⑨}$$

其中，$\Delta\pi=\pi_1-\pi_0$；$\Delta q=\overline{q}-\underline{q}$。

我们对此优化问题进行求解：

由约束条件⑧⑨可知，条件⑧是有界的，从而：

$$\alpha[\pi_1\overline{q}+(1-\pi_1)\underline{q}]-\varphi=\alpha[\pi_0\overline{q}+(1-\pi_0)\underline{q}]$$

由此问题我们可以求出最优线性分享规则为：

$$\alpha^*=\frac{\varphi}{\Delta\pi\Delta q}$$

把 $\alpha^*=\frac{\varphi}{\Delta\pi\Delta q}$代入◎式，可以得出委托人的效用为：

$$EV=\pi_1\overline{q}+(1-\pi_1)\underline{q}-\left[\frac{\pi_1\overline{q}+(1-\pi_1)\underline{q}}{\Delta q}\right]\frac{\varphi}{\Delta\pi}$$

---

[1] 此处的效用是指收益，或者是最终的收入，下同。

农民的效用为：

$$EU=\left[\frac{\pi_1\bar{q}+(1-\pi_1)\underline{q}}{\Delta q}\right]\frac{\varphi}{\Delta\pi}$$

求解上述问题，我们可以得出最优结果为：$\alpha^*=\frac{\varphi}{\Delta\pi\Delta q}$，委托人和农民的效用分别为：$EV=\pi_1\bar{q}+(1-\pi_1)\underline{q}-\left[\frac{\pi_1\bar{q}+(1-\pi_1)\underline{q}}{\Delta q}\right]\frac{\varphi}{\Delta\pi}$ 和 $EU=\left[\frac{\pi_1\bar{q}+(1-\pi_1)\underline{q}}{\Delta q}\right]\frac{\varphi}{\Delta\pi}$。

从分析中我们可以得知：(1)$EU=\left[\frac{\pi_1\bar{q}+(1-\pi_1)\underline{q}}{\Delta q}\right]\frac{\varphi}{\Delta\pi}>\frac{\pi_0\varphi}{\Delta\pi}$，说明相对于只给予农民维持其生存的一部分收入的土地政策，在土地收入中给予农民一定比例的收入的土地政策能给农民更多的效用，会更有利于激励农民劳动积极性。(2)$EU=\left[\frac{\pi_1\bar{q}+(1-\pi_1)\underline{q}}{\Delta q}\right]\frac{\varphi}{\Delta\pi}=[\pi_1\bar{q}+(1-\pi_1)\underline{q}]\frac{\varphi}{\Delta\pi\Delta q}=[\pi_1\bar{q}+(1-\pi_1)\underline{q}]\alpha$，在实行土地收入中给予农民一定比例的收入的土地政策时，给予的收入比例 α 越高，农民所获得的效用就越多，会更有利于激励农民的积极性。

从上述分析中可以看出，共产党的土地政策无论是减租减息还是全部没收地主阶级土地归农民所有，都能提高农业收入中农民收入的比例；国民党的土地政策主要是维护地主和资产阶级的既得利益，大多数土地政策只给予农民维持其生存的一部分农业收入，并且农民对土地基本没有所有权。在国共两党都实行在土地收入中给予农民一定比例的收入时，共产党通过减息减租政策使得农民收入占农业收入的比例 α 更大，会更有利于激励农民的积极性。因此可以得出，随着农业收入中农民收入的比例 α 越高，农业收入会越高，农民的积极性也会越高，这就从激励机制的角度解释了为什么共产党的土地政策比国民党的土地政策更有效率，从而获得了最广大人民的支持，并取得了新民主主义革命胜利。

三、产权确定与保护的重要意义

（一）中国近代土地产权结构特征的形成因素

一种产权制度的类型是由其所在社会的生产要素与生产技术决定的。中国农地产权制度的形成与农业生产的自然禀赋有着不可分割的联系，它的内在要求是使农地所有权处于一种相对平均状态，然而近代随着人口的增长和工业化的发展对土地的需求以及西方势力对农地的侵占，造成了人地关系空前紧张，人均耕地面积也急剧下降。清末民初时期的土地经营方式多是农地两权分离的模式，这种土地两权分离的模式之所以在中国长期而又稳定地存在，是有其内在的技术原因的。首先，中国传统人地关系紧张的自然禀赋使得农业生产以人力为主，主要以家户为单位在细碎的土地上精耕细作，占有大量农地而直接经营的庄园经济，其本身从技术上来看是不太可能实现的；其次，个人的分散劳作使得监督成本很高，雇用大量劳动力进行大范围的土地直接经营也显得不易操作。清末民初的农地产权流转呈现出的状态，其流转性质同市场经济条件下的要素流转存在着较大的差别，它在流转过程中只是一种静态的存量流转。因为在当时的经营条件下农地经营的收益是静态的，所以得到这种收益的产权交易也只能是一种存量交易。这种农地产权的流转方式使得农地产权被分割得越来越小，其自身再生产能力也变得越来越小。

（二）产权的确定与保护

所有权自产生以来，其观念与制度已经历了漫长而又复杂的历史变迁，每个时代都给所有权打上了深刻的印迹。“在每个历史时代中，所有权以各种不同的方式在完全不同的关系下面发展着。”[1]中国虽然早在秦代就通过“废井田，开阡陌”实行土地私人所有，但在2 000多年的专制社会里，政治权力一直就是私人土地所有权随意变更的主导因素。土地所有权始终摆脱不了“国家主导权”是最高所有权的阴影。从近代历史来看，国家的职能发生了重要的变化，国家从传统社会中作为所有权的主体转变为提供保护和公正界定、实施产权以及推动制度创新与变迁的主体，因此，对产权的确定以及对私人所有权的尊重和保护成为近代土地产权制度变迁最为重要的特征。私人所有权不受侵犯成为共识，到清末政府任意侵犯财产的行为成为非法。整个民国时期，财产权由于民法、土地法、公司法的通过和实行而逐渐具有现代化的意义。中国传统的永佃权概念以及地主卖地后永远可以按原价赎回土地的概念都被现代土地自由买卖的观念所代替。中国共产党土地政策的演变历史也证明了产权清晰以及产权保护的重要性。例如，1934年1月毛泽东在江西瑞金召开的第二次全国苏维埃代表大会上作的报告指出：“一九三三年的农产，在赣南闽西区域，比较一九三二年增加了百分之十五（一成半），而在闽浙赣边区则增加了百分之二十。

〔1〕《马克思恩格斯全集》，第4卷，人民出版社1958年版，第180页。

川陕边区的农业收成良好。”其原因是,“经过分配土地后确定了地权,加以我们提倡生产,农民群众的劳动热情增长了,生产便有恢复的形势了。现在有些地方不但恢复了而且超过了革命前的生产量”。[1] 1933年发放土地证,新政策还规定“政府不得无故没收”,进一步确立了对土地私有产权的认可和保护。中国共产党进行的土地革命实际上是对土地产权结构的重新塑造。土地改革历经了早期减租减息的农民运动、大革命时期根据地的土地革命、抗战时期的减租减息、解放战争时期解放区的土地改革和建国初期的土地改革等历史阶段,通过采取划分阶级、没收地主与富农土地和财产、向农民分配土地和财产、对新的土地财产关系进行立法等步骤,改变了以“地主所有、租佃经营”为主体的封建土地制度,农民无偿获得了小块土地,实现了农民土地所有,最终确立了“农民所有、农户经营”的土地产权结构。土地改革使农民的土地所有权、经营权、收益权和处分权高度统一,使农业生产得到迅速恢复和发展。1952年全国农业总产值483.9亿元,比1949年增加485%,年均增长14.1%,粮、棉等主要农产品产量均超过了新中国成立前的最高年产量;农民收入增加,1951年全国人民购买力比上年增加25%左右。[2]

第二节　中英转型时期土地制度的比较分析

一、社会转型与土地制度的构建

在人类历史发展的过程中,土地制度的变迁构成了社会经济形态发展史的主要线索,每一次社会经济的重要转型时期都伴随着土地制度的重大变革。德国土地改革大师达马熙克指出:“土地乃一切生命的前提,一切生产的源泉……西方各民族的命运,怎样由他与他的所自生活与工作的土地关系上判定:若这种关系是正确的、健全的,这个民族即最易于增健、繁盛;若这种关系是不正确的、病态的,这民族便衰朽、枯败!”[3]西方社会完成了土地与农民的分离,从而创造了工业革命所需要的条件,而从中国的情况来看,并没有完成这一转型的

---

[1] 《毛泽东选集》,第一卷,人民出版社1991年版,第131页。

[2] 王琢、许洪:《中国农村土地产权制度论》,经济管理出版社1996年版,第10页。

[3] 萧铮:《德国土地改革大师达马熙克对我国十九年六月三十日公布之土地法批评》,《中华地政史》,中国台湾商务印书馆1984年版,第280页。

过程。从现有的文献来看，从土地制度对于东西方发展道路造成何种影响入手的研究是一个比较欠缺的研究环节。如何认识中西在土地制度转型道路上的差异，有可能成为认识中西近代以来分流的重要视角。本节选取英国作为参照对象，通过对中国和英国近代土地制度变迁的不同之处进行比较，试图揭示中西近代以来不同道路的内生因素。

二、英国模式的参考意义

所谓近代化的转型，实际上是农业社会向工业社会转变的过程，从世界范围来看，英国的道路提供了一个从传统经济向近代经济成功转变的典范。因为在世界范围内，英国是"自发"地从传统农业社会过渡到近代工业社会的最为典型的案例。英国所代表的是一种被普遍效仿和遵循的经济转型概念，后期无论是西欧国家还是其他发展中国家，在具体途径上大多数已经区别于英国的这种"自发性"经济转型。虽然任何国家（或地区）的近代工业化都离不开一定的外部影响，但是相对于其他任何国家（或地区）而言，只有英国的工业革命主要是在"自己完成的经济循环"的基础上发生的，从而带有某种"自立性"的色彩。[1]另一方面，英国土地制度的演变是一个自发演进的过程，不是一个主动设计的结果，也没有先例或任何先验的理论可循，因此，对英国土地制度转型过程的考察使我们更能观察到近代化转型与土地制度构建之间的规律所在。钱乘旦教授在其所著《英国通史》中提出，"要了解现代世界，就应该首先从了解英国历史开始"，对于经济转型，他认为关键因素不仅包含我们通常看到的工业革命下的技术革新，更是长期历史过程中几个关键要素的共同作用：(1)王权作用下民族国家的形成；(2)贵族与王权之间分权对专制的限制；(3)政治自由传统对财产自由的保护；(4)选择渐进式、改良式的改革道路。他认为英国模式是"通向现代化的有效方式"。[2]

三、英国的工业革命与土地制度变迁

（一）封建土地制度的衰落及近代土地制度的逐步建立

中世纪英国封建土地制度下，国王拥有名义上一切土地的终极所有权，并采取一定措施对土地的处分权能采取限制；各级领主拥有事实上的土地所有

〔1〕［日］大河入晓南：《英国的工业革命》，载周宪文：《西洋经济史论集》，中国台湾银行 1984 年印行。
〔2〕钱乘旦、许洁明：《英国通史》，上海社会科学院出版社 2007 年版，第 40 页。

权，这种所有权内容通过对土地的“保有权”实现，并受到国王终极所有权的一定限制。其具体制度表现为采邑制下的土地所有权制度以及庄园领主制下的土地占有权制度。13 世纪起，英国传统的以农耕为中心的社会经济结构开始发生变化〔1〕，土地制度的变迁逐渐反映出与近代化工业经济相适应的基本内容，诸如货币经济、交换贸易、土地市场、租佃制的扩张、农业技术的改进、圈地运动对产权的确立等。

14 世纪时，“采邑的转让须经领主同意的原则很快就进入普遍恶化的过程，最终的结局就是保有权变更税的法律化”。〔2〕采邑制的解体以及封建土地保有制的变化，实际上表明土地上附着的封建人身依附关系的减弱乃至废除。同时，由于庄园制的解体、领主权的衰落以及农奴制的废除，封建的土地占有权制度存在的基础也出现了问题。土地保有权的身份内涵逐渐淡化，土地保有制中的身份性联系逐渐让位于社会普遍建立的经济性联系。14－15 世纪英国土地保有权制度扩展到了下层社会，各种土地法律关系被统一纳入土地保有权模式之下。因此，这一时期的土地保有权制度被认为是一种普遍性的、淡化身份的经济制度，是一种纯粹财产性的土地法律关系模式。〔3〕英国土地制度变迁历程中一个重要的历史节点是租佃保有权的形成。中世纪的法律制度中，租佃农民的租佃权并不被视为不动产权。中世纪后期，黑死病之后，劳动力的锐减、劳役制度的解体、雇佣劳动力价格的上涨，以及贵族阶层向城市的迁移，加上其参与其他商业贸易所带来的利润，都使得自营地经济逐渐走向解体，租佃经营制度不断扩散，相应的法律制度也逐渐发生变化，1530 年以后，土地租佃权不再“仅仅是一种请求履行合同的权利，而是一种财产性权利”。〔4〕租佃保有权的确立，反映出土地制度已经摆脱了身份的束缚而建立在以经济关系为核心的契约的基础之上。到了 16 世纪中后期至 17 世纪，土地的分配和流转中市场因素逐渐占据主导地位，农民可以比较自由地获得土地，劳动力的流动也比较自由，并且出现了一个特有的农民阶层：富农—“约曼”，“约曼”阶层通过扩充土地经营积累财富。随着“约曼”经济实力的不断增强与土地占有量的不断扩大，他们对确立土地完全的私有产权产生了强烈的要求。16 世纪发生了圈地运动，取消

〔1〕 布洛赫认为，英格兰社会在 13 世纪中叶以后就决定性地开始脱离封建方式。参见马克·布洛赫：《封建社会》，下卷，商务印书馆 2007 年版，第 708 页。

〔2〕 马克·布洛赫：《封建社会》，下卷，商务印书馆 2007 年版，第 697 页。

〔3〕 付夏婕：《论英国土地法律制度变迁与经济转型》，中共中央党校博士论文，2011 年，第 80 页。

〔4〕 咸鸿昌：《英国土地法律史——以保有权为视角的调查》，北京大学出版社 2009 年版，第 143 页。

集体协作、敞田共耕，而由私人业主自主决定耕作方式和方法，围圈敞地后将土地产权重新分配，围圈公地后取消公地上的公有产权，建立私有产权。因此，这场运动的核心就是对私有完整产权的争取，有学者说它已经是“一场土地所有权和生产方式的革命”。[1] 圈地破除敞田制后，土地的权利者获得了完全的经济自由，可以以自主意愿来经营土地，有利于提高农业生产效率。另一方面，原本分散的小块土地被集中起来，形成农场式的经营，规模化的经营对于农具机械的采用、畜种的改良和农业科学的发展都提供了更为有利的条件。

16 世纪中叶之前，公簿持有保有制是一种由习惯法保护的安全而稳定的土地权利，这种制度在 17 世纪走向衰落，有学者认为，“破除习惯法保障的公簿持有制，将土地权利纳入市场体系，实行竞争性地租，对于整个(英国)农业经济的发展是有益的，是一种历史的进步。一方面，公簿保有制改制后意味着封建关系的完全革除，转变后的租佃保有制，完全成为一种市场中的契约行为，……很多有实力的农民愿意接受这种改制，并且通过公簿持有地的改制扩大了自己的租地范围，更多的租地农场得以出现；而转变后的自由保有制，也使得土地权利人获得了完整的私有产权”。[2] 17 世纪英国发生的内战和革命，在土地制度上都要求摆脱王权的束缚，建立完全的土地私有权利制度。1642 年到 1688 年间，随着国王在土地上的监护制被取消，骑士领有制被废除，贵族领主的土地不再与国王之间有任何实质的产权关系，土地所有权人在其领地上建立了完整的土地私有制。

(二)工业化进程中的土地制度变革

诺斯(Douglass C. North)和托马斯(Robert P. Thomas)在《西方世界的兴起》一书中指出：“到 1700 年，英国的制度框架为经济增长提供了一个适宜的环境……到 1700 年之后经历了持久的经济增长，它发展了一套包含在习惯法中的有效的所有权，排除了要素和产品市场上资源配置的障碍，现在舞台已经为产业革命布置就绪。”[3]18 世纪中叶开始的议会圈地运动，使英国的土地制度基本完成了主体内容的变迁，在绝大部分的土地上建立起独立完整的私有产权。圈地运动造成自耕农被迫离开土地形成雇佣劳动力，同时带来了现代农业

---

[1] 侯建新：《转型时代的西欧与中国》，高等教育出版社 2005 年版，第 281 页。

[2] 付夏婕：《论英国土地法律制度变迁与经济转型》，中共中央党校博士论文，2011 年，第 114 页。

[3] [美]道格拉斯 · C. 诺斯、罗伯特 · 保尔 · 托马斯：《西方世界的兴起》，华夏出版社 1989 年版，第 170 页。

产生所必需的农业经营方式和经营性质的深刻变革。保尔·芒图(P. Mantoux)在其著作中专门以一章"The Redistribution of the Land"阐释了英国工业化进程与土地制度之间的关系,提出了"圈地运动和农场兼并的最终结果是将劳动力和动力资源置于工业的支配下,这使得工厂制度和工业化的发展成为可能"的重要观点。[1] 工业化所引起的技术革新一旦与私有产权的土地以及资本主义农业经营方式相结合,经济转型就会加速完成。19 世纪随着工业革命的不断深入发展,英国的社会经济和阶级结构整体发生了深刻的变化,技术革新不仅在工厂里创造巨大的价值,它也被运用到农场中实现繁荣,而这正是现代土地产权制度为其提供的权能效益和激励功能所导致的。

四、比较与讨论

已有的研究对于欧洲发展道路的经验进行了总结,认为以下几个因素对于欧洲资本主义的发展起着至关重要的作用:一是对王权的限制、对私有权的尊重;二是所有权与使用权的合一;三是法律体系的建立。诺斯和温格斯特(B. R. Weingast)揭示了 1688 年光荣革命对导致安全的产权制度变迁具有举足轻重的地位,这些制度变迁不仅包括对王权单方面剥夺所有权的限制,而且还包括建立足够强大的独立司法体系以限制国会的恣意妄为和政府对工商业者的违约能力。[2]

从英国近代以来的历史来看,英国之所以发展成为近代发展中特别是工业革命的引领力量,不能忽视土地制度的作用。直到 17 世纪,英国的经济增长是在没有发生大的技术变革的情况下取得的,通过制度创新仍然可以提高生产率和实现经济增长。英国土地制度近代化的主要经验是:首先,土地产权制度至关重要。"只有创造或模仿或接近私有的土地所有权和自由的劳动力市场这样一种重要的制度发展,持久的经济增长才可能出现。"[3]正是因为建立了完整

---

[1] [法]保尔·芒图:《十八世纪产业革命——英国近代大工业初期的状况》,商务印书馆 1983 年版,第 142 页。

[2] D. C. North and B. R. Weingast. Constitutions and Commitment: The Evolution of Institutions Governing Public Choice in Seventeenth-Century England. *The Journal of Economic History*, No. 4, Dec. 1989;[美]约翰·N. 德勒巴克:《新制度经济学前沿》,张宇燕等译,经济科学出版社 2003 年版,第 33 页。

[3] [美]道格拉斯·C. 诺斯、罗伯特·保尔·托马斯:《西方世界的兴起》,华夏出版社 2009 年版,第 221 页。

的土地产权体系，充分的土地权能才保证资源的有效利用、土地价值的极大实现。另一方面，较完备的土地法律产权制度保证了生产要素的自由流动，要素能够畅通地流向效率最高的地方。其次，英国产权制度的确立过程更多地体现为每个人可以自由地将各自的知识用于各自目的的一种自发过程，土地制度的变迁更多地体现为自然演进的过程，既不是某种人为设计的结果，也不是政府主导下进行的过程。市场自发的秩序是以相互性或相互收益为基础的，英国现代土地产权制度的确立过程始终离不开这样一种市场秩序。最后，土地制度的近代化与工业化、城市化的过程密不可分。资本原始积累的核心含义是通过将小生产者与生产资料所有权分离，限制或消灭自给自足的小生产，将农民变为商品需求者，这种需求既包括工业品，也包括农产品。为使农民成为商品需求者，农民必须离开土地。农民成为商品需求者后，一方面对工业品和农产品的需求大增，扩大了商品市场，另一方面又为市场和产业扩张提供了大量的雇佣劳动力。同时，工业扩张以及农业的商业化和产业化也就成为一种自然结果。城市化的经济根源在于资本原始积累。资本原始积累引致农地制度变迁，其结果是消灭自给自足的小生产，使农民变为商品需求者和雇佣劳动者，实现农业和工业的产业分离。土地制度变迁是否符合资本原始积累逻辑，决定了农业和工业的产业分离程度，决定了市场扩张程度，也决定了城市化发展的水平。

而中国近代以来的情况是，尽管对于产权制度的重要性有了认识，但是从制度的建立过程来看，产权制度更多的是人为的制度设计或安排，其显著的特点是，制度的产生和架构除了经济发展的要求之外，在一定程度上还服从于政治目标。国民党尽管从主观上试图构建起一套完整系统的土地法律产权制度，并且注意到对产权提供保护的重要性，但是由于制度设计缺乏实践引用，所以大多数制度只能停留在纸上。中国共产党在所有权的认识上经历了从国家所有到农民所有的转变过程，农民所有的土地政策尽管从根本上废除了封建土地制度对农民的束缚，并且激励了农民的生产积极性，使得中国共产党的新民主主义革命取得了胜利，但是从近代化国家转型的内在要求来看，这一土地制度实际上将农民和土地更为牢固地联系在一起，使得农民与土地不能分离，直接影响市场扩张，不符合城市化内生演进路径，不符合城市化与农地制度变迁的内在联系机理。因此，中国也就无法自发地完成以工业化和城市化为标志的近代化转型过程。

第七章　总结与讨论:历史经验与现实启示

第一节　中国近代农村地权关系及制度思想演变总考察

一、中国近代农村土地制度的演变总路径

本书在导论中指出,如何从传统的农业国家转型为近代化的工业国家是近代中国所面临的诉求,从某种角度来说,整个中国近代发展史可以视为一部探索如何建立适合中国实际情况的农村土地制度的历史。同时,近代中国最主要的特征是政治环境的不稳定,既有来自外部的冲击,同时也有内部的动荡,由此决定了制度的变迁必然是几方面作用共同的结果:一是冲击—反应作用,即来自外部要求中国从封闭走向开放的强制作用力以及在此作用力下的回应;二是中国内部非平衡—平衡往复作用,这种作用既和内部矛盾冲突的发展程度有关,也和外部的冲击密切联系。当外部的冲击力非常大的时候,内部可能会暂时平衡;但当外部冲击力减弱时,内部的不平衡性增强。表 7－1 试图对近代外部冲击与内部均衡状态之间的关系进行说明,土地制度的演变也是在这一框架下进行的。如果既没有外部冲击,同时内部也是一个均衡的状态,那么近代中国仍然会沿着传统农业社会的路径发展;在没有外部冲击,内部却不均衡的情况下,制度变迁仍然有可能发生。在有外部冲击的情况下,如果内部是均衡的,那么也有可能会引起制度变迁;但如果既有外部冲击,同时内部又不均衡,那么引发制度变迁的动力是最为强劲的。

表 7—1　外部冲击—内部均衡与中国近代制度变迁

	外部冲击	
内部均衡	(有冲击,均衡)	(无冲击,均衡)
	(有冲击,非均衡)	(无冲击,非均衡)

从近代土地制度演变的路径来看,其起点实际上就是几千年来农民对于土地的一个基本要求,太平天国在其颁行的《百姓条例》中提出“百姓之田皆系天王之田”,老百姓可以享有使用权,“凡天下田,天下人同耕”。资产阶级改良派和革命派提出了土地公有和土地国有的主张。从制度构建的层面来看,可以说,近代土地制度的发展路径呈“人”字形。出发点是孙中山主张废除封建土地所有制,实现“耕者有其田”。“平均地权”是孙中山民生主义的重要内容。他指出,“中国的人口,农民占大多数,至少有八九成”,“但是一般农民有九成是没有田的,他们所耕种的田,大都属于地主的”,“农民问题真是完全解决,是要耕者有其田”。[1] 孙中山以后,共产党和国民党在土地制度上的分歧,从某种意义上决定了中国近代的政治走向。国民党国民政府的基本立场是对于地主土地私有权的确认和维护,孙中山的土地理论和纲领并未得到真正的继承。南京国民政府 1930 年《土地法》从法律上正式确定了土地所有权私有制度,但其宗旨并不是保护农民对土地的所有和耕作权利,且在执行中也出现了问题。中国共产党对于土地所有权的基本主张经历了从农有到国有再到农有的演变过程,所谓“耕者有其田”的土地制度实际上是指使用权归农民所有。但是在如何废除封建土地私有制、实现土地国有的路径上,在不同的历史阶段有所不同。中国共产党最终选择了“耕地农有”的土地制度,是基于对近代中国国情实际情况的正确判断,这一制度选择在激励机制上更有效率,从而更大地激发了农民的生产积极性,获得了最广大人民的支持,最终取得了新民主主义革命的胜利。

二、中国近代农村地权关系及制度思想演变的特征

(一)外来影响与历史继承

对近代中国变化或变革的认识既要看到外来的影响和冲击所起到的重大作用,但也不能忽视传统制度和思想的延续、继承。近代中国处于社会变迁中,

---

[1] 孙中山:《孙中山选集》,人民出版社 1981 年版,第 850 页。

传统经济思想受到新的挑战,新问题的出现使得传统经济思想难以应对,与此同时,现代经济学说却由于与工业社会相符合,而以西方经济学说的形式采取“西学东渐”的方式进入中国。这一方面促成了中国传统经济思想的式微,另一方面也使中国经济思想扩大包容性,吸收现代经济学说的先进成分,然后实现从传统到现代的经济思想现代化历程,这一历程实际上也构成了中国经济思想的转型。如何在传统经济思想与西方经济思想共同作用和影响下形成适合中国国情的经济制度的思想基础?事实上,经济问题的解决不是以哪一种思想先进与否为标准,关键在于能否对其进行合理的解释并给出适当的解决方案。西方的经济思想容易解释从西方引进的经济制度,但是对解决中国实际问题的适用性则有待探讨,正如适应于解决西方城市土地问题的土地增值税制度就难以解决以农村土地为主的中国土地问题。相反,中国传统经济思想虽然对近代经济变革和西方经济制度的解释力差,但是对于传统中国的各种经济问题却有切实可行的指导性,比如“常平仓”、限田思想等也被用于解决近代经济问题。鉴于中国地域的广大,内陆和乡村地区受到的外来冲击要小且影响过程较缓慢,同时中国社会阶层又非常复杂,从整体考察,传统经济思想或许仍然大范围地影响着近代国民经济生活。但是,从学术讨论和经济制度设计的层面来看,西方经济学理论发挥着重要的作用,而传统经济思想依然更多地以经济价值取向的形式得到保留。因此,中国传统经济思想和西方经济理论在中国近代经济转型的过程中都具有其指导价值。近代关于经济问题的许多研究也体现出了依据中国传统经济价值取向并结合运用西方经济理论分析的倾向,传统经济思想也正是在这种基础上实现了新生。

地权关系的变化受到近代社会从封闭到开放、从农业社会向工业社会转型的冲击,传统中国社会土地产权关系和结构的主要特征即“产权残缺”、“私人财产保护机制的缺乏”在近代逐步得到改变,但是国家提供制度安排的特征仍然存在,国家在土地产权关系中的作用发生了变化。首先,传统中国社会“王有”思想下“产权残缺”的特征发生了变化。在“王有”思想的影响下,形成了传统中国社会国家和农民之间不对等的契约关系以及所有权的残缺。[1] 与传统中国社会不同的是,国家不再是经济意义上土地所有权主体,而更多地体现在终极所有权的意义上,国家的职能更多地表现为对私人产权的界定以及向私人产权

〔1〕 王昉:《中国古代农村土地所有权与使用权关系:制度思想演进的历史考察》,复旦大学出版社2005年版,第43页。

提供保护。清末开始对私人的土地产权不断进行明确,北洋政府宣布了土地私有的合法化,南京政府从宪法上对土地私有产权进行了根本性保护。这一过程体现了土地制度思想的根本性变化,即从以所有为中心向以利用为中心转变。其次,在土地制度的演变过程中,国家仍然起着非常重要的作用。中国国家和私人之间的关系有其自身的形成路径和特点。"在官僚统治下的帝国,国家有四种可能方式及与之相结合的各种形式与社会相互影响。首先,帝国由专制君主统治,他从土地中征收租税,强迫人民参加劳役。为使这种寄生性生活得以持续,国家须对它的统治对象实行强有力的社会和政治的控制。其二,国家必须发挥其本身固有的一些功能,例如对财产进行垄断管理。……其三,国家可以通过给予津贴、提供奖励和推行'不干涉'政策以解放生产力等形式,竭力改进在社会中运行的资源配置形式。最后,国家本身可以通过实行垄断、管制贸易和管理专门的市场中心等形式进行资源配置。……有明显的证据表明,国家曾将其不干涉角色或对私人部门作的温和调节与非常有限的权力主义的资源结合起来,以便为私人业主制造一个相当有利的经济环境。"[1]中国农村土地制度的变迁过程中存在对上述方式的综合性选择以及更替组合,而不是以某种方式单纯表现。但无论是哪种方式,国家总是处于主动的地位,这是中国地权关系最为显著的特征,也是中国国家和私人之间关系最显著的特征。杜赞奇(Prasenjit Duara)借用并发展了格尔茨(Clifford Geertz)内卷化(involution)的概念,认为政治的内卷化必然出现基层社会的经纪体制,通过经纪体制的推行,国家权力深入乡村社会,对乡村社会的剥削日益加重,但同时经纪体制的存在致使国家提取的租金不能大幅度增长。[2]中国社会始终存在极强的政权内卷化的特征,这在近代仍然十分明显,国家对于土地产权制度的干预从未停止过,每一次土地产权制度的变革都是依靠国家的提供和推动来得到实现的,无论是在土地所有权的确定上还是在土地流转机制的规范上,国家的意志仍然表现得非常突出。

(二)土地所有权制度的重要意义

近代化土地制度探索的基点是对于土地所有权归属的认识,近代中国究竟是否应该对土地所有权制度进行改革,是选择什么样的土地制度的基础和出发

---

〔1〕 拉蒙·H. 迈耶斯:《晚清中华帝国的习惯法、市场和资源交易》,转引自盛洪:《现代制度经济学》,北京大学出版社 2003 年版。

〔2〕 杜赞奇:《文化、权力与国家——1900－1942 年的华北农村》,江苏人民出版社 1994 年版。

点,由此决定了土地制度构建和政策设计的不同取向,从某种程度上甚至可以说决定了中国近代发展道路的走向。有学者提出,讨论土地问题的基本立足点是:以贫苦农民的实际利益为首;消除阶级矛盾的对立;讨论的重心放在所有权上而非使用权上。[1] 所有权究竟是应该公有还是私有?中国近代学者也持不同的意见,形成了不同的派别并引发出了不同的土地政策主张,在不同的历史时期和政治环境下形成了不同的实现机制设计。土地私有权的确立,也反映出"从身份到契约"的递进过程。近代中国土地立法上经历了从绝对所有权到相对所有权的演变,反映出对所有权本身性质认识在观念上的不断进步。在同是土地私有的选择下,土地是归地主所有还是归农民所有,土地所有权制度仍然是一个重要问题。

中国共产党在土地所有权制度的选择上,经历了从土地所有权农民所有到土地所有权国有再到土地所有权农民所有的过程。中共在苏区和解放区,通过群众运动,先后实现了"耕者有其田"的主张,但在苏区土地分配后,却一度又实行土地国有(公有)而反对农民私有,这实际上与当时未能对土地所有制有深入正确的认识有关,有悖于中国农村的实际情况,从而导致农民虽然分到了土地,但是对土地所有权没有得到满足,难以激发劳动的积极性,甚至产生了农业产量下降的情况。根据这种情况,中国共产党对中国应该选择什么样的土地所有权制度进行了重新认识,明确提出"必须使广大农民在革命中取得了他们唯一热望的土地所有权,才能加强他们对于土地革命和争取全国苏维埃胜利的热烈情绪,才能使土地革命更加深入"。[2] 国民党政府虽然也认识到了解决土地问题的紧迫性,并提出要"以土地移归农有为最终目的",但其建立在《土地法》基础上推行的土地政策,仍然是维护旧土地所有制度。由此可见,只有立足于近代中国的实际情况,才能选择正确的土地所有权制度,才能掌握近代中国的发展路向。

(三)不同政治目标下的制度选择

土地问题从来就不是一个单纯的经济问题,传统中国社会周期性的朝代更替都与土地问题紧密联系在一起,而土地制度的设计和选择是否恰当,以及实施是否有效率,直接影响到社会的稳定和经济的发展。近代的情况亦是如此,正是由于农地产权制度的不合理,引发了大革命时期激烈的农民运动,中国共

[1] 漆琪生:《中国土地问题研讨的基本观点》,《中国建设》,1948年第6卷第2期。

[2] 《第一、二次国内革命战争时期土地斗争史料选编》,人民出版社1981年版,第493页。

产党在农村根据地的土改运动得到了广大人民的拥护。在这种形势下,国民党政府不得不着手进行土地政策的调整和新制度的构建,但是由于其政治目标和所代表的利益集团不同,其设计的土地制度不可能改变地主所有的所有权制度,无法实现真正的“平均地权”。国民党在自身总结败退大陆的原因时说:“回顾我们过去在大陆失败的最大原因……就是因为没有能够彻底实行土地改革。”[1]中国共产党认识到要赢得占全国大多数人的农民的支持,就必须满足农民对土地的要求。以土地改革为起点的农村土地政策最终上升为新民主主义革命理论的“三大经济纲领”之一,最终在不断的修正和完善中实现了真正的“耕者有其田”,实现了新民主主义革命的目标。因此,从中国共产党和国民党土地制度演变发展的历程来看,不同的土地政策都是不同政治目标下的制度选择,但这种选择更应考虑到中国的实际情况和历史环境。

三、近代化转型中经济思想和经济制度之间的关系[2]

(一)从经济思想转型到经济制度转型的一般性框架

经济制度可以理解为经济政策、经济体制两个层面。首先,经济思想对于经济制度具有指导性,很多政策制度就是建立在一定的经济思想基础之上的;其次,经济制度是经济思想的体现;最后,经济思想与经济政策有可能同步出现,制度为思想服务,研究为制度服务。

共同观念对制度构建发生作用主要包括强迫、模仿、规范三种方式。在近代中国,既没有外部势力强迫制度移植,也没有健全的国际制度规范。在存在外国优势经济制度竞争的情况下,自觉性模仿成为中国制度变迁的主要方式。理论界普遍认为,中国向西方学习的过程遵循了从“器物”到制度和思想演变的轨迹。从借鉴内容上看,国人起初是在鸦片战争失败时从中西方社会现象差异性出发学习西方经济制度,并形成了“商战”、“以工立国”等经济思想,从洋务运动时期开始全面、主动学习西方科技和部分经济制度,到清末开始系统性地引进西方经济社会制度,并在西学东渐的过程中,西方经济学说也传入了中国。从借鉴的方式来看,国人最初对西方经济制度只是从表面进行有限借鉴,以达到“师夷长技以制夷”的目的。尽管到清末出现了盲目照搬西方制度的现象,但

〔1〕《孙科文集》,第2卷,中国台湾商务印书馆1970年版,第748页。

〔2〕王昉、熊金武:《中国近代化转型时期经济思想与经济制度的关系——以土地制度思想的演变为例》,《中国经济史研究》,2015年第6期。

整体而言,国人对西方制度始终持批判性借鉴的态度,只是这种批判性由于受到东西方学术背景差异影响而效果并不理想。孙中山在对西方制度了解不深的情况下提出土地增值税制度的设想,不过是用传统经济思想对西方经济制度进行了一种简单批判借鉴。直到民国时期,随着国人经济学知识的丰富才开始比较规范地借鉴西方经济制度和经济思想。这种"以西方为师"的制度演变方式虽然有各种缺点,但西方经济制度的引入却为中国在转型过程中如何构建近代化的制度提供了可供参照的方向。

中国近代的制度转型有赖于运用恰当的经济理论,提出适合中国实际情况的制度设想,并且在试错和完善的过程中,通过学术研究、政策引导等形成新的经济思想,构建符合中国实际情况的经济制度转型的思想基础。这一思想基础的形成依赖于两方面的作用:一是西方经济理论在中国的传播;二是中国传统经济思想在西方经济学的影响下实现了从内容到范式的新的转换。在两者的共同作用下,初步建立起了既超越了传统经济思想,又"调适了"西方经济理论的"现代化"经济思想,形成了经济制度转型的思想基础。

经济制度的近代化转型是一个复杂的过程,途径也并不具有唯一性。从经济思想到经济制度的转化可能有以下几种类型:第一种情况是完全模仿和移植西方的经济制度。例如,中国近代的预算制度即是对西方制度的完全模仿;1911 年《大清民律草案》中关于物权的规定基本照搬了日本的物权法规定。[1]在这种情况下建立的新制度,其思想基础是西方经济思想。第二种情况是在借鉴西方经济思想的同时吸收了传统经济思想(即形成新的思想基础)→提出新的制度构想→形成正式制度(通过国家权力),但是制度设计可能会和中国的实际情况不兼容,从而难以推进和执行,遭遇失败。[2] 第三种是比较理想的情况:新的思想基础→新的制度构想→形成正式制度→实践→实践效果反馈→制度进行修正→完成从旧制度到新制度的转型。在这一路径中,新的制度不但得到实施,同时还在实践中得到修正。

(二)近代化转型中经济思想与经济制度的互动

中国传统社会基本符合凡勃伦的制度演进理论的环境,其经济和社会制度

---

〔1〕《大清民律草案》于 1902 年由沈家本主持起草,到 1911 年基本构建起了大陆法系的"六法"体系,其中土地权利规定体现在该草案的"物权"编中,这一编由日本人松冈义正起草。

〔2〕在近代中国,新的经济制度层出不穷,有的付诸实践,而有些仅仅停留在纸面上。例如,南京政府 1930 年和 1946 年的《土地法》是中国历史上第一部具备现代土地制度原则的法律,尽管在纸面上构建起了比较系统的土地管理制度,却难以付诸实施。

随着思想习惯的改变而缓慢地演化,思维习惯则不断调整适应技术革新或其他物质生活环境的变化。在近代中国大转型背景下,经济生产方式、经济思想、经济制度都处于剧烈变动过程中,经济思想与经济制度存在双向互动关系。“经济思想既为原因,亦为结果,新思想建设新制度,新制度复产出新学说,二者盖互为因果焉。”[1]正是在思想与制度的交互式动态影响过程中,实现了理论的演进以及理论与实践的逐渐契合。

1. 经济思想与制度变迁的互动机制

在有关中国近代文化的演进层次方面,史学界流行“器物—制度—心理”三段式演化形式的观点。基于这一观点,有学者提出,中国近代化过程的三个层次为技术—思想—制度。[2] 从对外反应与近代化的角度来看,近代中国知识分子对于近代化的认识过程可以纳入“器物、制度、心性”的框架,在不同历史阶段各有所侧重又互相交叉、重合、渗透,将中国社会变革或近代化构造成一个巨大的系统工程。[3] 马克思主义认为是生产力决定生产关系,社会存在决定社会意识,社会意识是社会存在的反映。不过,在社会转型时期,思想、制度与生产方式的关系具有独特性,即思想的先行性更为突出。若是将思想分为作为社会共识和社会制度基础的社会观念,以及学者或领袖的见地认识,那么我们可以这样理解近代思想转型的路径:第一阶段,知识分子接触西方文明(器物—制度—文化)。当学者从文化层面思考社会问题的时候,思想的先行性就能够很好地发挥作用。这个阶段也许形式上比较切合“器物—制度—文化”模式,但是事实上作为外生性思想变迁,这个过程并不是由器物产生制度进而形成文化,而是从学习器物到学习制度再到学习文化的过程。与这个过程相伴随的是思想观念阶段性、偶然性地传入和发生。很多先进性的观念由于没有相关制度和生产方式的支撑,成为“孤立的历史事件”。第二阶段,构建现代文明的阶段(文化—制度—器物)。在此阶段,经济思想的能动性开始发挥,尤其是在学习西方

---

[1] 唐庆增:《中国经济思想史》,商务印书馆1936年版。

[2] 从鸦片战争到洋务运动,国人的着眼点只是西方的先进科技,仅仅在文化系统的技术层次上对西方资本主义文化持欢迎态度;甲午战争后,人们痛切地感到仅有西方科学技术、坚船利炮并不能救中国,开始寻找新的救国救民道路,从而使中国近代化的行程由技术层次推到了思想层次;同时精神的力量会转化成物质的力量,从早期改良派、维新派到革命派,参与政治的积极性不断高涨,先后以戊戌变法和辛亥革命两种不同形式实现,标志着中国的近代化行程已从思想层次推进到政治层次。参见王翔:《论中国近代化的三个层次》,《中州学刊》,1988年第4期,第106—110页。

[3] 章开沅:《愤悱·讲画·变力:对外反应与中国近代化》,《历史研究》,1991年第2期,第3—14页。

的基础上构建中国独立发展道路的时候。这个过程是从文化思想层面去思考制度选择、制度设计。与这个过程相伴随的是在一定目标和价值观指导下,选择思想和制度,为器物和民生服务。第三阶段,社会稳定发展的时期(器物—制度—文化)。也就是在一个社会框架基本构建、不断完善的过程中,制度和文化根据实体经济的发展而做出相应调整。

如果抛开器物层面,经济思想与经济制度变迁之间的互动关系包括两种类型(或者也可以理解为经济思想如何作用并转化于经济制度的路径)。第一种是"思想—制度—思想"的思想先行模式。经济思想对于经济制度具有指导性,政策制度的建立需要经济思想的先期探索和讨论。例如,在中国近代土地产权制度进行改革之前,学术界和理论界进行了大量讨论,比较系统地考察了西欧、东欧和日本的土地制度,提出了地权分配、耕作制度、土地经营制度、税收制度等方面的方案。20 世纪 30 年代,法国法学家利昂·狄骥的社会连带说在中国得到传播并受到推崇,所有权社会化的思潮在中国盛行,有学者提出对土地所有权要予以限制,实行所有权的制度化,这一思潮其后影响了国民党对土地所有权的认识和政策的设计。在经济思想指导下形成新的制度设计后,如能顺利转化为付诸实践的制度,制度实践的效果还将反馈于经济思想,触发思想的进步和升华,再进一步对制度进行调整、修正和完善,如此构成一个新的正向循环。例如,西方土地单一税经济思想传入中国,形成土地增值税制度构建的思想基础;近代学者和政策制定者对土地财税制度的设计和实施,是制度的形成和运行阶段;在制度施行之后,理论界根据实践情况进行审视和反思,促进了经济思想的修正。比如,制定地价税法规是地价税思想制度化的主要步骤。学术界通过各种渠道表述了对土地财税的关注,并进一步反馈给立法机构,从而得以将独立的见解越来越多地成为正式制度安排,构建了独具特色的制度思想体系。这在中国近代土地金融制度的设计与实施中也存在。[1]

第二种可以归纳为"制度—思想—制度"的制度先行模式。经济制度可以反作用于经济思想,不仅是经济思想积累的来源,也构成对经济思想的检验,推动经济思想的发展和完善。近代中国新制度的产生大多开始于对西方制度的直接模仿和移植,属于外生性制度变迁。这些外来的制度是否适用于中国并不确定,在应用的过程中往往会激发新的经济思想,而运用经济理论分析解释这

---

〔1〕 王昉、缪德刚:《近代化转型时期农村土地金融供给》,《财经研究》,2013 年第 1 期,第 38—48 页。

些经济制度变革的时候,也就是新的经济思想产生的过程。同时,近代许多经济制度与相应的经济思想是外生的,但随着国人对该制度的认识并予以反思,逐渐形成了新的"本土化"的经济思想和制度改进方案。比如,清政府邀请赫德进行的海关制度建设、孙中山邀请单・威廉开展的土地增值税制度创新都是对中国传统经济思想和制度的冲击,并随着中国学者对该制度认识的加深,形成了独具中国特色的思想理论。这种独具中国特色的思想理论来源于西方制度的冲击,并反作用于土地增值税制度和海关制度的改造和完善。

2. 经济思想与制度变迁的转型约束

本书第三部分所讨论的一般性框架基于的假设条件是能够顺利实现从经济思想到经济制度的转化,但是"具有科学内涵或较强解释力的经济思想不一定转化为现实的制度安排,这是由制度变迁的多重复杂因素决定的,其中最主要的是决策者的利益所系。因为任何一种有利于经济发展的思想要转换为制度,必然会引起原有利益格局的变动"。[1] 经济思想向经济制度的转化还受到以下约束条件的制约。

第一,制度的可兼容性或适应性。如果经济制度具有足够的兼容性,经济思想制度化就会比较顺畅。近代化转型时期制度的兼容性包括三个层面:一是传统经济思想与外来经济思想的兼容性;二是传统制度与新式制度的兼容性;三是制度环境与制度目标的兼容性。如前所述,土地增值税制度与中国土地产权制度不匹配,难以解决基于土地生产率低下的近代中国土地问题。"涨价归公"的制度目标与中国土地制度环境严重不匹配,即使政府政策性介入推动新的财税制度依然是无能为力。土地金融制度的例子也能很好地说明这一观点。新式金融机构自 1918 年开始涉足农村金融,不过到 1934 年,传统金融(即除银行和合作社外)在华北农村地区仍占压倒性优势地位。近代中国选择通过政府政策性介入,促进人们的行动转换来实现新式金融与传统金融的兼容。不过,政府没有充分考虑制度目标与制度环境的兼容性。因此,这种机制设计没有实现解决乡村危机和平均地权的目标。

第二,制度的创新精神。新制度的形成和成熟离不开对既有经济制度和外来经济制度的反思,并在不断试错中寻求符合本土特色的机制设计,然而这一点却可能受到学术创新精神的制约。在土地增值税构建过程中,由于孙中山特

[1] 钟祥财:《中国古代收入分配中的市场意识》,《财经研究》,2006 年第 5 期,第 39—47 页。

殊的历史地位,民国地价税研究主要是用现代经济学理论范式对孙中山地价税思想予以论述,或者对国民党地价税政策进行阐述。地价税立法的理论依据也基本上是遵循孙中山思想进行的,“涨价归公”、“照价收买”和“自行申报”的思想在相关法律规定中都得到了体现。于是,地价税研究和地价税法规难免趋同。这种倾向忽略了包括对地价税在中国适应性等关键问题的探讨。

第三,机制设计的重要性。一个好的制度安排应该包括可行的机制设计、降低改革成本,并实现机制设计的逻辑自洽和激励相容。比如土地增值税施行往往被理解为增加居民税负,受到上海、杭州、宁波等地方反对,面临抵抗。同时,外生制度安排尤其需要和国情相适应。即使是正确的制度变革,如果没有恰当的实现机制作为支撑,那么也很难执行并推动社会的变革。因此,中国经济的转型问题还必须依赖于运用恰当的经济理论提出一个适合中国国情的制度设想,并在试错和完善过程中通过学术研究、政策宣导等形成社会新的经济思想基础。这是通过对中国近代转型时期经济思想和经济制度关系进行探究后得出的重要启示。

3. 启示

近代中国独特的社会经济环境导致了中国经济思想与经济制度相互影响下各种复杂的演进路径,这给理解现代经济理论在世界范围内的形成提供了可能的启示。

第一,经济思想的近代转型不是简单的西方经济思想取代中国传统的经济思想,而是中外经济思想交互影响,以适应近代生产方式的发展。认识和思考近代中国经济思想的转型主体就不仅要考虑西方经济学说的外来冲击,同时也要更加观察到对传统经济思想的继承以及传统经济思想如何实现其“现代化”的路径。中国经济思想转型的趋势不是对西方经济学说和制度的简单模仿和照搬,也不是抛开西方的中国传统经济思想的现代化,而是中西方经济思想的趋同,构建符合中国国情的新的经济思想基础和制度安排。

第二,中国经济思想成功转型有利于世界经济理论的发展和多元化。中国经济思想并没有被外国经济学说完全替代而失去民族独特性,而是一直在独立探索强调中国特性现代化的“第三条道路”。从这个角度看,中国经济思想现代化充分起到世界经济学说传播以及构建多元文化的经济学说的作用,这是中国经济思想所应具有的更为丰富的内涵。

第三,从经济思想到经济制度的实现是非常复杂的过程,并不具有唯一路径。经济思想对于经济制度具有指导性,政策制度的建立需要经济思想的先行探索和讨论;经济制度是经济思想的体现,但并不是所有的经济思想都能转化为经济制度;经济制度对经济思想的积累、推进和提升具有反作用。近代化的制度能否完全建立,既依存于是否已经形成了与近代社会需求相吻合的经济思想基础,同时也取决于经济思想和经济制度能否形成良好的互动关系、制度的兼容性和创新精神。另一方面,经济制度的施行是对经济思想的检验,制度的实践效果能否顺畅反馈并促进经济思想升华也起到了至关重要的作用。“思想—制度—思想”的思想先行模式和“制度—思想—制度”的制度先行模式并没有优劣之分。

第四,因为经济思想现代化归根结底需要与经济现代化相一致,只有当经济思想符合工业化、城市化、世界化、市场化的经济生产方式,并形成一种成熟的经济制度的时候,才称得上经济思想现代化。不能照搬国外的经济制度,而应该比较分析中外制度环境差异,充分比较各种制度设想,然后选择新的引进和创新发展。

第二节　中国近代农村土地地权关系转型的演化机制

在历史发展过程中,资源、技术、制度的安排构成了一个联动的体系,经济的增长实际上在既定的资源约束条件下由技术与产权制度的互动来实现,技术革新决定了经济增长的上限,而产权制度的保护决定了经济增长的实际速度。传统中国社会土地产权制度的变迁是沿着“人口增长—劳动力对土地相对价格变动—对提高土地产出率的耕作技术创新的需求—对土地产权制度安排进行调整的需求—国家保护土地产权制度安排的需求”的路径演变的。[1] 人口数量的增加和要素相对价格的变化是促使地权关系及制度安排变迁的动力。近代地权关系的演变过程是否也遵循上述的演进机制,是以下要讨论的内容。

一、人地关系的发展变化

(一)要素相对比例的变化

按照托马斯和诺斯以及速水和拉坦的理论,经济制度受到制度参数特别是

---

〔1〕 冯涛、兰虹:《商周秦汉时期农地排它性公有产权向私有产权的演进》,《经济学季刊》,2002 年第 3 期。

要素丰度的左右,即制度需求变化最重要的根源是要素的相对丰裕度在长期内的变化。如果一种特定要素的供给不是稀缺的,它的价格将是零并且该要素的敞开使用将是有效的;当要素变得稀缺时,它的价格变为正,这就存在进行所有权安排的需要,相对丰度越低的要素越有可能实现个人化。因此,要素禀赋结构决定了生产要素的相对价格,从而引发了对更合理配置稀缺要素的技术类型的需求,而技术的普及和推广又需要产权的保护,从而产生了对某种产权结构的需求,当这种产权结构能够保护合理配置稀缺要素的技术的普及和推广时,产权、技术、要素禀赋结构之间的协调发展就能促进经济增长。

人地关系紧张一直是传统中国社会的重要特征,这种情况在清代变得更加严重,清代人口增长的速率大幅度提高,人口总量从1700年前后的约15 000万增加到1779年的27 500万,1794年人口增至31 300万,一个世纪间不止翻了一番,19世纪中期人口超过4亿。其中,1779—1850年人口共增加了56.3%,年均增长率为6.3‰。[1] 不论明代的人口基数以及清代人口增长的确切速度究竟是多少,清初(17世纪中期至17世纪末,1650—1700年)人口的估计在1亿—1.5亿之间。[2] 学术界对于具体数字的争论并不会影响我们得出一个总体的印象:清代前中期的确存在着过于庞大的人口,说人口过剩也不是危言耸听。[3] 据估计,近代中国人口在1850年大约为4.1亿、1873年为3.5亿、1893年为3.85亿、1913年为4.3亿、1933年为5亿,到1953年大概为5.83亿。从人口密度的指标来看,清中叶中国的人口密度在1787年为31.29人/平方公里、1812年为38.25人/平方公里、1830年为39.64人/平方公里、1850年为45.45人/平方公里。[4] 中国的黄河中下游地区和长江中下游地区的人口密度在1850年分别为120人/平方公里和263人/平方公里。[5] 从人口和土地的相对变化来看,梁方仲的估计是:1753年,人口数为102 750 000人,田地数为708 114 288亩,人均占有土地为6.89亩;而到了1887年,人口数激增为

---

〔1〕 有很多学者也对清代人口的统计数字的真实性和可靠性提出了质疑(李伯重,1996;葛剑雄,1991)。

〔2〕 高王凌:《明清时期的中国人口》,《清史研究》,1994年第3期;葛剑雄、曹树基:《对明代人口总数的新估计》,《中国史研究》,1995年第1期。

〔3〕 袁祖亮、延胜:《二十世纪中国历史学回顾:中国古代人口研究回顾与展望》,《历史研究》,1996年第5期。

〔4〕 赵文林、谢淑君:《中国人口史》,人民出版社1988年版。

〔5〕 黄长义:《人口压力与清中叶经济社会的病变》,《江汉论坛》,2000年第12期。

377 636 000 人,田地数为 911 976 606 亩,人均土地下降为 2.41 亩。[1] 根据赵冈和陈钟毅的研究,清中叶的人均占有耕地面积,1776 年为 3.30 市亩,1800 年为 3.19 市亩,1848 年为 2.70 市亩。[2] 吴慧则认为,清中叶的人均耕地面积仅为 2 市亩左右。[3] 许纪霖、陈达凯认为,1842 年全国人口已达 33 370 万,而土地却只有 79 152 万亩,人均耕地只有 2.3 亩。南方一些省情况更严重,如福建省在 1753 年至 1887 年 130 多年间,人口增加 5.3 倍,人均耕地则由 2.89 亩下降至 0.538 亩;同一时期广东人口增加 7.5 倍,人均耕地由 8.3 亩下降到 1.16 亩。[4] 而据《清实录》和《大清会典》的统计,1753 年全国人均占有耕地约为 4 亩,以后历年递减,1766 年为 3.75 亩,1784 年为 2.66 亩,1812 年为 2.36 亩,1822 年为 2.03 亩,1851 年仅为 1.75 亩,见表 7－2。

表 7－2　　清代中叶的人均耕地面积　　单位:亩

年份	1753	1766	1784	1812	1822	1851
耕地面积	7 352 218	7 807 290	7 605 694	7 889 256	7 562 102	7 562 857
人均耕地面积	4.00	3.75	2.66	2.36	2.03	1.75

资料来源:孙毓堂、张寄谦:《清代的垦田与丁口的记录》,《清史论丛》(1),中华书局 1979 年版,第 117－120 页。

根据局部地区的土地价格样本,清代人口增长较快的时期土地的价格一直呈现上升的趋势。例如,晋中南地区乾隆至道光年间地价持续上涨,道光年间达到高峰,见图 7－1。[5] 其他一些学者的研究也反映出清代前中期土地价格上升的客观事实。[6] 中国的人口在清代前中期出现了快速的增长,由此原本进展的人地关系进一步恶化,推动土地的相对价格上升。进入民国以后,土地占有的不平衡推动人口与土地的矛盾更加激化。黄宗智认为,人口压力和普遍存在的租佃关系是中国农民贫困的两大主要原因。在华北地区,一户自耕农可耕种 20－35 亩土地,而华北地区 40%－50%的农户有地不到 10 亩。由于人多

〔1〕 梁方仲:《中国历代户口、土地、田赋统计》,上海人民出版社 1980 年版。

〔2〕 赵冈、陈钟毅:《中国土地制度史》,中国台北联经出版公司 1985 年版,第 153－154 页。

〔3〕 吴慧:《中国历代粮食亩产研究》,农业出版社 1985 年版,第 195 页。

〔4〕 许纪霖、陈达凯:《中国现代化史》,上海三联书店 1996 年版,第 39 页。

〔5〕 王倩:《清代至民国时期晋中南地区土地价格的变化趋势及其原因分析》,《华北水利电力学院学报》(社科版),2006 年第 1 期。

〔6〕 方行:《清代前期的小农经济》,《中国经济史研究》,1993 年第 3 期;黄志繁:《清代赣南市场研究》,南昌大学硕士学位论文,1998 年。

地少，能租进的耕地有限，平均每户的经营规模只有10—15亩。人多地少的压力一方面使得劳动力得不到充分使用，另一方面也使租佃关系普遍发展。土地作为相对丰度较低的要素，具有内在实现所有权私有化的要求和动力，这与传统中国社会地权制度机制是一脉相承的。因此，土地所有权的私有化是对清代中后期起土地分配状况持续恶化的制度回应。民国时期，人地比例高度紧张的特征仍未缓解，据彭南生对近代江苏人均土地亩数的测算，近代中国生产力水平下的“温饱系数”约需人均3.5亩地上下。[1] 表7—3是国民政府土地委员会于1934年8月至1935年12月对全国22省、180万余农户所做的调查，反映了当时农村土地的分配状况。此外，所有土地面积在5亩以下者，超过总户数的三分之一；5亩以上不足10亩者，约占总户数的四分之一。中国与同期法国、德国和美国各种农户所占耕地的面积相比，以平均而计，民国年间自耕农平均占耕地4.22英亩，佃农平均占3.56英亩，半自耕农平均占4.25英亩，均远远低于同期法国、德国和美国的水平。这三国中占地最多的是美国，自耕农平均占175.25英亩，佃农占116.25英亩。[2]

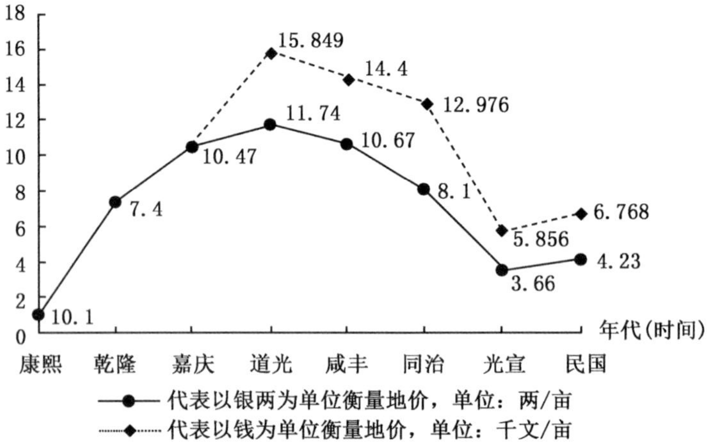

资料来源：王倩：《清代至民国时期晋中南地区土地价格的变化趋势及其原因分析》，《华北水利电力学院学报》(社科版)，2006年第1期。

图7—1 清代至民国时期晋中南地区土地价格变动示意图

---

〔1〕 所谓“人地比例”，是指一定的生产力水平下人口与土地的比例问题，这个比例在不同的社会阶段可以是不同的常数，这个常数即被称为“温饱常数”或“饥寒界线”。近代中国生产力水平下的“温饱常数”在人均3.5亩地上下。参见彭南生对近代粮食亩产量和人均粮食需求量的考证以及结合近代文献的记载所作的测算。彭南生：《近代农民离村与城市社会问题》，《史学月刊》，1999年第6期，第88—93页。

〔2〕 国民政府主计处统计局：《中国租佃制度之统计分析》，正中书局1942年版，第142页。

表 7—3 **1934—1935 年各省业主平均每户所有土地面积** 单位:亩

省别	县数	调查户数	所有总面积				每户所有面积			
			水田	旱地	其他	合计	水田	旱地	其他	合计
江苏	12	170 635	1 085 145 053	1 274 446 325	271 319 397	2 630 910 775	6.359	7.469	1.590	15.418
浙江	15	81 464	460 001 042	120 497 293	163 474 117	743 972 452	5.642	1.479	2.007	9.133
安徽	12	68 658	475 848 793	544 693 845	65 511 547	1 086 054 185	6.931	7.933	0.954	15.818
江西	5	22 482	155 615 826	22 337 608	14 025 787	191 979 221	6.922	0.994	0.624	8.539
湖南	14	188 849	1 164 700 642	232 092 083	829 392 287	2 226 185 012	6.167	1.229	4.392	11.788
湖北	11	90 636	462 725 196	356 349 229	175 564 023	994 638 448	5.105	3.932	1.937	10.974
河北	23	151 782	166 206 493	2 764 293 445	261 929 941	3 192 429 879	1.095	18.212	1.726	21.033
山东	18	225 001	10 110 294	3 116 548 239	224 773 947	3 351 432 480	0.045	13.851	0.999	14.895
河南	12	129 996	170 161 807	1 882 750 530	142 379 890	2 195 292 227	1.309	14.483	1.095	16.887
山西	2	6 285	19 343 324	209 475 708	15 601 212	244 420 244	3.078	33.329	2.482	38.889
陕西	12	55 433	52 045 409	1 096 838 940	78 010 746	1 226 895 095	0.939	19.787	1.407	22.133
察哈尔	1	1 344	2 106 778	270 460 476	52 869 197	325 436 451	1.568	210.235	39.337	242.14
绥远	2	2 560	7 715 727	215 036 016	79 483 768	302 235 511	3.014	80.998	31.048	118.061
福建	10	69 620	336 107 794	149 315 189	52 896 676	558 319 659	5.115	2.145	0.760	8.020
广东	2	6 081	16 345 483	3 781 282	161 854	20 288 819	1.131	0.260	0.004	1.395
广西	12	24 175	224 980 065	73 414 738	61 571 662	359 966 456	9.306	3.037	2.547	14.890
总计	163	1 295 001	4 829 159 926	12 332 330 946	2 488 966 051	19 650 456 923	3.729	9.523	1.922	15.174

资料来源:土地委员会:《全国土地调查报告纲要》,1937 年,第 31 页。

关于中国近代人口激增,有学者分析是美洲的高产作物引进的缘故,但是这些高产作物在更早时间也曾经传入欧洲,而欧洲并没有出现人口急剧增加的现象,这说明人口增加的关键原因是中国的内在机制。黄宗智称之为“过密型增长”,即由于生存压力持续存在,农户追求的是实物产量最大化的目标,而不是效益最大化的目标。根据克利福德·格尔茨的定义,“内卷化”是一种社会或文化模式在某一发展阶段达到一种确定的形式后,便停滞不前或无法转化为另一种高级模式的现象。[1] 实际上,在秦汉时期中国传统社会就存在所谓的“过密化”问题,但只是表现在相对较小的范围内,而且诸子继承制和移民垦殖机制不断地将其缓解并模糊化。[2] 然而,不可避免的结果就是随着新地区的开垦种植,又会繁衍出大量的人口,形成新的过密化态势。到了近代,面对庞大的人口数字,低下的生产率促使人们为了生存开垦梯田、围湖造田,几乎已经将可以利用的土地开发殆尽。这时的过密已不仅仅是一种相对的过密,而是一种广义

〔1〕 [美]杜赞奇:《文化、权力与国家——1900—1942 年的华北农村》,王福明译,江苏人民出版社 1995 年版。

〔2〕 徐旺生:《论中国传统农业的“效率空间”及相关问题》,《中国农史》,2002 年第 4 期。

的表现为社会学意义上的过密:多种生活资料的全面缺乏,劳动力投入加大后,劳动报酬不是随着投入的增加而增加,却出现了递减的现象。伊懋可在《中国历史的模式》中断定,中国农业直到 19 世纪末以前一直处于发展的趋势之中,但是从宋末以后,农业生产力的发展开始被增长的人口所制约。伊懋可认为,人口压力通过两条途径制约中国经济:一方面,大量人口把剩余农产品消费掉,使无数小农家庭无从进行积累;另一方面,充足的劳动力把已形成的耕作方式推进到很高水平,同时阻碍新劳动方式和新投资的出现。伊懋可的理论简称为"高水平均衡陷阱"。民国时期华北平原地区,在人口压力下,畜牧业比重急剧降低,种植业内部的物种主要集中在能够最大限度满足人们一般食物需求的少数物种上。当人口压力持续增加时,维持农业生产的原料、肥料和饲料也因此变得不足。土地所有者在经营成本的危机下,纷纷抛售土地,土地买卖、租赁、抵押和出典都变得习以为常,建立在地权关系变动上的土地私人产权法律认可也逐渐变得尤为重要,由此近代中国在一个国家所有权意识相对宽松的环境下步入了土地私有权发展的新阶段。

(二)技术及其承载力

在维持高水平的人口数量的同时实现经济增长需要来自制度和技术两方面的支撑,在技术没有发生重大进步的前提下,土地制度对于人口增长的促进作用至关重要,而当人口增加到资源十分紧张甚至无法承载的时候,必然会爆发周期性的政治危机,进而通过对土地所有权与使用权关系的调整来获得农业社会的经济发展。将传统中国社会人口数量的变化过程与土地制度的演变路径相对照进行观察,不难发现,每一次人口急剧增长的高峰时期必然发生过土地所有权和使用权关系的重大变化。对清代农业技术发展状况的考察也同样证明了这一规律。

传统中国社会的农业经营方式是一家一户的小农生产耕作,家庭成员利用在长期生产实践中通过经验积累形成并代代相传的传统农业技术从事农业生产,由此形成传统社会精耕细作的耕作技术发展路径。如果粗线条地来考察传统中国社会的农业技术的话,无论是生产工具还是耕作方法,其进步的程度远非想象中那么巨大。战国时代我国已有牛耕、铁犁等铁制工具,此后一直没有突破性进展。就耕作方法而言,从战国到唐代也并未有飞跃式的发展。明清时期农业生产技术基本上是在原有基础上的完善,尽管耕作制度进一步多样化、复杂化,但未出现技术上的飞跃。据《海关十年报告》记载,1922—1931 年间各地农民的耕作主要是靠胼手胝足的劳动辅以祖传的极其简陋的工具。湖南岳州地区“农具非常简陋,一个铁锄,几个竹耙,或者是很粗糙的铁耙,翻土的深度很少超过五英寸,稻谷完全是用手工脱粒”[1]。安徽芜湖、江苏镇江和苏州等通商口岸地区,当地一些商人引进抽水机,但使用这些机械对一般农民来说太贵,他们“宁愿使用古老的工具”。[2] 据金陵大学20世纪30年代对安徽宿县、江苏南通和昆山的调查,“有足用良好农具的田主只占到60%—69.5%,而佃农中仅为40%—56.8%”。不仅农具简陋,耕畜也十分缺乏。据卜凯在20世纪20年代末30年代初的调查,山东、河南、河北三省平均每百亩耕地有耕牛尚不到一头。以技术进步的一个重要指标即化肥来看,中国在20世纪初才开始使用化肥,1904—1924年这段时期,化肥开始进口,但数量极为有限,基本处于一种宣传示范阶段。农民无力购买,在生产中基本使用农家肥。河北秦皇岛一带“乡镇中有外国商业肥料出售,但农民长期习惯于燃烧植物,把灰烬作肥料”;上海附近“农民使用的主要肥料为粪肥、豆饼、稻草灰、河泥、厩肥。目前化肥只有硫酸铵有一定使用,氮肥磷肥等还不受农民的普遍欢迎”;浙江宁波一带“虽然硫酸铵已被证明优于土货,但因银汇价下跌难以推广”。[3] 冯紫岗、刘端生于1934年发表的《南阳农村社会调查报告》上记载:“农民贫穷,无力购买肥料及各种农具,因之经营不佳,年复一年地使土地瘠薄化,终至农产减少。”[4]从耕作技术来看,一些地区复种水平不仅未上升,甚至还有所下降。复种轮作制对于提高土地利用率具有决定性的作用。到了近代,各地的轮作制度已基本定型,没有什么明显的发展。例如,华北地区通行的两年三作轮作制早在唐代以前就已出现了,而近代中国农村由于农民贫穷等原因造成两季收成变成一季或轮作变成单作的却不乏其例。例如,安徽南部的黟县、歙县一些农户因肥料不济由稻麦两作改为单季稻作。[5] 1934年的《全国土地调查报告纲要》中记载,长江流域以南各省普遍均可一年两收,但一年一收之地犹多,约占耕地面积之半。

速水和拉坦的诱致性技术—制度创新假说认为,在市场经济条件下,农民将受要素价格变化的影响和诱导,而致力于寻求那些能够替代日益稀缺的生产要素的技术选择。技术供给者根据市场价格对农民的需求做出反应,从而引发

[1] 《海关十年报告》,第四回,1922—1931,卷1,第313页。
[2] 《海关十年报告》,第四回,1922—1931,卷1,第351页。
[3] 《中国农书》中译本,上册,商务印书馆1936年版,第273—274页。
[4] 冯紫岗、刘端生:《南阳农村社会调查报告》,黎明书店1934年版,第48页。
[5] 章有义:《近代徽州租佃关系案例研究》,中国社会科学出版社1988年版,第335页。

技术的变革。传统中国社会是以自给自足为主要的维持机制,而近代化的过程中则出现了商品性的农业品需求,尽管近代中国发生了重要的变革,但是市场经济远未成为中国社会的主导经济形态,加之由多子继承、土地分散导致的土地分散化经营,中国在近代转型的过程中并没有触发农业生产技术的变革。因此,在基本维持不变的技术水平下,能产生最大经济效益的最佳状态似乎是在乾隆十五年至四十年(1750—1775 年)间。[1] 到 18 世纪的最后 25 年间,人口的持续增长已经远远超过了适度的规模,人口压力已经非常严重。正如哈巴库克所说:"一个仍在增长的人口紧紧逼迫着经济资源,而大部分人口已经接近最低的生存线时,这个社会就会变得特别脆弱。"[2]

农业劳动生产率的一个重要指标是每个农业劳动力年产粮数量。我国历史上每个农业劳动力年产粮最高水平为唐代约 4 524 市斤,至明代保持在 4 027 市斤的水平上,清代乾隆年间,每个农业劳动力年产粮降为 2 262 市斤,到 1949 年,每个农业劳动力年产粮仅为 1 150 市斤。[3] 这表明在传统农业生产技术制约下,近代农民经营土地的高度集约化已超越理性化经营的范畴。鸦片战争以后,随着战争的破坏,生产力下降得很严重,粮食亩产比清代中叶缩减很多。

表 7—4　　1840—1945 年粮食生产及人均耕地面积的变动情况

年份	人口数(万人)	粮食产量(吨)	耕地面积(万公顷)	粮食生产用地面积(万公顷)	单位面积产量		人均耕地面积(亩)
					吨/公顷	斤/亩	
1840	42 027	12 608	9 100	7 735	1.630	217.3	3.248
1845	42 236	12 671	9 145	7 773	1.630	217.3	3.248
1850	42 446	12 734	9 190	7 311	1.630	217.3	3.248
1855	41 298	12 389	9 129	7 760	1.597	212.9	3.316
1860	39 808	11 942	9 069	7 709	1.549	206.5	3.765
1865	38 868	11 660	9 052	7 694	1.515	201.9	3.493
1870	39 728	11 918	9 131	7 761	1.536	204.7	3.448
1875	40 588	12 176	9 209	7 828	1.555	207.3	3.403
1880	41 448	12 434	9 287	7 894	1.575	209.9	3.361

〔1〕何炳棣:《明初以降人口及其相关问题(1368—1953)》,三联书店 2000 年版,第 317 页。
〔2〕H. J. 哈巴库克:《十八世纪的英国人口问题》,《经济史评论》,1935 年 12 月。
〔3〕吴慧:《中国历代粮食亩产研究》,中国农业出版社 1985 年版,第 195 页。

续表

年份	人口数(万人)	粮食产量(吨)	耕地面积(万公顷)	粮食生产用地面积(万公顷)	单位面积产量		人均耕地面积(亩)
					吨/公顷	斤/亩	
1885	42 308	12 692	9 364	7 959	1.595	212.7	3.320
1890	43 168	12 950	9 442	8 025	1.614	215.1	3.281
1895	43 915	13 175	9 512	8 085	1.630	217.3	3.249
1900	44 571	13 371	9 582	8 144	1.642	218.9	3.224
1905	45 577	13 673	9 671	8 220	1.663	221.7	3.183
1910	46 643	13 993	9 833	8 358	1.674	223.1	3.162
1915	47 719	14 316	9 973	8 477	1.689	225.1	3.135
1920	48 855	14 657	10 108	8 592	1.706	227.4	3.104
1925	50 201	15 060	10 273	8 732	1.725	229.9	3.070
1930	51 559	15 468	10 433	8 868	1.744	232.5	3.035
1935	53 276	15 983	10 586	8 998	1.776	236.7	2.981
1940	54 113	16 234	10 659	9 060	1.792	238.9	2.955
1945	54 757	16 427	10 612	9 020	1.821	242.7	2.907

资料来源:吴慧:《中国历代粮食亩产研究》,农业出版社 1985 年版,第 198—199 页。

近代粮食亩产的降低还可以通过分析具体的粮食品种来得到启示。水稻作为一种重要的粮食作物,它对粮食亩产的影响会起到相当大的作用。在汉代淮南地区水稻亩产约 260 斤/亩,唐代南方水稻亩产约 356.9 斤/亩,宋代南方水稻亩产约 377.5 斤/亩,明代南方各种水稻平均亩产约 368.1 斤/亩,清中叶各种稻谷平均亩产达到 374 斤/亩左右。然而至 20 世纪 30 年代,水稻平均亩产量降至 300 斤/亩左右,除个别年份外,亩产都低于明清时期产量。1935 年,我国稻米、小米、玉米、白薯、大豆等主要农作物的单位面积产量比 1932 年都有所下降,稻米和大豆的单产分别下降了 9.4%和 20%。若以 1936 年农作物单位面积产量为基数 100,则 1947 年稻米为 69.6、小麦为 91.4、高粱为 80.4、小米为 79、大豆为 93.1、花生为 90.8、棉花为 82.4、烟叶为 95.5。土地效益的递减是近代中国农作物单产减少趋势的重要原因。人口的激增与耕地亩产的下降构成了不可调和的矛盾产物,维持土地能源平衡的根本途径在于增加土地投入。但是,我国传统的土地在要素投入和耕作技术上都已经陷入了高均衡状态的陷阱,新的投入方式无法得到推广,土地的细碎化和私人产权的扩展就不可避免。

表 7—5　　1914—1947 年主要农产品总产量的变动　　单位:千市担

作物	1914—1918 年	1924—1929 年	1931—1937 年	1938—1947 年
稻	988 094	1 196 304	984 302	947 115
小麦	282 881	462 863	444 642	394 587
玉米	173 188	172 082	167 407	179 611
高粱	155 347	270 268	212 306	186 910
谷子	180 000	246 084	183 488	192 211
其他	181 525	171 873	203 341	160 944
大豆	86 431	275 259	204 041	166 450
花生	—	50 845	53 804	40 681
芝麻	—	—	16 814	10 170
油菜籽	—	—	48 030	59 786
棉花	—	19 177	16 097	9 425

资料来源:严中平:《中国近代经济史统计资料选辑》,科学出版社 1955 年版,第 360 页;吴慧:《中国历代粮食亩产研究》,农业出版社 1985 年版,第 201 页。

表 7—6　　1931—1947 年主要农产品单位面积产量的变动　　单位:市斤/市亩

作物	1931 年	1932 年	1933 年	1934 年	1935 年	1936 年	1946 年	1947 年
籼粳稻	336	383	351	281	347	355	339	247
小麦	146	146	154	153	137	151	140	138
玉米	184	194	178	176	194	176	179	171
大豆	145	163	183	144	130	161	148	150
棉花	28	29	30	28	27	34	30	28
烟叶	—	—	159	153	154	154	147	—

资料来源:严中平:《中国近代经济史统计资料选辑》,科学出版社 1955 年版,第 360 页;吴慧:《中国历代粮食亩产研究》,农业出版社 1985 年版,第 201 页。

二、开放社会与土地制度构建

与封闭的传统中国社会不同的是,近代中国是一个开放的社会,同时所面临的一个重要任务是从农业社会向工业化社会转型。19 世纪末 20 世纪初,中国农村经济最大的特点是其与世界经济、国内工业和城市经济发展之间的密切联系。

近代化实际上是一个以农业为主体的国家如何实现工业化的过程,这一过程也伴随着城市化的发展。土地和人口的矛盾是一个国家在近代化道路上必然会面对的问题,关键在于在国内开辟一个具有生产能力和发展潜力的工业部门,将劳动力从传统的、自给的农业部门转移到工业部门。但在中国近代转型的过程中,财富积累到一定程度后多数会选择投资于土地,工业部门发展所需要的资金条件并不能得到充分满足。英国农业革命对于英国近代化转型起着重要的作用。农业生产率的提高不仅使英国首次摆脱了周期性饥荒对经济发展的困扰,为人口的持续增长提供了充足的粮食供给,而且为工业和城市的发展奠定了必要的物质基础。而中国农业生产率较低,没有为近代工业提供足够的剩余劳动和市场条件。自清代中叶以后,中国粮食生产的单位面积产量水平一直处于下降的趋势。

传统中国社会中城市与农村都维系于自然经济,城市和农村是直接联系在一起的。但近代城市的发展呈现出和欧洲不同的路径,中国城市一开始是作为政治和军事的集中地,而不是具有独立的经济意义,城市的商品化迅速发展,但在很长一段时间里,农村仍然是自然经济占统治地位。尽管城市向周围农村有所渗透,自给自足的自然经济开始解体,但是由于城市工业化并没有顺利地进行,城市化的过程也不可能顺畅,农业劳动力的转移机制和容纳机制都无法实现。从农民的流动来看,城市化的进程并不迅速,迁移他地的现象却十分突出。

英国在前工业化时期,城市化率上升趋势十分迅速。1520 年时,城市人口仅 12.5 万人,占总人口比例为 5.25%;而到 1801 年,城市人口增长到 238 万人,城市人口比例上升到 27.5%,城市化水平大大高于欧洲大陆的平均水平。农业人口城市化迁移表现十分明显,根据里格利(E. A. Wrigley)的估算,1650—1750 年间,伦敦每年平均净迁入的人口达到 8 000 人。[1] 农村劳动力转移机制比较顺畅。从城市化水平的表现来看,中国城市化水平在 19 世纪中期以前略低于美国,但略高于世界平均水平。19 世纪中后期美国迅速工业化,中美拉开了距离,到 20 世纪中期,中国城市化水平不仅远远低于美国,也低于世界平

[1] E. A. Wrigley. A Simple Model of London's Importance in Changing English Society and Economy(1650—1750). *Past and Present*, Vol. 137, 1967.

均水平。[1]

表 7—7　　中国、美国及世界城市化水平比较

		1834 年	1893 年	1949 年
中国	城镇人口(万人)	2 072	2 351	5 765
	城镇人口占总人口之比	5.1%	6.0%	10.6%
美国	城镇人口(万人)	184.5	2 501.8	8 892.7
	城镇人口占总人口之比	8.5% (1840 年)	32.0% (1900 年)	59% (1950 年)
世界平均	城镇人口占总人口之比	3% (1800 年)	13.6% (1900 年)	28.8%

资料来源:王思明:《工业化、城市化与农业变化——中美农业发展比较研究》,《中国经济史研究》,1995 年第 3 期。

因此,基于工业化和城市化的要求,近代中国的土地制度所要解决的不仅仅是提高农业生产效率以承载大量人口的问题,更重要的是,还面临着人口膨胀而资源短缺的农民国家追求工业化的发展问题;土地制度的设计要城乡统筹,不仅仅要致力于促进产出效率,同时还要考虑到城市化对于土地资源的需求。

除了上述因素之外,工业化过程中对土地制度的要求也构成一个重要的讨论基点。关于农业社会如何向工业社会转变以及转变的动因问题,近二三十年来的研究表明,工业革命与农业革命存在着依赖关系。中国在近代化、城市化的过程中,并没有像西欧那样在人口的压力下形成原工业化(Proto-Industrialization)的阶段。西欧在工业革命之前通过农村产业结构的改善,促使农业生产技术和管理水平提高,释放出大量的人口,同时乡村工业吸纳了大量的农业人口,达到传统社会的转型。而中国近代转型过程中尽管面临着人口的压力,但工业化和城市化都受到了阻碍,传统社会的改造无法完成,由此土地制度的变革也没有彻底完成。新的国家政权不是像从前那样直接控制适量的土地(国有),去调节土地私有制,尽可能地保证人民有均等的耕作机会(安排劳动力耕种官田,纳租较轻,耕者如同田主一样享有实惠),让其较为牢固地在农田上生产和生活;而恰恰是欲扩大土地私有化,加速土地兼并,让较多的人失去农业生

[1] 由于统计口径的差异,表 7—7 的数据并不十分精确,但基本能够反映大体的趋势。

产资料,迫使他们离开土地,走向工厂、码头和矿业生产部门,从而产生庞大的雇佣劳动之队伍。

英国学者里格利采用间接的方法估计英国历史上各个时期的农业劳动生产力,即通过城市人口增长的速度来估量农业生产力提高的幅度。里格利认为,在一种主要靠本国提供食物的经济中,城市人口增长不仅是人均收入上升的标志,也是此种经济中农业部门每个劳动者生产力水平提高的象征。[1]

近代土地制度演变中官田私有化的趋势、土地所有权与使用权进一步分离、成文法和习惯法对于土地流转制约的放松等,都反映出对国家保护土地产权制度安排需求的满足,是人口压力下土地制度变迁的正常路径,是地权关系在近代发生变化的重要动力。但是,在制度和技术互动的层面,由于近代农业技术的进步并没有满足农业发展的内在要求,制度—技术的创新假说无法变为现实。因此,尽管土地制度的变迁是朝着正确的方向,但由于农业技术方面的原因,制度和技术的互动无法实现,从而制度的绩效也就无法完全释放。总体来说,近代农村地权关系的构建仍然服从于如何解决"人地关系高度紧张"这一矛盾,但和古代不同的是,近代中国的土地制度安排还面临着人口膨胀而资源短缺的农民国家追求工业化的发展问题。工业投资体系的缺乏使得中国近代没有完成工业化,影响到农村劳动力向城市的转移,进一步恶化了农村地权的分配关系。综合上述因素,土地制度进一步变革受到阻碍、土地制度的不稳定以及出现乡村危机或许由此能够得到一定的解释。

第三节　中国近代农村土地制度思想的历史借鉴及现实启示

以史为鉴是历史学科的重要使命。通过对中国近代农村地权关系及制度思想的考察和梳理,不仅使我们对这一重要的历史问题及其发展过程有了更为清晰的认识,更触发我们思考近代农村土地制度的演变对当今中国进一步深化农村改革能够提供的借鉴与启示。

---

[1] E. A. Wrigley. Urban Growth and Agricultural Change: England and the Continent in the Early Modern Period. *Journal of Interdisciplinary History*, 1987, Vol. 15, No. 4, pp. 683—728.

一、土地产权明晰与流转的重要意义

土地产权是农地制度最核心的部分,包括土地产权界定、土地产权流转和土地产权再分配三个方面。近代中国革命经验表明,只有抓住了土地产权问题,才能真正推动中国社会变革。孙中山“平均地权”和“耕者有其田”思想是辛亥革命的重要旗帜,真正实现“耕者有其田”的中国共产党人则是始终抓住土地产权问题。人民公社时期,土地产权制度是计划经济体制的重要支撑,中国社会主义市场经济建设要求构建符合市场需求的土地产权基础。家庭联产承包责任制作为改革开放中农村经济体制改革的第一步,突破了“一大二公”、“大锅饭”的旧体制,为过去 30 年经济发展奠定了基础。面对当前日益复杂的土地问题,我们需要延续 20 世纪 80 年代初家庭联产承包责任制的改革思路,继续推进土地产权制度完善。在 1949 年前 1000 多年的历史里,中国农村土地基本上是按照市场机制配置的,这种传统产权制度也符合市场机制的需要。[1] 可以说,中国传统土地产权制度以及近代中国农地制度改革思想对当前中国农村土地制度改革具有直接借鉴性。

(一)土地产权的明晰

产权明晰有利于降低要素流动和分配的成本,有利于形成经济高效率。只有产权明晰的土地,才能构成市场机制配置的对象。在近代中国土地产权改革中,明晰土地产权也是重要内容。第一,孙中山“平均地权”和“涨价归公”的思想中,土地登记和整理是前提、基础。所以,民国时期开展了大量的土地整理研究。这也构成了土地流转的明晰产权基础。第二,中国共产党土地改革中,非常强调土地产权的明晰。没收或征收地主土地的范围、分配给农民的土地都有明确的界定,并且“分配给人民的土地,由政府发给土地所有证”[2],明晰产权。第三,近代上海道契就是非常明晰的土地产权制度,构成了近代上海土地城市化流转和土地市场繁荣的制度基础。

当前,中国农村土地制度改革的一个重要前提是土地产权的明确。根据 2002 年《土地承包法》,土地承包合同一般包括:发包方、承包方的名称,发包方负责人和承包方代表的姓名、住所;承包土地的名称、坐落、面积、质量等级;承

〔1〕 龙登高:《地权市场与资源配置》,福建人民出版社 2012 年版。

〔2〕《土地法大纲》,http://baike.baidu.com/link? url=vE66_Sleg_4f-eSm9gccE10L3ovt6F8kAJMiLXWTc-fqdool6BylNJevE92D2q7k,2013 年 11 月 22 日。

包期限和起止日期;承包土地的用途;等等。2013 年中央 1 号文件提出:“健全农村土地承包经营权登记制度,强化对农村耕地、林地等各类土地承包经营权的物权保护。用 5 年时间基本完成农村土地承包经营权确权登记颁证工作,妥善解决农户承包地块面积不准、四至不清等问题。加快包括农村宅基地在内的农村集体土地所有权和建设用地使用权地籍调查,尽快完成确权登记颁证工作。”[1]通过明确土地权属,农民土地权利得到承认,同时进一步优化农村土地的配置,使农民分享土地收益。因此,土地确权对于形成长期稳定的土地承包关系、保护农民的切身利益、活跃土地市场、早日实现城乡统筹,都有着深远的重要影响。

(二)土地产权的稳定

符合土地市场需求的土地产权不仅应该在空间上是明晰的,而且在时间上应该是稳定的。在中国传统土地流转中,买卖的对象是一个无限时间的土地产权,抵押、典让对象是一定时期内的所有权,转租则是一定时期内使用权的流转。没有明确时间概念的土地,难以通过市场调节。传统农业社会中土地产权在时间上的不稳定性非常明显,集中体现在活卖和找价上,即土地出售后,原土地所有者可以随着地价上涨而索取土地升值。虽然活卖和找价有其自身的合理性,满足了传统社会土地交易需求,不过按照现代市场经济交易对象标准,这种时间上不明晰的土地产权难以作为交易对象。近代中国土地制度改革思想中一个重要的内容就是稳定土地产权。上海道契杜绝了活卖等行为,事实上构建了一个稳定的产权,是一种完全的土地私有。[2] 民国政府扶持自耕农和永佃制,就是为了保证土地产权的稳定性。

在家庭联产承包责任制之初,村集体拥有土地再分配的权力,不利于土地产权的稳定。2002 年《土地承包法》第二十条规定:“耕地的承包期为三十年。草地的承包期为三十年至五十年。林地的承包期为三十年至七十年。”第二十七条规定:“承包期内,发包方不得调整承包地。承包期内,因自然灾害严重毁损承包地等特殊情形对个别农户之间承包的耕地和草地需要适当调整的,必须经本集体经济组织成员的村民会议三分之二以上成员或者三分之二以上村民

---

[1] 《关于加快发展现代农业 进一步增强农村发展活力的若干意见》,http://www.gov.cn/jrzg/2013-01/31/content_2324293.htm,2013 年 1 月 30 日。

[2] 杜恂诚:《道契制度:完全意义上的土地私有产权制度》,《中国经济史研究》,2011 年第 4 期。

代表的同意,并报乡(镇)人民政府和县级人民政府农业等行政主管部门批准。"[1]于是,土地承包权三十年不变构成了土地流转比较稳定的产权基础。2008年《中共中央关于推进农村改革发展若干重大问题的决定》和2013年中国共产党第十八届三中全会《中共中央关于全面深化改革若干重大问题的决定》明确规定:"稳定农村土地承包关系并保持长久不变。"[2]中国共产党第十九次全国代表大会报告中指出:"巩固和完善农村基本经营制度,深化农村土地制度改革,完善承包地'三权'分置制度。保持土地承包关系稳定并长久不变,第二轮土地承包到期后再延长三十年。"

(三)土地流转的重要性

构建恰当的土地流转制度是土地要素市场化配置的基本要求。在数千年的中国历史里,丰富的农村土地流转形式是世界范围内无与伦比的。近代中国各种土地改革方案都肯定了土地流转的合理性。《中国土地法大纲》明文承认农户对农地"自由经营、买卖及在特定条件下出租的权利"。[3] 不过,在人民公社时期,农民没有携带土地退出人民公社的自由,土地流转不可能通过市场配置,因为人民公社不仅否定了租让、抵押、买卖等土地流转的形式,而且除了国家与公社外的市场主体几乎不存在。家庭联产承包责任制肯定了以家庭为单位的土地使用权,就为土地流转准备了多元的市场主体,使得农户之间的土地流转成为可能。2002年《土地承包法》明文规定:"通过家庭承包取得的土地承包经营权可以依法采取转包、出租、互换、转让或者其他方式流转。"[4]这就为农村土地租让打下了基础。不过,此时的交易对象还停留在土地使用权的短期租让上。

为进一步构建符合土地市场需求的土地产权,中国共产党第十八届三中全会《中共中央关于全面深化改革若干重大问题的决定》明确规定了多种土地流转形式,提出:"赋予农民对集体资产股份占有、收益、有偿退出及抵押、担保、继承权。保障农户宅基地用益物权,改革完善农村宅基地制度,选择若干试点,慎重稳妥推进农民住房财产权抵押、担保、转让,探索农民增加财产性收入渠道。"

---

[1] 《土地承包法》,http://baike.baidu.com/subview/437279/5078488.htm,2013年11月22日。

[2] 《中共中央关于全面深化改革若干重大问题的决定》,http://www.gov.cn/jrzg/2013-11/15/content_2528179.htm,2013年11月15日。

[3] 《中国土地法大纲》,http://baike.baidu.com/link?url=vE66_Sleg_4f-eSm9gccE10L3ovt6F8kAJMiLXWTc-fqdool6BylNJevE92D2q7k,2013年11月22日。

[4] 《土地承包法》,http://baike.baidu.com/subview/437279/5078488.htm,2013年11月22日。

同时，“建立农村产权流转交易市场，推动农村产权流转交易公开、公正、规范运行”[1]，营造健康完善的土地市场。该决定为土地产权流转实现了多方面的突破。首先，提出了多样的土地流转形式，包括抵押、担保、继承权，以及入股等。其次，实现了交易主体的多元，即通过“有偿退出”机制[2]，实现了以农户家庭为单位的土地流转。土地产权多元化是符合社会生产组织形式多样性特征的，也是通过市场机制配置土地要素的基础。最后，交易对象的完善，即农户不仅具有土地承包权的占有、使用、收益、流转及承包经营权抵押、担保权能，而且具有宅基地用益物权的更多流转权利。2014 年中央 1 号文件指出：“在落实农村土地集体所有权的基础上，稳定农户承包权、放活土地经营权，允许承包土地的经营权向金融机构抵押融资。”[3]在中国快速城镇化过程中，针对农地城镇化的流转应该是土地产权流转机制的核心，依然需要进一步强化，尤其是城乡生产要素的双向流动机制。

二、租佃制度与完善家庭联产承包责任制

租佃制度是传统中国社会土地所有权与使用权分离的主要形式，这一生产组织形式不仅满足了土地要素市场流转的需要，而且为土地所有者和使用者之间利益分割提供了新机制。一旦这种土地租赁长期化，那么也就可以构成土地市场的交易对象。

在近代中国土地制度改革的一个重要焦点就是租佃制度，主要思路是保障农民的佃权。国民政府《佃农保护法》明文规定：“佃农对于所耕土地有承佃权。”[4]推广永佃制不仅是解决民生的重要处理，也是化解土地所有权人和土地使用者冲突的安排。当前中国家庭联产承包责任制下，农民只有土地承包经营权，是一种变相的使用权。为了确保农民的利益，有必要完成确权颁证，将农民土地承包经营权稳定下来，构建一种稳定清晰的产权体系。当前中国农村耕地流转是一种基于集体土地所有权的使用权流转，与传统中国永佃制有相似

[1] 《中共中央关于全面深化改革若干重大问题的决定》，http://www.gov.cn/jrzg/2013－11/15/content_2528179.htm，2013 年 11 月 15 日。

[2] 《中共中央关于全面深化改革若干重大问题的决定》，http://www.gov.cn/jrzg/2013－11/15/content_2528179.htm，2013 年 11 月 15 日。

[3] 《关于全面深化农村改革加快推进农业现代化的若干意见》，http://www.moa.gov.cn/zwllm/zcfg/flfg/201401/t20140121_3743917.htm，2014 年 1 月 20 日。

[4] 于建嵘：《中国农民问题研究资料汇编》（第一卷下册），中国农业出版社 2007 年版，第 526 页。

性。“坚持农村土地集体所有权，依法维护农民土地承包经营权”[1]，“现有土地承包关系要保持稳定并长久不变，并按照依法自愿有偿原则，允许农民以转包、出租、互换、转让、股份合作等形式流转土地承包经营权”。[2] 土地使用权是土地市场流转的重要对象。一旦土地使用权获得稳定和独立的产权形式，那么基于用益物权的土地所有权就可以成为标准土地市场交易对象。未来改革的出路在于强化农地使用权，构建明晰稳定的产权体系，完善农民对土地收益权。

无论是土地所有权还是使用权改革，归根结底是土地收益权问题。近代中国，“减租减息”和“二五减租”都反映了政府保证农民土地收益权的努力。对于当代中国，取消农业税、给予农业补贴都是农地收益权的体现。不过，有一点需要注意的是，农地权益不仅包括农业经营收益权，还包括农地作为资产的权益。农民应该可以通过租赁、抵押、买卖等方式取得农地资产收益，并且实现城乡土地要素平等交换，与城市土地同价同权；否则，作为农民唯一资产的农地将失去其本来的价值。《中共中央关于全面深化改革若干重大问题的决定》明确规定：“保障农户宅基地用益物权，改革完善农村宅基地制度，选择若干试点，慎重稳妥推进农民住房财产权抵押、担保、转让，探索农民增加财产性收入渠道。”[3] 这种对农户土地使用权的财产收入权利的保障，有助于保护农民财产权利以及调动农户参与土地流转的积极性。

三、城市化进程中的农村土地产权与土地征收

土地征收是国家与私人在土地关系上的集中体现。尤其是在城镇化过程中，公共用地需求上升，土地征收成为政府取得公共建设用地的基本途径。土地征收也是中国近代农村土地制度的重要构成内容。孙中山平均地权思想的一个重要内容就是对地主土地予以赎买，然后分配给缺地少地的农民。国民政府曾经出台了完整的土地征收法规，中国共产党也一度试行了以征购为途径的土地改革方案。中国当前的土地征收制度存在一系列问题，无论是征收的补偿

---

〔1〕《中共中央关于全面深化改革若干重大问题的决定》，http://www.gov.cn/jrzg/2013－11/15/content_2528179.htm，2013 年 11 月 15 日。

〔2〕《中共中央关于推进农村改革发展若干重大问题的决定》，http://www.gov.cn/jrzg/2008－10/19/content_1125094.htm，2008 年 10 月 19 日。

〔3〕《中共中央关于全面深化改革若干重大问题的决定》，http://www.gov.cn/jrzg/2013－11/15/content_2528179.htm，2013 年 11 月 15 日。

标准、征收的程序、土地增值的收益分配,还是被征地农民的安置制度,都亟待完善。

(一)“涨价归公”与现行土地征收制度的悖反

一种观点认为,农地征收低补偿是以孙中山先生“涨价归公”思想为依据的。不可否认,“涨价归公”是近代中国土地思想中非常重要的部分,构成了民国土地征收的理论基础。但当前土地征收制度与孙中山“涨价归公”思想存在背离。首先,孙中山先生“涨价归公”对象是针对所有的土地,而不是针对部分土地,更没有明确限定农地转化为非农用地的土地升值,也就是说,不仅仅包括农地,还包括城市用地。[1] 其次,孙中山先生“涨价归公”的方式是地价税和土地增值税,根本上是一种渐进的方式,实行累进制的比例税,而不是将农地转变为城市用地时的增值一次性全部归公。再次,孙中山先生“涨价归公”依托于成熟的房地产市场,以土地市场价格和居民自报价格为征税的客观依据。然而,中国今日土地市场十分不成熟,只有不具充分透明性和客观性的评估价格和法定地价。最后,根本的差异在于社会环境的不同。孙中山先生“涨价归公”是以平均地权为目标,解决贫富不均问题,因为20世纪上半叶最大的贫富问题是土地分配中的贫富不均,“涨价归公”的目的是取之于地主,用之于百姓。但是,中国现在贫富差距问题已经发生根本变化,已不存在坐吃地租的地主阶级与饥寒交迫的佃农。如果“涨价归公”对象仅仅限于农地转变为城市用地的阶段,那么这种“涨价归公”无异于将进一步扩大城乡差距。可以说,中国目前的土地征收补偿等制度实际上是对孙中山先生“涨价归公”思想的背离。

(二)土地征收制度的进一步完善

土地征用市场是农地转化为非农用地的买方垄断市场,市场定价机制主要表现为居民户与政府围绕土地补偿金的讨价还价。当前的土地征收制度需要进行调整和完善。第一,还原土地征收原有职能,压缩土地征收范围。土地征收范围应该严格限制在公益性范围内。对于商业土地的取得,应该通过市场机制,而且政府不能妨碍私人土地所有权流转。所以,《中共中央关于全面深化改革若干重大问题的决定》规定:“在符合规划和用途管制前提下,允许农村集体经营性建设用地出让、租赁、入股,实行与国有土地同等入市、同权同价。缩小征地范围,规范征地程序,完善对被征地农民合理、规范、多元保障机制。扩大

---

[1] 熊金武、王昉:《“涨价归公”正义》,《河北经贸大学学报》,2011年第6期。

国有土地有偿使用范围,减少非公益性用地划拨。”[1]这就放松了政府对土地城市化的控制,有利于将土地征收制度解脱出来。不过,真正实现土地城市化的市场配置还要求寻找替代机制。第二,进一步完善土地补偿机制。土地征收补偿应该具有以下几个方面的特征:首先,具有足够的差异性,根据不同土地权属给予差异性补偿。其次,建立被征地农民分享土地升值的长效机制,比如土地证券化等。再次,实现失地农民择业自由。在当前的户籍制度和土地制度下,农民一旦被征地,将失去继续做农民的自由,形成了“被城市化”。最后,客观的地价标准。土地征收补偿应该以土地市场价格为依据。如果土地价格没有形成,依然可以借鉴孙中山地价税核定机制,即地价由地主自行申报,政府有权“照地价收税”和“照地价收买”,消除土地价值的信息不对称困境。[2] 据悉,《中华人民共和国土地管理法(修正案)》已上报中国国务院审议,征地制度将呈现三大变化:一是缩小土地征收范围;二是规范土地征收程序;三是完善被征地农民合理、规范、多元保障机制。[3] 可以预见,中国的土地征收制度将朝着更加规范、完善的方向发展。

近代中国土地思想和土地制度非常丰富,对于当前中国经济改革具有很强的启发性。历史经验告诉我们,只有一个建立完善产权制度并能够充分尊重私人财产权利的社会,才能获得经济上的充分发展。因此,中国进一步的土地制度改革应该充分围绕尊重财产权利的中心展开,通过市场机制保证城乡要素平等交换,进一步明晰土地产权,允许土地产权制度的多元化,同时完善土地征收制度以及配套的土地财政体系和金融体系,实现城乡要素的平等交换和双向流动,让农民也能够分享土地增值收益。从中国近代的历史来看,正是中国共产党在不断探索和试错中建立了适合中国实际情况的土地制度。从最广大人民群众根本利益出发,从中国现实出发,是进一步深化土地制度改革所应该坚守的,这也是我们在对中国近代地权关系和制度思想考察后得出的重要启示。

---

〔1〕《中共中央关于全面深化改革若干重大问题的决定》,http://www.gov.cn/jrzg/2013-11/15/content_2528179.htm,2013 年 11 月 15 日。

〔2〕 熊金武、黄义衡、徐庆:《农地征收补偿标准的困境解析与机制设计》,《现代财经》,2013 年第 1 期。

〔3〕《“新土地法”聚焦征地矛盾 中国征地制度迎“大变脸”》,http://news.cctv.com/2017/08/17/ARTI1KfdhObCW6zO2y7Hk3Ei170817.shtml,2017 年 8 月 17 日。

主要参考文献*

一、专著类

1. 胡汉民:《总理全集》(第2集),上海民智书局1930年版。

2. 陈豹隐:《经济学原理十讲》(上册),北平好望书店1931年版。

3. 余棨昌:《民法要论·物权》,北平朝阳学院1931年版。

4. 吴学义:《民事法论丛》(第一辑),法律评论社1931年版。

5. 陈翰笙:《现代中国的土地问题》,(上海)国立中央研究院1933年版。

6.《上海市征收暂行地价税章则汇编》,"中美百万册电子图书项目"1933年版。

7. 蒋中正:《蒋委员长言论集》,中国文化建设协会1935年版。

8. 柯凌汉:《中华物权法论纲》,商务印书馆1935年版。

9. 刘志敭:《民法物权》,大东书局1936年版。

10. 梁启超:《饮冰室合集》(十八),中华书局1936年版。

11. 黄右昌:《民法诠解·物权编》(上册),商务印书馆1947年版。

12. 曹杰:《中国民法物权论》,商务印书馆1947年版。

13. [日]长野朗:《中国土地制度的研究》,雷啸岑译,神州国光出版社1948年版。

14. 夏炎德:《中国近百年经济思想》,上海商务印书馆1948年版。

15. 中国法规刊行社编审委员会:《中华民国宪法》,中国法规刊行社1948年版。

16. 严中平等:《中国近代经济史统计资料选辑》,科学出版社1955年版。

17.《孙中山选集》(下卷),人民出版社1956年版。

18. 李文治:《中国近代农业史资料》(第1辑),北京三联书店1957年版。

---

* 解放前关于土地的参考文献已收入附录中,在此部分不再重复。

19. 章有义:《中国近代农业史资料》(第 2 辑),北京三联书店 1957 年版。

20. 章有义:《中国近代农业史资料》(第 3 辑),北京三联书店 1957 年版。

21. 何香凝:《回忆孙中山和廖仲恺》,中国青年出版社 1957 年版。

22. 王韬:《弢园文录外编》,中华书局 1959 年版。

23. 康芒斯:《制度经济学》,商务印书馆 1960 年版。

24. 张枬等:《辛亥革命前十年间时论选集》(第 2 卷),三联书店 1963 年版。

25. 萧铮:《土地改革五十年:萧铮回忆录》,(中国台北)中国地政研究所 1966 年印行。

26. 郭卫:《大理院判决例全书》,中国台湾成文出版社有限公司 1972 年版。

27.《朱执信集》,中华书局 1979 年版。

28. 中共中央党校党史教研室:《中共党史参考资料》(一)(二)(三),人民出版社 1979 年版。

29.《蔡和森文集》,湖南人民出版社 1979 年版。

30. 中国人民银行金融研究所:《中国农民银行》,中国财政经济出版社 1980 年版。

31.《李达文集》(第 1 卷),人民出版社 1980 年版。

32. 章开沅:《辛亥革命史》(中册),人民出版社 1980 年版。

33. 萧铮:《土地改革五十年》,中国台湾地政研究所 1980 年版。

34. 朱嗣德:《中国农村经济问题(民国二十年至三十年代)》,(中国台北)中国地政研究所 1980 年版。

35. 梁方仲:《中国历代户口、土地、田赋统计》,上海人民出版社 1980 年版。

36.《孙中山全集》,中华书局 1981 年版。

37.《邓演达文集》,人民出版社 1981 年版。

38. 冯自由:《革命逸史》(第 3 集),中华书局 1981 年版。

39. 中国第二历史档案馆:《中华民国史档案资料汇编》,江苏古籍出版社 1981 年版。

40. 中国社会科学院经济研究所中国现代经济史组:《第一、二次国内革命战争时期土地斗争史料选编》,人民出版社 1981 年版。

41. 王亚南:《中国官僚政治研究:中国官僚政治之经济的历史解析》,中国社会科学出版社 1981 年版。

42.《彭湃文集》,人民出版社 1981 年版。

43.《毛泽东农村调查文集》,人民出版社 1982 年版。

44. [美]伊利、莫尔豪斯:《土地经济学原理》,藤维藻译,商务印书馆 1982 年版。

45. 中共中央党校党史研究室:《土地革命纪事(1927—1937)》,求实出版社 1982 年版。

46. 中国人民银行上海市分行金融研究室:《中国第一家银行》,中国社会科学出版社 1982 年版。

47. 赵靖、易梦虹:《中国近代经济思想资料选集》(下册),中华书局 1982 年版。

48. 中国社科院近代史所等:《孙中山全集》(第 9 卷),中华书局 1982 年版。

49.《中共中央文件选集(1921—1925)》,中共中央党校出版社 1983 年版。

50. 许道夫:《中国近代农业生产及贸易统计资料》,上海人民出版社 1983 年版。

51. [法]保尔·芒图:《十八世纪产业革命——英国近代大工业初期的状况》,商务印书馆 1983 年版。

52. 薛暮桥、冯和法:《〈中国农村〉论文选》(上),人民出版社 1983 年版。

53. 胡寄窗:《中国近代经济思想史大纲》,中国社会科学出版社 1984 年版。

54. 张培刚:《农业与工业化》,华中工学院出版社 1984 年版。

55.《章太炎全集》(第 3 卷),上海人民出版社 1984 年版。

56.《李大钊文集》,人民出版社 1984 年版。

57. 李达:《李达文集》(第 3 卷),人民出版社 1984 年版。

58.《独秀文存》,人民出版社 1984 年版。

59. 张其昀:《先总统蒋公全集》(第 1 卷),中国台北中国文化大学出版社 1984 年版。

60. [美]德怀特·希尔德·帕金斯:《中国农业的发展(1368—1968)》,宋海文等译,上海译文出版社 1984 年版。

61.《马克思恩格斯全集》,人民出版社 1985 年版。

62. 许涤新、吴承明:《中国资本主义发展史》,人民出版社 1985 年版。

63. 赵冈、陈钟毅:《中国土地制度史》,中国台北联经出版公司 1985 年版。

64. 吴慧:《中国历代粮食亩产研究》,农业出版社 1985 年版。

65. 荣孟源:《中国国民党历次代表大会及中央全会资料》,光明日报出版社

1985 年版。

66. 中国第二历史档案馆:《中国国民党第一、二次全国代表大会会议史料》,江苏古籍出版社 1986 年版。

67. 周远廉、谢肇华:《清代租佃制度研究》,辽宁人民出版社 1986 年版。

68. 曹幸穗:《旧中国苏南农家经济研究》,中央编译出版社 1986 年版。

69.《薛福成选集》,上海人民出版社 1987 年版。

70. 萧铮:《中国人地关系史》,(中国台北)商务印书馆 1987 年版。

71. [美]西奥多 · W. 舒尔茨:《改造传统农业》,梁小民译,商务印书馆 1987 年版。

72.《第二次国内革命战争时期土地革命文献选编(一九二七——九三七)》,中共中央党校出版社 1987 年版。

73. 章有义:《近代徽州租佃关系案例研究》,中国社会科学出版社 1988 年版。

74. 曾宪林等:《邓演达历史资料》,华中理工大学出版社 1988 年版。

75. 杨国桢:《明清土地契约文书研究》,人民出版社 1988 年版。

76. 赵德馨:《中国近代国民经济史教程》,高等教育出版社 1988 年版。

77. 赵文林、谢淑君:《中国人口史》,人民出版社 1988 年版。

78. [美]罗纳德 · I. 麦金农著:《经济发展中的货币与资本》,卢骢译,上海三联书店 1988 年版。

79.《中国土地改革史料选编》,国防大学出版社 1988 年版。

80. 中央档案馆:《中共中央文件选集》(第 3 册),中共中央党校出版社 1989 年版。

81. 梁启超:《饮冰室文集》,中华书局 1989 年版。

82. [美]吉尔伯特 · 罗兹曼:《中国的现代化》,上海人民出版社 1989 年版。

83. [罗马]查士丁尼:《法学总论》,商务印书馆 1989 年版。

84. [美]伯纳德 · 施瓦茨:《美国法律史》,中国政法大学出版社 1989 年版。

85. 梁漱溟:《梁漱溟全集》(第 2 卷),山东人民出版社 1989 年版。

86. 陈旭麓、郝盛潮:《孙中山集外集》,上海人民出版社 1990 年版。

87. 赵效民:《中国土地改革史》,人民出版社 1990 年版。

88. [美]W. 阿瑟 · 刘易斯:《经济增长理论》,上海三联书店 1990 年版。

89. [美]约瑟夫 · 熊彼特:《经济分析史》,商务印书馆 1991 年版。

90.《毛泽东选集》(第 2 卷),人民出版社 1991 年版。

91.《毛泽东选集》(第 3 卷),人民出版社 1991 年版。

92. 中央档案馆:《中共中央文件选集》(第 7 册),中共中央党校出版社 1991 年版。

93. 王利明:《国家所有权研究》,中国人民大学出版社 1991 年版。

94. 乌廷玉:《中国租佃关系通史》,吉林文史出版社 1992 年版。

95. 托达罗:《经济发展与第三世界》,中国经济出版社 1992 年版。

96. 费正清等:《东亚文明:传统与变革》,天津人民出版社 1992 年版。

97. 刘键清等:《中国国民党党史》,江苏古籍出版社 1992 年版。

98. 林毅夫:《制度、技术与中国农业发展》,上海三联书店、上海人民出版社 1992 年版。

99. [瑞典]冈纲·缪尔达尔:《亚洲的戏剧:对一些国家贫困问题的研究》,谭力文等译,北京经济学院出版社 1992 年版。

100. 早见雄次郎、弗农·拉坦等:《农业发展:国际前景》,吴伟东译,商务印书馆 1993 年版。

101. 陈吉元、陈家骧、杨勋:《中国农村社会经济变迁(1949—1989)》,山西经济出版社 1993 年版。

102. 中共中央文献研究室:《毛泽东年谱(1893—1949)》(下卷),人民出版社 1993 年版。

103. 刘诗白:《产权新论》,西南财经大学出版社 1993 年版。

104. [美]布迪、莫里斯:《中华帝国的法律》,江苏人民出版社 1993 年版。

105. 郭德宏:《中国近代农民土地问题研究》,青岛出版社 1993 年版。

106. [美]道格拉斯·诺斯:《制度、制度变迁与经济绩效》,上海三联书店 1993 年版。

107. 杜松:《土地革命战争时期中国农村经济调查团活动始末》,《中共党史资料》(第四十五辑),中共党史出版社 1993 年版。

108. 成汉昌:《中国土地制度与土地改革——20 世纪前半期》,中国档案出版社 1994 年版。

109. [美]道格拉斯·C. 诺斯:《经济史中的结构与变迁》,上海三联书店 1994 年版。

110. [美]罗伯特·考特、托马斯·尤伦:《法和经济学》,上海三联书店、上海人民出版社 1994 年版。

111. 中国第二历史档案馆:《中华民国史档案资料汇编》,江苏古籍出版社 1994 年版。

112. 金德群:《民国时期农村土地问题》,红旗出版社 1994 年版。

113. 沈国民:《土地使用权研究》,上海远东出版社 1994 年版。

114. 张军:《现代产权经济学》,上海三联书店、上海人民出版社 1994 年版。

115. 梁治平:《清代习惯法:社会与国家》,中国政法大学出版社 1994 年版。

116. 钟祥财:《中国土地思想史稿》,上海社会科学院出版社 1995 年版。

117. [美]费正清、赖肖尔:《中国:传统与变革》,江苏人民出版社 1995 年版。

118. [美]杜赞奇:《文化、权力与国家——1900—1942 年的华北农村》,王福明译,江苏人民出版社 1995 年版。

119. 许纪霖、陈达凯:《中国现代化史》,上海三联书店 1996 年版。

120. 刘德全:《西方法律思想史》,中国政法大学出版社 1996 年版。

121. [英]梅因:《古代法》,商务印书馆 1996 年版。

122. 何怀宏:《世袭社会及其解体——中国历史上的春秋时代》,三联书店 1996 年版。

123. 曹幸穗:《旧中国苏南农家经济研究》,中央编译出版社 1996 年版。

124. [美]Y. 巴泽尔:《产权的经济分析》,上海三联书店、上海人民出版社 1997 年版。

125. 肖耿:《产权与中国的经济改革》,中国社会科学出版社 1997 年版。

126. 叶世昌:《近代中国经济思想史》,上海人民出版社 1998 年版。

127. [德]韦伯:《论经济与社会中的法律》,张乃根译,中国大百科全书出版社 1998 年版。

128. [日]滋贺秀三等著,王亚新、梁治平编:《明清时期的民事审判与民间契约》,法律出版社 1998 年版。

129. 张晋藩:《清朝法制史》,中华书局 1998 年版。

130. 南京地政研究所:《中国土地问题研究》,中国科技大学出版社 1998 年版。

131.《无锡县土地志》编纂委员会:《无锡县土地志》,江苏人民出版社 1998 年版。

132.《马寅初全集》,浙江人民出版社 1999 年版。

133. [美]A. 爱伦·斯密德:《财产、权力和公共选择——对法和经济学的进一步思考》,黄祖辉、蒋文华、郭红东、宝贡敏译,上海三联书店、上海人民出版社 1999 年版。

134. [英]玛格丽特·M. 布莱尔:《所有权与控制》,中国社会科学出版社 1999 年版。

135. [英]约翰·希克斯:《经济史理论》,商务印书馆 1999 年版。

136. 陈国灿:《唐代的经济社会》,中国台北文津出版社 1999 年版。

137. [美]E. 博登海默:《法理学》,邓正译,中国政法大学出版社 1999 年版。

138. 白寿彝:《中国通史》(第十二卷),上海人民出版社 1999 年版。

139. 蔡鸿源:《民国法规集成》(第三十三册),黄土书社 1999 年版。

140. [美]马若孟:《中国农民经济》,史建云译,江苏人民出版社 1999 年版。

141. 熊月之:《上海通史》(第九册),上海人民出版社 1999 年版。

142. 刘克祥等:《中国近代经济史简编》,浙江人民出版社 1999 年版。

143. 温铁军:《中国农村基本经济制度研究——"三农"问题的世纪反思》,中国经济出版社 2000 年版。

144. 罗必良:《经济组织的制度逻辑——一个理论框架对中国农民经济组织的应用研究》,山西经济出版社 2000 年版。

145. 程虹:《制度变迁的周期——一个一般理论及其对中国改革的研究》,人民出版社 2000 年版。

146. 迟福林:《走入 21 世纪的中国农村土地制度改革》,中国经济出版社 2000 年版。

147. 郑大华:《民国乡村建设运动》,社会科学文献出版社 2000 年版。

148. [美]H. 德姆塞茨:《所有权、控制与企业》,经济科学出版社 2000 年版。

149. [美]R. 科斯、A. 阿尔钦、D. 诺斯等:《财产权利与制度变迁》,上海三联书店、上海人民出版社 2000 年版。

150. 黄宗智:《长江三角洲小农家庭与乡村发展》,中华书局 2000 年版。

151. 黄宗智:《华北的小农经济与社会变迁》,中华书局 2000 年版。

152. [德]柯武刚、史漫飞:《制度经济学:社会秩序与公共政策》,商务印书馆 2000 年版。

153. 夏明方:《民国时期自然灾害与乡村社会》,中华书局 2000 年版。

154. 何炳棣:《明初以降人口及其相关问题(1368—1953)》,三联书店 2000 年版。

155. 郑大华:《民国乡村建设运动》,社会科学文献出版社 2000 年版。

156. 张佩国:《地权分配·农家经济·村落社区——1900—1945 年的山东农村》,齐鲁书社 2000 年版。

157. 苑书义、董从林:《近代中国小农经济的变迁》,人民出版社 2001 年版。

158. 王景新:《中国农村土地制度的世纪变革》,中国经济出版社 2001 年版。

159. 王利明:《民商法研究》(第 2 辑),法律出版社 2001 年版。

160. 张五常:《佃农理论——应用于亚洲的农业和台湾的土地改革》,商务印书馆 2001 年版。

161. 孙宪忠:《论物权法》,法律出版社 2001 年版。

162. [日]青木昌彦:《比较制度分析》,周黎安译,上海远东出版社 2001 年版。

163. 周其仁:《产权与制度变迁:中国改革的经验研究》,社会科学文献出版社 2002 年版。

164. 中国社会科学院科研局:《陈翰笙集》,中国社会科学出版社 2002 年版。

165. [英]R. G. 柯林武德:《历史的观念》,商务印书馆 2002 年版。

166. 林端:《儒家伦理与法律文化》,中国政法大学出版社 2002 年版。

167. 张佩国:《近代江南乡村地权的历史人类学研究》,上海人民出版社 2002 年版。

168. 马学强:《从传统到近代——江南城镇土地产权制度研究》,上海社会科学院出版社 2002 年版。

169. 张红宇:《中国农村的土地制度变迁》,中国农业出版社 2002 年版。

170. 周其仁:《产权与制度变迁:中国改革的经验研究》,社会科学文献出版社 2002 年版。

171. 周林彬:《物权法新论——一种法律经济分析的观点》,北京大学出版社 2002 年版。

172. 李军林:《制度变迁的路径分析——一种博弈理论框架及其应用》,经济科学出版社 2002 年版。

173. 沈守愚:《土地法学通论》,中国大地出版社 2002 年版。

174. 徐浩:《农民经济的历史变迁——中英乡村社会区域发展比较》,社会科学文献出版社 2002 年版。

175. 侯建新:《农民、市场与社会变迁——冀中 11 村透视并与英国乡村比较》,社会科学文献出版社 2002 年版。

176. 盛洪:《现代制度经济学》,北京大学出版社 2003 年版。

177. [日]速水佑次郎:《发展经济学——从贫困到富裕》,社会科学文献出版社 2003 年版。

178. 段文斌:《制度经济学——制度主义与经济分析》,南开大学出版社 2003 年版。

179. [美]科斯、诺斯、威廉姆森等著,[法]克劳德・梅纳尔编:《制度、契约与组织——从新制度经济学角度的透视》,经济科学出版社 2003 年版。

180. [美]科斯、斯蒂格利茨等著,[瑞]拉斯・沃因、汉斯・韦坎德编:《契约经济学》,经济科学出版社 2003 年版。

181. 肖厚国:《所有权的兴起与衰落》,山东人民出版社 2003 年版。

182. 陈君静:《大洋彼岸的回声:美国中国史研究历史考察》,中国社会科学出版社 2003 年版。

183. 李金铮:《民国乡村借贷关系研究》,人民出版社 2003 年版。

184. 罗荣渠:《现代化新论——世界与中国的现代化进程》,商务印书馆 2004 年版。

185. 夏新华等:《近代中国宪政历程:史料荟萃》,中国政法大学出版社 2004 年版。

186. 侯建新:《转型时代的西欧与中国》,高等教育出版社 2005 年版。

187. 曹正汉:《观念如何塑造历史》,上海人民出版社 2005 年版。

188. 沈汉:《英国土地制度史》,学林出版社 2005 年版。

189. 赵冈:《永佃制研究》,中国农业出版社 2005 年版。

190. 石世奇:《中国传统经济思想研究:石世奇文集》,北京大学出版社 2005 年版。

191. 梁漱溟:《乡村建设理论》,上海人民出版社 2006 年版。

192. 李德英:《国家法令与民间习惯——民国时期成都平原租佃制度新探》,中国社会科学出版社 2006 年版。

193. 李倩:《民国时期契约制度研究》,北京大学出版社 2006 年版。

194. 程念祺:《国家力量与中国经济的历史变迁》,新星出版社 2006 年版。

195. 杜恂诚、严国海、孙林:《中国近代国有经济思想、制度与演变》,上海人民出版社 2007 年版。

196. [美]柯文:《在中国发现历史——中国中心观在美国的兴起》,中华书局 2007 年版。

197. 赵阳:《共有与私有——中国农地产权制度的经济学分析》,三联书店 2007 年版。

198. 钱乘旦、许洁明:《英国通史》,上海社会科学院出版社 2007 年版。

199. [法]马克・布洛赫:《封建社会》(下卷),商务印书馆 2007 年版。

200. 于建嵘:《中国农民问题研究资料汇编》(第一卷下册),中国农业出版社 2007 年版。

201. 于建嵘:《中国农民问题研究资料汇编》(第二卷上册),中国农业出版社 2007 年版。

202. 谈敏:《回溯历史——马克思主义经济学在中国的传播前史》,上海财经大学出版社 2008 年版。

203. 盛邦跃:《卜凯视野中的中国近代农业》,社会科学文献出版社 2008 年版。

204. 陈梧桐:《明代后期中国向近代社会转型》,中国社会科学出版社 2008 年版。

205. [美]李丹:《理解农民中国:社会科学哲学的案例研究》,江苏人民出版社 2008 年版。

206. 莫宏伟、张成浩:《新区农村的土地改革》,江苏大学出版社 2009 年版。

207. 熊文钊:《公法原理》,北京大学出版社 2009 年版。

208. 汪效驷:《江南乡村社会的近代转型——基于陈翰笙无锡调查的研究》,安徽人民出版社 2009 年版。

209.《民国时期社会调查丛编・乡村经济卷(下)》,福建教育出版社 2009 年版。

210. 咸鸿昌:《英国土地法律史——以保有权为视角的调查》,北京大学出版社 2009 年版。

211. 付红:《民国时期现代农村金融制度变迁研究——以国民政府时期为中心》,中国物资出版社 2009 年版。

212. 张丽:《非平衡化与不平衡——从无锡近代农村经济发展看中国近代农村经济的转型(1840—1949)》,中华书局 2010 年版。

213. [日]城山智子:《大萧条时期的中国——市场、国家与世界经济(1929—1937)》,江苏人民出版社 2010 年版。

214. 甘犁等:《中国家庭金融调查报告·2012》,西南财经大学出版社 2012 年版。

215. 龙登高:《地权市场与资源配置》,福建人民出版社 2012 年版。

216. 杨士泰:《清末民国地权制度变迁研究》,社会科学出版社 2010 年版。

二、论文类

1. 梁启超:《杂答某报》,《新民丛报》,1905 年第 86 号。

2. 胡汉民:《〈民报〉之六大主义》,《民报》,1906 年第 3 号。

3. 王世杰:《财产权性质之新义》,《社会科学季刊》,1923 年第 1 期。

4. 燕树棠:《财产观念之变迁》,《社会科学季刊》,1925 年第 3 期。

5. 苏希洵:《所有权观念之变迁与所有权立法之趋势》,《中华法学杂志》,1930 年第 2 期。

6. 王宠惠:《所有权之今昔观》,《中华法学杂志》,1931 年第 6 期。

7. 冯静远:《从划一合作社名称说到利用合作》,《农村合作》,1936 年第 2 卷第 3 期。

8. 吴芳亭:《所有权观念之演变》,《中华法学杂志》,1937 年第 7 期。

9. 张剑萍:《农业不动产金融》,《农村合作》,1937 年第 2 卷第 6 期。

10. 周鸿文:《农业不动产金融机关之理论与理想》,《农行月刊》,1937 年第 4 卷第 2 期。

11. 王稼祥:《关于三民主义与共产主义》,《解放》,1939 年第 86 期。

12. 吕振羽:《中世纪与近代土地契约形式及土地所有权性质问题》,《史学集刊》,1982 年第 2 期。

13. 元邦健:《从“平均地权”到“耕者有其田”——孙中山晚年在农民土地问题上认识的发展》,《贵州师大学报》,1986 年第 3 期。

14. 章有义:《本世纪二三十年代我国地权分配的再估计》,《中国社会经济史研究》,1988 年第 2 期。

15. 王翔:《论中国近代化的三个层次》,《中州学刊》,1988 年第 4 期。

16. 郭德宏:《旧中国土地占有状况及发展趋势》,《中国社会科学》,1989 年第 4 期。

17. 陶诚:《30 年代前后的中国农村调查》,《中国社会经济史研究》,1990 年第 3 期。

18. 蒋建农:《从孙中山到邓演达——平均地权学说的历史发展》,《史学月刊》,1990 年第 6 期。

19. 章有义:《近代中国人口和耕地的再估计》,《中国经济史研究》,1991 年第 1 期。

20. 章开沅:《愤悱 · 讲画 · 变力——对外反应与中国近代化》,《历史研究》,1991 年第 2 期。

21. 陈廷煊:《近代中国地主土地所有制下的租佃关系》,《中国经济史研究》,1991 年第 4 期。

22. 秦晖:《古典租佃制初探——汉代与罗马租佃制度比较研究》,《中国经济史研究》,1992 年第 4 期。

23. 彭玉安:《近代江苏人口探析》,《江苏社会科学》,1992 年第 4 期。

24. 秦晖:《封建社会的“关中模式”——土改前关中农村经济研究之一》,《中国经济史研究》,1993 年第 1 期。

25. 刘守英:《中国农地制度的合约结构与产权残缺》,《中国农村经济》,1993 年第 2 期。

26. 魏金玉:《清代押租制度新探》,《中国经济史研究》,1993 年第 3 期。

27. 方行:《清代前期的小农经济》,《中国经济史研究》,1993 年第 3 期。

28. 史建云:《近代华北平原自耕农初探》,《中国经济史研究》,1994 年第 1 期。

29. 郑杭生:《中国社会大转型》,《中国软科学》,1994 年第 1 期。

30. 王玉茹:《近代中国生产要素市场价格初探》,《中国经济史研究》,1994 年第 2 期。

31. 吴存浩:《中国近代农业危机表现及特点试论》,《中国农史》,1994 年第 3 期。

32. 高王凌:《明清时期的中国人口》,《清史研究》,1994 年第 3 期。

33. 张东刚:《论中国近代化过程中的制度安排与变迁》,《南开经济研究》,1994 年第 5 期。

34. 郑庆平:《对中国近代农业生产力的基本估计》,《晋阳学刊》,1994 年第 6 期。

35. 葛剑雄、曹树基:《对明代人口总数的新估计》,《中国史研究》,1995 年第 1 期。

36. 王思明:《工业化、城市化与农业变化——中美农业发展比较研究》,《中国经济史研究》,1995 年第 3 期。

37. 董国强:《试论解放战争时期国共两党的土地和农民政策》,《江苏社会科学》,1996 年第 4 期。

38. 陈曼娜、陈伯超:《论近代中国社会结构的转型》,《河南大学学报》(社会科学版),1996 年第 4 期。

39. 袁祖亮、延胜:《二十世纪中国历史学回顾:中国古代人口研究回顾与展望》,《历史研究》,1996 年第 5 期。

40. 童之伟:《公民权利国家权力对立统一关系论纲》,《中国法学》,1996 年第 6 期。

41. 刘伟:《近代中国社会转型的发展趋势及其特征》,《华中师范大学学报》(哲学社会科学版),1997 年第 1 期。

42. 安静波:《"平均地权"几个问题之我见》,《学术交流》,1997 年第 2 期。

43. 朱玉湘:《试论近代中国的土地占有关系及其特点》,《文史哲》,1997 年第 2 期。

44. 史建云:《近代华北平原地租形态研究》,《近代史研究》,1997 年第 3 期。

45. 马敏:《有关中国近代社会转型的几点思考》,《天津社会科学》,1997 年第 4 期。

46. 张佩国:《寻求经济史和社会史的契合——中国近代农村土地分配研究方法论探讨》,《江海学刊》,1997 年第 6 期。

47. 夏明方:《近代中国粮食生产与气候波动——兼评学术界关于中国近代农业生产力水平问题的争论》,《社会科学战线》,1998 年第 2 期。

48. 李三谋:《民国前中期土地贸易之特征》,《中国农史》,1998 年第 2 期。

49. 赵文洪:《中世纪西欧城市与私人财产权利的发展》,《史学月刊》,1998

年第2期。

50. 史建云:《近代华北平原佃农的土地经营及地租负担——近代华北平原租佃关系探索之二》,《近代史研究》,1998年第6期。

51. 张杰:《二重结构与制度演进——对中国经济史的一种新的尝试性解释》,《社会科学战线》,1998年第6期。

52. 姚洋:《农地制度与农业绩效的实证研究》,《中国农村观察》,1998年第6期。

53. 张福记、陆远权:《近代中国乡村危机简论》,《史学月刊》,1999年第1期。

54. 张丽:《关于中国近代农村经济的探讨》,《中国农史》,1999年第2期。

55. 刘莹:《中国近代社会转型之我见》,《人文杂志》,1999年第3期。

56. 叶坦:《经济文化一体性理论与中国经济思想史研究》,《聊城师范学院学报》(哲学社会科学版),1999年第3期。

57. 李宏图:《从农业文明到工业文明——西方近代社会转型的历史经验及启示》,《探索与争鸣》,2000年第1期。

58. 刘克祥:《1927－1937年的地价变动与土地买卖——30年代土地问题研究之一》,《中国经济史研究》,2000年第1期。

59. 李三谋、李震:《民国前中期土地租佃关系的变化》,《农业考古》,2000年第1期。

60. 黄日达:《1840－1949年中国的农业增加值》,《财经问题研究》,2000年第1期。

61. 姚洋:《中国农地制度:一个分析框架》,《中国社会科学》,2000年第2期。

62. 张佩国:《近代山东农村的土地经营方式:惯性述描与制度分析》,《东方论坛》,2000年第2期。

63. 许檀:《明清时期城乡市场网络体系的形成及意义》,《中国社会科学》,2000年第3期。

64. 张岸元:《租约选择的微观经济分析》,《南开经济研究》,2000年第3期。

65. 高翔:《论清前期中国社会的近代化趋势》,《中国社会科学》,2000年第4期。

66. 侯建新:《二十世纪二三十年代中国农村经济调查与研究评述》,《史学月刊》,2000 年第 4 期。

67. 孙占元:《中国近代化问题研究述评》,《史学理论研究》,2000 年第 4 期。

68. 王洪:《作为不完全契约的产权:一个注释》,《改革》,2000 年第 5 期。

69. 青木昌彦:《什么是制度? 我们如何理解制度?》,《经济社会体制比较》,2000 年第 6 期。

70. 叶茂:《中国历史上的要素市场与土地买卖——“中国历史上的商品经济”系列研讨会第四次会议纪要》,《中国经济史研究》,2001 年第 1 期。

71. 陈意新:《美国学者对中国近代农业经济的研究》,《中国经济史研究》,2001 年第 1 期。

72. 李少军:《“中国近代化史与社会转型学术研讨会”综述》,《近代史研究》,2001 年第 2 期。

73. 吴承明:《经济史:历史观与方法论》,《中国经济史研究》,2001 年第 3 期。

74. 姜爱林:《略论解放战争时期我党的土地政策》,《北华大学学报》(社会科学版),2001 年第 3 期。

75. 杨杭军:《中国社会由传统向近代转型的思考》,《黄河科技大学学报》,2001 年第 3 期。

76. 葛金芳、顾蓉:《试论百年中国历史的外显形态与内在主题》,《湖北大学成人教育学院学报》,2001 年第 4 期。

77. 刘克祥:《20 世纪 30 年代地权集中趋势及其特点——30 年代土地问题研究之二》,《中国经济史研究》,2001 年第 3 期。

78. 侯建新:《近代冀中土地经营及地权转移趋势——兼与前工业英国地权转移趋势比较》,《中国经济史研究》,2001 年第 4 期。

79. 胡幸福:《社会转型时期中西封建土地制度状况及影响比较》,《山西师大学报》(社会科学版),2001 年第 4 期。

80. 张广智:《西欧社会近代转型问题断想》,《浙江学刊》,2001 年第 5 期。

81. 郑志廷、焦亚葳:《论〈中国土地法大纲〉的历史地位》,《河北大学学报》(哲学社会科学版),2002 年第 2 期。

82. 胡景北:《农业土地制度和经济发展机制:对二十世纪中国经济史的一

种理解》,《经济学》(季刊),2002 年第 2 期。

83. 成德宁:《英国前工业化时期的农业革命及其在社会转型中的作用》,《安徽史学》,2002 年第 3 期。

84. 卢孔德:《“耕者有其田”:孙中山的土地革命纲领》,《云南师范大学学报》,2002 年第 3 期。

85. 兰虹、冯涛:《路径依赖的作用:家庭联产承包责任制的建立与演进》,《当代经济科学》,2002 年第 3 期。

86. 史志宏:《二十世纪三、四十年代华北平原农村的土地分配及其变化》,《中国经济史研究》,2002 年第 4 期。

87. 徐旺生:《论中国传统农业的“效率空间”及相关问题》,《中国农史》,2002 年第 4 期。

88. 温锐:《清末民初赣闽地区土地租佃制度与农村社会经济》,《中国经济史研究》,2002 年第 4 期。

89. 廖光珍:《1949 年前国民党土地政策述评》,《贵州社会科学》,2003 年第 1 期。

90. 赵炎才:《时代性、超越性及其互动模式——对中国传统社会近代转型基本特征的再探讨》,《贵州师范大学学报》(社会科学版),2003 年第 1 期。

91. 李萍、靳乐山:《中国传统农业生产力水平变迁的技术分析》,《中国农业大学学报》(社会科学版),2003 年第 1 期。

92. 史志宏:《二十世纪三、四十年代华北平原农村的租佃关系和雇佣关系——以河北省清苑县 4 村为例》,《中国经济史研究》,2003 年第 1 期。

93. 包利民、滕琪:《近代社会契约论的权利/权力观的三种维度》,《浙江学刊》,2003 年第 1 期。

94. 赵冈:《试论地主的主导力》,《中国社会经济史研究》,2003 年第 2 期。

95. 栾爽:《震荡与冲突:近代中国社会结构转型探析》,《西南交通大学学报》(社会科学版),2003 年第 4 期。

96. 李金铮、邹晓昇:《二十年来中国近代乡村经济史的新探索》,《历史研究》,2003 年第 4 期。

97. 李明伟:《传统社会崩解与中国现代化道路》,《社会科学辑刊》,2003 年第 5 期。

98. 陈志刚、曲福田:《农地产权制度的演变与耕地绩效——对转型期中国的实证分析》,《财经研究》,2003年第6期。

99. 刘云生:《西方近代所有权立法的三大前提——所有权的伦理学、经济学、法哲学思考》,《现代法学》,2004年第1期。

100. 陈意新:《重新认识民国时期农业经济——对中国学者近年著述的评论》,《中国学术》,2004年第1期。

101. 仲伟民:《学术界对前近代中国研究的分歧——以彭慕兰、黄宗智的观点为中心》,《河北学刊》,2004年第2期。

102. 赵光侠:《契约思想与市场经济的内在契合》,《广西社会科学》,2004年第4期。

103. 武力:《20世纪30—40年代保定农村土地分散趋势及其原因》,《古今农业》,2004年第4期。

104. 郭春华:《试论南京国民政府的土地征收制度》,《民国档案》,2004年第4期。

105. 杨晓猛:《人口压力与经济增长:理论与中国的经验检验》,《中国人口科学》,2004年第6期。

106. 汤毅平:《论清末的法律近代化》,《时代法学》,2005年第1期。

107. 王玉茹:《中国近代的经济增长和中长周期波动》,《经济学》(季刊),2005年第1期。

108. 张研:《关于中国传统社会土地权属的再思考——以土地交易过程中的"乡规"、"乡例"为中心》,《安徽史学》,2005年第1期。

109. 叶世昌、苗欣宇:《陈翰笙民主革命时期的经济思想》,《复旦学报》(社会科学版),2005年第2期。

110. 徐畅:《农家负债与地权异动——以20世纪30年代前期长江中下游地区农村为中心》,《近代史研究》,2005年第2期。

111. 莫宏伟:《近代中国农村的永佃权述析——以苏南为例》,《学术论坛》,2005年第7期。

112. 渠桂萍:《现代化的压力与乡村危机——20世纪二三十年代乡村危机的一个分析视角》,《社会科学辑刊》,2005年第4期。

113. 王元华、张铭:《对西方近代社会契约论思想的再思考》,《探讨与争鸣》,2005年第5期。

114. 谢迪斌:《20世纪以来中国农地产权制度的演变特征与启示》,《学术研究》,2005 年第 5 期。

115. 严国海:《孙中山的土地国有思想及其现实意义》,《上海财经大学学报》,2005 年第 5 期。

116. 杨民、杨献东:《土地改革与工业化的相互作用研究》,《社会科学》,2005 年第 11 期。

117. 夏扬:《由民间规则到国家制定法——析中国土地制度与地政管理的近代转型》,《暨南学报》(哲学社会科学版),2006 年第 1 期。

118. 王倩:《清代至民国时期晋中南地区土地价格的变化趋势及其原因分析》,《华北水利电力学院学报》(社科版),2006 年第 1 期。

119. 冯健鹏:《公共利益是最高的法律》,《人民法院报》,2006 年 5 月 22 日。

120. 夏扬:《中国近代地政制度之建立》,《行政法学研究》,2006 年第 3 期。

121. 胡瑞琴、俞祖华:《近代中国社会转型问题研究综述》,《青岛大学师范学院学报》,2006 年第 3 期。

122. 吴次芳、郑娟尔、罗罡辉:《平均地权思想回顾及其启示》,《中国土地科学》,2006 年第 3 期。

123. 李德英:《民国时期成都平原土地转租问题探讨》,《史林》,2006 年第 3 期。

124. 陈学文:《清代土地所有权转移的法制化——清道光三十年山西徐沟县王耀田契(私契、官契、契尾)的考释及其他》,《中国社会经济史研究》,2006 年第 4 期。

125. 邹进文、王芸:《国民政府时期乡村经济建设思潮研究》,《中南财经政法大学学报》,2006 年第 4 期。

126. 钟祥财:《中国古代收入分配中的市场意识——兼论经济意识与制度演进的关系》,《财经研究》,2006 年第 5 期。

127. 秦晖:《关于传统租佃制若干问题的商榷》,《学术月刊》,2006 年第 9 期。

128. 李淼:《承认历史与创造历史——民生主义的土地政策与中共 1945—1949 年土改之我见》,《兰州学刊》,2006 年第 11 期。

129. 赵振军:《“平均地权”思想及其对大陆当前农地改革的启示》,《台湾农业探索》,2007 年第 1 期。

130. 曹树基:《两种"田面田"与浙江的"二五减租"》,《历史研究》,2007 年第 2 期。

131. 杨士泰、储永红:《中国近代土地思想发展综论》,《长白学刊》,2007 年第 4 期。

132. 程霖:《中国农村经济改造模式与发展路径——20 世纪 30 年代学术界的探索》,《财经研究》,2007 年第 5 期。

133. 王玉茹、李进霞:《近代中国农民生活水平分析》,《南开经济研究》,2008 年第 1 期。

134. 王瑞庆:《1927 年－1937 年南京市土地征收的地价补偿政策》,《法制与社会》,2008 年第 2 期。

135. 张雪英:《试论陈翰笙有关中国农村研究的思想与方法》,《中国经济史研究》,2008 年第 2 期。

136. 胡英泽:《流动的土地与固化的地权——清代至民国关中东部地册研究》,《近代史研究》,2008 年第 3 期。

137. 龙登高:《地权交易与生产要素组合:1650－1950》,《经济研究》,2009 年第 2 期。

138. 吴毅:《理想抑或常态:农地配置探索的世纪之摆——理解 20 世纪中国农地制度变迁史的一个视角》,《社会学研究》,2009 年第 3 期。

139. 夏扬:《地政制度近代变迁的民间表现》,《新疆社会科学》,2009 年第 4 期。

140. 王列辉:《中心—边缘:近代中国经济格局的转变》,《安徽史学》,2009 年第 4 期。

141. 王小梅:《契约心理的近代嬗变——以华北乡村的土地易动为中心的考察》,《河北法学》,2009 年第 10 期。

142. 龙登高、彭波:《近世佃农的经营性质与收益比较》,《经济研究》,2010 年第 1 期。

143. 石强:《论英国社会转型时期农地制度的改革》,《社会科学家》,2010 年第 2 期。

144. 龙登高、任志强、赵亮:《近世中国农地产权的多重权能》,《中国经济史研究》,2010 年第 4 期。

145. 汪效驷:《近代无锡农村的租佃制度综论》,《江南大学学报》(人文社会科学版),2010 年第 2 期。

146. 罗翔、项歌德:《马歇尔分成制之谜: 一个基于风险分担与激励的视角》,《华中科技大学学报》(社会科学版),2010 年第 6 期。

147. 把增强:《民国时期华北乡村土地秩序的纷乱、调整与重构——以对“民国河北高等法院档案”土地纠纷类案件的分析为中心》,《河北大学学报》(哲学社会科学版),2011 年第 1 期。

148. 把增强:《契约与法院:民国时期土地交易与纠纷解决的二元嬗递》,《河北学刊》,2011 年第 2 期。

149. 王瑞庆:《学术史视野下近代中国土地征收思想的演进》,《华南农业大学学报》,2011 年第 4 期。

150. 熊金武、王昉:《“涨价归公”正义》,《河北经贸大学学报》,2011 年第 6 期。

151. 杜恂诚:《道契制度:完全意义上的土地私有产权制度》,《中国经济史研究》,2011 年第 4 期。

152. 李金铮:《相对分散与较为集中:从冀中定县看近代华北平原乡村土地分配关系的本相》,《中国经济史研究》,2012 年第 3 期。

153. 熊金武、黄义衡、徐庆:《农地征收补偿标准的困境解析与机制设计》,《现代财经》,2013 年第 1 期。

154. 上海市档案馆馆藏,中国农民银行档案 Q322－1－6－87。

155. 中国第二历史档案馆馆藏档案三六/20、三六/30、三六/738。

156. [美]拉蒙·H. 迈耶斯:《晚清中华帝国的习惯法、市场和资源交易》,天则研究所内部文稿,http://www. unirule. org. cn/Academia/neibu01-wanqing. htm。

157. 赵晓力:《中国近代农村土地交易中的契约、习惯与国家法》,http://wen. org. cn/modules/article/view. article. php/2285。

158. 杨小凯:《从信息经济学看土地制度变迁》,中国农村研究网,http://www. ccrs. org. cn。

159. 黄长义:《人口压力与清中叶经济社会的病变》,中国经济史论坛,http://economy. guoxue. com/article. php/1418。

160.《中共中央关于推进农村改革发展若干重大问题的决定》,http://www. gov. cn/jrzg/2008－10/19/content_1125094. htm。

161.《习近平了解涉农产权交易》,http://finance.sina.com.cn/china/20130722/131216201834.shtml。

162. 上海和重庆房产税相关制度规定,详见《楼市调控利器再出:上海、重庆房产税开征》,http://house.ifeng.com/special/fcs/。

163. 贾康:《以房产税资源税等充实地方税体系》,http://finance.qq.com/a/20120928/001824.htm。

164.《十八大报告(全文)》,http://www.xj.xinhuanet.com/2012－11/19/c113722546.htm。

165.《国土部急查农村土地确权颁证》,http://www.tdzyw.com/2012/1210/25360.html。

166. 清华大学中国经济社会数据中心:《数据中心公布清华大学城镇化调查初步成果》,http://www.chinadatacenter.tsinghua.edu.cn/news.php? id=309。

167.《土地承包法》,http://baike.baidu.com/subview/437279/5078488.htm。

168.《土地法大纲》,http://baike.baidu.com/link? url=vE66_Sleg_4f－eSm9gccE10L3ovt6F8kAJMiLXWTc－fqdool6BylNJevE92D2q7k。

169.《中共中央关于全面深化改革若干重大问题的决定》,http://www.gov.cn/jrzg/2013－11/15/content_2528179.htm。

三、学位论文

1. 梁王玲:《试论耕者有其田》,武汉大学学位论文,1945 年。

2. 田仲吾:《中国应采取之农地政策》,武汉大学学位论文,1946 年。

3. 黄志繁:《清代赣南市场研究》,南昌大学硕士学位论文,1998 年。

4. 刘椿:《中国近代农业现代化研究》,南京农业大学博士论文,2000 年。

5. 江立华:《转型期英国人口迁移与城市发展研究》,首都师范大学博士论文,2000 年。

6. 徐建生:《民国时期经济政策的沿袭与变异(1912－1937)》,中国社会科学院博士论文,2001 年。

7. 刘卫东:《产权的性质和原因的研究——稀缺、交易费用、价值与制度的合约性质和选择》,东北林业大学博士论文,2002 年。

8. 王合群:《浙江"二五减租"研究(1927—1949)》,华东师范大学博士论文,2003年。

9. 李倩:《民国时期契约制度研究》,中国政法大学博士论文,2003年。

10. 高雁鸣:《新制度主义视角下的中国早期现代化(1898—1937)》,陕西师范大学硕士论文,2003年。

11. 袁方:《英国原工业化时期人口压力对乡村工业兴起的意义》,四川大学硕士论文,2003年。

12. 胡穗:《中国共产党农村土地政策的演进——从农村土地所有权和经营权角度进行考察》,湖南师范大学博士论文,2004年。

13. 郑林:《中国近代农业技术创新三元结构分析》,南京农业大学博士论文,2004年。

14. 罗海山:《传统中国的契约:法律与社会——以土地买卖、典当契约为对象的考察》,吉林大学博士论文,2005年。

15. 叶国文:《农民、国家政权与现代化——当代中国土地政策的政治学研究》,复旦大学博士论文,2005年。

16. 姜广东:《非正式制度、财产权利与分工扩展》,东北财经大学博士论文,2006年。

17. 汪军民:《中国农地制度的绩效研究——基于农地所有权制度与农地使用权制度的比较》,重庆大学博士论文,2007年。

18. 周执前:《国家与社会:清代城市管理机构与法律制度变迁研究》,四川大学博士论文,2007年。

19. 孙伊然:《权力制度、国家与经济发展》,复旦大学博士论文,2007年。

20. 杨万利:《土地政策与经济增长研究》,清华大学博士论文,2007年。

21. 刘建飞:《中国共产党农村土地经济理论与政策研究》,东北师范大学博士论文,2007年。

22. 高原禄:《中国农村土地产权问题研究》,吉林大学博士论文,2007年。

23. 郭新力:《中国农地产权制度研究》,华中农业大学博士论文,2007年。

24. 景志刚:《土地征收之公共利益研究》,郑州大学硕士学位论文,2007年。

25. 王能应:《中国经济史上的农地产权制度变迁》,华中科技大学博士论文,2008年。

26. 邱谊萌:《16－19 世纪英国土地制度变迁研究——从不完全私有产权向完全私有产权的过渡》,辽宁大学博士论文,2008 年。

27. 方小玉:《民国〈经济学季刊〉(1930－1937)研究》,武汉大学博士论文,2009 年。

28. 曾凯:《新经济史视角下的社会结构演进、制度变迁与长期经济增长》,西北大学博士论文,2010 年。

29. 祁冰:《20 世纪上半期中国共产党土地政策的演变研究》,辽宁大学博士论文,2010 年。

四、英文文献

1. D. G. Johnson. Resource Allocation Under Share Contracts. *Journal of Political Economy*, 1950, Vol. 58, pp. 111－123.

2. D. M. Newbery & J. E. Stiglitz. The Theory of Commodity Price Stabilisation Rules: Welfare Impacts and Supply Responses. *Economic Journal*, 1979, Vol. 89, pp. 799－817.

3. David Faure. *The Rural Economy of Pre-Liberation China, Trade Expansion and Peasant Livelihood in Jiangsu and Guangdong, 1870 to 1937*. Oxford University Press, 1989.

4. Douglass C. North. *Structure and Change in Economic History*. New York and London: W. W. Norton & Company, 1981.

5. Dwight Perkins. *Agricultural Development in China, 1368－1968*. Chicago: Aldine, 1969.

6. Edwin E. Moise. Land Tenure and Reform: Land Reform in Modern China. *Encyclopedia of Asian History*. 4 vols. Charles Scribner's Sons, 1988. Reproduced in History Resource Center. Farmington Hills, MI: Gale Group.

7. E. A. Wrigley. A Simple Model of London's Importance in Changing English Society and Economy(1650－1750). *Past and Present*, 1967, Vol. 137, pp. 44－70.

8. Furubotn, E. and S. Pejovich. Property Rights and Economic Theory: A Survey of Recent Literature. *Journal of Economic Literature*, 1972, Vol. X ,

No. 4, pp. 1138—1162.

9. H. Peyton Young. *Individual Strategy and Social Structure: An Evolutionary Theory of Institutions*. Princeton University Press, 1998.

10. Hilary J. Beatti. *Land and Lineage in China: A Study of T'ung-ch'eng Country, Anhwei, in the Ming and Ch'ing Dynasties*. Cambridge University Press, 1979.

11. J. P. Powelson. *Centuries of Economic Endeavor*. Ann Arbor, MI: University of Michigan Press, 1994.

12. John McMillan, John Whalley and Li Jing Zhu. The Impact of China's Economic Reforms on Agricultural Productivity Growth. *Journal of Political Economy*, 1989, Vol. 97, No. 4, pp. 781—807.

13. Joseph Eshrick. Number Games: A Note on Land Distribution in Prerevolutionary China. *Modern China*, 1981, Vol. 7, No. 4, pp. 387—411.

14. Joseph Stiglitz. Incentives and Risk Sharing in Sharecropping. *Review of Economic Studies*, 1974, Vol. 41(2), pp. 219—255.

15. Linda Gail Arrigo. *The Economics of Inequality in an Agrarian Society: Land Ownership, Land Tenure, Population Processes and the Rate of Rent in 1930's China*. State University of New York at Binghamton, 1996.

16. Loren Brandt. *Commercialization and Agricultural Development in East-Central China, 1870—1937*. Cambridge University Press, 1989.

17. Mancur Olson. *The Rise and Decline of Nations: Economic Growth, Stagflation, and Social Rigidities*. Yale University Press, 1982.

18. Mark Elvin. *The Pattern of the Chinese Past*. Stanford University Press, 1973.

19. Philip Huang. *The Peasant Family and Rural Development in the Yangzi Delta, 1350—1988*. Stanford University Press, 1990.

20. Ramon H. Myers. How did the Modern Chinese Economy Develop? A Review Article. *The Journal of Asian Studies*, 1991, Vol. 50, No. 3, pp. 604—628.

21. Ramon H. Myers. *The Chinese Peasant Economy, Agricultural Development in Hopei and Shantung, 1890—1949*. Harvard University Press,

1970.

22. Ramon H. Myers. North China Villages during the Republican Period: Socioeconomic Relationship. *Modern China*, 1980, Vol. 6, No. 3, pp. 243—266.

23. Randall Stross. *The Stubborn Earth: American Agriculturalists on Chinese Soil, 1898—1937*. University of California Press, 1985.

24. Thomas Rawski. *Economic Growth in Prewar China*. University of California Press, 1989.

附录:

中国近代土地问题相关论著要目*

(20 世纪纪初—40 年代)

著 作

1900—1919 年

晏杰三:《田赋争议》,出版社不详,1915 年。

晏才杰:《田赋刍议》,北京共和印刷所 1915 年。

1920—1929 年

黎世衡:《中国古代公产制度考》,世界书局 1922 年。

内务部总务厅统计科:《土地与人口》,内务部 1922 年。

上海市地政局:《上海市地政》,上海市地政局 1926 年、1927 年、1928 年、1929 年、1930 年。

李健人:《平均地权之理论与实践》,上海泰东图书局 1927 年。

中国国民党浙江省党部临时执行委员会农人部编印:《减租问题》,中国国民党浙江省党部临时执行委员会农人部编印 1927 年。

张原絜:《土地问题浅说》,新时代教育社 1928 年。

严仲达:《耕者要有其田》,上海民智书局 1928 年。

刘宝书:《平均地权》,上海太平洋书店 1928 年。

红四军在井冈山发布:《井冈山土地法》,中国革命博物馆展品,1928 年。

---

* 本附录著作部分的检索来源包括复旦大学民国图书馆馆藏、国家图书馆馆藏、上海社会科学院图书馆馆藏及谈敏教授主编的《中国经济学图书目录(1900—1949 年)》(中国财政经济出版社 1995 年版)。论文部分来自大成老旧数据库,该部分着重选取了学术论文。

唐守常:《中国土地丧失史》,上海大东书局 1928 年。

唐启宇:《民生主义与土地问题》,江苏省政府农工厅合作社指导员养成所 1928 年。

中国国民党河北省党务指导委员会宣传部编:《平均地权的讨论》,中国国民党河北省党务指导委员会宣传部 1928 年。

向绍轩:《平均地权初步之商榷》,上海太平洋书店 1929 年。

金保康:《租借地》,上海商务印书馆 1929 年。

冯节:《中国田赋研究》,上海民智书局 1929 年。

万国鼎:《土地改良法》,上海商务印书馆 1929 年初版,1930 年再版。

中国国民党中央执行委员会宣传部编印:《平均地权浅说》,中国国民党中央执行委员会宣传部出版科 1929 年。

立法院秘书处:《土地法》,民智书局 1929 年。

1930－1939 年

黄通:《土地问题》,上海中华书局 1930 年初版,1941 年再版。

章植:《土地经济学》,上海黎明书局 1930 年初版,1934 年再版。

聂国青:《中国土地问题之史的发展》,上海华通书局 1930 年。

朱执信、廖仲恺等:《井田制度有无之研究》,上海华通书局 1930 年。

章渊若 :《中国土地问题 》,上海泰东图书局 1930 年。

蒋谦:《土地增加税之研究》,中德书局 1930 年。

胡汉民、钱昌照:《土地法》,国立劳动大学工学院社会科学院指导课印 1930 年。

潘楚基:《中国土地政策 》,上海黎明书局 1930 年初版,1932 年再版。

朱新繁:《中国农村经济关系及其特质》,上海新生命书局 1930 年。

浙江省民政厅:《土地陈报特刊》,浙江印刷公司 1930 年。

天津特别市土地局编:《天津特别市土地局法规汇编》,天津特别市土地局 1930 年。

浙江省民政厅第六科:《土地法规》,浙江省民政厅 1930 年。

浙江省民政厅:《土地法令汇集》,浙江省民政厅 1930 年。

立法院秘书处:《土地法》,上海民智书局 1930 年。

苏州市政府土地科编:《苏州市政府土地科丛著之苏州市地价调查及统计》,苏州市政府 1930 年。

广东财政厅田亩陈报处:《广东财政厅清理田赋方案》,广东财政厅田亩陈报处 1930 年。

湖南省工农兵苏维埃政府颁布:《湖南省工农兵苏维埃政府暂行土地法》,1930 年。

古楳:《中国农村经济问题》,上海中华书局 1931 年。

宗华:《近代农村经济的趋向》,上海国立中央研究院社会科学研究所 1931 年。

王效文:《土地法论》(上、下),上海法学编译社 1931 年。

神农老叟:《土地农民问题指南》,人民出版社 1931 年。

高裕瑞:《土地法施行法之研究》,仁德印刷 1931 年。

朱采真:《土地法释义》,上海世界书局 1931 年。

王先强:《中国地价税问题》,上海神州国光社 1931 年。

左汝良:《广州市土地登记、征税便览》,广州大新印务局 1931 年。

万国鼎:《井田之谜》,金陵大学 1931 年。

向乃祺:《土地问题》,宣内槐抱椿树庵 1931 年。

赵承信:《广东新会慈溪土地分配调查》,燕京大学社会学系 1931 年。

瞿明宙:《国立中央研究院社会科学研究所农村经济参考资料之二:台湾的租佃制度》,国立中央研究院社会科学研究所 1931 年。

魏颂唐:《浙江省田赋征税分类税率高下等级明细表》,浙江财务人员养成所 1931 年。

郭元觉辑:《中华民国土地法》,上海法学编译社 1931 年。

陈举:《农业调查报告》,天津协报社 1931 年。

中华苏维埃共和国中央执行委员会:《中华苏维埃共和国土地法》,中华苏维埃共和国中央执行委员会 1931 年。

上海市土地局编:《上海市土地局章则汇编》,上海市土地局 1931 年。

《修正北平市土地房屋评价规则》,北平市政府 1931 年。

立法院:《土地法》,上海新学会社 1931 年。

国民政府:《国民政府中华民国土地法》,上海法学编译社 1931 年。

宋斐如:《土地政策研究》,西北书局 1932 年。

刘竞渡、钱天范编:《孙总理整个的土地政策》,东南印刷所1932年。

郑学稼、徐毓源:《地租论》,上海黎明书局1932年。

曹慎修:《中国土地问题之研究》,上海华通书局1932年。

谢无量:《中国古田制考》,上海商务印书馆1932年。

张霄鸣:《中国历代耕地问题》,上海新生命书局1932年。

陈登元:《中国土地制度》,上海商务印书馆1932年。

王效文:《土地法论》,会文堂新记书局1932年。

陈承明、孙公治:《民众法律常识周刊》,1932年。

张虚白:《土地法详解》,上海法政学社1932年。

广东省政府秘书处统计股:《土地与人口》,东成印务局1932年。

湖北财政厅编辑股:《湖北田赋概要》,湖北财政厅事务股1932年。

上海法学编译社编:《土地法问答》,上海法学编译社1932年。

王晋伯:《土地行政》,重庆文信书局1933年。

王晋伯:《地价税要论》,文信书局1933年。

孟普庆:《中国土地法论》,南京市救济院印刷厂1933年。

王效文:《土地法论》(下),上海法学编译社1933年。

邹枋:《中国土地经济论》,大东书局1933年。

郭汉鸣、洪瑞坚:《中央政治学院地政学院研究报告之五:安徽省之土地分配与租佃制度》,上海正中书局1933年。

姚素昉:《中国古代土地制度研究》,建华书局1933年。

夏益赞、程滨遗、罗巨峰、吴泽:《田赋史》(上),正中书局1933年。

王恒:《汉代土地制度》,正中书局1933年。

马大英、刘国明、江士杰、王延超:《田赋会要》,正中书局1933年。

谢天堂:《中国古田制考》,上海商务印书馆1933年。

林邦泰:《论中国历代田赋之制度》,广州大学科学院1933年。

刘道元:《两宋田赋制度》,上海新生命书局1933年。

陈登元、周莨侯:《中国土地制度》,大东图书公司1933年。

章维廉著:《中国之土地制度:土地登记测量及征税条例草案》,中国地政学会1933年。

潘信中:《土地登记制度》,重庆正中书局1933年。

姚任:《土地制度整理的话》,新京满洲国通信社1933年。

邹枋:《平均地权方法论》,上海大东书局1933年。

孙佐齐:《中国田赋问题》,上海新生命书局1933年初版,1935年再版。

郭垣、崔永楫:《田赋会要地税理论》(第一编),正中书局1933年。

彭雨新、陈友三、陈思德:《川省田赋征实负担研究》,商务印书馆1933年。

王云五、李圣五:《农村经济》,上海商务印书馆1933年。

翟克:《中国农村问题之研究》,广州培英印务公司1933年。

浙江省民政厅测丈队:《杭州市土地分类统计》,1933年。

上海市土地局:《沪南区地籍图》,上海市土地局编印1933年第1册,1935年第2册。

河南省政府秘书处编:《河南省整理土地各种计划章则丛刊》,河南省民政厅1933年。

中国工农红军第四方面军总政治部翻印:《川陕土地问题解答》,1933年。

太平洋书店编:《中国农村问题——土地问题》,太平洋书店1933年。

太平洋书店编:《中国农村问题——佃农问题·农民负担》,太平洋书店1933年。

军事委员会委员南昌行营编:《剿匪区内各省农村土地处理条例》,军事委员会委员南昌行营1933年。

冯和法编:《中国农村经济论》,上海书店1934年。

章鹏若:《农村复兴之理论与实际》,上海商务印书馆1934年。

郭卫:《土地法》,上海法学书局1934年。

陈开泗:《清查地粮纪要》,浙江兰溪实验县土地移转推收处1934年。

王效文:《土地法要义(民事特别法要义五)》,上海法学书局1934年。

韦孝先:《土地问题与土地法》,首都女子法政讲习所1934年。

殷震夏:《中国土地新方案》,南京正中书局1934年。

孔祥熙:《全国各省市减轻田赋附加废除苛捐杂税报告书》,1934年。

万国鼎:《江苏武进南通田赋调查报告》,参谋本部国防设计委员会1934年。

成圣昌:《赤区土地问题》,中国出版合作社1934年。

黄灿:《中国土地问题纲要》,上海青年协会书局1934年。

雷荣甲演讲、唐兆民笔记:《壤地问题研究》,广西普及国民基础教育研究院专刊之一1934年。

万国鼎:《中国田制史》,正中书局 1934 年。

刘道元:《中国中古时期的田赋制度》,上海新生命书局 1934 年。

余精一:《井田制度新考》,中山大学出版组 1934 年。

行政院农村复兴委员会:《陕西省农村调查》,上海商务印书馆 1934 年。

行政院农村复兴委员会:《江苏省农村调查》,上海商务印书馆 1934 年。

行政院农村复兴委员会:《河南省农村调查》,上海商务印书馆 1934 年。

四川教育农事实验场:《四川农业》,1934 年。

兰溪实验县县政府:《兰溪实验县县政府清查土地整理田赋概况》,兰溪实验县县政府 1934 年。

西北军政区政治部:《川陕省平分土地须知》,红四军政治部翻印 1934 年。

朱通九:《土地政策的检讨兼评土地村有制度》,1935 年。

赵棣华:《江苏省土地陈报纪要》,江苏省财政厅 1935 年。

郭汉鸣:《十八九世纪欧洲土地制度史纲》,正中书局 1935 年。

孟广澎:《湖北土地测量汇编》,湖北省政府民政厅印 1935 年。

陈伯瀛:《中国田制从考》,上海商务印书馆 1935 年。

万国鼎:《南京市旗地问题》,正中书局 1935 年。

陈邦政、陈振鹭:《中国农村经济问题》,上海大学书店 1935 年。

汪浩:《收复匪区之土地问题》,南京正中书局 1935 年。

洪瑞坚:《浙江之二五减租》,南京正中书局 1935 年。

高信:《南京市之地价与地价税》,南京正中书局 1935 年。

刘世仁:《中国田赋问题》,上海中华学艺社、上海商务印书馆 1935 年。

吴尚鹰:《土地问题与土地法》,上海商务印书馆 1935 年。

常维亮:《土地法》,北平法律函授学校 1935 年。

张之龙:《中国土地制度与土地法之研究》,上海私立友德小学 1935 年。

董成勤:《中国农村复兴问题》,上海世界书局 1935 年。

徐士圭:《中国田制史略》,中华学艺社 1935 年。

孙晓村、昂觉民:《浙江粮食调查》,社会经济调查所 1935 年。

林缵春:《琼崖农村》,国立中山大学农学院推广部 1935 年。

梁方仲:《明代户口田地及田赋统计》,中国近代经济史研究集刊 1935 年。

阎锡山:《土地村公有与士兵关系之问答》,出版社不详,1935 年。

内政部统计司编:《全国各市县土地人口调查》,内政部统计司 1935 年。

行政院农村复兴委员会:《广西省农村调查》,上海商务印书馆 1935 年。

南京市政府秘书处:《南京市土地行政概况》,南京市政府秘书处 1935 年。

河南省地政筹备组:《河南全省整理土地简易清丈十年完成计划草案》,河南省地政筹备组编制 1935 年。

兰溪实验县县政府秘书室:《兰溪实验县清查地粮纪要》,兰溪实验县县政府秘书室 1935 年。

湖北省政府民政厅:《湖北整理土地纪要》,湖北省政府民政厅编印 1935 年。

土地村公有实施办法讨论会编:《土地村公有问题言论集》,土地村公有实施办法讨论会 1935 年。

《土地村公有案及各方之讨论》,山西绥省两署防共联席会议校印 1935 年。

中国地政学会编:《土地村有问题——各方对土地村有问题意见汇编》,中国地政学会 1935 年。

中央大学经济资料室:《田赋附加税调查》,上海商务印书馆 1935 年。

行政院农村复兴委员会:《浙江省农村调查》,文海出版社 1935 年。

陈顾远:《土地法》,上海商务印书馆 1936 年。

古梅:《中国农村经济问题》,上海中华书局 1936 年。

陈醉云:《农村经济概论》(全一册),中华书局 1936 年。

蒋达甫:《农村合作》,湖北武昌中国农村合作出版社 1936 年。

熊漱冰:《土地问题与土地法》,江西地方政治讲习院 1936 年。

陶惟能:《土地法讲义》,出版社不详,1936 年。

李如汉:《土地法要论》,出版社不详,1936 年。

朱章宝:《土地法理论与诠解》,上海商务印书馆 1936 年。

杨世贤:《广西田赋概要》,广西省政府经济委员会印 1936 年。

蒋贻穀:《中国土地税之研究》,杭州嘉泰印刷所 1936 年。

熊漱冰:《土地整理》,武昌中国土地经济学社 1936 年。

孙文郁:《豫鄂皖赣四省农村经济调查报告第二号:豫鄂皖赣四省土地分类之研究》,金陵大学农业经济系 1936 年。

冯紫冈:《嘉兴县农村调查》,国立浙江大学、嘉兴县政府 1936 年。

李之屏:《土地法释义》(上、下),上海法学编译社 1936 年。

陈伯莊:《平汉沿线农村经济调查》,交通大学研究所 1936 年。

王效文、陈传钢:《中国土地问题》,上海商务印书馆 1936 年初版,1937 年再版。

梁方仲:《一条鞭法》,国立中央研究院社会科学研究所 1936 年。

陈登元:《中国田赋史》,上海商务印书馆 1936 年。

陈正汉:《中国各省的地租》,上海商务印书馆 1936 年。

陈伯瀛:《中国田制业考》,商务印书馆 1936 年。

国立北平大学:《土地法参照资料》,国立北平大学 1936 年。

汗血月刊社编:《田赋问题研究》(上、下),上海汗血书店发行 1936 年。

江苏省财政厅:《江苏省田赋章则辑要》,出版社不详,1936 年。

黄埔港土地登记处:《黄埔港土地登记特刊》,黄埔港土地登记处 1936 年。

安徽省政府财政厅:《土地陈报法律汇编》,安徽省政府财政厅 1936 年。

金陵大学农学院学业经济系:《豫鄂皖赣四省农村经济调查报告第五号:豫鄂皖赣四省之租佃制度》,南京金陵大学农学院学业经济系 1936 年。

山西省土地村公有实施办法讨论会:《阎主任手定土地村公有后政治上应行改进事项及对于农村将来之希望》,出版社不详,1936 年。

河南南阳县整理田赋委员会:《河南省开放土地清丈专刊》,河南南阳县整理田赋委员会 1936 年。

卜凯:《中国土地利用地图集》,南京金陵大学 1937 年。

卜凯:《中国土地利用统计资料》,上海商务印书馆 1937 年。

孔雪雄等著:《中国地租问题讨论集》,上海商务印书馆 1937 年。

曹任远:《井田制度及班田制度之研究》,北京怀英制板印刷所 1937 年。

姜圣如:《土地问题及其文献》,上海学生书局 1937 年。

刘毓文:《土地法》,国立北平大学 1937 年。

冯紫冈、刘端生:《怀宁东流四〇六村户人口土地的分析研究》,安徽大学农学院研究报告 1937 年。

卜凯:《中国土地利用》,成都金陵大学农业经济系评述 1937 年。

李景汉:《中国农村问题》,上海商务印书馆 1937 年。

金轮海:《中国农村经济研究》,中华书局 1937 年。

冯静远:《农村经济及合作》,浙江省教育厅 1937 年。

吴铁峰:《非常时期之农民》,上海中华书局 1937 年。

陶因:《国立武汉大学讲义:农业政策》,国立武汉大学 1937 年。

中央政治学校地政学院、平湖县政府:《平湖之土地经济》,南京地政学院1937年。

中国农村经济研究会:《中国土地问题和商业高利贷》,上海黎明书局1937年。

上海法学编译社:《中华民国土地法》,上海会文堂新记书局1937年。

土地委员会:《全国土地调查纲要》,中央土地专门委员会1937年。

孙晚村:《中国战时农村问题与农村工作》,江西大众文化出版社1938年。

戴乐仁等著、李锡周编译:《中国农村经济实况》,农民运动研究会1938年。

薛暮桥:《中国农村经济常识》,上海新知书店1937年、桂林新知书店1939年、陕西新知书店1939年、天德盛翻印1944年、大连大众书店1946年。

绥德地委宣传部编印:《土地问题指南》,绥德地委宣传部1938年。

土地委员会编:《土地问题研究项目》,土地委员会1938年。

萧明新:《土地政策述要》,长沙商务印书馆1938年。

萧铮著:《民族生存战争与土地政策》,武昌中国地政学会1938年。

赵巨光:《土地法令选编》,福建省县政人员训练所1938年。

第一区行政督察专员公署编印:《福建长乐县土地陈报》,第一区行政督察专员公署1938年。

黄通:《民生主义的土地政策》,独立出版社1939年。

万国鼎:《中国土地政策》,重庆独立出版社1939年。

陈立夫等:《中国土地政策》,金华国民出版社1939年。

丘式如编:《平均地权政策讲话》,重庆青年书店1939年。

吴尚鹰:《平均地权》,中山文化教育馆1939年。

福建省政府:《闽省初步整理土地后之地籍管理》,福建省政府1939年。

福建省地政局编印:《福建土地登记》,福建省地政局1939年。

中国经济计统研究所:《吴兴农村经济》,中国经济计统研究所1939年。

中国地政学会编:《中国土地政策》,重庆独立出版社1939年。

福建省政府秘书处编印:《福建省初步整理土地之概况》,1939年。

1940—1949年

陈太先:《土地分配问题》,新建设出版社1940年。

叶繁:《土地政策讲义——地权类》,广东省地方行政干部训练团1940年。

谭可庵:《土地评估要义》,新建设出版社1940年。

张建新:《土地测量概论》,新建设出版社1940年。

李君明:《中国土地问题浅说》,广东第四战区司令长官部编印1940年。

林习经编:《广东省地税概要》,新建设出版社1940年。

李如汉:《土地陈报讲义》,广东省地方行政干部训练团1940年。

祝平:《四川土地陈报概要》,四川省训练团讲义1940年。

昆明市政府地政局市区土地测量队编:《昆明市区三角图根测量计算手簿》,昆明市政府地政局市区土地测量队1940年。

江西省地方政治讲习院:《土地管理》,1940年。

应廉耕:《四川省租佃制度》,中国农民银行四川农村经济调查委员会1941年。

黄公安:《中国土地问题》,广西民族文化出版社1941年。

吴经熊:《六法全书》,上海会文堂新记书局1941年。

于飞黄:《土地问题与土地改革》,抗战复兴出版社1941年。

宋博能:《中国田赋改造》,江西中华正气出版社1941年。

陈明鉴编:《田赋改征实物论集》,福建省银行经济研究室1941年。

赵棣华:《田赋税票》,东南经济研究会1941年。

任敏华:《四川田赋概况》,四川省银行经济研究室1941年。

熊伯蘅、王殿俊:《陕西省土地制度调查研究》,(国立)西北农学院农业经济系1941年。

土地行政土地使用内政部:《土地行政土地使用》,中央训练委员会内政部1941年。

甘肃省政府编印:《甘肃省田赋整理与征实》,甘肃省政府1941年。

西康省地方行政干部训练团:《土地陈报》,西康省地方行政干部训练团1941年。

贵州省政府财政厅土地陈报处编印:《贵州省土地陈报汇编》,贵州省政府财政厅土地陈报处1941年。

湖南省田赋管理处编:《湖南省战时田赋征收实务法令汇编》,湖南省田赋管理处1941年。

湖南省地方行政干部训练团:《土地法规》,湖南省地方行政干部训练团

1941 年。

宋同福:《田赋征实概论》,重庆中央银行经济所研究处 1942 年。

王光仁、林锡麟:《各省田赋征收实务调查》,农户促进委员会 1942 年。

戴日镳:《战时田赋征实与战后粮食问题》,重庆独立出版社 1942 年。

郭垣:《战时田赋整理问题》,重庆中国文化服务社 1942 年。

胡迈:《湖南省战时田赋征实法令》,出版社不详,1942 年。

郑震宇:《土地问题》,中央训练团总政训练班讲演录 1942 年。

钱承续:《中国之田赋制度》,上海中国经济研究会 1942 年。

李从心:《平均地权之理论与实施》,重庆国民图书出版社 1942 年。

朱剑农:《民生主义土地政策》,重庆商务印书馆 1942 年、1943 年、1944 年。

叶懋、潘鸿声:《华阳县农村概况》,四川省农业改进所统计室 1942 年。

黄通:《土地金融问题》,重庆商务印书行 1942 年。

乔启明:《中国土地利用》,成都金陵大学农经系 1942 年。

蒋廉:《土地征收放款之理论与实施》,中国农民银行土地金融处 1942 年。

农林部垦务总局:《中央垦务法规汇编》,农林部垦务总局 1942 年。

广东省地方行政干部训练团:《田赋征实研究》,广东省地方行政干部训练团 1942 年。

甘肃省政府编印:《甘肃省举办土地陈报纪实》,甘肃省政府 1942 年。

《陕甘宁边区土地租佃条例草案》,出版社不详,1942 年。

统一出版社编印:《中共最近之土地政策》,统一出版社 1942 年。

盐阜报社:《中共中央关于抗日根据地土地政策的决定》,盐阜报社 1942 年。

湖北省地方行政干部训练团编印:《实施土地陈报参考资料》,湖北省地方行政干部训练团 1942 年。

广东省政府秘书处编译室编:《土地问题浅说》,广东省政府秘书处编译室编辑、广东省政府秘书处第二科 1942 年。

杜瑞生:《开垦荒地》,浙江省政府民政厅 1943 年。

杨登元:《中国土地政策研究》,成都杂说月刊社 1943 年。

朱子爽:《中国国民党土地政策》,重庆国民图书出版社 1943 年。

张继、萧铮:《平均地权与土地改革》,商务印书馆 1943 年。

江士杰:《里甲制度考略》,重庆商务印书馆 1943 年。

吴文晖:《中国土地问题及其对策》(全一册),商务印书馆 1943 年。

费孝通:《禄村农田》,重庆商务印书馆 1943 年。

熊漱冰:《土地整理纲要》,江西省地政局 1943 年。

郭垣、崔永楫编纂:《地税理论》,重庆正中书局 1943 年。

王善伯:《地价税要论》,重庆文信书局 1943 年。

彭两新:《四川省田赋征实负担研究》,商务印书馆 1943 年。

关吉玉:《田赋、土地、陈报土地税》,重庆中国文化服务社 1943 年。

郭垣、崔永楫:《田赋会要地税理论》(第一编),正中书局 1943 年。

彭雨新、陈友三、陈思德:《川省田赋征实负担研究》,商务印书馆 1943 年。

关吉玉等编纂:《田赋会要》(第一至第四篇),重庆财政部 1943—1944 年。

四川省田赋管理处汇印:《土地陈报改进工作表解及要告》,四川省田赋管理处 1943 年。

山东分局宣传部编印:《土地问题与土地政策研究》,山东分局宣传部 1943 年。

《抗日民主根据地的土地政策与法令》,华北新华书店 1943 年。

《减租运动中的两个不同典型》,西北局 1943 年。

财政部田赋管理委员会编:《三年来之田赋整理与征实》,中信局 1943 年。

财政部编:《田赋会要六册》,财政部 1943 年。

陂孝政治处编印:《秋收减租工作手册》,1943 年。

建设总署土木工程专科学校编:《土地改良法讲义》,建设总署土木工程专科学校 1943 年。

马大英、刘国明、江士杰、王延超:《田赋会要》,正中书局 1944 年。

陆仲:《土地、定著物》,世界书局 1944 年。

关吉玉、刘国明:《田赋会要》(第四篇田赋法令),财政部 1944 年。

郭垣等编:《田赋会要》,上海正中书局 1944 年。

关吉玉:《田赋征实之理论与实务》,重庆中国文化服务社 1944 年。

关吉玉、刘国明:《国民政府田赋实况》,重庆正中书局 1944 年。

关吉玉:《土地税》,中央训练团党政高级训练班 1944 年。

孟光宇:《土地登记制度》,重庆天地出版社 1944 年。

张丕介:《土地经济学导论》,重庆中华书局 1944 年。

程滨遗:《田赋史》(二册),重庆正中书局 1944 年。

夏益赞、程滨遗、罗巨峰、吴泽:《田赋史》(上),正中书局1944年。

吴泽:《田赋会要田赋史》,重庆正中书局1944年。

孟光宇、郭汉鸣:《四川租佃问题》,重庆商务印书馆1944年。

郭垣:《中国国民党地税政策》,重庆国民图书出版社1944年。

祝平:《土地政策要论》,重庆文信书局1944年。

余群宗:《中国土地法论》(上卷),成都国立四川大学出版组1944年。

程滨遗:《田赋会要》,财政部1944年。

刘国明:《国民政府田赋实况》(上、下),正中书局1944年。

江苏省立经济研究所:《田赋征实研究》,江苏省立经济研究所1944年。

土地金融处:《中国各重要市县地价调查报告》,重庆中国农民银行土地金融处1944年。

国民政府主计处统计局:《中国土地问题之统计分析》,正中书局1944年。

《中国共产党的土地政策》,冀鲁豫出版社1944年。

郭曙光:《战后我国限制农地地租刍议》,出版社不详,1945年。

潘信中:《土地登记制度》,正中书局1945年。

财政部直接税署编:《土地税法规辑要》,直接税服务社1945年。

晋察冀边区各界抗日救国联合会:《贯彻政策发动群众(典型材料报告之二)》,出版社不详,1945年。

山东省政府编印:《土地政策》,山东省政府1945年。

冀晋抗联会编:《土地政策参考材料》,冀晋新华书店1945年。

胶东各救总会印:《贯彻减租》,出版社不详,1945年。

秦之邦:《原始社会之土地形态的研究》,重庆商务印书馆1946年。

熊仲虚编述:《现行土地税制述要》,上海商务印书馆1946年。

郑林宽、黄春蔚:《福建省租佃制度之统计分析》,福建省农业改进处调查室1946年。

毛泽东等著:《中共土地政策研究》,鲁南新华书店1946年。

郭卫校:《土地法》,上海法学编译社1946年。

费孝通:《内地的农村》,生活书店1946年初版,1947年再版。

台湾省行政长官公署秘书处编辑室:《土地法:土地法施行法》(附译日文),台湾省行政长官公署秘书处编辑室1946年。

上海法学编译社:《土地法:民国三十五年四月二十九日国民政府公布》,上海法学编译社 1946 年。

《土地法草案》,出版社不详,1946 年。

浙江省民政厅第六科编辑:《土地法规》,浙江省民政厅 1946 年。

昌明法学编译社:《最新税务法规汇编》,上海昌明书屋 1946 年。

中国政府主计处统计局编:《中国土地问题之统计分析》,正中书局 1946 年。

地政署编印:《地政法规第一辑》,地政署 1946 年。

冀东学委员编:《土地改革后的政策》,冀东新华书店 1946 年。

华中新华书店翻印:《土地改革参考材料》(第一册),华中新华书店 1946 年。

华中分局宣传印编:《土地改革参考资料》(第二册),华中新华书店 1946 年。

民国财政部直接税署:《中央接管后之土地税》,民国财政部直接税署 1946 年。

胶东新华书店编印:《土地政策》,胶东新华书店 1946 年。

新四军山东军区政治部编印:《土地政策》,新四军山东军区政治部 1946 年。

胶东军区政治部翻印:《土地政策》,胶东军区政治部 1946 年。

中共晋察冀中央局总学委编印:《土地政策学习参考文件》,中共晋察冀中央局总学委 1946 年。

陈天秩:《土地政策及其实验》,南京新中国出版社 1947 年。

罗醒魂:《各国土地债券制度概论》,正中书局 1947 年。

崔永楫:《土地制度与土地使用之社会管制》,正中书局 1947 年。

鲍鼎:《武汉三镇交通系统土地使用计划纲要》,武汉区域规划委员会 1947 年。

力耕:《解放区的土地政策与实施》,中国出版社 1947 年。

朱剑农:《土地经济学原理》,成都西部印务局 1947 年。

梁庆椿主编、中国农民银行汉译社会科学百科全书译辑委员会编译:《土地经济》,上海正中书局 1947 年。

王益:《土地改革问答》,山东新华书店 1947 年。

葛罗物:《中国土地调整论》,上海大东书局 1947 年。

聂荣臻:《在晋察冀地区土地会议上聂司令员开幕词》,冀中新华书店 1947 年。

董必武:《关于土地改革后农村生产与负担问题》,华北财经办事处 1947 年。

毛泽东:《土地改革参考材料》(下),太岳新华书店 1947 年。

黄桂:《土地行政》,江西省地政局 1947 年。

孙本文:《现代中国社会问题·第三册(农村问题)》,上海商务印书馆 1947 年。

行政院新闻局:《扶植自耕农保障佃农》,南京行政院新闻局 1947 年。

华东局宣传部编:《中国土地问题历史文件》,山东新华书店 1947 年。

行政院新闻局:《绥靖区土地问题之处理》,南京行政院新闻局 1947 年。

土地问题研究会:《马恩列斯毛论农民土地问题》,哈尔滨东北书店 1947 年、大连关东中苏友好协会出版社 1948 年。

西北局宣传部:《土地问题指南》,西北局宣传部 1947 年。

中共土地会议秘书处编印:《中国共产党与农民土地问题》,中共土地会议秘书处 1947 年。

东北民主联军总政治部编印:《论土地问题》,东北民主联军总政治部 1947 年。

土地问题研究会编:《论农民土地问题》,太岳新华书店 1947 年。

晋察冀土地问题研究会编:《论农民土地问题》,晋绥新华书店 1947 年。

董必武同志在全国土地会议上的报告:《关于土地改革后农村生产与负担问题——董必武同志在全国土地会议上的报告》,华北财经办事处 1947 年。

《一手拿枪一手分田》,太岳新华书店 1947 年。

《土地改革》,三一部队政治部 1947 年。

《土地改革与大胆放手》,吉林省委秘书处 1947 年。

《土地改革与群众路线》,山东新华书店总店编辑出版 1947 年。

《土地改革问题选集》,东北军政大学总校训练处 1947 年。

总政治部:《土地改革中教育中的几个问题》,总政治部 1947 年。

东北民主联军总政治部:《贯彻土地改革的思想》,东北民主联军总政治部 1947 年。

《土改复查的新经验》,渤海新华书店 1947 年。

《游击区边缘区土地改革经验》,山东新华书店 1947 年。

《一九四七年上半年来区党委关于土改运动的重要文件》,冀鲁豫区党委 1947 年。

《土改与整党文献》,中共西北局宣传部 1947 年。

《中华苏维埃共和国中央政府关于土地斗争中一些问题的决定》,临县县委翻印 1947 年。

晋察冀军区政治部编印:《为彻底消灭封建平分土地而斗争》,晋察冀军区政治部 1947 年。

晋冀鲁豫军区政治部编印:《关于土地改革思想教育提纲》,晋冀鲁豫军区政治部 1947 年。

东北军政大学吉林分校政教科编印:《砍大树、挖坏根》(土地改革教育参考资料),1947 年。

《中国共产党与土地革命》,香港正报社图书部 1947 年。

合江军区政治部:《论土地改革》,合江军区政治部 1947 年。

东北日报社辑:《平分土地法令》,合江日报社 1947 年。

东北日报社:《平分土地文献》,东北书店 1947 年。

《中国土地法大纲》,太岳新华书店 1947 年、华北新华书店 1947 年、冀东新华书店 1947 年、太行群众书店 1948 年。

广东省政府地政局编:《地政法规辑要》,广东省政府地政局 1947 年。

国民政府公布:《土地法》,上海昌明书屋 1947 年。

中国共产党中央委员会:《中共中央关于公布中国土地法大纲的决议》,1947 年。

中共中央委员会:《中国土地法大纲》,晋察冀新华书店、华北新华书店、新华书店晋绥分店 1947 年,渤海新华书店、冀东新华书店 1948 年,华北新华书店 1949 年。

王效文:《新土地法论》,上海昌明书屋 1948 年。

诸葛平:《地籍整理》,行政院新闻局印行 1948 年。

晏嗣严:《由土地改革到中国现代化》,上海新纪元出版社 1948 年。

孟南:《中国土地改革问题》,新民主出版社、新潮社文化事业有限公司 1948 年,新民主出版社 1949 年增订。

沈志远:《中国土地问题与土地改革》,新中出版社 1948 年。

孙文:《土地改革问题》,中国图书杂志公司 1948 年。

任弼时:《土地改革中的几个问题》,胶东新华书店 1948 年、东北书店牡丹江分店印行 1948 年、华中新华书店 1948 年、华北新华书店 1948 年、冀鲁豫书店 1948 年、渤海新华书店 1948 年、太行群众书店 1948 年、晋冀鲁豫军区政治部 1948 年、吉林书店 1948 年、中国人民解放军东北军区政治部 1948 年、渤海区党委 1948 年、太岳新华书店 1948 年、冀南新华书店 1948 年、新华书店 1949 年、东北新华书店 1949 年、鄂陕周报社、晋察冀日报社、雪枫报社。

李朴:《中国土地问题及其对策》,商务印书馆 1948 年。

李朴:《中国土地问题浅说》,光华书店 1948 年。

陈伯达:《近代中国地租概论》,大连大众书店 1948 年。

狄超白:《中国土地问题讲话》,上海生活书店 1948 年。

卢逮曾:《五代十国正赋苛捐考》,戴艺书局 1948 年。

徐佛观:《中国土地问题参考资料》,中央训练团社会工作人员训练班印 1948 年。

曾资生、吴云端:《中国历代土地问题述评》,建国出版社 1948 年。

孙文等著:《土地改革问题》,国讯书店 1948 年。

犹凤岐:《土地改革讲话》,光华书店 1948 年。

薛暮桥:《农村经济的基本知识》,光华书店 1948 年。

李中严:《土地改革与新中国之道路》,南京中国文化服务社 1948 年。

任弼时:《土地改革中的几个问题——1948 年 1 月 12 日在西北野战军前线委员会扩大会议上的讲话》,胶东新华书店 1948 年。

任弼时:《土改中的几个问题》,辽东书店 1948 年。

孟南:《中国土地改革问题》,新民主出版社 1948 年。

董中生:《土地行政》,上海大东书局 1948 年。

《中国土地法大纲及人民解放军宣言》,辽南五分区宣传部辑印 1948 年。

辽南新民师范学校:《中国土地法大纲及中共东北局告农民书》,辽南新民师范学校出版 1948 年。

华北新华书店:《平分土地手册》,华北新华书店 1948 年。

中共太行区党委:《中共中央关于土地改革中各社会阶级的划分及其待遇的规定》,1948 年。

《土改整党文献》,沈阳辽南书店 1948 年。

中共嫩江省委:《土地改革中的几个问题和三个典型经验——毛主席指定每个乡村工作者必读凡人三个经验》,中共嫩江省委1948年。

土地改革委员会:《土地改革》,土地改革委员会1948年。

晋察冀新华书店:《土地改革与整党》,晋察冀新华书店1948年。

吉林书店:《土地改革重要文献》(第一辑),吉林书店1948年。

大众日报社编印:《土改整党丛书》,大众日报社1948年。

华北新华书店编辑部:《土改整党参考资料》,华北新华书店1948年。

晋察冀日报社编辑:《平分土地文献》,晋察冀新华书店1948年。

东北日报社编辑:《平分土地文献》,哈尔滨东北新华书店1948年。

舒兰县委会:《平分土地参考丛书》,东北日报1948年。

陕南新闻社:《双减与调整土地》,陕南新闻社1948年。

豫西时报:《实行双减与调整土地》,豫西时报社1948年。

中原新华书店:《减租减息纲领》,中原新华书店1948年。

中共晋冀鲁豫中央局:《关于土地改革整党与民主运动的指示》,华北新华书店编辑部编辑1948年。

中共西北局中央局:《关于陕甘宁边区1948年土地改革工作和整党工作》,中共西北局中央局1948年。

豫皖苏区党委编印:《关于贯彻土地改革的指示》,豫皖苏区党委1948年。

群众日报社:《土改文献》,群众日报社1948年。

鲁南时报社编印:《土地改革参考材料》,鲁南时报社1948年。

吉林书店:《土地改革重要文献》(第二辑),吉林书店1948年。

中国农林水利地政等二十一学术团体:《中国农村复兴计划书》,中国农林水利地政等二十一学术团体合拟1948年。

《中央政府关于土地斗争中一些问题的决定——1933.10.10苏维埃中央政府人民委员会通过》,中共渤海土地会议翻印1948年。

中共晋冀鲁豫中央局办公厅:《中共中央关于土地改革中各社会阶级的划分及其待遇的规定》,晋冀鲁豫政治部翻印1948年。

《中共中央关于在老区半老区进行土地改革工作与整党工作的指示》,太岳新华书店1948年。

华北新华书店编辑部:《中共晋冀鲁豫中央局关于土地改革工作与整党工作的指示》,华北新华书店1948年。

中原中央局办公厅:《中原局关于发动群众贯彻减租减息政策的指示》,1948 年。

晋察冀日报社编:《全体农民起来平分土地》,晋察冀新华书店 1948 年。

《土地改革工作与整党工作》,冀鲁豫书店 1948 年。

《土改中的几个问题》,华中新华书店编印 1948 年。

《平分土地运动中的几个问题》,东北书店 1948 年。

《怎样进行土地改革》,经济周报社 1948 年。

《整顿队伍平分土地》,华中新华书店 1948 年。

《土改和生产的几个政策》,华中新华书店盐阜分店 1948 年。

《土改与整党的三个典型经验》,陕甘宁边区新华书店 1948 年。

《土改与整党的典型经验》,晋察冀日报社编辑出版 1948 年。

东北局:《东北局关于平分土地运动的基本总结》,东北日报 1948 年。

《在老区半老区怎样进行土地改革》,冀南新华书店 1948 年。

《土改社论选集》,群众时代社 1948 年。

晋绥分局:《关于 1948 年分配土地问题的参考资料》,晋绥分局 1948 年。

辽宁文协:《中国土地法大纲研究资料》,光明书店 1948 年。

辽宁文化协会编:《中共中央关于土改与整党指示和典型经验介绍》,东北书店辽东分店印 1948 年。

九地委宣传部编:《土改重要经验》,新华书店九分社 1948 年。

东北书店:《土地改革工作指南》,东北书店 1948 年。

后勤卫生部编译处:《土地改革问题》,中国医科大学政治处 1948 年。

冀南区党委:《关于中国土地法大纲及有关重要文件》,冀南区党委印 1948 年。

太岳新华书店:《整党、抽补、平分的三个典型经验》,太岳新华书店 1948 年。

黄振钺:《土地政策与土地法》,武昌中国土地经济学社 1949 年。

何冠群:《新土地政策与平均使用地权》,出版社不详,1949 年。

胡伊默:《土地改革论》,中华大学经济学会 1949 年。

傅永林:《怎样进行土地改革》,经济周报社 1949 年。

武仙卿:《土地问题》,国立北京大学出版组 1949 年。

毛泽东:《农村调查》,东北书店 1949 年。

中共中央政策研究室:《一九四八年以来的政策汇编》,中共中央华中局1949年。

中共中央中原局宣传部编:《论解放区的土地政策》,中原新华书店1949年。

解放社编:《论解放区的土地政策》,新华书店1949年。

中共中央统一战线工作部编印:《土地农民问题与中国共产党的土地政策》,中共中央统一战线工作部1949年。

解放社:《新区土地政策》,解放社1949年。

湖南省土地专门委员会:《湖南省限制私有耕地面积最高额实施办法草案》,湖南省土地专门委员会1949年。

晋南行署:《晋南行署关于颁发土地证办法》,晋南行署1949年。

《乡村土地改革文献》,北平大华印刷局1949年。

晋察冀日报社:《平分土地文献》,晋察冀日报社1949年。

《新中国土地政策及其实践》,上海经济周报社编1949年。

中共中央统一战线工作部编印:《关于土地农民问题的重要文献》,中共中央统一战线工作部1949年。

韩德章:《土地问题》,重庆市世界编译所,出版时间不详。

蔡增基:《调查香港小吕宋上海等处土地税及登记规则报告书》,广州市市政厅,出版时间不详。

陈志学:《财政部四川省田赋管理处工作报告》,出版社、出版时间不详。

祝平:《中国土地行政与土地立法之进展》,出版社、出版时间不详。

任弼时:《土地改革中的几个问题及关于"1933年两个文件的决定"》,华东人民革命大学南京分校,出版时间不详。

《关于土地改革的宣传翻译提纲》,中共晋南工委宣传部编印,出版时间不详。

《土改问题》,新浙东出版社,出版时间不详。

中共渤海区党委宣传部:《目前的形势与土地改革研究提纲》,中共渤海区党委宣传部,出版时间不详。

东委民运工作委员会印:《贯彻土地改革准备全面反攻》,出版时间不详。

二地委宣传部:《土地改革中群众路线阶段路线的好榜样》,出版时间不详。

《土改整党经验介绍》,冀东新华书店,出版时间不详。

东北行政委员会办公厅:《土地改革学习文件选集》,东北行政委员会办公厅编印,出版时间不详。

鄂豫边区革命委员会颁布:《鄂豫边区革命委员会土地政纲实施细则》,出版时间不详。

华北联合大学:《边区建设》(减租减息教材),华北联合大学,出版时间不详。

《减租减息特集》,大众日报社出版,出版时间不详。

《平均土地与整顿队伍——彭真同志在边区土地会议上的报告》,冀中新华书店,出版时间不详。

财政部汇两省田赋局:《田赋征实概述》,出版社、出版时间不详。

财政部:《各省整理田赋章则》,财政部,出版时间不详。

译 著

(俄)托尔斯泰著,郎醒石、张国人译:《土地与劳工》,上海商务印书馆 1923 年、1933 年。

(德)单・威廉著,刘子影译:《土地登记测量及征税条例草案》,广州市地局 1926 年。

(日)安部矶雄著,佘叔奎译:《土地税实务》,上海太平洋书店 1928 年。

(德)李布克・内希特著,郭之奇译:《土地问题论》,上海启智书局 1929 年。

(日)东京市政调查会著,邓绍先译:《各国地价税制度》,上海华通书局 1929 年。

(日)河田嗣郎著,李达、陈家瓒译:《土地经济论》,大学丛书 1930 年、上海商务印书馆 1933 年。

(日)长野朗:《支那土地制度研究》,1930 年。

(日)高富素之著,夏淮海译:《地租思想史》,新使命出版社 1930 年。

(苏)拉比杜斯著,王纯一译:《地租论》,上海南强公司 1930 年。

(日)高富素之著,王亚南译:《地租思想史》,上海神州出版社 1931 年。

(日)安部矶雄:《土地公有论》,华通书局 1932 年。

(日)长野朗著,强我译:《中国土地制度的研究》,上海神州国光社 1932 年。

(日)长野朗著,陆璞译:《中国土地制度的研究》,上海新生命书局1933年。

(苏)沃特斯著,彭补拙译:《欧洲农地改革》,商务印书馆1933年。

(俄)柯金著,岑纪译:《中国古代社会》,黎明书局1933年。

(德)单·威廉:《中国之土地制度、土地登记及征税条例草案》,中国地政学会1934年。

(俄)马札亚尔:《中国农村经济研究》,上海神州国光社1934年。

(德)考茨基著,岑纪译:《土地问题》(上),上海商务印书馆1936年。

(德)考茨基著,岑纪译:《土地问题》(下),上海商务印书馆1937年。

(日)鹫野隼太郎著,史文忠译:《地租论》,县市行政讲习所1937年。

(法)罗班著,万锡九译:《土地征收之学理与实施研究》,长沙商务印书馆1938年。

(丹)薛福德著,胡子霖译:《地价税论》,商务印书馆1939年。

(美)罗彻斯特著,林伦彦译:《列宁论土地问题》,冀南书店1946年。

(意)择金斯基著,鲍德澂译:《欧洲土地制度》,中国文化服务社1946年。

(美)伊黎、魏尔万著,李树青译:《土地经济学》,上海商务印书馆1947年。

(德)达马士著,张丕介译:《土地改革论》,上海中国地政研究所1947年。

(俄)列宁:《土地问题理论》,1948年。

(日)泽村真著,西师译:《耕种原论》,东京东亚公司。

(俄)列宁:《土地问题理论》,东北新华书店1949年。

论　文

1900—1919年

社说:《中国土地人民之问题》,《东方杂志》,1906年第3卷第7期。

《土地国有与财政(续)》,县解《民报》,1907年第16期。

《上海之土地市价》,《银行周报》,1919年第3卷第29号。

1920—1929年

陈长蘅:《我国土地与人口问题及国民经济建设政策》,《钱业月报》,1921年

第15卷第9期。

《青岛土地调查报告》,《鲁案善后月报》,1922年第1卷第3期。

《各国土地厚利税之研究》,《道路月刊》,1922年第6卷第2期。

《奥匈诸国战后之土地政策》,《东方杂志》,1922年第19卷第8号。

邓初民:《土地国有问题》,《东方杂志》,1923年第20卷第19号。

邓演达:《土地问题的各方面》,《中国农民》,1927年第2卷第1期。

秋白:《农民政权与土地革命》,《向导》,1927年第195期。

陈独秀、鲍罗庭:《怎样解决土地问题》,《中国农民》,1927年第2卷第1期。

达哈诺夫、哈林布霍:《中国土地问题之商榷》,《中国农民》,1927年第2卷第1期。

土地委员会:《中国土地分配的调查报告》,《中国农民》,1927年第2卷第1期。

岳尔克:《苏俄解决土地问题之经过》,《中国农民》,1927年第2卷第1期。

邓文仪:《土地问题之研究》,《中国农民》,1927年第2卷第1期。

俞墉:《土地问题与政治问题》,《中国农民》,1927年第2卷第1期。

直隶省党部:《直隶土地情形之报告》,《中国农民》,1927年第2卷第1期。

董修甲:《上海特别市土地政策之研究》,《东方杂志》,1927年第24卷第14号。

武堉干:《上海的土地问题》,《新生命》,1928年第1卷第4号。

董修甲:《武汉市土地政策之研究》,《武汉市政公报》,1928年第1卷第4期。

龙鼎:《解决土地问题的讨论》,《革命评论》,1928年第13期。

《土地征收法》,《市政月刊》,1928年第1卷第10期。

《土地征收法》,《北平市政府公报》,1928年第6期。

《民主革命与土地问题》,《现代中国》,1928年第2卷第4期。

谷冰:《俄国土地革命之历程》,《国闻周报》,1928年第5卷第10期。

《美国联邦土地银行之制度》,《银行周报》,1928年第12卷第49号。

雷宾南:《丹麦之土地立法》,《东方杂志》,1928年第25卷第21号。

《南京特别市土地买卖暂行章程》,《首都市政公报》,1929年第39期。

曾杏村:《土地所有权的演变》,《三民半月刊》,1929年第3卷第6期。

邹枋:《中国土地经济的特性》,《商学期刊》,1929年第3期。

《墨西哥土地经济的均权趋势》,《商学期刊》,1929年第4期。

萧济安:《中国土地制度之变迁》,《村治月刊》,1929年第1卷第8期。

亚光:《中国土地问题的研究》,《东省经济月刊》,1929年第5卷第9期。

石桦:《中国土地制度的观察》,《农学杂志》,1929年第5—6期。

蔺稚村:《欧洲土地与人口之研究》,《地学杂志》,1929年第1—2期。

邹枋:《欧洲土地均权的新趋势》,《商学期刊》,1929年第6期。

邹枋:《顾亭林土地经济论纲领》,《商学期刊》,1929年第7期。

萧铮:《土地所有权之研究与平均地权》,《新生命》,1929年第2卷第7号。

贺子远:《平均地权与新与各国土地政策之比较的研究》,《安徽建设》,1929年第10期。

吉田虎雄著,H君译:《论国民政府之土地政策》,《清华周刊》,1929年第32卷第1期。

1930—1939年

宋蕉农译述:《土地国有论》,《三民半月刊》,1930年第5卷第1—2期。

黄通:《中国土地制度的沿革》,《学生杂志》,1930年第17卷第4期。

兆民:《土地私有的始原》,《世界月刊》,1930年第5卷第1—2期。

赵建新:《民生主义的土地政策》,《认识》,1930年第3期。

吴尚鹰:《土地问题与土地法》,《中华法学杂志》,1930年第1卷第1期。

夏赓英:《中国土地制度与农业建设》,《中国建设》,1930年第1卷第1期。

李敬斋:《整理中国土地及行政区之我见》,《中央党务月刊》,1930年第26期。

马超俊:《各国都市土地政策及总理平均地权之主张》,《中央党务月刊》,1930年第27期。

阎伯伦:《民生主义中之土地问题(中)》,《三民半月刊》,1930年第5卷第1—2期。

陈甲孚译:《波兰土地制度之革新》,《三民半月刊》,1930年第5卷第1—2期。

姜凤文:《中国土地问题研究》,《国立劳动大学月刊》,1930年第1卷第4期。

阎伯伦:《民生主义中之土地问题(上)》,《三民半月刊》,1930 年第 5 卷第 1—2 期。

吴永詹:《中国土地问题与土地政策》,《三民半月刊》,1930 年第 5 卷第 1—2 期。

石天倪:《中国土地问题之探讨》,《三民半月刊》,1930 年第 5 卷第 1—2 期。

曾济宽:《中国土地问题及其解决方法》,《新声》,1930 年第 13—14 期。

吴尚鹰:《土地问题与土地法(续)》,《中华法学杂志》,1930 年第 1 卷第 3 期。

阎伯伦:《民生主义中之土地问题(下)》,《三民半月刊》,1930 年第 5 卷第 1—2 期。

远足译:《苏俄解决土地问题之经过》,《三民半月刊》,1930 年第 5 卷第 1—2 期。

马寅初:《土地增价税》,《商业杂志》,1930 年第 5 卷第 1 期。

问友:《苏维埃区域与土地革命》,《红旗》,1930 年第 97 期。

吴黎平:《中国土地问题》,《新思潮》,1930 年第 5 期。

吴黎平:《评"中国土地政策"》,《新思潮》,1930 年第 5 期。

马寅初:《德国的土地增价税》,《市政月刊》,1930 年第 3 卷第 2 期。

易元:《土地农民问题 没收一切公地归苏维埃处理》,《红旗》,1930 年第 119 期。

鲍幼申:《土地分配问题与土地使用问题》,《三民半月刊》,1930 年第 5 卷第 1—2 期。

王斐荪:《中国土地问题与资本问题之检讨》,《三民半月刊》,1930 年第 4 卷第 9 期。

《解决中国土地问题之方法的研究(内政部报告)》,《中央党务月刊》,1930 年第 22 期。

鲍幼申:《民生主义与土地政策》,《三民半月刊》,1930 年第 4 卷第 2 期。

宋斐如:《日本现代的土地制度》,《三民半月刊》,1930 年第 4 卷第 2 期。

马快然:《太平天国时代的土地制度》,《三民半月刊》,1930 年第 5 卷第 1—2 期。

《现代欧美各国的土地政策》,《学生杂志》,1930 年第 17 卷第 6 期。

曾济宽:《怎么解决中国的土地问题》,《新声》,1930 年第 3—4 期。

《中欧诸国之土地制度及其政策概要》,《工商半月刊》,1930 年第 2 卷第 19 期。

谷非:《土地问题》,《现代文学》,1930 年第 1 卷第 3 期。

王斐荪:《中国土地问题与资本问题之检讨》,《新生命》,1930 年第 3 卷第 6 期。

啸仙:《反对富农:富农路线的危险》,《红旗》,1930 年第 5 期。

周宪文:《德国土地政策的过去与现在》,《新生命》,1930 年第 3 卷第 2 期。

吴尚鹰:《土地问题与土地法(续)》,《中华法学杂志》,1930 年第 1 卷第 4 期。

曾济宽:《土地制度之一般的考察》,《新声》,1930 年第 6 期。

诸青来:《土地分配问题》,《东方杂志》,1931 年第 28 卷第 3 号。

《我国土地问题之解决》,《民间周刊》,1931 年第 1 卷第 5－14 期。

穷女:《"解决中国土地问题"之研究》,《平等杂志》,1931 年第 1 卷第 4 期。

郁琛:《中国土地分配问题》,《社会杂志》,1931 年第 1 卷第 6 期。

黄云峰:《土地公有与私有》,《新陕西》,1931 年第 1 卷第 6 期。

坚如:《土地问题史之研究》,《精诚半月刊》,1931 年第 1 卷第 1 期。

乌里亚诺夫:《土地问题草案初稿》,《燕京月刊》,1931 年第 8 卷第 2 期。

编者:《柏林市土地之用途》,《新汉口》,1931 年第 2 卷第 7 期。

万国鼎:《汉以前人口及土地利用之一斑》,《金陵大学金陵学报》,1931 年第 1 卷第 1 期。

心水:《介绍土地经济学》,《复旦大学政治学报》,1931 年第 1 期。

黄菩生:《青岛土地制度之研究》,《现代学术》,1931 年第 1 卷第 5 期。

罗翼群:《地方自治与土地问题》,《中央导报》,1931 年第 7 期。

吴尚鹰:《土地问题与土地法(选录)》,《中央导报》,1931 年第 7 期。

《论章著土地经济学的相对论基础》,《经济学刊》,1931 年第 1 卷第 1 期。

孙倬章:《中国土地问题》,《读书杂志》,1932 年第 2 卷第 1 期。

翁文灏:《中国人口分布与土地利用》,《独立评论》,1932 年第 3 期。

陶镕成:《农村经济和土地政策的研究(续)》,《劳工月刊》,1932 年第 1 卷第 5 期。

张克林:《苏俄土地政策之真谛》,《苏俄评论》,1932 年第 3 卷第 1 期。

张东荪、春林:《土地问题国风月刊独立评词等三则》,《再生》,1932 年第 1

卷第2期。

鲁夫:《亨利·佐治土地政策的批评》,《清华周刊》,1932年第37卷第1期。

陶镕成:《农村经济和土地政策的研究》,《劳工月刊》,1932年第1卷第4期。

翁文灏:《中国人口分布与土地利用》,《独立评论》,1932年第4期。

田边胜正著,泽膏译:《东欧各国土地之改革及其效果》,《探讨与批判》,1932年第5期。

赵建新:《农村经济与土地问题》,《浙江省建设月刊》,1932年第5卷第10期。

万国鼎:《中外土地制度沿革鸟瞰》,《大陆》,1932年第1卷第5期。

邹枋:《李觏土地经济论纲领》,《经济学季刊》,1933年第4卷第2期。

张觉人:《先秦土地制度之史的考察》,《法政季刊》,1933年第1卷第1期。

元鹰译:《唐代土地问题(续)》,《中法大学月刊》,1933年第3卷第4—5期。

周一和译述:《土地增价税的研究》,《地政月刊》,1933年第1卷第7—12期。

唐启宇:《伊利及莫哈武土地经济学要义》,《地政月刊》,1933年第1卷第7—12期。

祝平:《苏俄土地国有政策之回顾》,《地政月刊》,1933年第1卷第7—12期。

曾济宽:《土地经济论》,《地政月刊》,1933年第1卷第7—12期。

单·威廉著,萧铮译:《中国之土地制》,《地政月刊》,1933年第1卷第7—12期。

曾济宽:《土地改革论述要》,《地政月刊》,1933年第1卷第7—12期。

齐平:《中国土地私有制之发展及其特性简论》,《朔望》,1933年第12期。

曾济宽:《中国土地问题及其解决方法》,《地政月刊》,1933年第1卷第1—6期。

张淼:《各国土地立法之趋势》,《地政月刊》,1933年第1卷第1—6期。

孙文郁:《中国土地利用调查之经过及进行概况》,《地政月刊》,1933年第1卷第1—6期。

罗竹秋:《日本古代土地制度之研究(舜)》,《地政月刊》,1933年第1卷第1—6期。

周一和译述:《土地增价税的研究(二)》,《地政月刊》,1933年第1卷第1—6期。

鲍德澄:《土地重划论》,《地政月刊》,1933年第1卷第1—6期。

白瑜:《苏联土地制度之解剖》,《前途》,1933年第1卷第4期。

《赤区土地问题》,《国闻周报》,1933年第10卷第33期。

《赤区土地问题之实际与批判》,《国闻周报》,1933年第10卷第41期。

王式成译:《土地所有人对于未成年人之责任》,《法学杂志》,1933年第7卷第1期。

《赤区土地问题之实际与检讨》,《国闻周报》,1933年第10卷第40期。

《论中国土地征收法》,《社会科学论丛》,1933年第4卷第8期。

《中国土地制度史》,《学艺百号纪念增刊》,1933年第1期。

《东欧诸国之土地改革及其效果》,《复兴月刊》,1933年第1卷第12期。

马寅初:《中国之土地整理问题》,《银行周报》,1933年第17卷第29期。

赵筒子:《爱沙尼亚的土地改革》,《三民主义月刊》,1933年第2卷第1期。

赵筒子:《爱沙尼亚的土地改革(续)》,《三民主义月刊》,1933年第2卷第4期。

詹显哲:《德国土地增价税的沿革及其结果》,《三民主义月刊》,1933年第1卷第3期。

赵筒子:《爱沙尼亚的土地改革(续)》,《三民主义月刊》,1933年第2卷第5期。

赵筒子:《爱沙尼亚的土地改革(续)》,《三民主义月刊》,1933年第2卷第6期。

徐冰若:《东欧诸国的土地改革及其效果》,《三民主义月刊》,1933年第1卷第2期。

徐冰若:《东欧诸国的土地政策及其效果》,《三民主义月刊》,1933年第1卷第1期。

徐天一:《我国的土地问题及其解决方法》,《三民主义月刊》,1933年第1卷第6期。

徐心芹:《我国中古“土地公有制”之复兴与废毁》,《朔望半月刊》,1933年第1卷第4期。

胡长清:《宪法草案与土地问题》,《时代公论》,1933年第2卷第13—14期。

王海波:《中国土地制度史》,《学艺(日本)》,1933 年百号纪念增刊。
元为译:《唐代的土地问题》,《中法大学月刊》,1933 年第 3 卷第 2—3 期。
《中国社会动乱中的土地问题(真)》,《地政月刊》,1933 年第 1 卷第 7—12 期。
唐启宇:《土地与人权》,《地政月刊》,1933 年第 1 卷第 7—12 期。
汤惠荪:《农业经营与土地利用》,《地政月刊》,1933 年第 1 卷第 7—12 期。
《蒋委员长对于解决土地问题之意见》,《地政月刊》,1933 年第 1 卷第 7—12 期。
达马熙克著,高信译:《农村建设与土地问题》,《地政月刊》,1933 年第 1 卷第 7—12 期。
曾济宽:《土地改革论述要(续)》,《地政月刊》,1933 年第 1 卷第 7—12 期。
冯紫岗:《繁荣农村与土地政策》,《地政月刊》,1933 年第 1 卷第 7—12 期。
祝平:《俄国土地改革中的农奴解放》,《地政月刊》,1933 年第 1 卷第 7—12 期。
周一和:《土地增价税的研究》,《地政月刊》,1933 年第 1 卷第 1—6 期。
董汝舟:《地方自治与土地问题(华)》,《地政月刊》,1933 年第 1 卷第 1—6 期。
罗竹秋:《中国古代土地制度之研究(铭)》,《地政月刊》,1933 年第 1 卷第 1—6 期。
彭丙生:《中国氏族时代土地制度之考察(铭)》,《地政月刊》,1933 年第 1 卷第 1—6 期。
万国鼎:《土地法规》,《地政月刊》,1933 年第 1 卷第 1—6 期。
李景清:《美国国家土地政策的研究(铭)》,《地政月刊》,1933 年第 1 卷第 1—6 期。
洪季川:《训政时期土地整理问题》,《地政月刊》,1933 年第 1 卷第 1—6 期。
王祺:《农村复兴与中国国民党之土地政策》,《地政月刊》,1933 年第 1 卷第 7—12 期。
萧铮:《中国今日应采之土地政策》,《地政月刊》,1933 年第 1 卷第 7—12 期。
祝平:《实施土地政策以复兴农村刍议》,《地政月刊》,1933 年第 1 卷第 7—12 期。

董时进:《土地破坏与农村衰落》,《地政月刊》,1933年第1卷第7—12期。

曾济宽:《土地改革论述要(续完)》,《地政月刊》,1933年第1卷第7—12期。

《陈翰笙现代中国土地问题(真)》,《地政月刊》,1933年第1卷第7—12期。

龙绮:《为谈土地的先生们进一解》,《地政月刊》,1933年第1卷第1—6期。

庄强华译:《近代日本之土地问题》,《地政月刊》,1933年第1卷第1—6期。

唐启宇:《土地生产关系论》,《地政月刊》,1933年第1卷第1—6期。

张克林:《苏俄土地政策之真谛》,《地政月刊》,1933年第1卷第1—6期。

李景清:《美国土地制度的发展》,《地政月刊》,1933年第1卷第1—6期。

谢俊:《土地增益税之研究》,《地政月刊》,1933年第1卷第1—6期。

吴尚鹰:《土地问题与土地法》,《地政月刊》,1933年第1卷第1—6期。

庄强华译:《近代日本之土地问题(续)》,《地政月刊》,1933年第1卷第1—6期。

魏颂唐:《地方自治与土地整理》,《地政月刊》,1933年第1卷第1—6期。

祝平:《实施土地改革为救济农村之先决条件》,《地政月刊》,1933年第1卷第1—6期。

翁文灏:《中国人口分布与土地利用》,《地政月刊》,1933年第1卷第1—6期。

徐天一:《我国的土地问题及其解决方法》,《三民主义月刊》,1933年第1卷第3期。

钱俊瑞:《土地所有的形态》,《申报月刊》,1933年第2卷第5号。

萧铮:《土地所有权之研究与平均地权(真)》,《地政月刊》,1933年第1卷第7—12期。

邓初民:《土地国有问题(真)》,《地政月刊》,1933年第1卷第7—12期。

蔡日秋:《论土地公有》,《青年评论》,1933年第23期。

徐光隽:《改良农村经济与土地征收法》,《三民主义月刊》,1933年第2卷第1期。

范苑声:《土地国有论的各派学说之总检讨(铭)》,《地政月刊》,1933年第1卷第7—12期。

周谷城:《中国土地制度及总理土地公有学说》,《地政月刊》,1933年第1卷第1—6期。

《所谓土地革命》,《地政月刊》,1933 年第 1 卷第 7—12 期。

黄通:《土地国有运动概观》,《地政月刊》,1933 年第 1 卷第 7—12 期。

郁琛:《中国土地分配问题(真)》,《地政月刊》,1933 年第 1 卷第 7—12 期。

李黎洲译:《中国土地支配之史的考察》,《自觉》,1933 年第 8 期。

张觉人:《土地问题的理论与实践之研究》,《中国经济》,1933 年第 1 卷第 7 期。

张觉人:《土地问题的理论与实践之研究(续一)》,《中国经济》,1933 年第 1 卷第 8 期。

张觉人:《土地问题的理论与实践之研究(续二)》,《中国经济》,1933 年第 1 卷第 9 期。

张觉人:《土地问题的理论与实践之研究(续三)》,《中国经济》,1934 年第 2 卷第 2 期。

张觉人:《土地问题的理论与实践之研究(续四)》,《中国经济》,1934 年第 2 卷第 3 期。

张觉人:《土地问题的理论与实践之研究(续五)》,《中国经济》,1934 年第 2 卷第 4 期。

张觉人:《土地问题的理论与实践之研究(续六)》,《中国经济》,1934 年第 2 卷第 6 期。

黄通:《土地金融之概念及其体系》,《地政月刊》,1934 年第 2 卷第 1—6 期。

成天一:《中国土地利用与土地所有权问题》,《中国经济》,1934 年第 1 卷第 7 期。

陆宗烈:《土地制度之沿革与平均地权》,《地政月刊》,1934 年第 2 卷第 1—6 期。

刘广惠:《中国土地制度之史的述要》,《中国经济》,1934 年第 2 卷第 10 期。

庞威远:《中国各党派土地政策之评述》,《众志月刊》,1934 年第 1 卷第 4 期。

漆琪生:《中国赤区的土地政策》,《新中华》,1934 年第 2 卷第 10 期。

刘壮武:《中国现行土地制度之改造》,《存诚月刊》,1934 年第 1 卷第 2 期。

《夏商土地制度之研究》,《史地社会论文摘要》,1934 年第 1 卷第 2 期。

周毓英:《中国的土地问题》,《文化建设》,1934 年第 1 卷第 1 期。

范苑声:《我对于中国土地问题之认识与意见》,《中国经济》,1934 年第 1 卷第4期。

李俊龙:《中国社会动乱中的土地问题》,《中国经济》,1934年第1卷第4期。

范苑声:《土地国有论的各派学说之总检讨》,《中国经济》,1934年第1卷第6期。

蒋杰:《中国农业土地问题及其解决方法》,《农林汇刊》,1934年第4期。

陈鸣根:《我国田产权之变迁》,《申报》,1934年1月22日。

陶直夫:《中国现阶段底土地问题》,《中山文化教育馆季刊》,1934年第1卷第2期。

赵辛任:《中国土地问题之特殊性》,《人民评论》,1934年第51期。

赵辛任:《中国历代土地制度的变迁(上)——中国土地问题论之二》,《人民评论》,1934年第45期。

赵辛任:《中国土地问题之提出(下)——中国土地问题论之一》,《人民评论》,1934年第44期。

黄枯桐:《农业土地问题》,《农声》,1934年第176－177期。

林缵春:《复兴农村经济与改革土地制度》,《农声》,1934年第176－177期。

陈翰笙:《现代中国的土地问题》,《中国经济》,1934年第1卷第4期。

琢如:《中国土地问题及其前途》,《求实月刊》,1934年第1卷第9期。

林希谦:《土地所有权发生的研究》,《大夏》,1934年第1卷第4号。

胡长清:《清查土地与整理田赋(一)》,《时代公论》,1934年第3卷第12期。

胡长清:《清查土地与整理田赋(二)》,《时代公论》,1934年第3卷第13期。

胡长清:《清查土地与整理田赋(三)》,《时代公论》,1934年第3卷第14期。

胡长清:《清查土地与整理田赋(四)》,《时代公论》,1934年第3卷第15期。

胡长清:《清查土地与整理田赋(五)》,《时代公论》,1934年第3卷第16期。

刘壮武:《土地分配与地价税法》,《人民评论》,1934年第59期。

曾济宽:《土地利用与农业改良问题》,《浙江省建设月刊》,1934年第8卷第6期。

郭汉鸣:《欧洲古代土地制度之研究》,《地政月刊》,1934年第2卷第9－12期。

郭汉鸣:《法国大革命时期的土地问题》,《时代公论》,1934年第3卷第18期。

《韩国历代土地制度之概况》,《震光》,1934 年第 2—3 期。
钱泽夫:《西班牙的土地问题和民族问题》,《世界知识》,1934 年第 1 卷第 5 期。
潘鸿声:《湘鄂赣三省土地利用及人口调查亲历困难情形》,《农报》,1934 年第 1 卷第 20 期。
叶谦吉:《江苏无锡堰桥一百十三农家土地利用之研究》,《农林汇刊》,1934 年第 4 期。
高信:《达马熙克之土地改革论》,《新社会科学》,1934 年第 1 卷第 2 期。
郭汉鸣:《英国土地集中之史的探讨》,《新社会科学》,1934 年第 1 卷第 3 期。
《中国人口与土地之分配》,《求实月刊》,1934 年第 1 卷第 10 期。
陶因:《苏俄的土地政策》,《国立武汉大学社会科学季刊》,1934 年第 4 卷第 4 期。
刘显华:《评殷震夏著〈中国土地新方案〉》,《众志月刊》,1934 年第 2 卷第 2 期。
《中国土地问题之检讨》,《新中华》,1934 年第 2 卷第 6 期。
《中国土地问题与土地政策》,《经济旬刊》,1934 年第 2 卷第 10 期。
罗玉东:《陈登元著中国土地制度》,《图书评论》,1934 年第 2 卷第 6 期。
华芷荪:《陈登元著中国土地制度》,《图书评论》,1934 年第 2 卷第 6 期。
《中国现阶段的土地问题》,《史地社会论文摘要》,1934 年第 1 卷第 3 期。
《土地问题的理论与实践之研究》,《中国经济》,1934 年第 2 卷第 3 期。
《土地增价税的性质》,《中国经济》,1934 年第 2 卷第 3 期。
《中国土地制度之史的述要》,《史地社会论文摘要》,1934 年第 1 卷第 2 期。
林希谦:《美国土地问题的史的研究》,《大夏》,1934 年第 1 卷第 2 号。
蒋廉译:《丹麦之土地政策》,《地政月刊》,1934 年第 2 卷第 4 期。
祝平:《中国土地改革导言》,《地政月刊》,1934 年第 2 卷第 1 期。
祝平:《英国各派土地改革运动及各党土地政纲(续)》,《地政月刊》,1934 年第 2 卷第 5 期。
汪浩:《苏联之土地整理》,《地政月刊》,1934 年第 2 卷第 6 期。
祝平:《东欧诸国的土地行政组织》,《地政月刊》,1934 年第 2 卷第 2 期。
高信:《农村合作与土地问题》,《地政月刊》,1934 年第 2 卷第 6 期。

成天一:《中国土地利用与土地所有权》,《地政月刊》,1934年第2卷第3期。

仇元译:《意大利法西斯蒂政府农业计划中之土地问题》,《地政月刊》,1934年第2卷第6期。

宋国枢:《罗马尼亚土地制度之改革》,《地政月刊》,1934年第2卷第4期。

罗醒魂译:《土地征收中之土地买回权问题》,《地政月刊》,1934年第2卷第3期。

祝平:《英国各派土地改革运动及各党最近土地政纲》,《地政月刊》,1934年第2卷第3期。

汤惠荪:《农业经管与土地利用形态》,《地政月刊》,1934年第2卷第5期。

汪浩:《苏联土地政策之理论基础》,《地政月刊》,1934年第2卷第3期。

汪浩:《苏联一九一七—二一年之土地政策》,《地政月刊》,1934年第2卷第4期。

祝平、万国鼎、高信等:《中国土地问题的重心》,《地政月刊》,1934年第2卷第1期。

李黎州译:《英国各政党与农业土地问题》,《地政月刊》,1934年第2卷第3期。

晶平:《广西土地问题发展的趋势》,《中国经济》,1934年第2卷第7期。

朱福成:《解决中国今日土地问题之途径》,《江苏月报》,1935年第3卷第2期。

吴清友:《殖民地埃及的土地关系》,《中国农村》,1935年第1卷第4期。

王慕韩:《从农业经营上说明江苏盐垦区土地利用问题》,《中国实业杂志》,1935年第1卷第7—12期。

薛暮桥:《土地施用形态问题的分析》,《中国农村》,1935年第1卷第4期。

张益圃:《江苏的土地分配和租佃制度》,《中国农村》,1935年第1卷第8期。

光君:《中国土地分配与人口分配之原则》,《再生》,1935年第3卷第1期。

方显廷:《中国土地问题文献述评》,《政治经济学报》,1935年第3卷第4期。

李又曦:《两宋农村经济状况与土地政策》,《文化建设》,1935年第2卷第2期。

吴其昌:《秦以前中国田制史》,《武汉社会科学季刊》,1935年第7期—1936年第8期。

吴文晖:《现代中国土地问题探究》,《新社会科学》,1935年第1卷第4期。

王宜昌:《从土地来看中国农村经济》,《中国经济》,1935年第3卷第1期。

《从中国土地问题到意国平均地权》,《农村经济》,1935年第2卷第1期。

束以范:《吾国土地问题的严重及今后应施行之土地政策》,《中国经济》,1935年第3卷第2期。

李安陆:《由中国土地私有制的弊害谈到平均地权的实行》,《农村合作》,1935年第1卷第3期。

郭汉鸣:《欧洲古代土地制度之研究(再续)》,《地政月刊》,1935年第3卷第1—6期。

郭汉鸣:《法国大革命时的土地政策》,《中山文化教育馆季刊》,1935年第2卷第4期。

李庆麟:《中国目前之土地政策》,《地政月刊》,1935年第3卷第1—6期。

江亢虎:《土地公有答议》,《汗血月刊》,1935年第6卷第2期。

思明:《土地村公有之理论的发生及其确立》,《山西建设》,1935年第8期。

《再答土地村公有质疑》,《山西建设》,1935年第8期。

《答土地村公有质疑》,《山西建设》,1935年第8期。

《土地政策的性质和意义》,《社会经济月报》,1935年第2卷第1期。

《美国的土地政策》,《社会经济月报》,1935年第2卷第1期。

《阎锡山之土地村有办法》,《银行周报》,1935年第19卷第38期。

纪自由:《土地村有的研究》,《自觉月刊》,1935年第38期。

奚均礽:《晋阎土地公有制之研究》,《青岛教育》,1935年第3卷第5期。

《中国土地问题》,《新中华》,1935年第3卷第13期。

《土地村有制之检讨》,《国闻周报》,1935年第12卷第50期。

李奇流:《先秦封建组织之特质与其土地制度(续)》,《农村合作》,1935年第1卷第7期。

《先秦封建组织之特质与其土地制度》,《农村合作》,1935年第1卷第5期。

成圣昌:《中国土地问题诸主流之解决方策及批判(续完)》,《农村合作》,1935年第1卷第7期。

万叶译:《战后德国的土地政策》,《民族杂志》,1935年第3卷第1—6期。

仇元译:《美国之土地利用问题》,《地政月刊》,1935年第3卷第8期。

达马熙克著,高信译:《德国之土地改革》,《地政月刊》,1935年第3卷第9期。

祝平:《俄国斯托列宾的土地改革》,《地政月刊》,1935年第3卷第11期。

亨利·乔治著,傅广泽、王缵绪合译:《土地问题其内容及其解决方法》,《地政月刊》,1935年第3卷第6期。

亨利·乔治著,傅广泽、王缵绪合译:《土地问题其内容及其解决方法(续)》,《地政月刊》,1935年第3卷第7期。

亨利·乔治著,傅广泽、王缵绪合译:《土地问题其内容及其解决方法(再续)》,《地政月刊》,1935年第3卷第8期。

唐启宇:《评阎锡山氏之土地村有》,《东方杂志》,1935年第32卷第21号。

朱章宝:《评阎锡山氏之土地村有办法》,《东方杂志》,1935年第32卷第21号。

朱契:《土地村公有乎 实行增值税乎》,《东方杂志》,1935年第32卷第21号。

国纲:《土地村有制度》,《东方杂志》,1935年第32卷第20号。

新桥:《土地村有不可能》,《东方杂志》,1935年第32卷第21号。

凌青:《论山西的土地村公有大纲》,《新中华》,1935年第3卷第23期。

杨哲明:《都市土地政策之检讨》,《东方杂志》,1935年第32卷第11号。

梁以安:《现代中国土地所有形态的分析》,《农村合作》,1935年第1卷第5期。

漆琪生:《从土地村有制说到中国一般的土地问题》,《新中华》,1935年第3卷第23期。

吴一心:《土地所有形态的回顾与前瞻》,《农村经济》,1935年第2卷第7期。

《土地村有问题》,《银行周报》,1935年第19卷第39期。

李文杰:《土地制度比较论》,《绸缪月刊》,1935年第1卷第10期。

亨利·乔治著,傅广泽、王缵绪合译:《土地问题其内容及其解决方法(续完)》,《地政月刊》,1935年第3卷第11期。

付晓村:《浙江的土地分配》,《中国农村》,1935年第1卷第5期。

马凌甫:《土地问题》,《安徽政务月刊》,1935年第11—12期。

史枚:《土地村有及其批评之批评》,《客观》,1935 年第 1 卷第 7 期。

高耘晖:《周代土地制度与井田》,《食货》,1935 年第 1 卷第 12 期。

吴景超:《土地分配与人口安排》,《独立评论》,1935 年第 155 期。

《各省农民土地分配状况》,《经济旬刊》,1935 年第 4 卷第 16 期。

《中国目前应采用之土地政策》,《史地社会论文摘要》,1935 年第 1 卷第 10 期。

钱俊瑞:《评陈翰先生著〈现今中国的土地问题〉——兼评陈先生近著〈广东农村生产关系与生产力〉》,《中国农村》,1935 年第 1 卷第 5 期。

《关于土地村公有问题之讨论》,《山西建设》,1935 年第 8 期。

李拔:《日本土地所有之近代性与封建性》,《大道月刊》,1935 年第 5 卷第 6 期。

《瑞典之土地制度及其土地政策》,《史地社会论文摘要》,1935 年第 1 卷第 10 期。

《太平天国革命前夕土地问题的一瞥》,《史地社会论文摘要》,1935 年第 1 卷第 10 期。

《周代土地制度与井田》,《史地社会论文摘要》,1935 年第 1 卷第 6 期。

《欧洲古代土地制度之研究》,《史地社会论文摘要》,1935 年第 1 卷第 11 期。

《中国农业土地问题》,《史地社会论文摘要》,1935 年第 1 卷第 10 期。

冯惠:《欧洲各国土地改革述评》,《山西建设》,1935 年第 8 期。

成宝山:《实行井田意义的土地制度》,《山西建设》,1935 年第 8 期。

丘叙伦:《中国土地问题与“村有”问题》,《大道月刊》,1935 年第 5 卷第 2 期。

《德国之土地抵押机关》,《工商半月刊》,1935 年纪念号。

《中央农业实验所调查各省农民土地分配》,《中华法学杂志》,1935 年第 6 卷第 6 期。

《欧洲古代土地制度之研究》,《史地社会论文摘要》,1935 年第 1 卷第 9 期。

邓达章:《评阎锡山之土地村有论》,《中国经济》,1935 年第 3 卷第 12 期。

《对于土地改革的急进的提议》,《社会经济月报》,1935 年第 2 卷第 1 期。

《我国土地问题之严重及今后应施之土地改革》,《史地社会论文摘要》,1935 年第 1 卷第 6 期。

《土地村公有办法大纲》,《山西建设》,1935年第8期。

《城市地价申报与城市土地问题》,《史地社会论文摘要》,1935年第1卷第11期。

蔡旨直:《中国土地问题之检讨》,《山西建设》,1935年第10期。

刘支藩:《最经济的整理土地方法之商榷》,《江苏研究》,1935年第1卷第6期。

成宝山:《土地村公有应如何规定土地的价格》,《山西建设》,1935年第9期。

曾济宽:《土地之最经济的利用方法》,《地政月刊》,1935年第3卷第1—6期。

李黎洲:《中国目前应采用之土地政策》,《地政月刊》,1935年第3卷第1—6期。

郭汉鸣:《欧洲古代土地制度之研究(续)》,《地政月刊》,1935年第3卷第1—6期。

纪自由:《土地村有的研究》,《自觉》,1935年第38期。

朱大仑:《论平均地权土地政策的新发展》,《汗血月刊》,1935年第6卷第3期。

王雅轩:《关于土地村公有之我见》,《新农村》,1935年第24期。

《美国的国家土地政策》,《社会经济月报》,1935年第2卷第1期。

陈汝夔:《中国古代土地及赋税制度研究》,《学风》,1935年第5卷第9期。

冯和法:《经济建设中之土地问题》,《新人》,1935年第3卷第40期。

萧铮:《评阎锡山氏土地村有》,《汗血月刊》,1935年第6卷第2期。

吴韶咸:《中国土地制度变迁之史的观察》,《经济丛刊》,1935年第5期。

李奇流:《中国农村土地问题与农村利用合作》,《农村合作》,1935年第1卷第3期。

吴志忠:《农村经济破产下的土地问题》,《农村合作》,1935年第1卷第2期。

高信:《南京市之土地问题》,《地政月刊》,1935年第3卷第1—6期。

李黎洲译:《瑞典之土地制度及其土地政策》,《地政月刊》,1935年第3卷第1—6期。

胡品芳:《城市地价申报与城市土地问题》,《地政月刊》,1935年第3卷第

1—6 期。

马凌甫:《土地问题与农村合作的关系》,《农村合作》,1935 年第 1 卷第 4 期。

《对于土地村公有制之意见》,《社会经济月报》,1935 年第 2 卷第 10 期。

《土地政策》,《日报索引》,1935 年第 4 卷第 1 期。

《土地问题》,《日报索引》,1935 年第 4 卷第 1 期。

朱通九:《土地村有问题的检讨》,《银行周报》,1935 年第 19 卷第 40 期。

李景汉:《中国农村土地与农业经营问题》,《东方杂志》,1936 年第 33 卷第 1 号。

柳中行:《中国土地问题》,《新中华》,1936 年第 4 卷第 17 期。

漆琪生:《中国土地问题发生的由来及其对策》,《文化建设》,1936 年第 2 卷第 2 期。

万国鼎:《土地村公有之办法平议》,《地政月刊》,1936 年第 4 卷第 1—3 期。

胡哲夫:《中国土地问题的基本问题》,《劳动季刊》,1936 年第 9 期。

蓝名诂:《中国土地问题的演变及其解决》,《国闻周报》,1936 年第 13 卷第 28 期。

蓝名诂:《中国土地问题的演变及其解决》,《生力月刊》,1936 年第 1 卷第 5 期。

端公:《日本现代的土地制度》,《中法大学月刊》,1936 年第 9 卷第 5 期。

贺正河:《论土地村公有制(论)》,《湖南大学季刊》,1936 年第 2 卷第 1 期。

萧铮:《评阎锡山氏之土地村有》,《文化建设》,1936 年第 2 卷第 2 期。

林骥材:《物产证券与土地村有之检讨》,《中山文化教育馆季刊》,1936 年第 3 卷第 1 期。

出客尘:《现阶段中国土地问题的检讨》,《中心评论》,1936 年第 8 期。

游仪声:《中国历代土地问题论略》,《民生周刊》,1936 年第 5 期。

郭汉鸣:《欧洲各国之土地分配》,《地政月刊》,1936 年第 4 卷第 1—3 期。

章午云:《今日我国应采之土地金融政策》,《经济学季刊》,1936 年第 7 卷第 1 期。

朱通九:《土地政策的检讨兼评土地村有制度》,《经济学季刊》,1936 年第 7 卷第 1 期。

章澄若:《土地制度之意义及其理论的分析》,《复兴月刊》,1936 年第 4 卷第

8 期。

《中国土地与人口问题再检讨》,《史地社会论文摘要》,1936 年第 3 卷第 2 期。

李君明译:《日本目前之土地问题与自耕农创设事业》,《地政月刊》,1936 年第 4 卷第 7—11 期。

汤惠荪:《西南各省之土地利用与农业问题》,《地政月刊》,1936 年第 4 卷第 4—6 期。

黄通:《中国现阶段的土地问题》,《地政月刊》,1936 年第 4 卷第 4—6 期。

曾济宽:《土地改革与农业改良》,《地政月刊》,1936 年第 4 卷第 4—6 期。

祝平:《实行计划经济与土地统制》,《地政月刊》,1936 年第 4 卷第 4—6 期。

高信:《中国土地改革与国民经济建设之途径》,《地政月刊》,1936 年第 4 卷第 4—6 期。

萧铮:《中国的土地与人口问题》,《地政月刊》,1936 年第 4 卷第 4—6 期。

李庆麟:《中国食粮与土地问题》,《地政月刊》,1936 年第 4 卷第 4—6 期。

吴廷璆:《唐代的土地问题及田赋制度的变革》,《地政月刊》,1936 年第 4 卷第 7—11 期。

《唐代的土地问题及田赋制度的变革》,《史地社会论文摘要》,1936 年第 3 卷第 2 期。

《南宋的土地问题》,《史地社会论文摘要》,1936 年第 3 卷第 1 期。

薛暮桥:《封建土地关系的资本主义化》,《中山文化教育馆季刊》,1936 年第 3 卷第 4 期。

陈立夫:《举行全国土地调查之经过及其所得结果》,《地政月刊》,1936 年第 4 卷第 7—11 期。

梁明德:《中国土地问题的症结及其解决之途径》,《中国建设》,1936 年第 14 卷第 6 期。

萧铮:《中国土地与人口问题再检讨》,《东方杂志》,1936 年第 33 卷第 21 号。

居正:《中国土地之急待整理》,《上海党声》,1936 年第 2 卷第 30 期。

许宏烋:《秦汉经济史资料(五):人口及土地》,《食货》,1936 年第 3 卷第 7 期。

许宏烋:《明代土地整理之考察》,《食货》,1936 年第 3 卷第 10 期。

张警铎:《以公教立场批判土地村有制》,《磐石杂志》,1936 年第 4 卷第 4 期。

项天及:《现阶段中国土地问题及其解决途径(续完)》,《乡村建设》,1936 年第 6 卷第 19 期。

刘广惠:《中国农业土地问题及其对策》,《经理月刊》,1936 年第 2 卷第 1 期。

罗溥贤:《世界大战的土地与人民》,《经理月刊》,1936 年第 2 卷第 1 期。

张警铎:《以公教立场批判土地村有制(二续)》,《磐石杂志》,1936 年第 4 卷第 5 期。

冯一民:《日本农业及农业土地问题》,《留东学报》,1936 年第 2 卷第 4 期。

罗俊:《中欧诸国土地制度及土地政策总观》,《留东学报》,1936 年第 2 卷第 3 期。

朱通九:《怎样研究土地经济?(上)》,《出版周刊》,1936 年第 186 期。

朱通九:《怎样研究土地经济?(下)》,《出版周刊》,1936 年第 187 期。

李又曦:《两宋农村经济状况与土地政策》,《文化建设》,1936 年第 2 卷第 2 期。

邱致中:《都市土地政策之总批判》,《中心评论》,1936 年第 3 期。

翁之镛:《土地村有问题评价》,《文化建设》,1936 年第 2 卷第 6 期。

彭迪先:《历代土地制度概要》,《中国经济》,1936 年第 4 卷第 8 期。

张觉人:《中国旧有土地制度改革论》,《文化建设》,1936 年第 2 卷第 6 期。

夏炎德:《英国工党的土地农业政策》,《复兴月刊》,1936 年第 5 卷第 2 期。

邓志振:《如何解决灾荒与土地问题》,《民钟季刊》,1936 年第 2 卷第 1 期。

高信:《我国现在之土地问题》,《时事月刊》,1936 年第 14 卷第 21 期。

陈长蘅:《我国土地人口问题之初步比较研究及国民经济建设之政策》,《实业部月刊》,1936 年第 1 卷第 5 期。

曾紫绶:《边疆土地问题之研究》,《新亚细亚》,1936 年第 11 卷第 1 期。

董汝舟:《西北土地利用问题》,《新亚细亚》,1936 年第 11 卷第 2 期。

童耀庭:《中国土地问题之解决》,《农村经济》,1936 年第 3 卷第 12 期。

方显廷:《全国土地调查报告纲要》,《政治经济学报》,1936 年第 5 卷第 3 期。

黄通:《民生史观与土地政策》,《地政月刊》,1936 年第 4 卷第 4—6 期。

侯鸿智:《我国土地私有制度之研究(续)》,《磐石杂志》,1936 年第 4 卷第 4 期。

黄通:《扶植自耕农与土地金融》,《文摘》,1937 年第 1 卷第 5 期。

王联奎:《我国土地分配问题资料之分析研究(续)》,《乡村建设》,1937 年第 6 卷第 10 期。

立报:《我们所需要的土地政策》,《月报》,1937 年第 1 卷第 6 期。

李树青:《中国国民党的土地理论与现行土地政策》,《民族》,1937 年第 5 卷第 1—6 期。

非斯:《〈诗经〉中表现的土地关系》,《食货》,1937 年第 4 期。

景文:《中国小地主特多之原因及其与土地利用之关系》,《新中华》,1937 年第 5 卷第 13 期。

冯和法:《为土地国有而奋斗》,《文摘》,1937 年第 1 卷第 5 期。

叶繁:《我国土地经济的几个重要问题》,《新粤周刊》,1937 年第 1 卷第 9 期。

陈立夫:《中国地政学会对中国土地问题的讨论和决定》,《中央党务月刊》,1937 年第 105—106 期。

邱赞杰:《今日中国的土地问题》,《时论》,1937 年第 43 期。

陈长蘅:《我国土地人口问题之初步比较研究及国民经济建设之政策》,《广东经济建设月刊》,1937 年创刊号。

祝平:《国民经济建设与土地问题》,《国民经济建设》,1937 年第 2 卷第 7 期。

《中国古代土地之所有性及租税之起源》,《史地社会论文摘要》,1937 年第 3 卷第 8 期。

《两汉时代的土地兼并》,《史地社会论文摘要》,1937 年第 3 卷第 6 期。

卢劲秀:《世界最近土地制度改革的动向》,《月报》,1937 年第 1 卷第 6 期。

鲁尔叶:《最近苏联之土地改革政策》,《月报》,1937 年第 1 卷第 6 期。

《中国地政学会的土地政策》,《史地社会论文摘要》,1937 年第 3 卷第 8 期。

项天及:《现阶段中国土地问题及其解决途径》,《乡村建设》,1937 年第 6 卷第 16 期。

李宏略:《现代中国土地问题之基本考察》,《社会知识》,1937 年第 1 卷第 1 期。

张迟:《战时农村经济与土地政策》,《教训与建议》,1938 年抗战报道特辑之一。

薛暮桥:《抗战时期的土地政策》,《时事类编》,1938 年第 15 期。

曹茂良:《战时土地问题及其对策》,《黄埔》,1939 年第 3 卷第 11 期。

漆琪生:《中国战时农业土地政策的基本原则》,《时代精神》,1939 年第 1 卷第 5 期。

夏道成:《战后土地问题》,《文化批判》,1939 年第 6 卷第 1 期。

曾济宽:《西北土地利用问题》,《甘肃教育》,1939 年第 1 卷第 18—19 期。

郭汉鸣:《中国土地问题与地方自治》,《时代精神》,1939 年第 1 卷第 5 期。

高磊:《土地增值税之研究》,《经济汇报》,1939 年第 1 卷第 9—10 期。

陈戚鹏:《解决广西土地问题的意见》,《建设研究》,1939 年第 2 卷第 6 期。

陈戚鹏:《广西土地问题》,《建设研究》,1939 年第 2 卷第 5 期。

陈立夫:《革命进展中之土地政策》,《特教通讯》,1939 年第 1 卷第 2 期。

黄席群:《中国土地之研究(续)》,《现代读物》,1939 年第 4 卷第 12 期。

黄席群:《中国土地之研究》,《现代读物》,1939 年第 4 卷第 11 期。

1940—1949 年

刘光华:《中国土地制度问题的商榷》,《青年中国》,1940 年第 1 卷第 4 期。

姚传法:《宪法中关于土地问题之规定》,《时事类编》,1940 年第 53 期。

杨登元:《中国土地问题之商榷》,《党义研究月刊》,1940 年第 2 卷第 1 期。

魏贵主:《整理甘肃田赋与辦理土地陈报》,《陇铎》,1940 年第 2 卷第 1 期。

邢诒淇:《论中国现代土地问题》,《公余生活》,1940 年第 3 卷第 6 期。

杨贻书:《广东土地问题之检讨》,《新建设》,1940 年第 9 期。

陆离:《中国土地问题略说》,《新建设》,1940 年第 9 期。

陈太先:《土地分配问题》,《新建设》,1940 年第 9 期。

齐鸣:《中国封建社会后期的土地政策与农民运动》,《中国公论》,1940 年第 3 卷第 6 期。

齐鸣:《中国封建社会后期的土地政策与农民运动》,《中国公论》,1940 年第 3 卷第 5 期。

齐鸣:《中国封建社会后期的土地政策与农民运动》,《中国公论》,1940 年第

3卷第4期。

郑震宇:《研究中国土地经济初步意见》,《新经济》,1940年第4卷第1—12期。

曹茂良:《战时土地政策》,《国是公论》,1940年第32期。

雨生:《战时土地政策》,《中山月刊》,1940年第3卷第7—10期。

万国鼎:《中国土地问题之统计分析(书评)》,《新认识》,1940年第7卷第3—4期。

江公怀:《评亨利·乔治的土地政策》,《东方杂志》,1940年第37卷第21期。

辛膺:《土地银行创设之理论及中国创设土地银行之刍议》,《中国合作》,1940年第1卷第5—6期。

刘君煌:《广西徭人之土地制度》,《东方杂志》,1940年第37卷第11期。

郭树人:《中国历史上的土地问题及今后的解决方法》,《学生之友》,1940年第1卷第2—3期。

徐登仁:《周代土地政策研究(上)》,《民大学生》,1940年第1卷第2期。

高荣铣:《论公有土地之利用》,《县政研究》,1940年第2卷第9期。

《理想中新中国之土地制度及其实施办法(佚名)》,《中农月刊》,1940年第1卷第5期。

蒋廉:《土地金融与土地估价》,《中农月刊》,1941年第2卷第9—10期。

潘作霖:《土地陈报与其施行程序》,《安徽政治》,1941年第4卷第11期。

高信:《实施我国土地政策之步骤》,《财政评论》,1941年第6卷第3期。

丁道谦:《贵州的土地分配及所有权问题》,《财政评论》,1941年第6卷第3期。

崔永楫:《美国联邦土地信用经营概述》,《人与地》,1941年第1卷第1—24期。

周泽扬:《战时土地问题(来论)》,《人与地》,1941年第1卷第1—24期。

刘纯椴译:《美国联邦土地银行及其董事会贷款》,《人与地》,1941年第1卷第1—24期。

《土地革命阶段的转变和根据》,《求知文丛》,1941年第25期。

《现阶段的土地政策》,《求知文丛》,1941年第25期。

《两种前途的土地政策》,《求知文丛》,1941年第25期。

《土地法》,《边区导报》,1941 年第 2 卷第 5 期。

史世珍:《当前之土地整理问题》,《经济汇报》,1941 年第 4 卷第 2 期。

《绥蒙施行改革土地政策》,《边政公论》,1941 年第 1 卷第 3—4 期。

费孝通:《增加生产与土地利用》,《当代评论》,1941 年第 1 卷第 13 期。

胡先骕:《战后土地制度之商榷》,《地方建设》,1941 年第 1 卷第 4—5 期。

王辰玺:《我办理土地登记之前经验与感想》,《服务月刊》,1941 年第 5 卷第 5—6 期。

郑鸿祺:《中国土地问题的检讨》,《北华月刊》,1941 年第 1 卷第 2 期。

谷春帆:《历史上的农业人口与土地分配》,《当代评论》,1941 年第 1 卷第 25 期。

李树桐:《经济建设与土地整理》,《闽政月刊》,1941 年第 8 卷第 1 期。

蒋介石:《建立国家财政经济基础努力推行粮食土地政策》,《新运导报》,1941 年第 38 期。

黄通:《中国土地金融问题》,《中农月刊》,1941 年第 2 卷第 9—10 期。

洪瑞坚:《土地改革与土地金融》,《中农月刊》,1941 年第 2 卷第 9—10 期。

秦翊编:《德国之土地金融》,《中农月刊》,1941 年第 2 卷第 9—10 期。

胡连云编:《法国之土地金融》,《中农月刊》,1941 年第 2 卷第 9—10 期。

郭天乙编译:《英国之土地金融》,《中农月刊》,1941 年第 2 卷第 9—10 期。

朱寿麟编译:《美国之土地金融》,《中农月刊》,1941 年第 2 卷第 9—10 期。

朱寿麟编译:《各国土地金融制度》,《中农月刊》,1941 年第 2 卷第 9—10 期。

罗醒魂:《土地债券之性质与发行》,《中农月刊》,1941 年第 2 卷第 9—10 期。

陈永龄:《土地重划与农村设计》,《中农月刊》,1941 年第 2 卷第 5 期。

袁澧兰译:《土地改革与自由经济》,《中农月刊》,1941 年第 2 卷第 9—10 期。

何晓履:《地方自治与土地政策》,《安徽政治》,1941 年第 4 卷第 10 期。

周昌茂:《土地金融机关与地政机关之联系问题》,《中农月刊》,1941 年第 2 卷第 9—10 期。

《中国农民银行设土地金融处》,《信托季刊》,1941 年第 6 卷第 1—2 期。

杨予英:《土地金融制度建立之商榷》,《人与地》,1941 年第 1 卷第 1—24

期。

《土地金融业务》,《人与地》,1941年第1卷第1—24期。

吴英石:《办理土地金融业务之几点意见》,《中国合作》,1941年第2卷第2—3期。

《农行土地金融处订定业务大纲》,《中国合作》,1941年第2卷第1期。

《中国农民银行兼办土地金融业务条例》,《中国合作》,1941年第2卷第1期。

罗远才:《创设土地金融机关之建议》,《训练月刊》,1941年第2卷第1期。

杨予英:《论土地债券》,《人与地》,1941年第1卷第1—24期。

陈鸿根:《我国农田土地金融机构设立之原则》,《新经济》,1941年第6卷第3期。

黄公安:《创建战时土地银行制度争议》,《财政评论》,1941年第6卷第3期。

毕相辉:《中国土地经济之出路及土地政策之阶段性》,《时事类编》,1941年第61期。

粟寄沧:《土地估价的理论与实施》,《建设研究》,1941年第6卷第4期。

叶祖彭:《美国联邦土地银行》,《东南经济》,1941年第3期。

吴尚鹰:《土地之分配与生产问题》,《财政评论》,1941年第6卷第3期。

吴觉民:《土地陈报按地价改订科则之商榷》,《财政评论》,1941年第6卷第3期。

邓植仪:《湘粤桂垦荒之土地利用问题》,《中山学报》,1941年第1卷第8期。

孙科:《人生与土地》,《人与地》,1941年第1卷第1—24期。

萧铮:《地价与土地政策》,《人与地》,1941年第1卷第1—24期。

崔永楫译:《土地估价与农贷政策》,《人与地》,1941年第1卷第1—24期。

桂尘:《妇女与土地改革》,《人与地》,1941年第1卷第1—24期。

李树桐:《公有土地应如何清理问题之研究》,《人与地》,1941年第1卷第1—24期。

潘信中节译:《美国各种土地权利审查制度之评价》,《人与地》,1941年第1卷第1—24期。

万国鼎:《中国土地问题鸟瞰(续)》,《人与地》,1941年第1卷第1—24期。

王文甲:《办理土地陈报之成败关键》,《人与地》,1941 年第 1 卷第 1—24 期。

万国鼎:《中国土地问题鸟瞰》,《人与地》,1941 年第 1 卷第 1—24 期。

丘信:《我国现阶段土地投机问题》,《人与地》,1941 年第 1 卷第 1—24 期。

萧铮:《期待中的土地改革运动》,《人与地》,1941 年第 1 卷第 1—24 期。

罗醒魂:《对土地银行应有之认识》,《人与地》,1941 年第 1 卷第 1—24 期。

张丕介:《书报评介“民族与土地”》,《人与地》,1941 年第 1 卷第 1—24 期。

苏渊雷:《战争、土地、农民》,《人与地》,1941 年第 1 卷第 1—24 期。

罗醒魂:《各国土地金融机关债券业务之归趋及其可能之发展》,《人与地》,1941 年第 1 卷第 1—24 期。

黄通:《财政粮食与土地》,《人与地》,1941 年第 1 卷第 1—24 期。

万国鼎:《粮食问题与土地政策》,《人与地》,1941 年第 1 卷第 1—24 期。

《论目前的土地政策》,《求知丛文》,1941 年第 25 期。

邹念鲁:《论美国新县土地利用制》,《中农月刊》,1941 年第 2 卷第 4 期。

芬兰农业部报告,杨予英译:《芬兰土地拓殖之检讨》,1941 年第 2 卷第 4 期。

丘汉平:《土地问题与土地税》,《银行季刊(1941 年)》,1941 年第 1 卷第 1 期。

林泽苍:《由农村土地问题说到土地改革》,《银行季刊(1941 年)》,1941 年第 1 卷第 2 期。

韩尚文:《三民主义之土地政策》,《思想月刊》,1941 年第 1 卷第 7 期。

陈戚鹏:《东欧各国土地改革政策的研究》,《建设研究》,1941 年第 4 卷第 6 期。

《土地问题》,《金陵大学》,1941—1942 年该校五十五周年纪念。

陶因:《战后土地改革方案刍议》,《中国农民》,1942 年第 1 卷第 2—3 期。

张西超:《抗战中土地关系发展的趋向》,《文化杂志》,1942 年第 2 卷第 4 期。

陕汉鸣:《俄国之土地改革》,《服务月刊》,1942 年第 6 卷第 4—5 期。

唐陶华:《土地征收之补偿问题》,《服务月刊》,1942 年第 6 卷第 4—5 期。

唐陶华:《土地测量之考核问题》,《服务月刊》,1942 年第 6 卷第 4—5 期。

方纪:《中国的土地改革与农民问题》,《学习生活》,1942 年第 3 卷第 1 期。

苏渊雷:《民生史观与土地政策》,《三民主义周刊》,1942年第2卷第24期。

林诗旦:《解决龙岩县土地问题之商榷》,《人与地》,1942年第2卷第9—10期。

杨振锠:《加强土地改革运动的主动力量》,《人与地》,1942年第2卷第3期。

陈人龙:《后方的地价与土地使用问题》,《人与地》,1942年第2卷第2期。

金海同:《〈土地政策战时实施纲要〉浅析》,《人与地》,1942年第2卷第2期。

陈鸿佑:《我国土地利用概况》,《文讯》,1942年第3卷第2期。

范永增:《上海的土地行政》,《上海半月刊》,1942年第55期。

陈正谟:《如何推行土地政策及粮食政策》,《财政评论》,1942年第7卷第1期。

李显承:《土地改革与社会进步:介绍亨利·乔治土地改革论的哲学基础》,《人与地》,1942年第2卷第4—5期。

李云万:《抗战建国中的土地问题》,《国防周报》,1942年第4卷第10期。

罗远才:《创设土地金融机关之建议》,《训练月刊》,1942年第2卷第1期。

汪浩:《土地问题与地政》,《湖南青年》,1942年第3卷第5期。

铃木俊:《唐代之土地制度与财政》,《真知学报》,1942年第2卷第4期。

罗捐光:《土地问题发展的趋向》,《新建设》,1942年第3卷第6期。

谢慎初:《今日的土地问题》,《东南经济》,1942年第2卷第1—2期。

李凡夫:《沦陷区的土地问题》,《群众》,1942年第7卷第18期。

黄公安:《创建战时土地银行制度刍议》,《金融知识》,1942年第1卷第3期。

张峪嵫:《卜凯:中国土地利用》,《中农月刊》,1942年第3卷第10期。

陈鸿根:《农田土地金融之估值问题》,《中农月刊》,1942年第3卷第5期。

翁永楫:《土地陈报方法史观》,《中农月刊》,1942年第3卷第2期。

刘光华:《中国目前可能实施之土地政策纲要》,《中国农民》,1942年第1卷第2—3期。

王辅宜:《土地被征收人应有的法律认识》,《中国农民》,1942年第1卷第2—3期。

郑震宇、黄厚端、邹序儒:《研究中国土地经济初步意见》,《中国农民》,1942

年第1卷第2—3期。

黄通:《土地金融与地力动员》,《中国农民》,1942年第1卷第6期。

吴尚鹰:《论土地问题》,《中国农民》,1942年第1卷第2—3期。

郑震宇:《中国战时土地政策的实施》,《中国农民》,1942年第1卷第3—4期。

罗鼎:《我国土地法规之研讨》,《中国农民》,1942年第1卷第2—3期。

祝平:《川省土地陈报之成果》,《中国农民》,1942年第1卷第2—3期。

刘光华、何公敢:《中国土地经济之初步讨论》,《中国农民》,1942年第1卷第2—3期。

司登拨著,吴传钧译:《英国土地利用与经济政策》,《中农月刊》,1942年第3卷第8期。

异相辉:《对于研究中国土地经济初步意见之意见》,《中国农民》,1942年第1卷第2—3期。

何公敢、黄元彬:《中国土地问题之研讨》,《中国农民》,1942年第1卷第2—3期。

《苏联的土地与人口》,《世界政治》,1942年第7卷第4期。

朱剑农:《粮食问题与土地政策》,《中国农民》,1942年第1卷第4期。

洪瑞坚:《中国土地金融事业之前途》,《服务月刊》,1942年第6卷第4—5期。

邹念鲁:《土地评价问题的商榷》,《财政知识》,1942年第1卷第6期。

祝平:《江苏省推行土地政策之实例》,《服务月刊》,1942年第6卷第4—5期。

崔永楫:《战时土地政策与粮食问题》,《服务月刊》,1942年第6卷第4—5期。

朱霄龙:《漫谈办理土地行政的经验与杂感》,《服务月刊》,1942年第6卷第4—5期。

王文甲:《县土地行政实施之观感》,《服务月刊》,1942年第6卷第4—5期。

张联渊:《甘肃土地整理问题》,《服务月刊》,1942年第6卷第4—5期。

孙文周:《我国土地问题应在战时解决》,《服务月刊》,1942年第6卷第4—5期。

潘信中:《各国第一次土地登记程序之比较研究》,《服务月刊》,1942年第6

卷第4—5期。

鲍德澄:《土地重划》,《服务月刊》,1942年第6卷第4—5期。

罗醒魂:《土地征收与土地金融》,《服务月刊》,1942年第6卷第4—5期。

戴之焌:《水利与土地问题》,《服务月刊》,1942年第6卷第4—5期。

孟光宇:《我国各省土地登记之比较研究》,《服务月刊》,1942年第6卷第4—5期。

何锦波:《土地增值税与非常时期过分利得税的理论根据》,《财政知识》,1942年第1卷第3期。

苏渊雷:《民生史观下的土地政策》,《服务月刊》,1942年第6卷第4—5期。

汀观纶:《由土地整理谈到实行本党土地政策》,《服务月刊》,1942年第6卷第4—5期。

蔡殿荣:《美国土地测量计划概要》,《服务月刊》,1942年第6卷第4—5期。

文奎:《土地政策与土地测量》,《服务月刊》,1942年第6卷第4—5期。

蒋介石:《树立粮食与土地政策》,《时代中国》,1942年第5卷第4—5期。

《中国农民银行发行土地债券法》,《农贷消息月刊》,1942年第6卷第2期。

魏方:《土地经济学发凡》,《人与地》,1942年第2卷第9—10期。

孟光宇:《欧洲各国之土地估价》,《人与地》,1942年第2卷第9—10期。

邢长铭:《土地自然涨价为什么应该归公》,《人与地》,1942年第2卷第1期。

徐步达:《江西的土地行政》,《人与地》,1942年第2卷第9—10期。

刘岫青:《土地政策战时实施纲要的分析》,《人与地》,1942年第2卷第1期。

《地形与土地利用》,《地理专刊》,1942年第2期。

吴文晖:《现代中国土地改革思想与土地政策》,《中国青年》,1942年第12卷第5期。

李显承:《土地改革与社会进步》,《人与地》,1942年第2卷第4—5期。

孟光宇:《土地登记权之状发结问题》,《人与地》,1942年第2卷第4—5期。

熊鼎盛:《我国新兴的土地金融业务述要》,《西南实业通讯》,1942年第6卷第3期。

郑震宇:《国父遗教中土地问题之系统的说明》,《人与地》,1942年第2卷第9—10期。

叶以强:《对于中共“抗日根据地土地政策”的检讨》,《人与地》,1942年第2卷第2期。

叶倍振:《农地租佃纠纷及其解决》,《人与地》,1942年第2卷第9—10期。

熊鼎盛:《我国新兴的土地金融业务述要》,《人与地》,1942年第2卷第3期。

《举办土地金融》,《金融月刊》,1942年第1卷第1期。

黄通:《中国土地金融问题》,《金融知识》,1942年第1卷第4期。

卢道纲:《农业建设的土地问题与技术问题》,《新认识》,1942年第5卷第4期。

《常态循环与土地利用》,《浙大农业经济学报》,1942年第3期。

《改进中国土地利用之新途径》,《浙大农业经济学报》,1942年第3期。

苏渊雷:《论民生哲学之史的发展性:“民生哲学与土地政策”绪言》,《人与地》,1942年第2卷第4—5期。

朱剑农:《论土地国有与土地农有》,《经济汇报》,1942年第6卷第3期。

孟宪章:《国民党土地政策之理论与实际》,《中国农民》,1942年第1卷第2—3期。

朱剑农:《论战时土地问题》,《中国农民》,1942年第1卷第2—3期。

阮有秋:《从战时农村金融政策谈到战时土地问题》,《中国农民》,1942年第1卷第1期。

黄通:《土地金融业务之展望》,《农贷消息月刊》,1942年第6卷第2期。

黄通:《中国土地金融与中国农民》,《中国农民》,1942年第1卷第2—3期。

崔永楫:《我国土地金融事业之回顾与展望》,《中农月刊》,1942年第3卷第2期。

陈锦襄:《土地金融与开发西北》,《人与地》,1943年第3卷第11—12期。

陈湘波:《规定地价方法之检讨》,《地政通讯》,1943年第5期。

翟克:《论我国土地金融问题》,《农声》,1943年第231期。

黄通:《土地金融政策》,《中农月刊》,1943年第4卷第10期。

吴士雄:《论战后土地重划》,《中农月刊》,1943年第4卷第11期。

范永增:《上海土地行政之计划与展望》,《地方行政》,1943年第2期。

胡恭先:《我国今后的土地问题》,《西康经济季刊》,1943年第2—4期。

魏重庆:《中国土地利用的变迁》,《政治经济学报》,1943年第1期。

刘岫青：《论土地改革在建国中的关键作用》，《人与地》，1943年第3卷第10期。

叶以强：《本党土地政策之运用》，《人与地》，1943年第3卷第9期。

《战后土地政策之研讨》，《中国合作》，1943年第3卷第5—6期。

《中国土地问题之史的考察》，《中国合作》，1943年第3卷第5—6期。

章柏雨、汪荫元：《集体农场与土地重划》，《家业论文摘要》，1943年第1卷第3期。

张惠群：《土地登记程序中的几个重要问题及其处理方法》，《地政通讯》，1943年第5期。

刘岫青：《依收益还元估计土地价值之检讨》，《地政通讯》，1943年第3期。

黄通：《我国土地金融之动向》，《财政评论》，1943年第9卷第3期。

袁亦山：《中国氏族社会与土地共有制》，《经济科学》，1943年第5期。

铃木俊著，中英译：《唐代之土地制度与财政(下)》，《真知学报》，1943年第2卷第5期。

伊黎、魏尔万著，金海同译：《译述：土地与人口(下)》，《人与地》，1943年第3卷第2—3期。

万国鼎：《欧洲土地制度(书评)》，《新认识》，1943年第6卷第6期。

任美锷：《举办全国土地利用调查刍议》，《新经济半月刊》，1943年第9卷第9期。

《中国农民银行兼办土地金融业务条例》，《农业推广通讯》，1943年第3卷第9期。

邹念鲁：《美国新县土地利用制》，《农业推广通讯》，1943年第3卷第5期。

方纪难：《国营工厂征收土地问题》，《新经济半月刊》，1943年第9卷第7期。

郑震宇讲演，杨翼凤记：《中国战时土地政策的实施》，《中国农民月刊》，1943年第2卷第3—4期。

翟克：《论我国战时土地政策》，《农声》，1943年第229期。

魏双凤：《太平天国之土地政策》，《农声》，1943年第229期。

孟光宇：《土地放款与土地估价》，《财政评论》，1943年第10卷第4期。

彭文凯：《战后粮食政策与土地问题》，《粮政月刊》，1943年第1卷第4期。

廖鸾扬：《荷印土地政策之发展》，《新南洋》，1943年第1卷第1期。

郭汉鸣:《国防的土地政策与平均地权》,《经济汇报》,1943 年第 7 卷第 10 期。

吴士雄:《论战后土地重划》,《财政评论》,1943 年第 10 卷第 4 期。

郭垣:《如何整理田赋以求土地问题之解决》,《财政评论》,1943 年第 10 卷第 4 期。

万国鼎:《达马士克之土地改革论》,《中农月刊》,1943 年第 4 卷第 9 期。

黄通:《我国土地金融之动向》,《中农月刊》,1943 年第 4 卷第 4 期。

张延凤、钱琳:《论北魏均田制对解决土地问题之成就》,《中农月刊》,1943 年第 4 卷第 11 期。

张延凤、黄还生:《论农地租率标准与我国租佃问题》,《中农月刊》,1943 年第 4 卷第 5 期。

孟光宇:《东北土地问题导论》,《东北前锋月刊》,1943 年第 2—3 期。

黄通:《合作与战后土地问题》,《中农月刊》,1943 年第 4 卷第 12 期。

张友三:《平均地权与土地社有》,《中农月刊》,1943 年第 4 卷第 5 期。

罗醒魂:《土地债券之形态及其史的发展》,《中农月刊》,1943 年第 4 卷第 9 期。

鲁筱庵:《西康土地陈报概述》,《西康经济季刊》,1943 年第 2—4 期。

邓明命:《西康土地税收之展望》,《西康经济季刊》,1943 年第 15—16 期。

吴文晖:《中国土地问题之真相》,《思想与时代》,1943 年第 23 期。

张焕文:《中国土地问题与农业及其解决途径》,《新福建》,1943 年第 4 卷第 4—5 期。

赵巨恩:《中国之命运与土地问题》,《新福建》,1943 年第 4 卷第 2 期。

施学仁:《清代土地制度评论》,《县政研究》,1943 年第 5 卷第 1 期。

吴传钧:《土地利用之理论与研究方法》,《地理》,1943 年第 3 卷第 1—2 期。

吴文晖:《何谓土地经济学》,《人与地》,1943 年第 3 卷第 11—12 期。

董中生:《建立乡镇公有土地制度》,《人与地》,1943 年第 3 卷第 11—12 期。

祝平:《实业计划与土地政策》,《人与地》,1943 年第 3 卷第 11—12 期。

《如何实施土地政策》,《中国合作》,1943 年第 3 卷第 6 期。

《世界各派土地改革论述要》,《中国合作》,1943 年第 3 卷第 6 期。

吴祖亮:《现行土地增值税与涨价归公之比较研究》,《人与地》,1943 年第 3 卷第 6 期。

孟光宇:《美国之土地估价》,《人与地》,1943 年第 3 卷第 4 期。

徐书琴:《河西垦区之土地问题》,《人与地》,1943 年第 3 卷第 2—3 期。

彭莲棠:《现行各种土地政策及学说与平均地权》,《人与地》,1943 年第 3 卷第 11—12 期。

黄石华:《中国土地政策的中心思想》,《人与地》,1943 年第 3 卷第 10 期。

李静一:《漫谈中共土地政策》,《人与地》,1943 年第 3 卷第 10 期。

叶以强:《土地涨价的归公问题》,《人与地》,1943 年第 3 卷第 6 期。

《中国历史上的农民战争与土地问题》,《人与地》,1943 年第 3 卷第 10 期。

《土地政策与合作》,《中国合作》,1943 年第 3 卷第 5—6 期。

《土地金融与合作》,《中国合作》,1943 年第 3 卷第 5—6 期。

张丕介:《达氏土地改革论译序》,《人与地》,1943 年第 3 卷第 4 期。

聂常庆:《战时中国土地利用问题》,《人与地》,1943 年第 3 卷第 2—3 期。

罗醒魂:《对于土地债券法应有之认识》,《财政评论》,1943 年第 9 卷第 3 期。

管音:《上海土地执业凭证各类之分析》,《企业周刊》,1943 年第 1 卷第 30 期。

黄公安:《创建战时土地银行制度刍议》,《家业论文摘要》,1943 年第 1 卷第 3 期。

刘恩兰:《川省西北土地利用之地理条件》,《文化先锋》,1943 年第 2 卷第 15 期。

翟克:《美国之土地银行》,《农声》,1943 年第 231 期。

汪洪法:《土地之性质及其利用范围》,《湖南省银行经济季刊》,1943 年第 3 期。

罗挹光:《民生主义土地政策的实施》,《经济科学》,1943 年第 3—4 期。

洪瑞坚:《我国土地金融的特性》,《财政评论》,1943 年第 9 卷第 3 期。

洪逸生:《我国土地分配与农业技术改进问题》,《财政评论》,1943 年第 9 卷第 3 期。

刘光华:《土地问题的战时战后观》,《中国青年》,1943 年第 8 卷第 1 期。

张之镐:《规定地价业务之检讨》,《地政通讯》,1943 年第 4 期。

《土地问题》,《新华日报》,1943 年。

《土地金融业务的检讨》,《中农月刊》,1944 年第 5 卷第 11 期。

朱剑农:《收复地区土地权利清理问题》,《中国农民》,1944 年第 4 卷第 2—3 期。

吴文晖:《土地特性之研究》,《湖南省银行经济季刊》,1944 年第 7 期。

翟克:《土地制度改革论之背景与发展》,《湖南省银行经济季刊》,1944 年第 7 期。

《美国土地利用研究法》,《国立中央大学农业经济集刊》,1944 年第 1 期。

朱慕唐:《战后土地政策与农业建设》,《经济建设季刊》,1944 年第 2 卷第 4 期。

林通经:《论我国土地政策实施方案》,《经济建设季刊》,1944 年第 2 卷第 4 期。

吴文晖:《如何研究土地经济学》,《中国青年》,1944 年第 10 卷第 2 期。

朱剑农:《我国制宪之土地政策的商榷》,《中国农民》,1944 年第 3 卷第 5—6 期。

文群:《土地政策与合作》,《中国农民》,1944 年第 4 卷第 2—3 期。

曾文甫:《西康农业与土地问题》,《西康经济季刊》,1944 年第 8 期。

张丕介:《土地利用趋势论》,《文风杂志》,1944 年第 1 卷第 4—5 期。

李安宅译:《印度之土地与人民》,《文化先锋》,1944 年第 3 卷第 6 期。

孙善甫:《论土地税率》,《财政评论》,1944 年第 11 卷第 6 期。

罗醒魂:《论农业债券与土地债券之特质》,《金融知识》,1944 年第 3 卷第 1 期。

祝平:《中国土地政策的意义与目标》,《新中华》,1944 年第 2 卷第 10 期。

蒋经国:《关于土地、财政政策答客问》,《时代中国》,1944 年第 9 卷第 1 期。

万国鼎:《殷商之土地制度》,《文史杂志》,1944 年第 4 卷第 5—6 期。

安希伋:《中国土地利用的远瞻与近瞩》,《经济建设季刊》,1944 年第 3 卷第 1 期。

周海滨:《中国土地制度的变迁》,《申报月刊》,1944 年第 2 卷第 1 期。

叶元:《土地问题刍议》,《经济汇报》,1944 年第 9 卷第 6 期。

刘培桂:《管仲之土地政策》,《中农月刊》,1944 年第 5 卷第 5—6 期。

黄石华:《土地资本与工业建设》,《中国农民》,1944 年第 4 卷第 4 期。

祝公健:《征购土地解救经济危机论》,《中国农民》,1944 年第 4 卷第 4 期。

朱剑农:《战后中国土地问题》,《中农月刊》,1944 年第 5 卷第 9—10 期。

汤惠荪:《中国之农业区域与土地经营制度刍议》,《中农月刊》,1944年第5卷第5—6期。

张延凤、钱琳:《论近千年来我国土地饥馑之循环》,《中农月刊》,1944年第5卷第5—6期。

邵以增:《土地改革与土地增值税》,《中农月刊》,1944年第5卷第8期。

涂仲善:《调整康区土地问题之管见》,《西康经济季刊》,1944年第8期。

陈玉成:《闽北土地利用之改进》,《新福建》,1944年第6卷第2期。

张道纯:《土地陈报与地政》,《陕政》,1944年第5卷第11—12期。

刘光华:《综论战后中国的土地问题》,《四川经济季刊》,1944年第1卷第4期。

朱剑农:《战后中国土地问题》,《四川经济季刊》,1944年第1卷第4期。

余家菊:《理财与养民两观点下之土地制度》,《民宪》,1944年第1卷第3期。

黄石华:《论运用黄金配合土地券征购土地为国置产》,《湖南省银行经济季刊》,1944年第7期。

江家鹍:《照价收买土地与涨价归公》,《经济论衡》,1944年第2卷第2期。

吴祖亮:《征收土地增值税的实际问题》,《地政通讯》,1944年第11期。

翟克:《美国之土地银行》,《农声》,1944年第231期。

卢伯鸥:《土地所有权法制演变的检讨》,《新中华》,1944年第2卷第7期。

陶因:《战后我国土地政策之商榷》,《中国农民》,1944年第4卷第4期。

潘信中:《我国土地金融制度回顾与前瞻》,《财政评论》,1944年第12卷第6期。

钟襄衮:《我国土地金融实施概况》,《金融知识》,1944年第3卷第2期。

刘光华:《农村工业与土地问题》,《中国农民》,1944年第4卷第1期。

朱敏政:《中国之土地金融》,《西康经济季刊》,1944年第9期。

惕文:《"土地国有"与"耕者有其田"》,《大学月刊》,1944年第3卷第3—4期。

翟克:《论我国土地金融问题》,《农声》,1944年第231期。

崔永楫:《论土地使用的社会管制》,《中农月刊》,1945年第6卷第12期。

解树民:《论中国土地问题与土地政策》,《社会科学》,1945年第1卷第2—3期。

沈志远:《新中国所需土地的改革》,《大学》,1945 年第 4 卷第 5—6 期。

章振乾:《我们怎样调查闽西的土地改革区》,《社会科学》,1945 年第 1 卷第 2—3 期。

刘光华:《论土地自然增价归公》,《四川经济季刊》,1945 年第 2 卷第 1 期。

Z. 拉晋:《匈牙利的土地改革》,《群众》,1945 年第 10 卷第 15 期。

沈志远:《新中国建设与土地改革》,《中国建设》,1945 年第 2 卷第 1 期。

The Economist:《土地使用的管理》,《财政评论》,1945 年第 13 卷第 3 期。

吴文晖:《土地经济学的几个基本问题》,《人文科学学报》,1945 年第 1 卷第 3 期。

祝平:《土地政策与粮食政策之配合运用》,《粮政季刊》,1945 年第 2—3 期。

晓明:《论土地改革与工业化》,《群众》,1945 年第 10 卷第 21—22 期。

开庠译:《英国工党土地国有方案》,《通讯》,1945 年第 1 卷第 4 期。

秦柳方:《漫谈农村土地问题》,《中学生》,1945 年第 89 期。

K. 蒂米特洛夫:《保加利亚怎样解决了土地问题》,《群众》,1945 年第 10 卷第 20 期。

吴叔庵:《西康土地利用发凡》,《新西康》,1945 年第 3 卷第 6—8 期。

方草:《晋察冀解放区的土地政策》,《群众》,1945 年第 10 卷第 10 期。

萧铮:《是实行土地政策的时候了!》,《中农月刊》,1945 年第 6 卷第 12 期。

郑震宇:《一年来之土地行政》,《中农月刊》,1945 年第 6 卷第 4 期。

胡济邦:《波兰解放区内之土地改革》,《中苏文化》,1945 年第 16 卷第 6—7 期。

编者答:《土地是不是生产手段? 劳动对象?》,《大学》,1945 年第 4 卷第 5—6 期。

黎博文:《汉代以后诸家之土地改革论》,《民族正气》,1945 年第 4 卷第 5—6 期。

罗醒魂:《运用土地价值改革币制刍议》,《中农月刊》,1945 年第 6 卷第 11 期。

汤惠荪:《改革土地与农民问题》,《中农月刊》,1945 年第 6 卷第 12 期。

蔡世元:《论中国土地问题解决的诸指导原则》,《社会科学》,1945 年第 1 卷第 2—3 期。

王宣:《解决河北土地问题之途径》,《河北通讯》,1945 年第 2 期。

王南复:《彻底解决河北省土地分配问题》,《河北通讯》,1945 年第 2 期。

沈志远:《当前的土地改革问题》,《民主周刊》,1945 年第 2 卷第 6 期。

曲直生:《再述本人对收复区土地问题处理意见》,《河北通讯》,1945 年第 2 期。

朱剑农:《论土地金融在新中国的建设中应负的责任》,《四川经济季刊》,1945 年第 2 卷第 3 期。

吴传钧:《威远山区土地利用研究》,《四川经济季刊》,1945 年第 2 卷第 1 期。

吴文晖:《论限制土地利用的因素》,《四川经济季刊》,1945 年第 2 卷第 3 期。

祝平:《工业革命与土地改革》,《经济统计季刊》,1945 年第 3 卷第 3—4 期。

翟克:《中国当前土地金融问题》,《中国建设》,1945 年第 2 卷第 6 期。

稽古:《我国土地资源与农业建设》,《中国建设》,1945 年第 2 卷第 4 期。

章振乾:《闽西土地改革区公田经营方式研究》,《研究汇报》,1945 年第 2 期。

解树民:《从土地问题说到土地政策》,《中国建设》,1945 年第 2 卷第 3 期。

翟克:《中国土地政策与土地税》,《中国建设》,1945 年第 1 卷第 2 期。

吕思勉:《因整理土地论到住的问题——“中国之命运”》,《青光半月刊》,1945 年第 1 卷第 4 期。

崔永楫:《论土地使用的社会管制》,《财政评论》,1945 年第 13 卷第 3 期。

章振乾:《闽西土地改革区新租佃问题研究》,《研究汇报》,1945 年第 1 期。

《关于土地及佃农问题》,《现代农民》,1945 年第 8 卷第 7 期。

《欧美土地金融制度之研究》,《农业经济季刊》,1945 年第 1 卷第 2 期。

何干之:《土地改革与中国资本主义的发展》,《文萃》,1946 年第 1 卷第 33 期。

刘炳若:《新收复区土地问题》,《河北省银行经济半月刊》,1946 年第 2 卷第 7 期。

梁园东:《从历史上观察中国的土地问题》,《东方杂志》,1946 年第 42 卷第 1 期。

翟克:《土地金融之债券、机构与实施》,《中国建设》,1946 年第 3 卷第 1 期。

张丕介:《绥靖区土地问题》,《改造杂志》,1946 年第 2 期。

周谷城:《论土地与地租》,《青年学习》,1946 年第 1 卷第 3 期。
曾资生:《解决土地问题的时期与途径》,《华声半月刊》,1946 年第 1 卷第 3 期。
葛罗物:《评国共两党的土地政策》,《中坚》,1946 年第 2 卷第 2 期。
孙剑锋:《论长子土地继承制度与我国农业改进》,《农业推广通讯》,1946 年第 8 卷第 9 期。
华岗:《现阶段中国土地问题的特征与解放区土地改革的经验》,《群众》,1946 年第 13 卷第 6 期。
翟克:《中国土地政策问题》,《中国建设》,1946 年第 2 卷第 5 期。
陈正谟:《新土地法中之土地政策》,《财政评论》,1946 年第 15 卷第 5 期。
吴清友:《解决土地问题的纲领》,《财政评论》,1946 年第 15 卷第 5 期。
孙畹珠记:《土地问题与土地政策》,《财政评论》,1946 年第 15 卷第 5 期。
本社资料室:《农业土地政策纲领汇志》,《财政评论》,1946 年第 15 卷第 5 期。
翟克:《东欧诸国土地制度改革事例》,《财政评论》,1946 年第 15 卷第 6 期。
沈建铎:《解放区的土地改革》,《群众》,1946 年第 13 卷第 9 期。
梓年:《民主运动与土地改革》,《群众》,1946 年第 13 卷第 6 期。
翟克:《土地增值税之根据与效果》,《财政评论》,1946 年第 15 卷第 5 期。
张白衣:《中国土地问题新论》,《财政评论》,1946 年第 15 卷第 5 期。
郑震宇:《一年来之土地行政》,《中农月刊》,1946 年第 7 卷第 4 期。
吴文晖:《中国土地改革之途径》,《中农月刊》,1946 年第 7 卷第 9—10 期。
申铭:《土地处理与时局关键》,《再生》,1946 年第 150 期。
熊伯蘅:《农业建设与土地改革》,《西北农报》,1946 年第 1 卷第 1 期。
郭坦:《新莽的土地革命》,《东方杂志》,1946 年第 42 卷第 11 期。
刘炳若:《减租问题——国共土地政策研究之一》,《河北省银行经济学月刊》,1946 年第 2 卷第 8 期。
瓦尔加著,林之同译:《欧洲土地改革与社会生活民主化》,《时代》,1946 年第 13 期。
聂维洛夫著,黄炎译:《日本的土地改革》,《时代》,1946 年第 33 期。
莫宁著,祖立译:《土地改革在德国》,《时代》,1946 年第 30 期。
陈竞成:《地方自治与土地行政》,《政治前线》,1946 年第 1 卷第 4—5 期。

《当前中国的土地问题》,《联合经济研究室通讯》,1946年第6期。

《征收土地应注意事项》,《联合经济研究室通讯》,1946年第6期。

潘公昭:《台湾的土地问题》,《中国建设》,1946年第3卷第1期。

《实行土地改革的途径》,《中国建设》,1946年第3卷第2期。

梦云:《谈滨湖租佃问题与实行土地政策》,《金融汇报》,1946年新年特大号。

王易今:《匈牙利的土地改革》,《新华文摘》,1946年第2卷第2期。

翟克:《三民主义之土地政策》,《建国青年》,1946年第4卷第3期。

陈德规:《中国土地资金化问题》,《福建省银行季刊》,1946年第2卷第3期。

曲园:《中国的土地问题》,《广东教育》,1946年第1卷第6期。

郭祖纯:《福建省土地问题及其解决之途径》,《福建省银行季刊》,1946年第2卷第3期。

《我国土地问题之总结》,《一般评论》,1946年第4期。

孟宪章:《中国土地制度亟需改革》,《中华论坛》,1946年第2卷第4期。

叶琦:《论国父的土地改革政策》,《中国青年》,1946年第14卷第1期。

汪经芳:《张丕介著:土地经济学导论》,《中农月刊》,1946年第7卷第4期。

萧道统:《赣县土地增值税问题释疑》,《民主世纪》,1947年第17—18期。

《绥靖区土地处理办法》,《中农月刊》,1947年第8卷第1期。

吴景超:《苏北的土地处理非急务》,《世纪评论》,1947年第1卷第15期。

《朝鲜的土地改革》,《世界与中国》,1947年第3卷第2期。

《我国土地制度略论》,《十九峰》,1947年第1期。

钟其生:《现阶段闽西土地改革区农业经营性质之研究》,《社会科学》,1947年第3卷第1—2期。

李之屏:《限制私有土地面积办法之商榷》,《地政通讯》,1947年第23期。

戴君毅:《论公有土地权限划分及其管理问题》,《地政通讯》,1947年第24期。

左国金译:《波多黎各岛土地制度的改革》,《地政通讯》,1947年第18期。

王公玙:《关于解决"绥靖区土地问题"的问题》,《建国青年》,1947年第1卷第4期。

《土地改革与集体农场》,《经济评论》,1947年第1卷第5期。

吴叔厚:《从土地问题谈到合作农场》,《嘉农校刊》,1947 年创刊号。

马曙予:《我国土地与人口文化之适调问题》,《粮政季刊》,1947 年第 5—6 期。

华商报:《毛泽东关于土地改革与保障中小资产者的文告》,《国讯》,1947 年第 454 期。

施复亮:《论中国的土地改革》,《国讯》,1947 年第 454 期。

孙晓村:《解放日本农工须改革土地制度》,《财政评论》,1947 年第 17 卷第 5 期。

何让:《张居正的土地清丈政策》,《财政评论》,1947 年第 17 卷第 3 期。

谭本源:《土地国有论与我国土地政策》,《财政评论》,1947 年第 17 卷第 3 期。

张之毅:《新疆土地利用问题》,《中美周报》,1947 年第 248 期。

陈凤琪:《我国土地登记法规之检讨》,《财政评论》,1947 年第 17 卷第 3 期。

刘明兮:《从历史上观察土地改革运动之趋向》,《财政评论》,1947 年第 17 卷第 3 期。

高奎林:《土地究竟是谁的?》,《新大众》,1947 年第 30 期。

白蒂格兰恩:《中共的土地改革》,《群众》,1947 年第 14 卷第 9 期。

济源农会:《济源边地土地改革经验》,《太岳文化》,1947 年第 1 卷第 7 期。

克白:《德国及东欧土地制度史论》,《中国建设》,1947 年第 5 卷第 4 期。

翟克:《英美土地制度史论》,《中国建设》,1947 年第 5 卷第 4 期。

张锡昌:《略论土地改革》,《新中华》,1947 年第 5 卷第 6 期。

李仁柳:《解决土地问题与合作农场》,《新中华》,1947 年第 5 卷第 7 期。

祝平:《民元来我国之土地问题》,《银行周报》,1947 年第 31 卷第 12 期。

《土地改革以后的农民和地主》,《群众》,1947 年第 14 卷第 8 期。

王泰:《中国历史上土地改革及其意义》,《新世纪》,1947 年第 1 卷第 3 期。

吴景超:《生活程度与土地需要》,《世纪评论》,1947 年第 2 卷第 17 期。

严图青:《中国土地浪费之检讨》,《正论》,1947 年第 10 期。

钟崇敏:《新颁土地法与绥靖区土地处理办法之比较研究》,《中农月刊》,1947 年第 8 卷第 7 期。

丕谷:《略论地主与土地问题》,《再生》,1947 年第 170 期。

任美锷:《南洋的土地利用》,《地理教学》,1947 年第 2 卷第 2 期。

颜悉达:《挽救农村危机与土地改革》,《世界农村月刊》,1947年第1卷第3期。

任美锷:《南洋的土地利用(续完)》,《南洋杂志》,1947年第1卷第10期。

宋家怀:《天主教会在我国之土地权利》,《震旦法律经济杂志》,1947年第3卷第10期。

纪声译:《东南亚各国的土地制度》,《新中华》,1947年第5卷第19期。

托尔斯泰著,亚夫译:《人需要多少地》,《忠勇月刊》,1947年第2卷第2—3期。

葛罗物:《中产阶级的土地政策(上)》,《中坚》,1947年第3卷第9期。

左国金译:《印度之土地制度》,《地政通讯》,1947年第20期。

戴君毅:《土地权利清理问题》,《地政通讯》,1947年第20期。

吴文晖:《中国土地改革之途径》,《地政通讯》,1947年第23期。

戴君毅:《论土地征收与土地征用》,《地政通讯》,1947年第18期。

马树礼:《解决战后土地问题之我见》,《建国青年》,1947年第1卷第1期。

孟宪章:《怎么解决苏北土地问题》,《建国青年》,1947年第1卷第1期。

祝平:《目前土地政策之中心任务》,《建国青年》,1947年第1卷第1期。

本社资料室:《中农行土地债券办法》,《建国青年》,1947年第1卷第1期。

宋家怀:《天主教会在我国之土地权利》,《震旦法律经济杂志》,1947年第3卷第11期。

傅毓衡:《王安石土地政策之检讨》,《地政通讯》,1947年第17期。

张辉:《华北绥靖区土地问题之一般及其改进意见》,《地政通讯》,1947年第19期。

水林:《中共区的土地政策》,《人民世纪》,1947年第1卷第5—6期。

汤惠荪:《土地政策与农民问题》,《地政通讯》,1947年第16期。

吴文晖:《中国土地问题及其对策》,《中华农学会通讯》,1947年第75—76期。

本社资料室:《农业土地政策纲领》,《建国青年》,1947年第1卷第1期。

熊伯蘅:《土地国有论的派别和主张》,《中农月刊》,1947年第8卷第7期。

高叔康:《土地农有与银行国有》,《地政通讯》,1948年第3卷第9期。

万典武:《土地改革与工业化》,《中国建设》,1948年第6卷第6期。

孙晓村:《土地改革的基本原则》,《中国建设》,1948年第6卷第3期。

陈聿功:《透视中共土地政策》,《革新月刊》,1948 年第 17—18 期。

赵凤喈:《评现阶段的土地改革办法》,《周论》,1948 年第 2 卷第 9 期。

犹凤岐:《漫谈土地改革与知识分子》,《学习生活》,1948 年第 1 卷第 4 期。

《平分土地运动中的几个问题》,《群众》,1948 年第 2 卷第 5 期。

旭东:《评中国土地改革协会的土地方案》,《新声》,1948 年第 3 卷第 1 期。

孙宝毅:《我对土地改革问题的看法》,《人道》,1948 年第 16 期。

杨锡圭、廖少云:《战后世界各国之土地改革》,《协大农报》,1948 年第 9 卷第 3—4 期。

黄通:《一年来之土地金融》,《地政月刊》,1948 年第 3 卷第 4 期。

杨维骏:《土地改革之实际问题》,《商学研究》,1948 年第 7 期。

W. M. Gilmartn, W. I. Ladejinsky:《日本土地改革问题》,《亚洲世纪月刊》,1948 年第 3 卷第 1 期。

《处理我国土地问题应有的基本认识——评吴景超先生的土地改革计划》,《经济评论》,1948 年第 3 卷第 24 期。

《论绥靖区土地债券的发行准备》,《经济评论》,1948 年第 3 卷第 10 期。

《资本·人口·土地——读汪馥荪先生〈中国资本初步估计〉》,《经济评论》,1948 年第 3 卷第 18 期。

《土地改革与发展生产力》,《理论与现实丛刊》,1948 年第 2 期。

《中国土地问题的再认识》,《创世》,1948 年第 17 期。

《土地改革问题》,《资料周报》,1948 年第 2 卷第 15 期。

《绥靖区土地债券行销问题》,《经济评论》,1948 年第 2 卷第 24 期。

《土地改革与农业生产》,《时与文》,1948 年第 3 卷第 15 期。

《关于晋察冀土地改革工作的检讨》,《建设》,1948 年第 1 期。

《土地分配问题(上)》,《经济评论》,1948 年第 3 卷第 10 期。

《土地分配问题(下)》,《经济评论》,1948 年第 3 卷第 11 期。

《论我国土地改革的重点起点与终点》,《经济评论》,1948 年第 3 卷第 3 期。

《我对于土地问题的答辩和认识》,《经济评论》,1948 年第 3 卷第 24 期。

《土地开发公司的筹设》,《经济评论》,1948 年第 3 卷第 7 期。

《各方面对中国土地问题意见》,《国讯》,1948 年第 446 期。

《为什么西德占领区不实行土地制度》,《国讯》,1948 年第 454 期。

《中国农村土地改革之研究》,《国讯》,1948 年第 446 期。

《中共现阶段之土地改革运动》,《国讯》,1948年第446期。

《论新民主主义国家的土地改革》,《时与文》,1948年第3卷第7期。

《日本的土地改革》,《新闻资料》,1948年第178期。

甘家馨:《土地改革要彻底》,《土地改革》,1948年第1卷第12—13期。

谢君韬:《"土地改革方案"献议》,《土地改革》,1948年第1卷第14—15期。

萧铮:《土地改革与农村》,《土地改革》,1948年第1卷第14—15期。

康自勉:《山西省的尝试:由土地村公有到兵农合一》,《土地改革》,1948年第1卷第4期。

杨庆传:《土地制度之变迁与土地改革》,《震旦法律经济杂志》,1948年第4卷第6期。

伊默:《释"土地改革"》,《农经导报》,1948年第2卷第2期。

张洪福:《当前土地问题与土地改革》,《陇铎》,1948年第2卷第6期。

华北通讯:《华北土地改革的内容》,《农经导报》,1948年第2卷第1期。

《中共的土地政策》,《经济评论》,1948年第3卷第11期。

《土地分配与农业生产》,《经济评论》,1948年第3卷第3期。

朱绍文:《中国农村土地改革之研究》,《国讯》,1948年第448期。

葛启扬:《土地调查与分类方法纲要》,《农艺通讯》,1948年复刊第2期。

董汰生:《土地社有之商榷》,《合作经济》,1948年第2卷第1期。

徐寅初:《土地改革与合作运动》,《合作经济》,1948年第2卷第1期。

尹君羊:《对于今日土地改革的几点主张(上)》,《农村月刊》,1948年第2卷第5期。

尹君羊:《对于今日土地改革的几点主张(下)》,《农村月刊》,1948年第2卷第5期。

中国学典馆:《土地—土地法—土地社会化》,《农村月刊》,1948年第2卷第5期。

曹平达:《中国土地改革之起点》,《农村月刊》,1948年第2卷第10期。

惠迪人:《从土地改革谈起》,《农村月刊》,1948年第2卷第7期。

王亚南:《中国历史上的土地改革及其意义》,《新中华》,1948年第6卷第17期。

文麟:《土地改革会妨碍工业化吗?》,《读书与出版》,1948年第3卷第4期。

任美锷:《从英国的土地利用调查看中国》,《时兆》,1948年第43卷第1期。

《日本土地的改革》,《时兆》,1948 年第 43 卷第 8 期。

王非:《现行绥靖区土地处理办法的实施问题》,《财政评论》,1948 年第 18 卷第 3 期。

胡今:《苏联的土地改革与农业建设》,《新中华》,1948 年第 6 卷第 17 期。

章振乾:《欧洲历史上的土地改革及其意义》,《新中华》,1948 年第 6 卷第 17 期。

姜庆湘:《纵论中国的土地改革》,《新中华》,1948 年第 6 卷第 15 期。

文麟:《中国的土地问题和土地改革》,《读书与出版》,1948 年第 3 卷第 4 期。

舒德君:《论土地法中关于土地增值税之规定》,《财政评论》,1948 年第 18 卷第 3 期。

《论当前的土地问题》,《观察》,1948 年第 4 卷第 6 期。

文麟:《土地改革会使农业减产吗?》,《读书与出版》,1948 年第 3 卷第 4 期。

周恩湛:《人民自动改革与土地制度之刍议》,《财政评论》,1948 年第 18 卷第 3 期。

漆琪生:《土地改革面面观》,《财政评论》,1948 年第 18 卷第 3 期。

苏心澄:《土地改革又一意见》,《北方杂志》,1948 年第 3 卷第 5 期。

聂常庆:《中国土地改革新认识与新方案》,《正论》,1948 年第 5 期。

金通洵:《泛论中国现阶段的土地改革》,《中国建设》,1948 年第 6 卷第 3 期。

《土地改革问题面面观》,《正论》,1948 年第 6 期。

《台湾土地问题与经济建设》,《工商新闻》,1948 年第 79 期。

卫令敦:《怎样实行土地改革》,《中国建设》,1948 年第 6 卷第 2 期。

漆琪生:《中国土地问题研讨的基本观点》,《中国建设》,1948 年第 6 卷第 2 期。

唐克礼:《从十八种土革方案与意见论解决中国土地问题的途径》,《大学评论》,1948 年第 1 卷第 8 期。

祁昌年:《现行土地问题之批判与我见》,《大同杂志》,1948 年第 1 卷第 4 期。

章振乾:《中国土地改革本质论》,《社会科学》,1948 年第 4 卷第 4 期。

王亚南:《中国土地改革问题研究》,《社会科学》,1948 年第 4 卷第 2 期。

王咏劼译:《日本的土地改革》,《东方杂志》,1948年第44卷第12期。

楼桐茂:《论土地利用的调查》,《地理》,1948年第6卷第1期。

至刚:《农村动乱中的土地问题》,《金融周报》,1948年第18卷第19期。

彭南先:《中国土地问题的解决途径》,《政风》,1948年第1卷第8—9期。

苏浴尘:《从土地问题论中国土地改革》,《客观》,1948年第1卷第6期。

苏浴尘:《国共土地政策的批判》,《客观》,1948年第1卷第7期。

台维斯:《土地改革在捷克》,《时代》,1948年第8卷第47期。

《土地问题之谜》,《舆论》,1948年第1卷第4期。

镜微:《评中共对土地政策的转变》,《新声》,1948年第2卷第12期。

胡庆钧:《不容忽视的边区土地问题》,《边政公论》,1948年第7卷第2期。

王景波:《中共新政协与土地改革》,《新声》,1948年第3卷第6期。

葛罗物:《土地改革的正途》,《中坚》,1948年第5卷第2期。

吴文晖:《民主与土地改革》,《土地改革》,1948年第1卷第1期。

傅力生:《目的乎? 手段乎? ——我对于土地问题之看法》,《人道》,1948年第20期。

林琳:《真要实行土地改革吗?》,《中华实业》,1948年第1期。

翟克:《英美土地制度史论》,《中国建设》,1948年第5卷第4期。

朱树锦:《土地改革问题》,《中建》,1948年第3卷第3期。

陈本端:《论水利建设兼及土地政策》,《再生周刊》,1948年第222期。

申铭:《谈土地改革》,《再生周刊》,1948年第214期。

蒋廉:《农业土地问题与土地改革》,《土地改革》,1948年第1卷第8—9期。

万国鼎:《土地问题与官僚政治》,《土地改革》,1948年第1卷第1期。

《土地改革方案》,《土地改革》,1948年第1卷第1期。

余长河:《英国工党的土地政策》,《地政通讯》,1948年第3卷第5期。

汤惠荪:《论中国土地问题的症结》,《地政通讯》,1948年第3卷第5期。

任美锷:《从英国的土地利用调查看中国》,《地政通讯》,1948年第3卷第3期。

萧铮:《解释土地改革方案》,《地政通讯》,1948年第3卷第4期。

万国鼎:《泛论土地改革》,《地政通讯》,1948年第3卷第4期。

孟宪章:《半封建的土地制度是日本经济问题的真正症结》,《亚洲世纪月刊》,1948年第3卷第1期。

封淑:《土地改革是手段吗?》,《中建》,1948年第3卷第16期。

葛罗物:《评〈新土地改革方案〉与〈新土地法〉》,《中坚》,1948年第4卷第6期。

葛罗物:《评中共〈土地大纲〉》,《中坚》,1948年第4卷第2期。

克白:《德国及东欧土地制度史论》,《中国建设》,1948年第5卷第4期。

关锡呈:《我国土地制度改革的刍议》,《南大经济》,1948年第1期。

《论现阶段的中国土地改革》,《理论与现实丛刊》,1948年第2期。

《土地改革事项的整体性》,《时代经济》,1948年第1卷第2期。

张礼人:《论土地改革》,《廓清月刊》,1948年第1卷第9期。

陈振汉:《中国土地分配的不均程度》,《经济评论》,1948年第2卷第21期。

杨开道:《中国农业土地问题对策(下)》,《地政通讯》,1948年第3卷第10期。

潘世宪:《日本的土地改革》,《亚洲世纪月刊》,1948年第3卷第1期。

余参燕:《土地改革与土地革命》,《南大经济》,1948年第1期。

刘名贤译:《美国之土地资源》,《地政通讯》,1948年第3卷第1期。

唐启宇:《实行土地改革应注意垦殖的发展》,《土地改革》,1948年第1卷第7期。

翟克:《评〈土地改革方案〉》,《中国建设》,1948年第6卷第3期。

雨生:《土地改革与中国农民》,《土地改革》,1948年第1卷第4期。

严铮五:《论土地问题:并就商于陈紫枫先生》,《土地改革》,1948年第1卷第12—13期。

万国鼎:《土地问题丛话——评土地问题并不严重》,《土地改革》,1948年第1卷第4期。

万国鼎:《土地问题丛话之四》,《土地改革》,1948年第1卷第7期。

曾资生:《论中国的社会政治与土地问题》,《土地改革》,1948年第1卷第7期。

黎士栋:《论中共土地政策(专论)》,《中央日报周刊》,1948年第3卷第4期。

张丕介:《土地,这个问题在中国(专论)》,《南京中央日报周刊》,1948年第6卷第4期。

陈正祥:《纽西兰之土地利用》,《中央银行月报》,1948年第3卷第12期。

萧铮:《土地改革与农村(专论)》,《中央日报周刊》,1948年第6卷第6期。

《在结束土地改革的地方:纠左必须防右》,《学习》,1948年第13期。

吴景超:《生活程度与土地需要》,《世纪评论》,1948年第17期。

刘汉森:《现阶段的中国土地改革运动》,《广大学生》,1948年第5期。

杨开道:《中国农业土地问题对策(上)》,《地政通讯》,1948年第3卷第9期。

许涤新:《中共土地政策之史的发展》,《理论与现实丛刊》,1948年第2期。

施复亮:《论中国的土地政策》,《国讯》,1948年第454期。

翟克:《美国之土地银行》,《工商知识》,1948年第4卷第5期。

刘世超:《论土地制度与国民经济生活之关系》,《农工月刊》,1948年第2卷第1期。

安士:《读吴文晖先生论中国土地分配问题有感》,《经济评论》,1949年第4卷第12期。

尹君羊:《新中国土地改革措施方案》,《农村月刊》,1949年第3卷第2期。

程济轩:《罗马尼亚的土地改革》,《世界知识》,1949年第20卷第22期。

程济轩:《波兰的土地改革》,《世界知识》,1949年第20卷第19期。

宫武谨一著,金学成译:《亚洲的工业化和土地改革》,《新中华》,1949年第12卷第8期。

C. Kharakhashyan著,寿进文译:《东德的土地改革》,《新中华》,1949年第12卷第12期。

C. K. Meek著,解树民译:《英属殖民地的土地制度与土地法》,《新中华》,1949年第12卷第8期。

剑之:《中国土地问题及其解决的道路》,《广大学生》,1949年第5期。

王非:《论什么是土地改革的创造标准》,《经济评论》,1949年第4卷第23期。

一之:《改革土地制度》,《经济评论》,1949年第4卷第18期。